跟毛泽东学领导

GENMAOZEDONGXUELINGDAO

刘峰　路杰　主编

红旗出版社

跟毛泽东学领导

主　编　刘峰　路杰

副主编　戴平　姜志刚

红旗出版社

目　　录

序　章
毛泽东与领导
·问苍茫大地，谁主沉浮·

第一章
跟毛泽东学提高领导素质
·自信人生二百年，会当水击三千里·

　　"才智的开端是承认矛盾的存在"。
　　问题是，在即将变革的时候，要能够
　　看出矛盾，能够朝着正确的方向行动。

这是毛泽东特有的天才。毛泽东有辩证的思想，是一位复杂的人，西方的概念讲不清他和他的事业。毛泽东总是等待矛盾达到一触即发的时刻，然后，他不得不采取行动，重新确认自己的领导，改变航程。毛泽东尤其有耐性，直忍耐到一触即发的时候。争取命运的转机，不能太急，也不能太迟。他顺应历史，又走在历史的前头。

——海伦·斯诺

独坐池塘如虎踞，绿杨树下养精神。
春来我不先开口，哪个虫儿敢作声。

——毛泽东

毛泽东是伟大的"诗人革命家"。他诗人的浪漫情怀，革命家的英雄气概鼓舞着他克服重重困难，从低谷走向高潮，从胜利走向胜利。但是，一个伟人的成功，不仅仅体现在他发挥了他丰富的情感，而更体现在他对自己丰富情感的控制和升华……

领导首先是群众的学生，这是一个朴素的道理。它几乎朴素到这样的程度，你要成为某种意义上的领导，你就要成为某种意义上的学生。而且，即使你意识到了这一点，你还是不一定能够做得好；即使你做得好，也是一个无限的进程。就这一点来说，毛泽东给后人的启示是令人回味无穷的……

彭湃出身大地主，是个大学生，后来又做了共产党的中央委员。但是，为了做农民工作，彭湃不得不脱掉白大褂，穿起农民的衣服；不得不改掉"官话"，说起农民的"土话"；不得不"违背"无神论观点，同农民一起拜观音菩萨。但是，这样一来，农民就信任彭湃，把彭湃看成自己人，愿意听他的话，愿意听他讲革命道理。结果，广东的农民运动就搞了起来，而彭湃本人成了农民运动的大王。毛泽东总结彭湃的做法，认为迁就农民的落后就要做农民的学生；但是，为着领导农民运动，又要做农民的先生。结果，毛泽东的农民运动做得更好更大。

——胡乔木

实际上，在 20 年代没有"革命大师"可供毛泽东拜师搞革命。从孙中山到李大钊、陈独秀，同毛泽东的年龄、经历相比，他们都是年长资深的革命领导人，但他们当中没有一个人知道怎样才能使革命在中国这个国家取得成功。斯大林认为他了解中国的革命，他在 1925 年前后就能令中国共产党按他的设想行事，但事实证明，他也不是可信赖的领导人。毛泽东在 1921 至 1927 年间，从我上面提到的那些人那里学到了一些东西，但是在许多重要的方面，毛泽东是自学的。

——施拉姆

所谓领导能力,即领导者驾驭事变、引导和促进事变向着预期方向发展演变的能力。具体来看,包括认识能力(预见、识人、决策等)和实践能力(用干部、动员群众、组织群众等),但这诸多能力都有一个共通的、基本的、一般的

能力，即借势和借力。跟毛泽东学领导
能力，首先要把握这种一般的能力……

在过渡性和发展中的社会中，超凡
魅力的领袖起着重要的作用。毛泽东
就属于那种把人格的魅力与思想的魅
力集于一身的超凡魅力的人民领袖。

——伯恩斯：《领袖论》

赢得认同往往要经历情感认同、理
智认同和欣赏的认同三个阶段。无论
是争取个别的认同，还是争取群众的
支持与认同，毛泽东之赢得认同，都
显示出他从情感认同入手，经理智认
同，达于欣赏的认同的高境界。毛泽
东之赢得认同，是大手笔大气魄……

第二章
跟毛泽东学决策

·运筹帷幄之中，决胜千里之外·

毛泽东既不是神，也不是天才，毛

泽东的才能与智慧有着实实在在的根源。它们来自于调查研究，来自于人民群众的智慧。调查研究是毛泽东领导思想与实践的历史出发点，是毛泽东领导思想与领导实践的理论出发点……

跟毛泽东学预见预测 …………………………………… （149）

毛泽东的预测预见，就像总设计师一样的精确。从国内革命战争时期的"星星之火，可以燎原"、抗日战争的"三个阶段"，到解放以后在"一穷二白"基础上描出的"最新最美的图画"，事事都证明了毛泽东是一位伟大的预言家，是一位杰出的"历史画家"……

跟毛泽东学使用外脑 …………………………… （158）

领导决策是一个过程，这个过程大致上可分为两个阶段，一是"谋"的阶段，二是"断"的阶段。在"谋"的阶段，既有"内脑"的参与，又有"外脑"的参与，而且在很大程度上是"外脑"在"谋"。在"断"的阶段，则主要是"内脑"的事。毛泽东很善于使用"外脑"，并给后人留下很多有

第三章
跟毛泽东学知人善任

·任凭风浪起，稳坐钓鱼船·

之，则一事无成。关于这点，毛泽东的见解颇可学习。他说：必须要善于识别干部，不但要看干部的一时一事，而且要看干部的全部历史和全部工作，这是识别干部的主要方法。……

治国之道，务在举贤。若夫国危不治，民不安居，此失贤之过也。毛泽东选人，总能从总体上考虑，把人安排到恰当的位置上，他派罗荣桓做林彪的搭档就很能说明这一点……

"人才、干部是世界上所有的宝贵的资本中最宝贵最具有决定意义的资本。应该了解，在我们目前的条件下，干部决定一切。"这是斯大林的名言。毛泽东在依靠群众的基础上也认为，在实践活动中，干部起着决定性的作用。毛泽东是如何用干部的，这之中又可以给人们哪些启发呢……

事业的沉浮无不在人。管好人，不但提高领导活动的效率，而且也是成功的

保证。领导的基本职能有组织、引导、
指挥、协调、监督和教育。把这些功能
用在管人方面，毛泽东在他的革命实践
活动中，有许多创造性的发挥……

我们常用一盘散沙来形容不团结。
闹分裂搞不团结，会从鼎盛走向衰败。
太平天国农民起义就是一个例子。毛
泽东非常注视党的团结，将团结看作
党的生命，并非常善于处理党的内部
和外部的团结问题。毛泽东的团结艺
术是一笔宝贵的财富……

行政管理班子与统治者思想的和物
质利益上的团结一致是至关重要的。
依赖这种团结一致的统治者，与行政
管理班子中每一个单个的成员相比，
要强大些，而与所有的成员相比，则
要弱一些。这句话适用于统治者与行
政管理班子的关系。

——韦伯

在所有的社会生活中，在每一个重

要的社会组织形式中，都不能没有领导。控制与领导的方式方法，公开的或隐蔽的，各个社会，各不相同。但是领导人时刻都在眼前，不仅是国家的明显象征，并且是责任、决策和行动的中心。

——胡克

有了能力强、智慧高而又有干劲的部属之后，下一步要做的就是激励他们，使他们发挥创意。毛泽东无论在革命战争年代，还是社会主义建设时期，都善于用激励的方式鼓舞干部，使他们焕发出无限的热情，以坚定的意志去努力工作。关于毛泽东的激励方法，可以从不同的角度和层次挖掘……

第四章
跟毛泽东学动员与组织群众
·人民，只有人民，才是历史的创造者·

在我党的一切实际工作中，凡属正确的领导，必须是从群众中来，到群众中去。这就是说将群众的意见（分散的、无系统的）集中起来，（经过研究，化为集中的系统的意见），又到群众中去作宣传解释，化为群众的意见，使群众坚持下去，见之于行动，并在群众行动中考验这些意见是否正确。然后再从群众中集中起来，再到群众中坚持下去。如此无限循环，一次比一次地更正确、更生动、更丰富。

——毛泽东

从思想与政治优势入手动员群众，把物质利益与精神利益有机地统一起来，把"给"与"取"有机地统一起来，是毛泽东动员群众的领导艺术的真谛……

有一种革命家，他们在理论上很强，但是在组织工作和实际工作方面却很弱。革命时代一到来，当要求领袖拿出革命实践口号的时候，理论家就退出舞台，让位给新人物了。要始终成为无产阶级革命和无产阶级政党的领袖，就必须一身兼备理论力量和无产阶级的实际组织经验。

——斯大林

激励的前提是信任,是认同,是尊重,是鼓励,是张扬,是关怀,是爱护,而不是压抑,不是打击,不是鄙视,更不是继续压抑,继续打击,继续鄙视。毛泽东从信任、认同、尊重、鼓励、张扬、关怀和爱护农民出发,去激励农民,激励农民运动。正因为这样,即使是农民也成就了辉煌的伟业……

对于毛泽东来说,成功就是赢得人心凝聚人心。

——海伦·斯诺

1840年以来,中华帝国沦落为东亚病夫。然而,一个民族虽然可以被"打倒",但是,只要她能够守住自己的精神,她就不会被"打散",她就有复兴的希望。正是在毛泽东的领导下,中华民族奋发图强,实现了民族复兴,从此,"中国人民站起来了"……

的乃是思想路线上的分歧……

政治路线是政党行动的出发点和归宿，是政党组织内部团结统一的基础，是政党性质的重要标志。在历史发展的各个阶段和重要的历史关头，由于各种条件的相互作用，往往会有几种不同甚至相反的变化的可能存在。这就对领导者的政治路线决策能力提出了严峻的考验……

政治路线确定之后，干部就是决定的因素。　　　　　　　——毛泽东
一个人数少但有战斗力的党比一个人数多而缺乏战斗力的党要强得多。
　　　　　　　　　　　　——邓小平

现代意义上的政党有三个构成要素，即思想、组织与领袖。三者相互作用，缺一不可。在思想建设上，毛泽东继承了马克思列宁主义，也把它们发展为毛泽东思想。在组织建设上，毛泽东继承了列宁的组织原则，并且把它发展到更

友对待。原因是这1亿之众，不能让他跑到敌人那边去。毛泽东信心十足地说："我们真正的朋友有多少？三万万九千五百万。我们真正的敌人有多少？有一百万……"

不少人把领导埋头于事务看作是一种勤政的表现，但高明的领导人则能从繁杂的事务中解脱出来，"抓大事不问琐事"，往往政绩斐然。毛泽东就是这样一位高明的领导者。在革命发展的每一个阶段，他都把工作的中心放在抓大事上。所谓大事，就是主要矛盾和矛盾的主要方面……

毛泽东在制定政策策略和领导革命建设中，总是全局在胸，凡事都能从更加广阔的范围和背景考虑问题，而不局限在一个狭小的范围就事论事。在利害得失上，他总是妥善地处理全局与局部、当前和长远的利益关系，避大害，谋大利，而不计一时的得失。这是他高人一筹和立于不败之地的关键因素之一……

第六章
跟毛泽东学领导艺术
·出神入化，得心应手·

跟毛泽东学一般与个别相结合············(437)

任何工作任务，如果没有一般的普遍的号召，就不能动员广大群众行动起来。但如果只限于一般号召，而领导人员没有具体地直接地从若干组织将所号召的工作深入实施，突破一点，取得经验，然后利用这种经验去指导其它单位，就无法考验自己提出的一般号召是否正确，无法充实一般号召的内容，就有使一般号召落空的危险。

——毛泽东

跟毛泽东学领导与群众相结合············(447)

领导与群众相结合是马克思主义的基本的领导方法。只有领导骨干的积极性，而无广大群众的积极性相结合，便将成为少数人的空忙。但是，如果只有广大群众的积极性，而无有力的领导骨干去恰当地组织群众的积极性，

则群众的积极性既不可能持久，也不
可能走向正确的方向和提高到高级的
程度。

——毛泽东

跟毛泽东学象征·····················（456）

"由于无法了解自己深藏的动机，
人们企图寻找一种解决矛盾的办法，
即把他们的恐惧、争吵和愿望投射到
某种可以得到象征性解决的社会物体
上。""英雄型领袖对内在和外在的矛
盾恰好提供了这种'象征性'的解决
办法"。"英雄型领袖在过渡性和发展
中的社会中起着重要的作用。……群
众需要通过某种办法来克服他们受挫
的情绪，这办法就是把他们的恐惧、
希望和争吵交付给至少能对这些问题
提供象征性解决办法的英雄们"。

——伯恩斯

跟毛泽东学开会·····················（477）

在党的历史上，有许多毛泽东直接
主持和参与的会议：党的一大、八七
会议、古田会议、遵义会议、毛儿盖
会议、瓦窑堡会议、党的七大、七届
二中全会、党的八大，这些会议的召

序　章
毛泽东与领导

·问苍茫大地，谁主沉浮？·

毛泽东的领导实践与领导艺术

一、毛泽东的领导地位

在毛泽东漫长而艰巨的革命历程中，有若干关键性的转折点。就其领导活动来看，有三个转折点值得注意。一是1935年遵义会议，二是1938年抗日民族统一战线，三是1943年毛泽东思想的确立。

1935年遵义会议在军事上确立了毛泽东的领导地位，这是一个转折点。遵义会议及遵义会议之后，毛泽东在政治上开始享有了相当大的影响力。遵义会议确立毛泽东的领导地位，是对毛泽东在长征中挽救革命挽救党的历史作用和领导才能的认可和承认。但是，遵义会议没有解决有关的政治问题，而且，实际上也存在着名义领袖与实际领袖不相符合的问题。

遵义会议确立毛泽东的领导地位有几个特点。它是对毛泽东历史作用的认可与总结。这个确立是面向过去的。它实际上确立了毛泽东的领导地位，特别是确立了毛泽东在军事上的领导地位。但是，它遗留下了政治问题。毛泽东政治上的领导地位问题没有解决。除此之外，遵义会议确立毛泽东的领导地位，属于某种内部调整，它较少涉及到外部问题。

　　1938 年，在抗日民族统一战线的策略问题上，毛泽东赢得了全党的支持和取得对王明的胜利，这个转变的影响首先是外部的。所谓外部一个是对于日本的，另一个是对于苏联的。如果说对日本的影响是关于"事"方面的影响，那么，对于苏联的影响就是关于"人"方面的影响。王明一直是苏联支持的所谓"亲苏派"。对王明的这个胜利，实际上是全面确立了独立自主的抗日民族统一战线，是中国特色社会主义革命道路的进一步巩固与发展。正如迈斯纳所说的，通过长征，"共产国际的梦魇般的精神包袱终于被抛弃了，不管斯大林的脸色如何，毛泽东确立了自己在党内至高无上的地位。在斯大林时代的共产党历史，这是一件前所未有的事情。这样，长征使毛泽东登上了中国共产党的最高领导人的地位"。[①] 由于这样两个转变，在抗日民族统一战线问题上确立毛泽东的领导地位，它的影响又是面向未来的。

　　而从 1943 年提出"毛泽东思想"到 1945 年"七大"上确

遵义会议后不久的毛泽东

------

　　① 《毛泽东的中国及后毛泽东的中国》，迈斯纳著，中央文献出版社，第 46～47 页。

立毛泽东思想的地位，则从思想路线上确立毛泽东思想对于整个中国革命的指导地位，确认了毛泽东的领导地位。这个时期是毛泽东领导地位全面确立的时期。

毛泽东领导地位的确立，是一个逐渐深入和巩固的过程。这个过程，可以说包括两个"三部曲"。第一个三部曲，是从长征到抗日再到迎接全面胜利。第二个三部曲，是从军事到策略再到思想路线。

二、调查研究是毛泽东领导思想与实践的出发点

调查研究是毛泽东领导历程的历史出发点

毛泽东说，领导工作主要地是两件事，一是"出主意"，一是"用干部"。就"出主意"来看，早在苏维埃时期，大家都知道毛泽东足智多谋，"毛委员有主意"。就是对付蒋介石的流氓政治，大家也感到只有毛泽东的一套办法才行。其实，毛泽东既不是神，也不是天才。毛泽东的才能与智慧有其实实在在的起源。它们来自于调查研究，来自于人民群众的智慧。

追溯毛泽东的调查研究，可以说，它起源于 1925 年底的《中国社会各阶级的分析》和 1927 年初的《湖南农民运动考察报告》。《分析》与《报告》两文，在国共尚处于合作的时期，就觉察到并鲜明地指出，与国民党的合作应该注意两种倾向。一种倾向以陈独秀为代表，只注意与国民党合作，忘记了农民。另一种倾向，以张国焘为代表，只注意工人运动，同样忘

记了农民。这两种倾向有着共同的感觉，就是都感觉到自己的力量单薄不足，但是，又不知道到何处寻找力量，到何处寻找自己的同盟军。

毛泽东对农民和农民运动的认识，也有一个过程。

1936 年，在对斯诺的谈话中，毛泽东说，"以前我没有充分认识农村里阶级斗争的程度，但是，在 1925 年五卅惨案以后，以及在继之而起的政治运动的巨浪中，湖南农民运动变得非常有战斗力"[1]。在八七会议上，毛泽东也说过，"当我未到长沙之前，对党完全站在地主方面反对农民的决议无由反对，……直到在湖南住了三十多天，才完全改变了我的态度。"[2]

西方许多观察家和毛泽东研究专家也都注意到毛泽东对农民和农民运动认识的这个变化及其重大意义。伯恩斯、施拉姆等都着重指出并论述了这个问题。斯诺指出，1927 年的事变，"是每一个中国共产党人一生经历中的一个转折点"。[3] 而毛泽东对国共合作两种片面倾向的关注，他对农民和农民运动认识的变化，归根结底，应该归功于他在湖南所作的对农民和农村的调查研究。对于中国革命来说，虽然不能说这个调查研究以及由此而来的对农民的发现是值得庆幸的，但是，其影响仍然是决定性的和至关重要的。

在调查研究的基础上，毛泽东提出了一系列著名的论断。"孙中山先生致力国民革命凡四十年，所要做而没有能够做到的事，农民在几个月内就做到了。这是四十年乃至几千年未曾成就过的奇勋"。[4] "谁是我们的敌人？谁是我们的朋友？这个

---

① 《毛泽东自述》，人民出版社，第 49 页。
② 《从陈独秀到毛泽东》冯建辉著，中央文献出版社，第 123 页。
③ 《毛泽东自述》，人民出版社，第 53 页。
④ 《毛泽东选集》第一卷，第 15～16 页。

问题是革命的首要问题。中国过去一切革命斗争成效甚小，其基本原因就是因为不能团结真正的朋友，以攻击真正的敌人。革命党是群众的向导，在革命中未有革命党领错了路而革命不失败的。"①

今天读来，这些论断的准确性、正确性和深刻性，简直令人叹为观止。在调查研究的基础上，毛泽东还正确地预见到，当时的民族资产阶级是一个动摇的阶级，他们在革命高涨时将要产生分化，其右翼将要跑到帝国主义方面去。1927年所发生的事变，证明了毛泽东的这个预见。

通过调查研究，毛泽东不但发现了农民，预见到1927年的事变，抓住了中国革命的主要矛盾，而且，实际上也开创了农村包围城市的革命道路。从各方面来说，它们在毛泽东的领导历程中，都是一个决定性的起点。从毛泽东的一生来看，毛泽东对中国革命问题的基本认识、总体战略与分析方法，在这两篇文章中已经奠定了最主要的基础，而且，从那以后基本上就没有改变过。或许正是出于这样的考虑，《毛泽东选集》所收录的毛泽东第一次国内革命战争时期的文章，仅此两篇。

调查研究是毛泽东领导历程的理论出发点 ·

毛泽东的调查研究，有两个显著的特点。一个特点是，着重和善于抓主要矛盾（矛盾的主要方面）；一个特点是，着重和善于抓规律。这两个特点，也可以说是毛泽东的调查研究的核心与关键。

调查研究不能停留在事物的"现象"上，更不能停留在"假象"上，而是要"穿透"现象和假象，抓住问题的根本。

---

① 《毛泽东选集》第一卷，第3页。

在延安整风中，针对调查研究中存在的问题，毛泽东特别指出，"什么叫问题，问题就是事物的矛盾"，"问题即矛盾"。从提出问题、发现问题，到解决问题，都要靠调查研究。而调查研究，最后总要落实到和上升为对矛盾及其矛盾着的两个方面的认识与把握①。

那么，什么又是问题的根本呢？问题的根本，也就是主要矛盾和矛盾的主要方面。问题的性质，是由主要矛盾和矛盾的主要方面而不是由次要矛盾和矛盾的次要方面决定的。在调查研究中，区分出了主要矛盾与次要矛盾、矛盾的主要方面与次要方面，也就抓住了问题的根本，抓住了问题的本质。

因此，调查研究也不是简单地"列狗肉账"。"列狗肉账"式的调查研究，已经对事物的诸方面、诸层次有所区分，甚至于对事物本身与其现象、假象也有所区分。但是，"列狗肉账"只是把这些诸方面、诸层次的要点一、二、三，A、B、C……式地罗列起来。然而，它既没有把调查研究上升到"矛盾"的高度，也没有上升到主要矛盾和主要矛盾方面的高度；从而，也没有找到一、二、三，A、B、C之间内在的和统一的联系。

抓主要矛盾和矛盾的主要方面，是从结构性和静态上看问题。抓规律，是从历时性和动态上看问题。二者既是同一个认识的两个不同方面，后者又是前者的继续。那么，什么是规律呢？规律，也就是事物矛盾性质展开过程中那些稳定的、不断发生的和可重复的现象。从领导学上看，规律包括事态性质发生变化的转机、发展的基本趋势、基本阶段以及未来发展的可能前景等等。所谓转机，也就是主要矛盾与次要矛盾、主要矛盾方面与次要矛盾方面地位发展变化的关节点。这个关节点，

---

① 《毛泽东选集》第三卷，第839页。

既是结构性的，又是历史性的。而基本趋势、基本阶段和发展前景等等，也都从这个转机中衍生出来。

因此，调查研究、特别是其中对主要矛盾（方面）与基本规律的把握，构成预见的基础。而预见又构成决策的基础。正确的预见与决策也就是"出主意"。"出主意"属于所谓认识世界。就其内容来看，从调查研究到出主意等一系列活动，是领导活动中关于"事"的方面，属于领导活动中关于"事"的活动。

只有有"主意"、有正确和准确的主意，才能够谈得上"用干部"。因为，从逻辑关系和前后顺序上看，"出主意"是"用干部"的前提和基础。"出主意"是"用干部"的资本。否则，为什么是你（而不是其他人）用干部呢？干部为什么为你所用呢？因此，严格地讲，"出主意"与"用干部"，这二者的前后顺序是不能颠倒的。

而所谓"动员群众，组织群众"，则是在事态性质发生转机的关节点上，把群众动员起来、组织起来；把动员起来、组织起来的群众与事态发展的要求配合起来，促进事态朝着预期的方向发展，产生预期的结果。从用干部到动员组织，属于所谓"掌握政策"（当然，这其中又涉及到制定、适用和调整政策等等），属于改造世界。就其内容来看，从用干部到动员组织群众，是领导活动中关于"人"的方面，属于领导活动中关于"人"的活动。因此，"出主意，用干部"与"动员群众，组织群众"，二者是内在一致的。不同之处在于范围的扩大。"用干部"是相对于领导阶层这个范围来说的。而"动员群众，组织群众"则是相对于整个领导阶层之外、更大范围的一般群众（也是整个社会活动的主体）来说的。

调查研究构成预见的基础。在这个基础上，领导方面才能够有主意可出；另一方面，领导者又能够对别人所提供的

"策"进行决断。这是领导活动的前半段，属于所谓认识世界。在认识世界的基础上，才能制定和掌握政策，才可以并且能够用干部、动员群众、组织群众，引导和推动事态朝着预期的方向发展，产生预期的结果。这是领导活动的后半段，属于所谓改造世界。

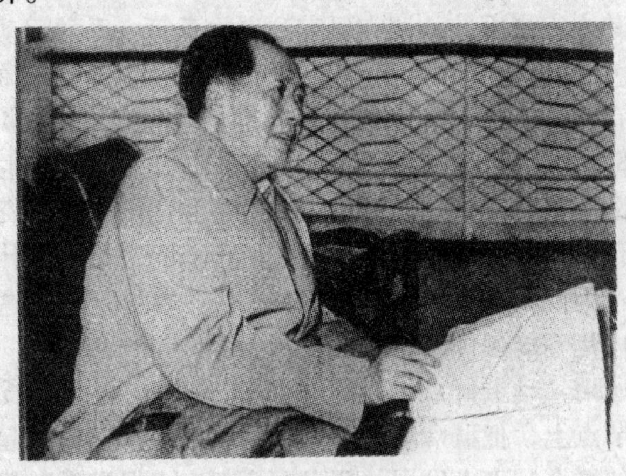

1958 年，毛泽东视察四川的途中。

调查研究，是毛泽东整个领导思想与实践的发源地和"秘密"之所在。调查研究的有关思想与实践，不但贯串在毛泽东领导历程的始终，而且，在延安时期的理论探索与升华中，也发展为自觉的、成熟的和系统的理论形态。在这个意义上，"从群众中来，到群众中去"的群众路线和实事求是的思想路线，既来自于调查研究，又是调查研究的继续和理论升华。

三、"两结合"是毛泽东领导艺术的核心

毛泽东在 1943 年《关于领导方法的若干问题》中、以中共中央决定的形式提出了他关于领导方法的著名的"两结合"，即一般与个别相结合、领导与群众相结合。

"两结合"的内容

一般与个别相结合、领导与群众相结合这个"两结合"，并不是作为针对具体问题、细节问题的具体方法而提出来的，而是作为"马克思主义的科学的领导方法"、作为一般方法论原则而提出来的。我们看到，以 1941 年、1943 年整风为背景，《若干问题》所提出的"两结合"，立论完全站在战略的高度，是从一般方法论原则上看问题的。实际上，正是随着整风的深入和扩大，内部提出了高级干部的统一与凝聚问题，外部提出了迎接未来的问题，所以，领导活动中的基本思想与方法论问题也就提上了紧迫的议事日程。

就其所涉及的内容来看，"两结合"中的一般与个别相结合，是领导活动中关于"事"这个因素的。这是关于"事"的领导活动。具体地说，它涉及到马克思主义与中国革命相结合的问题。广义上，它涉及到调查研究、预见、决策等一系列根本的领导活动。在这个方面，一般与个别相结合，也包括制定政策、掌握政策。总之，一般与个别相结合，是关于认识世界的领导活动。

领导与群众相结合，是领导活动中关于"人"这个因素的。这是关于"人"的领导活动。特殊地说，它涉及到党中央这个领导核心与广大高级干部的结合问题。一般地说，它涉及

到党中央和高级干部与广大群众的结合问题。而广义上，它涉及到用干部、动员群众、组织群众等一系列领导活动。领导与群众相结合，是关于改造世界的领导活动。正是在这里，毛泽东首次完整地提出了著名的、也是更为关键的"从群众中来，到群众中去"的群众观点群众路线和群众方法。

领导与群众相结合，抓住了关于"人"的领导活动的基本矛盾。这个基本矛盾就是"领导"与"群众"的矛盾。在这个方面，毛泽东提出，没有群众的领导是"空洞的"；而没有领导的群众，既是"盲目的"，也难以提高到高级的程度，又是"不可持久的"①。同样，官僚主义与尾巴主义都脱离了群众。前者不要群众，后者赶不上群众。

毛泽东所提出的关于领导方法的"两个结合"，是不能分割开来孤立地看待的。把"两个结合"分割开来，孤立地看待，会造成理解和把握"两结合"问题上的片面、忽视和遗漏。例如，在理论与实际工作中，只能做到一般与个别相结合，或者只能做到领导与群众相结合，而不能把这两个结合结合起来，恐怕都不能说是掌握了"马克思主义的科学的领导方法"。

"两个结合"之不可分和必须结合起来看待，是因为，针对和关于"事"的领导活动（一般与个别相结合），与针对和关于"人"的领导活动（领导与群众相结合），是同一个领导活动的矛盾的两个方面。领导活动的基本特征是"以人谋事"。在"谋事"的问题上，需要正确的预见和决策，即所谓"出主意"。这里的"人"，狭义上是指干部；广义上是指群众。在"以人"的问题，需要用干部，需要动员群众和组织群众。领

---

① 《毛泽东选集》第三卷，第898页。

导活动的基本矛盾是"人"与"事"的矛盾。因此，只有把"两结合"进一步结合起来，才能抓住领导活动矛盾的两个方面，才能抓住领导活动的本质。

"两个结合"的进一步结合，集中体现在毛泽东关于"从群众中来，到群众中去"的群众观点群众路线和群众方法中。所谓"从群众中来，到群众中去"，既是对"事"的认识问题，是一般与个别相结合的问题；又是对"人"的实践问题，是领导与群众相结合的问题。在"从群众中来，到群众中去"的过程中，一般与个别相结合、领导与群众相结合，是一而二、二而一的问题，是"合二为一"的一个问题，而不是两个问题。因此，只有把"两个结合"进一步结合，才能全面把握毛泽东的"两结合"的总体的和深层次的意义。

在否定的意义上，毛泽东所提出的"两结合"，既是反对主观主义的领导方法的，也是反对官僚主义的领导方法的。而在肯定的意义上，毛泽东的"两结合"提了创造性地解决中国革命问题的要求。在分析了"两结合"的基本内容之后，毛泽东总结性地指出，"领导方法问题上的各个细节问题，这里不能一一说到，希望各位同志根据这里所说的原则方针自己去用心思索，发扬自己的创造力"①，以解决中国革命中存在着的问题。

"两结合"与毛泽东的领导艺术

一种领导思想与实践（一般的说，任何思想与实践），要达到领导艺术（一般的说，任何艺术）的高度，恐怕有三个条件是"最低限度"的要求。一，它要具有某种创造性。创造性

---

① 《毛泽东选集》第三卷，第902页。

是艺术基本的和最终的要求。二，创造性要具有普遍的意义。创造性是艺术的"底蕴"。普遍意义是艺术的"高度"。三，如果说，创造性与一般的高度、普遍的意义是艺术的内容，那么，这些内容要成为艺术，还要具有感性的和可被接受的表现形式。创造性，是艺术的必要条件。普遍意义，是艺术的充分条件。感性形式，是艺术的充分必要条件。三者相辅相成，缺一而不可成为艺术。

首先，毛泽东的领导思想与实践是赋有创造性的。细节上的创造性不及细说；可以说，也说不完，道不尽。大而言之，创造性有三个方面。一个是创造性地把马克思主义与中国革命的具体实践相结合。一个是创造性地解决中国革命中所遇到的生死攸关的重大问题。第三个是创造性地发展马克思主义，推进了社会主义革命与建设事业。甚至于，毛泽东的诗词也是这种创造性的一种。

其次，毛泽东的领导思想与实践，达到了一般的高度，具有普遍的意义。

第三，毛泽东的领导思想与实践，不是抽象的理论，而是活生生的实践，既是活生生的生活实践，又是活生生的革命实践。甚至于毛泽东关于他领导思想与实践的理论著作也是短小精悍、深入浅出、通俗易懂的。

毛泽东领导思想与实践的基本特征

毛泽东领导思想与实践的特征在于，它具有强烈的超凡魅力的性质。毛泽东的超凡魅力是集人格的魅力与思想的魅力于一身的超凡魅力。这种超凡魅力，既是相对于近代以来灾难深重的民族危机而言的，也是相对于毛泽东超凡的创造力而言，又是相对于广大人民群众的热情与拥戴而言的。毛泽东的超凡魅力，有其时代性、创造性与人民性三个背景与条件。

一、毛泽东的超凡魅力

在中美恢复外交关系的秘密谈判中，尼克松的国务卿基辛格第一次见到毛泽东的时候，几乎完全被毛泽东的威严所震慑，并折服于毛泽东的魅力。基辛格事后回忆说，毛泽东"成了凌驾整个房间的中心，而这不是靠大多数国家里那种用排场使领导人显出几分威严的办法，而是因为他身上发出一种几乎可以感觉得到的压倒一切的魅力。"基辛格是老牌政治家，但是，他认为，"或许除了戴高乐以外，我从来没有见过一个人像他一样具有如此高度集中的、不加掩饰的意志力。"

关于毛泽东身上的那种威严与魅力，基辛格认为那是一种

"颤流"。"没有任何外在的装饰物可以解释毛泽东所焕发的力量感。我的孩子们谈到流行唱片艺术家身上的一种'颤流'，我得承认（我）自己对此完全感觉不到。但是，毛泽东（身上）却的确发出力量、权力和意志的颤流。"①

1961 年，毛泽东在庐山。

　　基辛格"出仕"之前和"卸任"之后，都是哈佛大学的政治学教授，而且是世界著名的政治学教授。在政治上，基辛格应该属于那种有批判能力的政治观察家。对于中国对于毛泽东来说，基辛格也还是那种置身事外的"独立"观察家。即使不从政治上考虑，基辛格也应该属于那种有独立人格和批判能力的知识分子（而且是高级知识分子）。那些灌制唱片的流行音乐艺术家，在基辛格的时代，发行百万张唱片不算稀罕。但

　　① 《中外著名人士谈毛泽东》余飘主编，大众文艺出版社，第154页。

是，基辛格对他们还是有批判有保留的。他们对于基辛格这样的人士还是缺乏魅力、缺乏吸引力的。基辛格之感到并且震慑于毛泽东身上的魅力，当属某种真实的感受。

在毛泽东身上，除了高度集中不加掩饰的意志力，基辛格还指出毛泽东深邃的洞察力。"他微笑着注视来客，眼光锐利而微带嘲讽，他的整个神态似乎在发出警告说，他是识透人的弱点和虚伪的专家，想要欺骗他未免是徒劳的。"美国学者弗里得里克·泰韦斯也着重指出了毛泽东的洞察力。除此之外，他还强调了毛泽东超然的态度。"在他那超然的态度中蕴藏着神秘的、不可思议的力量"①。施拉姆认为，毛泽东有着农民的朴实与智慧。"农民的价值观和知识分子的使命感，……在毛泽东那里得到了和谐统一和充分的体现。"② 高度集中、不加掩饰的意志力，体察入微、穿透一切的洞察力，农民价值观与知识分子使命感的和谐统一，蕴藏着神秘不可思议力量的超然态度，……这些都是某种特殊的品质。它们集中在一个人的身上，已经足以构成某种超凡的神秘的魅力。但是，除此之外，我们似乎还可以补充毛泽东作为"诗人革命家"的浪漫情怀、心雄万古（其"诗人"的方面）和他的雄才大略、英雄气概（其革命家的方面）。而这两个方面又是集于毛泽东一身的。

除了毛泽东个人的这些特殊品质外，我们还应该注意到，毛泽东不过是出身于社会下层的一个"师范生"。他没有大学者的理论背景，也没有苏联支持的政治背景。但是，正是这样一位似乎弱不禁风的"书生"搞起了轰轰烈烈的事业，在危机深重的转折关头，多次几乎是神秘地挽救了革命挽救了党。从1840 年算起，近现代的中国革命没有一次是成功的或者胜利

---

① 《中外著名政治家学者论邓小平》，上海人民出版社，第 699～700 页。
② 《毛泽东的思想》施拉姆著，中央文献出版社，第 15 页。

的。经过100年的筛选，革命在他的手中奇迹般地胜利了。他表现出卓越的理论才能、组织才能。他赢得了广大的人民群众长期而持续的如痴如醉的热情和拥戴。在这种热情的激励下，即使是最下层的人民群众也成就了最为辉煌的伟业。这种热情甚至于发展和演变为狂热的崇拜。它的影响不仅仅是全国性的，而且及于世界……。

二、毛泽东的超凡魅力的特征

毛泽东不仅具有魅力，而且，他所具有的恐怕还是某种"超凡"的魅力。所谓"超凡"，有两个含义。一个含义是，他超越于"芸芸众生"。另一个含义是，他超越于"滚滚红尘"。超越于"芸芸众生"，就是既赋予个人短暂的生命以超越的意义，又赋予一般的民众以超越的意义。超越于"滚滚红尘"，就是赋予日常生活以超越的意义，赋予他所投身于其中的革命以超越的意义。

赋予生命以超越的意义，这是一种人格的魅力。赋予革命以超越的意义，这是一种思想的魅力。而且，在毛泽东身上，这两种魅力并不是分开的两种魅力，而是二者集于一身的一种魅力，是一种人格的与思想的魅力集于一身的超凡魅力。

关于毛泽东的魅力，基辛格提到法国总统戴高乐。实际上，就在戴高乐之后、蓬皮杜的继任者吉斯卡尔·德斯坦（1974～1981年期间担任法国总统）也谈起毛泽东的魅力。1993年5月在上海参加第11届国际行动理事会期间，德斯坦接受了中国中央电视台的采访。德斯坦从来没有见过毛泽东，但是，关于毛泽东，有一件事情让德斯坦记忆深刻，深受感动。

“这就是 1974 年我当选总统前，我的前任在 4 月份去世了。就在此前几个星期，一位访华的非洲国家的元首会见了毛泽东，他们谈到下届法国总统的人选，因为那时蓬皮杜总统已经生病了。毛对这位来访者说：‘我知道下届法国总统是谁，是吉斯卡尔·德斯坦先生’。那位非洲的元首很吃惊，我也很惊讶，他竟然知道我，而我当时很年轻，名气又不大。可见，毛泽东是非常了解法国政治的，并且还有很正常的判断力。”

“现代社会的国家领导人并不体现一种哲学思想。他们只是解决一些问题，诸如经济、社会、军事等等。法国人却认为毛泽东体现了一种哲学思想，并且努力地把它付诸行动。这是我们对政治的认识。我们在 1789 年进行的大革命，正是为了一种哲学思想。我们清楚地认识到毛泽东思想也正是使中国走向一种哲学，即给予中国人民最大的权力和最高的地位”[1]。

法国有革命的传统，而且，左派知识分子的影响比较大。1789 年的法国大革命，就既是这个传统的一部分，又丰富和发展了这个传统。法国大革命并不是零敲碎打，也不是为了反抗外来的压迫而争取民族独立。它是为了某种理想而革命。事实上，它也创造了这个理想。这个理想就是西方所宗奉的独立、自由与民主。法国大革命和它的这个理想，对西方社会政治发展的影响是深刻的。但是，就我们所关注的问题而言，在大革命之后，包括法国在内的西方政治家却很少超越或发展这个理想，而只不过是在实践中实施这个理想。因为这一点，他们政治家的魅力是有局限性的。

但是，戴高乐除外。在面对法西斯威胁的情况下，戴高乐不但坚持了这个传统的理想，而且，在现代的国际条件下推进

---

[1] 《中外著名人士谈毛泽东》余飘主编，大众文艺出版社，第 160～161 页。

和发展了这个理想。就现代法国的历届总统而言，似乎只有戴高乐的统治与领导才接续了 1789 年大革命的精神。因此，作为法国总统，在山河破碎独撑危局的形势下，戴高乐不但体现了一种人格的魅力，体现了一种思想的魅力，而且，也把这两种魅力集于一身。正因为这样，所以，基辛格和斯坦德都认为，戴高乐是属于那些不可多得、"青史留名"的赋有超凡魅力的政治家。

戴高乐与法国革命，同毛泽东与中国革命，有某种相似之处。因为这一点，斯坦德的评论可能存在着某种偏颇。但是，美国政治学会前会长伯恩斯关于另一位与毛泽东既不是同时代、也无相似文化背景的历史人物的对比分析，却是更能说明问题。

摩西是以色列民族的创始人。摩西带领以色列人民跨越红海，脱离埃及的统治，是一次历史的壮举。《旧约·圣经》"出埃及记"所记述的就是这一历史事件。实际上，"出埃及"可以说是历史早期记载中的一次"长征"。伯恩斯指出，正是"出埃及"的艰难历程，锻造了摩西坚不可摧的神秘人格。而在出埃及的长征中，摩西不但缔造了以色列民族，而且，也创造了有别于埃及"太阳神教"、作为以色列人信仰的犹太教。而犹太教又成为基督教的底本。在这个方面，摩西又享有崇高而伟大的思想魅力。

弗洛伊德是著名的心理分析大家。但是，他曾经深深困惑于宗教和历史记载上的摩西的神秘与伟大。后来，经过心理分析的深入研究，特别是经过对罗马圣彼得堡教堂中由米开朗琪罗制作的摩西雕塑长期而执着的研究，弗洛伊德终于明白：摩西原来不是神而是人！而且，据弗洛伊德考证，摩西竟然不是犹太人，而是阿拉伯人！。对于是否适合于把这两点公布于世，弗洛伊德迟疑了很长时间。

最后，弗洛伊德终于能够确认，摩西的伟大（也是神秘）有两个至关重要的因素，一个是他的人格，一个是他的思想；集二者于一身，则构成摩西的超凡魅力。这种超凡魅力如此神秘和伟大，以致于它被完全神化了。摩西成为宗教（和历史上）的神。弗洛伊德的这个研究，揭示了超凡魅力的神秘面纱，还摩西以人的本来面目，把摩西的"神格"还原为"人格"。但是，无论如何，摩西不是因此而渺小，而是因此更伟大①。

通过长征，毛泽东也把他的人格锻造得更为完善和成熟。通过长征，毛泽东升华了他的思想，形成了毛泽东思想。长征，形成生机勃勃的民族信仰。正如毛泽东所说，"长征是宣言书，长征是宣传队，长征是播种机。"而且，通过长征，毛泽东人格的魅力与思想的魅力更为密切地融铸为一体。联系到近代中国积贫积弱一盘散沙的衰落，我们更会看到，长征既是民族复兴与新生的转折点，也是锻造新的民族性格民族精神的开始。

长征不但比"出埃及"更艰巨规模更庞大，而且，也更真实，更现代。正因为这样，斯诺把长征称为"现代无与伦比的奥德赛"②。正如毛泽东所说，"长征是历史纪录上的第一次"，自从盘古开天地，三皇五帝到于今，还不曾见过这样的人类壮举。当然，发生在现代社会的长征可能会淡化它的领袖魅力的"超凡"的性质与程度；中国传统文化也并不太讲究什么宗教的超凡魅力。但是，这些丝毫也不损害毛泽东的超凡魅力。恰

---

① 《领袖论》伯恩斯著，中国社会科学出版社，第292页。
② 《毛泽东的中国及后毛泽东的中国》迈斯纳著，中央文献出版社，第44～45页。

恰相反，正因为长征是"现代无与伦比的奥德赛"，所以，它为它的领袖赢得了现代的和世界性的超凡魅力。

三、毛泽东的超凡魅力的起源

毛泽东的超凡魅力起源于何处呢？在同样的社会历史环境中，为什么毛泽东的超凡魅力如此显著？这确实是一个令人困惑的问题。

魅力与危机背景

通常的看法是，英雄与伟人的魅力（姑且不论超凡魅力）总是与危机联系在一起的。魅力有一个危机背景。魅力的发展也总是与对危机的克服相伴随的。在西方的观念中，英雄及其超凡魅力，总是与对一个邪恶（魔鬼）的战胜纠缠在一起。在希腊神话中是这样。在宗教（例如在基督教）中也是这样。甚至于"上帝"及其超凡魅力的存在，也"需要"一个"撒旦"来"成全"才行。

西方观察家注意到，毛泽东的超凡魅力的起源，首先有一个他领导历程中的个人危机。30年代中期之前，无论有什么样的起伏，毛泽东的领导历程总的来说是上升的。1927年的事变，不是证明了毛泽东的错误，而是证明了毛泽东的远见和正确。但是，在30年代苏维埃运动后期，毛泽东遭遇到了厄运，受到了冷落。甚至于在长征中，毛泽东一直被置于某种"赋闲"的境地。毛泽东的崛起，首先是与这个危机背景联系在一起的。

毛泽东超凡魅力的起源，不仅仅有一个个人危机的背景，而且，有一个集体事业的危机背景。第五次反"围剿"的失败丧失了绝大多数根据地。接下来的长征又丧失了绝大多数红军主力。如果说这两项失败所造成的损失是客观上的和物质上的，那么，它们在人民群众的心理上造成的创伤则是难以估量的。它们严重地损害了人民群众对革命的期望、信念与意志，在群众心理上所造成的困惑、消极、失望甚至于绝望，是严重的和难以弥补的。事态的这个转变，把中国革命事业推向了所谓的"低谷"。毛泽东的超凡魅力的发生，又是与这个危机背景相联系的。

在问题的这个方面，毛泽东超凡魅力之起源的危机背景似乎还可以追溯得更远。红军及中国革命事业的这个挫折，从属于一个更大的危机。这个危机就是，至少从 1840 年以来，中华帝国逐渐沦落为积贫积弱的老大帝国；中国人追求现代化的历次努力，是失败的；中国人民反封建反殖民反压迫的历次斗争，也是失败的。同样，这些失败既造成了经济军事政治上的实际损害，也造成了心理上的无形创伤。而红军及中国革命事业的失败，似乎只是这些失败的历史记录中最新的一次。

因此，如果能够谈得上什么毛泽东的魅力，如果毛泽东的魅力是超凡的，那么，这种超凡魅力，恐怕既不仅仅是与他个人的失意相对比的，也不仅仅是与一个尚没有取得合法地位的政党及其军队的失败相对比的，而是与一个民族的生死存亡这个灾难深重的巨大的危机背景相对比的。而且，就民族危机来说，英雄与伟人所要战胜的那个"邪恶"与"魔鬼"，恐怕不是什么党内的竞争者或者党外的政敌，而是"帝国主义"。准确地说，不是一般的与泛指的帝国主义，而是日本帝国主义，是日本的军国主义和法西斯主义。

超凡魅力的创造性渊源

从危机背景来看魅力或者超凡魅力的产生，是一个必要的和有利的视角。但是，仅有这个视角还是不够的。因为，对于超凡魅力的形成来说，危机只是一个非常外在的因素。危机就是危机。危机本身还并不就是魅力，更不是超凡魅力。危机只是魅力或超凡魅力产生与形成的背景。

从结构性分析来看，对于魅力与超凡魅力来说，危机背景是共同的。但是，在这个共同的背景下，既可能产生超凡魅力，也可能产生不了超凡魅力；同样的危机背景，某些领袖形成了超凡魅力，而另外大量的领袖则没有形成超凡魅力。而从动态分析来看，从这个共同背景到魅力和超凡魅力的产生，还有很长的路。事实上，至少从 1840 年以来，民族危机就一直存在着。但是，却很少产生什么超凡魅力的政治领袖。即使是产生了这样的领袖，也是在很晚的阶段上才产生的。

毛泽东的创造力绝对不仅仅体现于他的诗词创作。它甚至也不仅仅体现在他开创了武装割据和农村包围城市的道路。虽然这个开创性的道路是极有预见性的，但是，后来它事实上失败了。迈斯纳注意到，毛泽东的超凡魅力最早起源于长征。"实际上，毛泽东的个人崇拜——提出这种建议似乎并无不当——产生于长征。毛泽东象先知一样把红军的幸存者带出了荒原。……某种神秘性和敬畏感已经在他的名字和他本人的周围萌芽生长。"① 但是，毛泽东的创造力，也不完全体现在他在长征中挽救了革命挽救了党。尽管这是一个决定性的和性命攸关的转折点。但是，它毕竟只是军事上的。

---

① 《毛泽东的中国及后毛泽东的中国》迈斯纳著，中央文献出版社，第46～47页。

　　遵义会议之后，连续地迎来了抗日战争的胜利、解放战争的胜利、全国的统一、抗美援朝战争的胜利。这些胜利具有什么样的意义呢？当然，它们不仅具有军事上的意义，而且更具有政治上的意义。这些胜利的意义应该放到一个什么样的背景下来看呢？当然不仅是挽救了革命挽救了党这个意义，也不仅是一个国家内部某个政党及其军队的胜利。这些胜利首先具有外部的和国际的意义。它们是近代中国从灾难深重向实现民族复兴转变进程中的胜利！这些成就的取得，如此"神秘"，如此辉煌，反差如此之大，它们不仅让世界震惊了，而且让世界眩晕了。

　　毛泽东在评价长征胜利的意义时曾经说，"讲到长征，请问有什么意义呢？""长征是宣言书，长征是宣传队，长征是播种机。自从盘古开天地，三皇五帝到于今，历史上曾经有过我们这样的长征吗？""长征是历史记录上的第一次"①。这个评价，不是把长征的胜利放在多么高的位置上，而是把它放到历史第一次的位置上。事实上，近代以来中国人民反抗外国殖民统治与压迫的斗争没有一次是胜利的。把这个评价适用于对中国革命胜利的意义的定位，也是恰如其分的。

　　另一方面，抗美援朝战争胜利后，美国总统杜鲁门也承认，美国在朝鲜战争中的失败创下了三个第一。朝鲜战争的失败，是美国开国后军事史上的第一次失败；是美国海外战争的第一次失败；而且，最为耻辱的是，作为世界头号大国，朝鲜战争的失败还是第一次败给一个刚刚新兴起的共产党国家。

　　毛泽东的创造力，可以概括为三个大的方面。

　　第一，它打破了旧的统治关系，建立了新的领导关系。第

---

① 《毛泽东选集》第一卷，第149～150页。

二，它打破了旧的人与人的关系，建立了新的人与人之间的关系。这些关系又可以区分为三个层次。第一个层次是人与人之间的生产关系，其核心是所有制关系。第二层次是人与人之间的社会关系。这种关系，不仅仅在国内而且在对外关系上都是平等的现代性的关系。第三个层次是整个社会与自身的精神关系。在这个层次上，毛泽东创造性地塑造了中国人民新的精神风貌。它是独立自主、艰苦奋斗、积极进取、奋发图强、精神焕发、自由民主平等、自立于世界民族之林的精神风貌。这种精神风貌在近现代的中国历史上还是第一次。在把人民群众激励起来奋发向上的同时，作为人民领袖，毛泽东个人的创造热情也随之升华到几乎是难以想象的高度。第三，它建立了整个社会与自然的新型关系，为社会生产力的全面发展、为改革开放事业创造了潜能与条件。

· 因为这些创造，毛泽东成为新中国的"缔造者"。

毛泽东领导思想与实践的影响和地位

一、问苍茫大地，谁主沉浮？

　　毛泽东一生写过两首《沁园春》。一首是 1925 年的《沁园春·长沙》，一首是 1936 年的《沁园春·雪》。写《沁园春·长沙》的毛泽东时年 32 岁。当年，革命形势高涨，群众运动风起云涌。一月党的"四大"在上海召开，九月毛泽东在广州参与国民党"二大"的筹备工作，十月被推选为国民党代理宣传部长。毛泽东意气风发，心情是舒畅的①。

　　写《沁园春·雪》的毛泽东时年 43 岁。遵义会议之后中央实际上确定了毛泽东的领导地位。当年，毛泽东亲率红军东渡黄河，开赴抗日前线。元月二十六日，大年初三，毛泽东从瓦窑堡出发，向黄河渡口开进。二月间晚遇大雪，次晨踏雪行军，感触良多，宿营时挥毫写下千古绝唱《沁园春·雪》。

　　《沁园春·长沙》（1925 年）：

　　独立寒秋，湘江北去，橘子洲头。看万山红遍，层林尽染；漫江碧透，百舸竞流。鹰击长空，鱼翔浅底，万类霜天竞自由。怅廖廓，问苍茫大地，谁主沉浮？携来百侣曾游。忆往

______

① 《毛泽东诗词全编》徐涛编，湖北教育出版社，第 10、17 页。

昔峥嵘岁月稠。恰同学少年，风华正茂；书生意气，挥斥方遒。指点江山，激扬文字，粪土当年万户侯。曾记否，到中流击水，浪遏飞舟？

《沁园春·雪》（1936 年）：

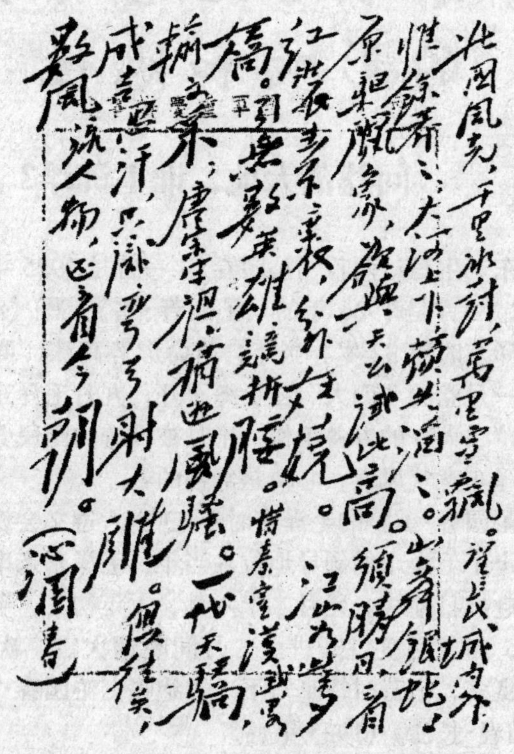

毛泽东：《沁园春·雪》

北国风光，千里冰封，万里雪飘。望长城内外，惟余莽莽；大河上下，顿失滔滔，山舞银蛇，原驰蜡象，欲与天公试比高。须晴日，看红装素裹，分外妖娆。江山如此多娇，引无数英雄竞折腰。惜秦皇汉武，略输文采；唐宗宋祖，稍逊风骚。一代天骄，成吉思汗，只识弯弓射大雕。俱往矣，数风流人物，还看今朝。

比较两首《沁园春》，可以看出它们有一个共同点，那就是作者除了抒发自己的万丈豪情和英雄气概外，两首诗都点评了历史上的风云人物帝王将相，显著地表达了作者无产阶级革命家的英雄意象。

《沁园春·长沙》意境是雄奇奔放的。但是，从评论毛泽东领导思想与实践的历史地位的角度看，除了感叹毛泽东的磅礴气概外，人们不免会问：32 岁的毛泽东凭着什么"问苍茫大地，谁主沉浮"？又凭着什么"粪土当年万户侯"？或许是年轻人的风华正茂、书生意气。是，又不完全是。因为，诗中有一些具体而实际的内容还是值得我们注意的。

首先一点是，毛泽东 1936 年在对斯诺的谈话中就指出，1920 年接受了马克思主义之后，他的思想基本上就没有改变过。这个基本思想的内容有许多，其中一个是"阶级斗争"，一个是群众观点，是非常突出的。而这两点都是中国历史传统所没有的。特别是，一旦毛泽东有了一个是来自于人民群众的高扬气概与精神，即使是还没有什么实际的功业，但是，从气概气魄上，也就有了"粪土当年万户侯"的高度，有了"自信人生二百年，会当击水三千里"的信心与气魄。

如果说 1925 年《沁园春》的所指还是"虚"的，还是一种设问，那么，12 年之后的第二首《沁园春》就已经具有了更为实际的寄托。在这个方面，除了应该注意长征、延安时期实际上确立了毛泽东的领导地位、东征抗日等因素外，还应该注意，毛泽东在词中所点评的历史人物都是历史上的开国之君。而一句"俱往矣，数风流人物，还看今朝"则已经明确表达了作者自己的态度与看法。

这种态度与看法，可以从两个方面看。

在否定的意义上，评论首先是对历史上的封建帝王将相、即使是那些开国之君的蔑视。在这个意义上，也包括对失败了的农民起义领袖的惋惜。另一方面，这种评论也隐含着对当代国民党及其领袖的轻视。在某种程度上，这种评论也是针对着共产党早期历史上的若干领袖人物的。我们知道，早年的毛泽东曾经说过，在陈独秀、孙中山、袁世凯、曾国藩等近现代的政治领袖人物中，"独服曾文正"。这种看法，在《沁园春·雪》中以独特的诗词的形式表达得很清楚。

在肯定的意义上，这个评论充分体现出毛泽东对无产阶级革命和通过革命实现民族复兴的光明前景的自信，体现了毛泽东对无产阶级的革命领袖和开创新中国的人民领袖的赞许。当然，这个赞许也是包括诗人自己在内的。郭沫若在评论毛泽东诗词时说，毛泽东的诗词恰如其分地表达了他的思想，但是，大多数人对此只能一知半解。特里尔风趣地说，不过这没有什么关系，因为，无论如何，最高领袖的诗作增添了他的光辉，这实际上是一种高超的领导艺术①。

评论家认为，毛泽东《沁园春·雪》的立意"以江山起笔，从帝王着眼"，意境是高远的，情致是优美的，气势是宏大的。当年发表毛泽东词作的重庆《新民报晚刊》编辑吴祖光先生认为，《沁园春·雪》全词从满天飞雪的北国风光写起，从长城内外到大河上下；从妖娆多娇的壮丽山河到历朝历代的开国君主，从景到人，从古到今，归结为"数风流人物，还看今朝"。

---

① 《毛泽东传》，特里尔著，河北人民出版社，第268页。

从风格上的涵浑奔放来看，颇近苏辛词派，但是遍找苏辛词亦找不出任何一首这样大气磅礴的词作；真可谓睥睨六合，气雄万古，一空倚傍，自铸伟词。《新民报晚刊》当时的按语说，《沁园春·雪》"气魄之大乃不可及"。

吴祖光先生回忆当时的心情说，因为当时毛泽东不同意发表他的旧体诗，《雪》只是在小范围内非公开地传阅。当时的许多人（包括吴祖光先生）并不知道这首词是毛泽东的作品。当他听说这首词出自毛泽东的手笔之时，他说，"我只有一个想法，就是只有这一个人才能写出这一首词"。《沁园春·雪》在重庆发表之后，轰动山城，影响及于全国。世人从而知道了毛泽东不独是伟大的政治家、军事家，而且还是卓越的文学家和伟大的诗人①。

建国后，毛泽东为人民英雄纪念碑写定的碑文，集中反映了毛泽东对人民革命的历史定位，也从一个侧面反映了毛泽东本人对人民领袖历史地位的一种看法。碑文说，"三年以来，在人民解放战争和人民革命中牺牲的人民英雄永垂不朽！三十年以来，在人民解放战争和人民革命中牺牲的人民英雄永垂不朽！由此上溯到一千八百四十年，从那时起，为了反对内外敌人，争取民族独立和人民自由幸福，在历次斗争中牺牲的人民英雄永垂不朽！"。纪念碑正面把这些思想集中概括为一句话"人民英雄永垂不朽"②。

人民英雄纪念碑对共产主义革命事业的定位，采取的是历史"追溯"的方法。三年以来，是解放战争时期。三十年以来，即1919～1949，自五四运动以来的革命时期。上溯到1840年，即1840～1949年近现代社会，是100多年来的反帝

---

① 《毛泽东诗词全编》徐涛编，湖北教出版社，第140～145页。
② 《建国以来毛泽东文稿》，中央文献出版社，第13页。

反封建运动。

近现代以来，中国社会沦为半殖民半封建社会。从国内看，历次农民起义没有一次是成功的，国民革命的成功也是不彻底的。从国际看，中国人民反抗殖民统治殖民压迫的斗争，没有一次是胜利的。而毛泽东及其共产主义革命在这样两个意义上都是成功的和彻底的。这是近现代中国社会的第一次，也是唯一的一次。这种胜利及其历史与现实意义，在此后的抗美援朝战争中进一步表现出来。正如人民群众所概括的，"毛泽东使中国人站起来了。"套用亨廷顿的概念，近现代积贫积弱的中国社会，通过革命实现了政治发展，在政治上实现了民族的伟大复兴。

按照毛泽东的思路，这是"人民战争"的胜利。因此，集中概括为一句话，应该说，正是"人民英雄永垂不朽"才集中体现了人民群众的心愿，才是最为精炼贴切的。人民战争的历史意义和历史地位，应该放在这样的历史高度来看。同样，领导人民取得民族复兴的人民领袖的历史地位，也应该放到这样的历史高度来看待。把民族复兴的伟大意义追溯到 1840 年，把人民领袖的历史地位放在这个历史高度上来看待，这个定位，无论如何是贴切的，也是不为过分的。

二、毛泽东的影响与地位

毛泽东与他的时代

领袖的地位是由他的时代确定的。那么，毛泽东的时代是一个什么样的时代呢？毛泽东的时代又是一个什么性质的时代呢？前者是一个量的概念。后者是一个质的概念。这两个方面对于确定毛泽东的地位都是重要的。

从量上看，关于毛泽东时代的历史定位，最狭义的定位是从 1935 年遵义会议到 1945 年"七大"。这个 10 年，是毛泽东领导历程最为辉煌灿烂的时期。另一种相对广义的定位是，毛泽东是与 1921～1949 年 38 年的中国共产主义革命联系在一起的。正是在毛泽东的领导下，中国革命取得了成功。而最广义的定位莫过于从 1893 年到 1976 年这 83 年的历史。

但是，从时代性来看，毛泽东及其中国革命，始终是与一个特定的时代联系在一起的。这个时代首先就是近代中国从积贫积弱一盘散沙到实现民族复兴奋发图强的转变。从时间上来看，这个时代至少可以追溯到 1840 年。从那以后，中华帝国开始沦落为半封建半殖民地的"东亚病夫"，成为一个疲惫不堪的老大帝国。从方式方法来看，民族复兴所采取的道路是，通过革命首先实现政治独立与发展，然后谋求经济与社会富强。从 1840 年到 1949 年，一个世纪的努力是几代人不断摸索、不断积累、最终取得胜利的进程。但是，无论如何，中国革命始终是与这个大的时代相关联的。事实上，我们看到，"人民英雄纪念碑"对中国革命的历史定位，就采取了倒叙和追溯的方式，从 3 年以来到 30 年以来，最后，把它的意义追溯到 1840 年这个上限。

无论是积贫积弱、一盘散沙、东亚病夫、老大帝国，还是民族复兴、奋发图强，上述定位实际上都只是关于国力国势或国民精神风貌的描述，而不是对中国革命置身其中的社会转变的性质的定位。而从性质上看，包括中国革命在内的这个转变，实际上，是从传统的农业社会向近现代的工商业社会的转变。这是一个持续了相当长历史时期的巨大社会历史转型。通过革命，不是开始了这个转型，而是推进并基本上完成了这个转型。

这种性质的社会转型，在近现代、在世界范围内是相当普遍的。16 世纪德国宗教改革是这种社会转型的最早形态①。1789 年法国大革命是这种社会转型的典型形态。近代德国的现代化道路也是这样。俄国革命属于这种类型。二战之后，广大第三世界国家争取民族独立的革命道路基本上都是这样。亨廷顿认为，这种"通过革命实现现代化"的道路不但是普遍的，而且，不论其政治立场如何，也是一种积极的和有效的社会政治选择②。

近代中国的现代化社会政治转型，充满着失败的记录。在某种程度上，近代中国（有意识或者无意识）追求现代化的历次努力都是失败的。农民起义是失败的，地主阶级改良派是失败的，资产阶级保守派是失败的，资产阶级革命派是失败的，而毛泽东及其共产主义革命则是成功的和胜利的。这个胜利的意义在于，它不但开辟了现代化的新道路，而且开辟了现代化的成功道路。

有一种观点认为，毛泽东及其中国革命是一种"传统主义革命"。它最终没有能够突破传统的束缚，没有能够冲破传统的黑暗，而不得不停留在其中，并且无可奈何地成为传统的一部分。极端的观点认为，毛泽东及其中国革命不过是某种农民起义，它甚至于带有封建的性质与色彩。这种观点是片面的和不能接受的。

毛泽东及其中国革命是现代的一部分，而不是传统的一部分；是现代性的一种形式，而不是停留在传统中，也不是传统的一种新形式。如果说封建是传统的，那么，这种传统早已是

----

① 参见《新教伦理与资本主义精神》马克斯·韦伯著，三联书店。
② 参见《变化社会中的政治秩序》亨廷顿著，三联书店。

昨日黄花，并且只能是无可奈何花落去了。农民起义超越不了它的对象——封建主义。而毛泽东及其中国革命之所以成功，恰恰在于它超越了农民起义。如果说资产阶级民族民主革命已经是现代性的一种形式和现代化的一部分，那么，在它之后、并且（关键的是）超越于它的共产主义革命是什么？不可否认，从理论上看，这种超越可能意味着某种"回归"。但是，回归到哪里呢？回归到封建传统或者农民起义，那只能意味着自取灭亡，也只能意味着自取其辱。但是，事实上，毛泽东及其中国革命没有自取灭亡，也不会自取其辱。它是成功的，而且是彻底成功的。

毛泽东在读书

毛泽东与他的时代的对比，还在毛泽东与他之后的时代及这个时代的领袖的对比中显示出来。如果说毛泽东的时代是一个革命的时代，那么，在他之后和紧接着他的时代就是一个发展的时代。虽然只是短短的两代人（甚至于只是一代人或一代半），但是却划分了两个时代。然而，不能片面地把这两个时代对立起来。从性质上看，这两个时代既不完全是对立的，也不完全是统一的，而是对立统一的。两个时代有着不同的时代主题。但是，二者的基本价值取向是共同的，那就是现代化。前者是通过革命实现现代化。后者是通过发展实现现代化。因此，严格地说，"从革命到发展"既划分了两个时代，又把两个时代连接了起来。

毛泽东与他的人民

　　伟人与他的时代的关系问题，归根结底，是伟人与他的人民的关系问题。如果说伟人与他的时代的关系问题，是一个纵向的历史定位问题，那么，伟人与他的人民的关系问题，就是一个横向的社会定位问题。在这个横向的社会定位问题上，需要看两个创造力。一个是政治领袖的创造力，一个是人民群众的创造力。而且，归根结底，要看这两个创造力的关系。

　　正如上文已经指出的，毛泽东的政治创造力，可以划分为三个大的方面。一个是创造性地把马克思主义与中国革命的具体实践相结合。一个是创造性地解决中国革命中所遇到的生死攸关的重大问题。第三个是创造性地发展马克思主义，推进了社会主义革命与建设事业。在许多方面，甚至毛泽东的诗词创作也成为他政治创造的一部分和一种形式。正是由于有这些创造力，中国革命的事业才避免了前此各种社会政治努力的失败，并且最终取得了革命的胜利。

　　只有具有政治创造力，革命家政治家才最终有其社会定位。同时，革命家政治家可以有这样那样的政治创造力。他们的政治创造力也可以有程度上这样那样的差异。但是，无论他们的创造力是什么和怎么样，总之，这种创造力只是政治领袖个人的和主观上的创造力。

　　另一方面，革命家之为革命家，政治家之为政治家，无论他们从属于什么阶级，无论他们在政治上采取什么立场，只要是成功的革命家政治家，或早或迟、或自觉或不自觉、或积极或消极，他们总会认识到他们的创造力来自于一个更大的源泉，渊源于他们"之外"和"之上"一个地方。这个渊源和源泉，无论它是被称为"神"，还是被称为"大地母亲"，总之，它最终的名字是而且只能是"人民"。

从人民这个方面看，马克思主义关于人民群众是历史的创造者和社会活动的主体的基本观点，不但为历史的创造提供了一个说明，而且为领袖们的社会定位提供了一个可靠的依据。在马克思主义看来，领袖，无论其多么伟大，他是而且只能是来自于人民又回归于人民。来自于人民而又回归于人民，不但把领袖的地位定位于人民性，而且，赋予领袖的社会定位以持久的甚至永恒的意义。

从毛泽东这个方面看，毛泽东不但是有创造力的政治领袖，而且，也是对他的创造力有着明确意识的政治领袖。毛泽东关于"人民，只有人民，才是历史的创造者"的论述，成为千古名言。毛泽东关于"从群众中来，到群众中去"的论述，既是他深切的体会，又是高度的理论概括。今天，我们说"顾客是真正的上帝"。但是，早在 1945 年毛泽东就指出，"上帝不是别人，就是全中国的人民大众"[1]。因此，当"上帝万岁"还被不断地重复着的时候，毛泽东早就说过"人民万岁"。

就毛泽东与人民群众两个方面来看，毛泽东不但重视和真诚地依靠人民群众，而且善于激励和领导人民群众。正是在毛泽东的领导之下，历来被视为积贫积弱一盘散沙的人民群众，特别是农民和下层人民群众焕发出了史无前例的创造热情，创造了令世人震惊的辉煌成就。同样，由于有人民群众的理解、认同、支持和拥护，毛泽东也显示出无比的自信、大气磅礴，显示出激昂的（甚至是神秘的）创造活力，成就了无比辉煌的

---

[1] 《毛泽东选集》第三卷，第 1102 页。

历史伟业。人民领袖不但创造了历史，而且，是他所创造的历史的一部分。这个独特的关系，在毛泽东与他的人民群众的关系上，有着鲜明的体现。

因此，说到底，只有来自于人民才有力量，才有创造力。只有回归于人民，才有他的地位，也才有他最终的地位。而只有既来自于人民，又回归于人民，才能够有逻辑上与历史上自恰的最终定位。在这些方面，我们看到，毛泽东的社会定位，既是由人民群众的创造力确定的，也是由他自己创造性的影响力确定的，而这二者又是统一的。

毛泽东与他的同时代人

马克思在评价文艺复兴时曾经指出，文艺复兴造成了人才辈出群星灿烂的时代，那是一个需要巨人而且产生了巨人的时代。马克思关于文艺复兴的评价有两个显著的特点。首先，伟大领袖的产生，与杰出历史人物的产生一样，不是按时间顺序均等产生的，而是按时代顺序不均等地产生的，是按社会历史条件"供给"的。只有风云变幻的时代和危机深重的社会历史条件，才能产生杰出伟大的人物（包括领袖人物）。平庸的时代不可能孕育杰出伟大的领袖。其次，杰出人物和伟大领袖的产生与形成，又往往呈现为一种群星灿烂、人才辈出、欣欣向荣的局面。杰出人物与伟大领袖的产生呈现出"集体供给"的态势。

竹内实关于中国历史四位伟人的评论，就有这样两个突出的特点，那就是四位伟人分属于两个时代。其中，秦始皇、孔子属于一个时代，即春秋战国时代。毛泽东、邓小平属于一个时代，即近现代中国从积贫积弱走向民族复兴。毛泽东是通过革命实现民族复兴。邓小平是通过发展实现民族复兴。二者的历史主题不同，但是，他们大的时代与基本价值取向是相同的。短短两代人就涌现了两位历史伟人，这是蔚为壮观的。

由此引申出两个问题。

一个问题是，谈起毛泽东的历史地位问题，人们往往倾向于确定毛泽东个人的独特性。例如，纵向地看，毛泽东与马克思、列宁、邓小平等等有什么不同。横向地看，毛泽东与刘少奇、朱德、周恩来等等有什么不同。这种区别有一定的必要性和合理性。毛泽东的浪漫情怀、英雄气概、雄才大略，周恩来的儒雅，朱德的朴实，领袖人物各有其特色。

但是，就领袖人物与他的时代、与他的人民群众的关系看，领袖个人并不是首要的，而领袖集体才是首要的。是他的时代而不是他个人成就了领袖。是他的人民而不是他个人成就了领袖。领袖人物是伟"大"的。因此，只有那些"大"的条件、而不是那些"小"的或者"微观"的条件才能说明他的伟"大"。这些"大"的条件，一个是他的时代，一个是他的人民群众。而那些"小"的条件，一个是个人，一个是他个人的主观努力。相对于那些大的条件，在领袖人物的"万神殿"中，这些小的差异是微不足道的。

例如，就第一代领导集体领导活动的基本特点而言，与其说超凡魅力是毛泽东领导思想与实践的特征，不如说它是整个第一代领导集体的领导思想与实践的特征。刘少奇的理论才能，周恩来的组织才能，朱德的军事才能等等，不但就党内来说是卓越的，而且，在世界政党史上也是罕见的。比如，周恩来之担任总理这个角色与职位，其历史之长，几乎打破了世界记录。

同时，我们不应该忘记，第一代领导集体的绝大多数成员都是出身于社会下层。他们能够成就如此辉煌的伟业，这本身就是神秘的和具有超凡魅力的。相对来说，他们之间的差异是次要的，而他们之间的共同点恐怕才是主要的。而毛泽东的超凡魅力，与其说不同于这个领袖集体，不如说是这个领袖集体的超凡魅力的集中代表。超凡魅力首先是集体性，其次才是个人性的①。

另一个问题是，领袖人物的产生和形成之所以是集体性的，可以有三个原因。第一个原因是领袖们相互之间横向的、小范围的相互激励。正是因为这种横向的相互激励，所以，领袖人物的产生才呈现出人才辈出、群星灿烂的局面。正是由于这个原因，所以，领袖人物不但几乎是同时产生的，而且，也几乎是同时陨落的。同时，由于这个原因，也使得划分这一代领袖与另一代领袖成为可能。正如毛泽东所说，"俱往矣，数风流人物，还看今朝"。也正是"江山代有才人出，一代新人换旧人。"

在这个领袖集体中，还可以看到，总是有一个开创者为领袖集体发现问题（虽然不一定能够解决问题），指出方向。实际上，是他奠定了整个领袖集体的基础。从而，他成为整个领袖集体的核心。而就问题的巨大和艰巨而言，任务不是一个人可以解决的。那些抓住那个关键性的问题并且参与创造性地解决问题的人，成为领袖集体的成员。在文艺复兴中，但丁是这样的领袖人物。在德国古典哲学中，康德是这样的领袖人物。在中国革命中，毛泽东是这样的领袖人物。

创造性既是独特的，又是共通的。在这样的领袖集体中，不是他们的差异，而是他们之间的共同之处，是那个共同的问题激励了他们。这正是同声相求、意气风发之所谓，也正是同

---

① 《领袖论》伯恩斯著，中国社会科学出版社，第286页以下。

声相求、意气风发之所在。早年的毛泽东在一则求友广告中所引用的《诗经》中的话，形象地说明了这个要害："嘤其鸣矣，求其声友"①。

如果仅有领袖集体内部相互之间的激励，而没有更大范围的激励，领袖人物也不成其为伟"大"领袖。一个领袖集体，无论他们发现了多么重要的问题，无论他们多么聪明智慧或者具有强烈的使命感，如果他们的"嘤其鸣矣，求其声友"不能得到时代与群众的响应，他们同样难以成就什么伟业。因此，领袖人物人才辈出的第二个原因是领袖人物与他们的人民群众的相互激励，第三个原因是领袖人物与他们的时代的相互激励。前者是更大范围内横向的激励。后者是更大范围内纵向的激励。二者共同促进和完成了那项伟大的事业。

---

① 《毛泽东传》特里尔著，河北人民出版社，第37页。

第一章
跟毛泽东学提高领导素质

·自信人生二百年，会当水击三千里·

跟毛泽东学修身

> "才智的开端是承认矛盾的存在"。问题是，在即将变革的时候，要能够看出矛盾，能够朝着正确的方向行动。这是毛泽东特有的天才。毛泽东有辩证的思想，是一位复杂的人，西方的概念讲不清他和他的事业。毛泽东总是等待矛盾达到一触即发的时刻，然后，他不得不采取行动，重新确认自己的领导，改变航程。毛泽东尤其有耐性，直忍耐到一触即发的时候。争取命运的转机，不能太急，也不能太迟。他顺应历史，又走在历史的前头。
>
> ——海伦·斯诺

【领导者与修身】

领导者的修身与个人的修养不同。领导者的所谓"修身"，是领导者人格的自觉建构过程。自然人的人格，例如一个人的出身、血统、性别、相貌、身高、体重、性格和气质等等，是由于自然的出生被给予和被注定的。而领导者的人格则主要是由领导活动的本质和内在要求规定的，由领导活动身处其中的社会历史条件规定的。在绝对的意义上，领导者人格甚至于可以不受其自然人人格的规定而和其自然人人格无关。

领导者的人格，主要是一个人为地和自觉地建构的东西。就是封建社会的帝王将相，他们作为领导者和统治者的人格，与他们作为自然人的人格，也还是有着很大的区别。二者即使不是根本不同，也可以说是几乎完全不同。在积极的意义上，"人人皆可以为尧舜"，"涂之人皆可以为尧舜也"。在消极的意义上，贵为帝王也难能享受平常人的天伦之乐，不免孤独寂寞之苦。这从不同的方面说明了领导者人格的独特性。

在现代社会，领导者的人格，更是一个自觉建构的东西。马克思指出，历史上的杰出人物既是他们所身处其中的历史剧的剧中人，又是历史剧的剧作者。毛泽东说，军事家活动的舞台，建筑在客观物质条件的上面，然而军事家凭着这个舞台却可以导演出许多有声有色威武雄壮的活剧来。领导者人格的建构，是一个无限开放的进程。

【毛泽东是如何修身的】

杨昌济的影响

在湖南第一师范，对毛泽东影响最大的是杨昌济。杨昌济是岳麓书院的毕业生，先后留学日本（6年）、英国（4年）、德国，并在爱丁堡获得中国哲学博士学位，是五四时期启蒙运动的重要代表人物之一。杨昌济的治学，程朱并重，主张"贯通古今，融会中外"，致力于康德哲学与理学、心学的结合。

杨昌济

杨昌济回国后，数次辞谢做官而为学，以教书育人为天职。其博学和人格对青年毛泽东产生了直接的影响。

杨昌济在一师教授修身和伦理学。他所传授的伦理学、陆王心学与新康德主义伦理学相互发明，对毛泽东影响很大。新康德主义哲学家泡尔生所著的《伦理学原理》被杨昌济选作教材。《原理》全书仅十万字左右，而毛泽东的读书批注竟多达一万二千字。新康德主义伦理学的典型特征是强调人格的"超越"与"自律"。而这一点给毛泽东终身都留下了深深烙印。毛泽东的早期修身深受陆王心学与新康德主义伦理学的影响，对主观精神和主观意志表现出高度的重视。《讲堂录》曾经记载，"陆象山曰：激励奋进，冲决罗网，焚烧荆棘，荡夷污泽（无非使心地光明）"。毛泽东把它概括为"自尽其性，自完其心"。

毛泽东特别看重"贵我"与"通今"两项原则。为什么需要"贵我"呢？毛泽东认为，"横尽虚空，山河大地一无可恃，而可恃惟我"。"我固万念之中心"，"吾人一生之活动服从自我之活动而已"，"服从神何不服从己，己即神也"。"以我立说，乃有起点，有本位；人我并称，无起点，失缺本位"。为什么……东认为，"竖尽来劫，前古后今一无可……"有目前乃有终身"。"贵我"是毛泽东……确定的人生支点。"通今"是毛泽东从时……支点。

天将降大任于斯人?!

在中国古代"治国术"中，孟子发挥了孔子仁学中的"内圣"思想。孟子关于"天将降大任于斯人，必先苦其心志，劳其筋骨，饿其体肤，空乏其身，行弗乱其所为，所以动心忍性，增益其所不能"的思想实际上提出了一种基于使命感基础上的"大丈夫"的修行标准。程朱理学特别继承和发挥了孟子的这个思想。二程兄弟与朱熹从理学的高度指出，在修身问题上，"货、色两关打不破，其人不足道也"。《讲堂录》对孟子与理学的这些观点很欣赏，认为"淫为万恶首"，"懒惰为万罪之渊薮"，"咬得菜根，百事可做"。

孟子关于"天将降大任于斯人"的议论，程朱的发挥继承，无论其本身多么深刻和激动人心，对于青年毛泽东来说，仍然是抽象的。青年毛泽东对此也可能有这样那样的自许。但是，在毛泽东能够为此找到一个坚实的"支点"或者说"下手处"之前，这些东西仍然是空洞的和虚无缥缈的。然而，对此，我们也应该注意到，早在1920年毛泽东在接受马克思主义的时候，就有了"阶级斗争"这个"法宝"。而且，随后不久，毛泽东很快地发现了农民，也就有了实实在在的群众观点。而这两点，在中国传统文化中都是付诸缺如和不曾有过的。从这样两个意义上来看，如果毛泽东有某种"天将降大任于斯人"的自许，恐怕也不能说是什么空洞的和虚无缥缈的东西了。

　　毛泽东的修身，不但吸收了中国传统文化的积极成分，而且，也借鉴了国外理论的有益思想。泡尔生的伦理学曾经提出，世间一切事业和文明"无不起于抵抗决胜"。毛泽东对此深有体会，称其为"至真之理，至彻之言"。毛泽东读泡尔生批注说，"竞争、抵抗之波澜与天地终古"。"圣人者，抵抗极大之恶而成者也。"毛泽东热情洋溢地称颂这个思想，"河出潼关，因有太华抵抗，而水力益增其奔猛。风回三峡，因有巫山为隔，而风力益增其怒号。"

　　毛泽东所创立的新民学会和中国共产党都体现了一种斯巴达式的艰苦奋斗精神。在组织新民学会时，毛泽东把学会的宗旨定位为，"革新学术，砥砺品行，改良人心风俗"。毛泽东亲自定了五条纪律，"一、不虚伪；二、不懒惰；三、不浪费；四、不赌博；五、不狎妓"。显然，"这是一个比较严格的团体"。在古田会议中，毛泽东议定的五条入党条件中有三条与"艰苦"有关，即"有牺牲精神，能积极工作"、"没有发洋财的念头"、"不吃鸦片，不赌博"。他的立身行事，始终提倡"艰苦"二字。

　　在新民学会中至今还流传着毛泽东的一则故事。一天，毛泽东到一位富裕的新民学会会员家中谈论政治。中间，年轻的主人中断了他们的谈话，把仆人叫来，嘱咐他去买猪肉，并且交待清楚价格和买什么部位的肉等等。毛泽东对此很恼火，一气之下，竟起身离去。从此以后与这位富家子弟断绝了来往。

延安时期毛泽东的成熟

　　1945年，毛泽东在《水调歌头·游泳》中曾经吟咏，"才饮长沙水，又食武昌鱼。万里长江横渡，极目楚天舒。不管风吹浪打，胜似闲庭信步，今日得宽余。"从毛泽东个人的修养与成长经历来看，这种"不管风吹浪打，胜似闲庭信步"的"从容"和"宽余"的境界，应该说是从延安时期开始养成的。

西方许多观察家都注意到，长征之后毛泽东的修养出现了重大的和富有意义的变化。当第二次回到延安时，斯诺指出，"我再一次注意到这个人的从容，没有什么能够打动他。"派伊也指出，延安时期毛泽东为人处事有了一种"超然的态度"。长征之后"人们开始了解了毛泽东，在他的超然的态度中蕴藏着神秘的、不可思议的力量。"① 比较延安时期前后的照片，我们可以注意到，延安时期及其以后，毛泽东的体态开始"发福"。这是否也从一个侧面反映了毛泽东的成熟呢？

毛泽东在身处逆境的情况下，经历了长时间被孤立的痛苦磨炼，他深切地领悟到团结大多数的极端重要性。在长征路上，他在中央领导层中一个一个地做工作，让正确的意见为大多数人所接受。这才实现了遵义会议的巨大转折。遵义会议之后，毛泽东曾经感叹地对贺子珍讲："办什么事都要有个大多数啊！"她比别人更清楚地察觉到，毛泽东在遵义会议以后有很大的变化，他更加沉着、练达，思想更加缜密、周到，特别是善于团结人了。②

毛泽东的修身与成长经历，始终是与他对"矛盾"的自觉、认知、体验、驾驭和把握联系在一起的。对"矛盾"的自觉、认知、体验、驾驭和把握，在遵义会议之后、特别是在延安时期，可以说达到了人格修养上的"成熟"。

晚年的毛泽东喜欢谈哲学。但是，从毛泽东成长的历史上看，毛泽东喜欢谈哲学，应该说是从延安时期开始的。海伦·斯诺是《西行漫记》的作者埃德加·斯诺的夫人。海伦是哲学

---

① 《世界著名政治家学者论邓小平》，上海人民出版社，第700页。
② 《贺子珍的路》，作家出版社1985年版，第214页。

出身，研究过黑格尔，有哲学背景。1937 年，毛泽东在抗日军政大学作了《矛盾论》的演讲之后会见了海伦·斯诺。当他得知海伦的这个情况后，毛泽东对海伦说，如果你不是以矛盾论的思想方法，而是通过正常的逻辑，你就无法理解中国的革命。而海伦·斯诺也认为，"他（毛泽东）有辩证的思想，是一位复杂的人，西方的概念讲不清他和他的事业"。①

海伦注意到，延安时期的毛泽东显示出光芒四射的才能与智慧。她认为，从哲学的观点看，一个人"才智的开端是承认矛盾的存在，……。问题是，在即将变革的时候，要能够看出矛盾——能够朝着正确的方向行动。这是毛泽东特有的天才"。"毛泽东……尤其有耐性——直忍耐到（矛盾）一触即发的时候。他等待极度消沉的时刻（按：指矛盾发展到低谷、其性质将要发生转变的时刻），然后采取行动，争取命运的转机，不能太急，也不能太迟。他顺应历史，又走在历史的前头。""……毛泽东总是等待这种矛盾达到一触即发的时刻；然后，他不得不重新确认自己的领导，改变航程"。

海伦指出，在毛泽东的一生中，1927 年、1935 年，都发生过这样的事情；在某种程度上，1938 年也有类似的情形，接着就是 40 年代的内战。最后，他于 1966 年发明了意在重振共产主义运动的"文化大革命"。在西方人的观念中，所谓"天才"，是与一个人自觉或者不自觉地、但是是本能地对"矛盾"的体验、领悟、驾驭和把握联系在一起的。海伦指出，在许多西方记者的眼中，延安时期的毛泽东，就是这样一位已经达到自如地驾驭矛盾这个高度、进入"化境"的"天才"领袖。②

---

① 《毛泽东自述》，第 239 页。
② 《毛泽东自述》，第 237～240 页。

在西方文化中，所谓"天才"往往是指那种具有宗教气质和超凡魅力的英雄人物。中国文化并不过分讲究宗教气质或者超凡魅力，也不过分讲究所谓"天才"。但是，类似的问题即使在党的历史上也仍然是反复出现的老问题和大问题。迈斯纳注意到，对毛泽东的个人崇拜，起源于长征中毛泽东神奇般的才能及其所带来的胜利，而不是之后更晚的时期，例如"文化大革命"。[①] 60 年代关于毛泽东与天才问题的争论，也曾被别有用心地加以利用。

领袖问题上的"天才论"在理论上是一种误导。从个人修养的角度来看，即使是所谓"天纵英明"的英雄与领袖人物，他们的才能与智慧，也是自觉努力与人为建构的成果，而不是注定的和被什么天或神所给予的。如果说它确实是由外在的什么主体所给予的，那么，这个主体也是"人民"，而不是其他的。如果说人民才是真正的"上帝"，那么，领袖的品质也可以说是由人民这个"上帝"所给予的。总之，领袖的才能与智慧来自于实实在在（而并非神秘）的成长经历。

从矛盾论来看毛泽东的修身，对于把握毛泽东的修身来说，是一个至关重要的角度。这是因为，它首先排除了那些神秘的或神圣化的成分与倾向。与此同时，它又抓住了毛泽东修身的关键，站在了一个正当的、恰如其分的高度上。在这个角度上，能够准确地看待毛泽东的修身。在这个高度上，也适合于正确地评价毛泽东的修身。关于毛泽东的才能与智慧，海伦·斯诺的分析就是从矛盾论上看问题的。

在毛泽东的成长经历上，海伦列举的几个年份颇为关键。1927 年是中国革命发生重大分化与分裂的关键年份。在这个

---

① 《毛泽东的中国及后毛泽东的中国》，迈斯纳著，中央文献出版社，第 47 页。

关节点上，毛泽东运用矛盾论的观点，分析了中国社会各阶级，发现了农民，预见到了 1927 年的事变和民族资产阶级的政治态度。毛泽东关于中国社会各阶级的分析以及由此制定的战略、方针、政策，实际上奠定了新民主主义革命的基础。对于毛泽东来说，这也是他个人整个革命思想与实践的起点。而且，我们可以看到，这个基本思想，在毛泽东的一生中，基本上没有改变过。

1935 年，长征胜利结束。当年，毛泽东在《论反对日本帝国主义的策略》中，总结了长征，确定了他关于抗日民族统一战线的基本策略。1938 年，毛泽东提出了他关于抗日战争是持久战的基本观点，并在这个基础上确立了抗战中中国共产党的地位和抗日的基本战略。毛泽东关于抗战是持久战的预见，是军事与政治历史上一个惊人的、成功的和罕见的正确预见。值得注意的是，它完全建立在矛盾论的基础之上。在内战问题上，毛泽东对"矛盾达到一触即发的时刻"的把握，典型地体现在他对重庆谈判的驾轻就熟的把握上。而解放后毛泽东对"矛盾达到一触即发的时刻"的把握也体现在他发动"文化大革命"的做法上。

【跟毛泽东学修身】

毛泽东早期经历与领导者的修身

研究毛泽东的领导思想与实践，特别是研究毛泽东的领导素质，一种流行的观点是，它们普遍倾向于从毛泽东的早期的经历、早期学习、甚至于从毛泽东的童年经历来挖掘毛泽东后来成为伟大的人民领袖的根源、素质与能力。这种观点比较重视的是，毛泽东青少年时期所受的《水浒传》的影响，毛泽东早年在湖南一师时所受的杨昌济的影响等等。这种看法，有一定的道理。但是，从理论上看，研究上的这种态度与取向并不不完全合理。

从领袖人物的早期经历寻求领导人的成长足迹，重视领袖的学习与素质，这在领导科学上是一种"特质论"的思想观点。特质论认为，领袖之为领袖，他区别于其他一般人物的地方在于，领袖具有不同于一般人物的特殊的品质与能力。简单地说，领袖是特殊的。在这个意义上，已经不能说领袖是特殊的"人"，不能说领袖"人物"是特殊的。这是因为，领袖可能特殊到他已经不是"人"，而是某种超越于人的东西，例如"神"等等。而在最低限度上，领袖才是特殊的

湖南第一师范的水井。毛泽东在校学习时，每天早晨在这口水井边进行冷水浴，锻炼身体与意志，不分冬夏，直到毕业。

"人"。他具有"超凡"的品质与能力。所谓"超凡"，既是指他超越于平凡的芸芸众生，也是指他超越于滚滚红尘，不在我们这个"世俗"的世界之中，而属于另一个（当然是更高的）世界。

　　特质论在领导学的早期研究中是一种十分流行的观点。大而言之，特质论这种观点不仅仅是领导学研究的观点，而且也是前现代社会关于领袖的一般的和普遍的基本观点。这种观点往往把领袖及其品质和素质宗教化、道德化，认为它们是一种神圣的或者神秘的东西。例如，在中国历史上，那种认为皇帝是"真龙天子"的看法就是这种观点的典型代表。在其本来的意义上，西方社会所说的领袖的"超凡魅力"，也是一个宗教的概念。

　　但是，随着研究的深入，越来越多的人认识到，所谓领袖的"特殊"品质实际上并不存在，或者说领袖的"特殊"品质并不"特殊"。当然，并不是说领袖的特殊品质子虚乌有。而是说，领袖的"特殊"品质有其实实在在的根源与基础。从根源上看，领袖的品质，不过是群众愿望（包括群众心理）的集中体现。从基础上看，领袖的品质，与其说来自于他的某种"内在"的、作为"自然人"的性格气质，不如说来自于领袖处身其中的社会历史情势的需要。而在这样两个意义上，领袖的品质都是某种自觉建构起来、并且几乎是可以无限提高的东西，而不是某种先天素质中本来就固有的。

　　因此，关于领导者的修身，并不必然地需要从他的早期经历与学习中寻求什么神秘的说明。这是因为，领导者的修身是一个自觉的人格建构与修养，是一个开放的、人为的（而不是自然形成）的过程。从时间与可能性上来看，这个人格的建构与修养，可以从任何时间、任何年龄段开始。也就是说，它并不因为一个人年龄大了或者老了而不适合于把他的人格建构为一种领导者的人格。另一方面，领导者人格的这个建构与修养，也是一个无限的进程。修养无止境。

　　当然，如果一个"候选人"对他的（或者是自认为的或者是被认为）"使命"有着强烈的、清醒的早期自觉和认知，他也有可能从早期、甚至于从青少年时期就开始这样一个领导者人格的建构。事实上，我们在毛泽东那里就可以或多或少地看到这种早期的觉醒与建构领导者人格的积极努力。而这一点，在毛泽东的早期学习中，也可以在近现代的"湖湘士风"中寻找到它的踪迹。

毛泽东修身中的两个关键因素

毛泽东修身经历中最为关键的因素，恐怕既不是毛泽东本人的早期"聪慧"，也不是"湖湘士风"（包括曾国藩）的影响，而是其他更为重要的东西。

首先，这些东西是毛泽东早期对人民群众的朴素而朦胧的亲切意识。这一点，与毛泽东出身和生活于社会的下层有一定的关系，也与毛泽东早期所受的《水浒传》的影响有一定的关系。在这个方面，值得注意的是，毛泽东所受的《水浒传》的影响，根本上是下层人民群众的智慧，而不是什么《水浒传》的权谋与权术等等。这一点，与毛泽东早期的"游学"经历也有一定的关系。而它们在随后不久毛泽东对农民的发现、毛泽东所概括的"从群众中来，到群众中去"等等一系列思想中，很快就获得了自觉的和明确的提升与升华。

其次，也是更为主要的是，毛泽东的修身甚至于可以说是始终与他对矛盾问题的把握联系在一起的。这个把握，在毛泽东的早期恐怕还是不自觉的，还只是一种朦胧的体验性质的东西。但是，越是在后期，毛泽东对矛盾问题的把握就越是自觉、超脱和驾轻就熟。实际上，如果从1925年《湖南农民运动考查报告》毛泽东运用阶级分析和矛盾观点分析问题算起，32岁的毛泽东对矛盾问题的把握和驾驭，已经可以说是相当高超的了。正如海伦·斯诺所指出的，在此之后，1927 年、1935 年、1938 年、40 年代、1966 年，几乎在历次重大的历史转折关头，毛泽东都显示出他对矛盾问题的敏锐把握和高超驾驭。

值得注意的是，在毛泽东那里，矛盾问题始终与实践问题（包括他个人的生活实践问题）密切联系在一起的。这样一来，矛盾的问题、实践的问题，也就始终成为毛泽东个人的修身问题。也就是说，毛泽东历次对矛盾问题的实践上的把握（包括政治实践上的把握），也是毛泽东个人修身的一部分，而且，是至关重要的和决定性的一部分。这个把握在 1937 年 7~8 月的《矛盾论》《实践论》中达到了理论上与实践上两个双重的高度。

在其他人，例如，在那些把理论问题、政治问题与自己的个人问题分离开来的教条主义者那里，事情并不一定是这样。相反，对于后者来说，无论经历多少沧桑与坎坷，这些沧桑与坎坷恐怕都只是某种"身外之物"，而不一定与自己的个人生活有什么必然的联系。因为，对于后者来说，这二者并不是必然地绑在一起的。比较起来，在这个问题上，与其说毛泽东是"正确的"，不如说毛泽东是"准确的"；与其说毛泽东是"先知先觉"，不如说毛泽东更为"自觉"的和更为"觉悟"的。

毛泽东修身中的这两个因素，一个是他的人民性，一个是他的矛盾的和实践的观点。前者是领导活动中关于"人"即人民群众这个方面的，后者是领导活动中关于"事"即事物这个方面的。在后一个方面，毛泽东的高度在于，他把对于事的把握上升到了把握矛盾的高度。这样，在自己的人格建构与身心修养问题上，一方面，毛泽东自觉地把它切合于人民群众的切身利益与切身愿望；另一方面，毛泽东自觉地把它切中于事态本身的性质与进展。

在这样两个方面，我们可以看到，作为人民领袖，毛泽东的个人修身，不但是高超的，而且也是可以学习和能够学习的。在修身方面，一个领导者，能够做到其中的一个切合，可以说就具有了修身养性的"半壁江山"。而如果能够同时切合两个方面，也就达到了领导者修身本身所能够允许的最终的高度。

跟毛泽东学立志

> 独坐池塘如虎踞，
> 绿杨树下养精神。
> 春来我不先开口，
> 哪个虫儿敢作声。
>
> ——毛泽东

【领导者与立志】

　　领导者的立志，首先需要领导者对领导活动的基本特性有一个起码的自我意识。这个自我意识是领导者立志的认识基础，也是领导者立志的出发点。

　　领导意识，也就是领导者对领导活动的本质与领导角色的自我意识。区别于其他各种社会活动，领导活动既不是领导者作为个人的活动，也不是领导者为了个人的活动，而是领导者通过影响干部群众以完成特定公共目标的社会活动。领导活动，既不是领导者自己独自去面对任务，也不是群众独自去面对任务。

不通过群众，领导者自己独自去面对任务，这样的领导活动是"空洞"的领导活动，是所谓"光杆司令"、"拼命三郎"的领导活动。不通过领导者，无动员无组织的群众独自去面对任务，这样的领导活动是"盲目的"领导活动，它既不可能持久，也不可能发展到更高的水平上去。这是领导活动的两种片面的极端。

在这两个方面，领导者都需要有一个自觉的和正当的意识。这是领导者立志的出发点。只有具备了这个意识，某一种（个）立志才成其为领导者的立志；而领导者的立志，也才是真正的立志。当然，某些"候选人"对这一点可能存在着有意识或者无意识、自觉或不自觉的区别。因此，他们的立志也就有一个从无意识到意识、从不自觉向自觉的转变。而只有当他们真正意识到领导活动的这个特性的时候，他们的立志才真正成其为领导者的立志。

【毛泽东是如何立志的】

毛泽东早期诗词中的志向

诗言志。

1910 年，17 岁的毛泽东第一次离开家乡，进入东山高等小学堂。这是他人生历程中的一个转折。临行前，毛泽东给他的父亲抄录一首"言志诗"。这可以算是他的第一次"明志"。"孩儿立志出乡关，学不成名誓不还。埋骨何须桑梓地，人生无处不青山"。这首"出乡关"虽然没有什么具体的内容，但是，却有着违抗父命和自我塑造的强烈倾向。而这种自我塑造在毛泽东此后的立志与奋斗历程中，则是显著的和一贯的。

　　在东山高等小学堂的一次命题作文（题目为"言志"）中，毛泽东以"咏蛙"交上了一篇作文。"独坐池塘如虎踞，绿杨树下养精神。春来我不先开口，哪个虫儿敢作声"。据考证，这首诗可能是毛泽东改写前人的诗而成的。但是，与当时东山高等小学堂其他作文多以功名富贵为立意的言志诗比起来，毛泽东改写的这首诗还是立意甚高，而且，诗中隐隐透出一股大气。这是毛泽东早期诗词中值得注意的一种气质。当时，在东山高小，毛泽东的作文成绩很好，全校出名。据李锐《毛泽东的早期革命活动》回忆，当时，高小的校长曾说："学校取了一名建国材。"①

毛泽东早期立志的几个特点：本、真、奇。

　　早年毛泽东所身处其中的时代，正是五四时期中国社会从传统向现代的巨大社会转型时期。这个时期，青年人的探索、志向、自我设计基本上都带有一种彷徨困惑的性质。但是，比较起来，毛泽东的立志还是有他自己的特点。在某种意义上，这些特点，可以概括为本、真、奇三个字。

　　在毛泽东的早期志向选择中，可以看到一个最为突出的特点是，毛泽东苦苦求索"大本大原"，由"大本大原"而立定志向。

　　五四前期，毛泽东的思想中有一个最突出的根本特点，就是首先要把握住事物的"本原"或者"大本大原"。所谓"大本大原"，也就是宇宙生成和发展的根本原则。这个思想是曾国藩所提倡的做"学问"与"处身"的根本。朱熹说："大本不正，小规不立"。杨昌济在讲课时，也特别强调："宇宙间所

---

　　① 《毛泽东诗词全编》徐涛编，湖北教育出版社，第369～370页。

有一切之现象，皆由此大原则而生，吾人当神思默想，洞晓此大原则，此所谓贯通大原也。"

从"大本大原"立志看问题，在面对万千事物时，要从大处着眼，首先抓住事物的根本。把根本抓住了，其他枝节问题才能迎刃而解。以后，毛泽东也常强调要善于抓住要领，抓住主要矛盾，强调纲举才能目张，小道理要服从大道理。

此为毛泽东在一师的同学的日记片段。日记记载：1917 年 9 月 30 日，与毛君泽东……等十六人租二小船环水陆洲一周，清风明月，醉酒吟歌诗亦甚乐矣"。同学张昆弟又载："今日早起，同蔡（和森）毛（泽东）二君……上岳麓，沿山脊而行至书院后下山，凉山（风）大发，空气清爽，空气浴，大风浴，胸襟洞彻，旷然有远俗之概"。

1917 年，毛泽东在致黎锦熙的信中说，拯救中国，必须从寻求本原开始。他表示，今后和将来一段时间，自己"只将全副工夫向大本大原处探讨"。毛泽东开出了自己的救国药方："今日变法，俱从枝节入手，如议会、宪法、总统、内阁、军事、实业、教育，一切皆枝节也。枝节亦不可少，惟此等枝节，必有本原。本原未得，则此等枝节为赘疣，为不贯气，为支离灭裂。"他大声疾呼："今吾以大本大原为号召，天下其心有不动者乎？天下之心皆动，天下之事有不能为者乎？天下之事可为，国家有不富强幸福者乎？"①

　　由对"大本大原"的求索和把立志建立在"大本大原"的基础上并与"大本大原"相始终，毛泽东的早期立志还呈现出"立真志"和"真立志"的特点。

　　青年人求学，大多喜欢谈立志，诸如将来要当军事家、政治家、教育家等等。毛泽东认为，离开"真"来谈立志，只能是对前人中有成就者的简单模仿。真正的立志，首先是寻找真理，然后按它去做。若"十年未得真理，即十年无志；终身未得，即终身无志。"1915 年在致萧子升信中说，有"为人之学"、"为国之学"、"为世界之学"。在另外一封信中，毛泽东说："廓其躬而有益于国与群，仁人君子所欲为也"②。心系社会，苦学砺志，是这位师范生的立志与自我设计的基本价值取向。

　　与上述两个特点相联系，毛泽东的早期立志还呈现出"立奇志"的特点。当然，这个"奇"不是"奇怪"的"奇"，而是"新奇"的"奇"。毛泽东常对人说，大丈夫要为天下奇，即读奇书，交奇友，创奇事，做个奇男子。同学们用谐音给他起了个外号，叫'毛奇'。毛奇（Molkt）是普鲁士一个很有学问的将领。1917 年 6 月，一师开展了一次人物互选活动，相当于现在的评优，包括德、智、体三个方面近 20 个项目。全校有 400 多名学生参加，当选者三四十人，毛泽东得票最高。在德、智、体三个方面都有项目得票者，只有毛泽东一人。而"胆识"一项，则为毛泽东所独有，评语是"冒险进取，警备非常"。

---

① 《毛泽东传》，全冲及主编，第 29～30 页。
② 《毛泽东传》，全冲及主编，第 17 页。

毛泽东志向的确立

毛泽东的立志求本、求真、求奇的特点，决定了他的立志具有无所学而学、无可模仿而"模仿"的性质。这种立志，实际上，具有开创和创新的成分和倾向。

在青年时期，即使是毛泽东的立志也不免有这样那样的模仿的性质与成分。但是，早年的毛泽东能够很快认识到在青年的立志中普遍存在的模仿的性质与成分，这对于一个青年人来说，确实是非常难能可贵的。在致黎锦熙的信中，毛泽东说，"自揣固未尝立志，对于宇宙，对于人生，对于国家，对于教育，作何主张，均茫然未定"。在立志问题上实际上是无所可以模仿者。①

正如竹内实所指出的，"毛泽东是一位以中华世界为对象奋斗终生的人物"。② 从这个意义上来看，这更决定了毛泽东的立志是无所可以模仿的。实际上，许多西方学者也都认识到了这一点，并且，在自己对毛泽东评论的观点上有所改变。

美国学者施拉姆是研究毛泽东的著名专家。80 年代（1982 年）施拉姆曾经认为，"1927 年这一段时间"是毛泽东的"革命的学徒期"。但是，后来，施拉姆修正了这一提法，而把它称之为毛泽东的"性格形成期"。施拉姆认为，他这样做主要的原因是，"学徒期""这个词在某种意义上是指已具备相当具体明确的标准、条件和资格，要经师傅传授手艺和专业特长"。

"实际上，在 20 年代没有'革命大师'可供毛泽东拜师搞革命。从孙中山到李大钊、陈独秀，同毛泽东的年龄、经历相

---

① 《毛泽东传》，金冲及主编，第 31～34 页。
② 《世界著名政治家学者论邓小平》，第 32 页。

比，他们都是年长资深的革命领导人，但他们当中没有一个人知道怎样才能使革命在中国这个国家取得成功。斯大林认为他了解中国的革命，他在 1925 年前后就能令中国共产党按他的设想行事，但事实证明，他也不是可信赖的领导人。毛泽东在 1921 至 1927 年间，从我上面提到的那些人那里学到了一些东西，但是在许多重要的方面，毛泽东是自学的"。[①] 施拉姆的这个观点、他的看法的这个转变，是有代表性的。

按照毛泽东自己的说法，毛泽东是在 1920 年最终确定了他在立志问题上的价值选择的。毛泽东在接受斯诺采访时曾经说：1920 年冬天，我第一次从政治上把工人们组织了起来，在这项工作中马克思主义理论和俄国革命史的影响开始对我起指导作用。我第二次到北京期间……，有三本书特别深刻地铭记在我的心中，使我树立起马克思主义的信仰，以后，就一直没有动摇过。到了 1920 年，我已经在理论上和某种程度的行动上，成为一个马克思主义者，而且从此我也自认为是一个马克思主义者了。同年我和杨开慧结了婚。[②]

按照毛泽东自己的说法，他接受马克思主义，最为主要的，就是接受了它的"阶级斗争"的思想。以这一点为核心和基础，有了这个思想之后，毛泽东在 1925～27 年很快发现了农民，并且把他们上升到明确的群众观点、群众路线和群众方法的高度。我们可以注意到，这些东西在中国传统社会中都是付诸缺如的。由此毛泽东的立志有了实实在在的支点和内容。从这些方面看，在立志问题上，毛泽东关于他从 1920 年以来主要观点基本上就没有改变过的说法，是可靠的和有意义的。

---

① 《毛泽东的思想》，施拉姆著，第 19 页。
② 《毛泽东自述》，第 45 页。

【跟毛泽东学立志】

领导者的立志与代表人民意识、人民意志。

从表面上看，领导者的立志，表现了领导者个人的主观意识，表达了领导者个人的主观意志。这是领导活动的一个方面，也是一个重要的方面。但是，从客观上看，领导者个人立志方面的主观意识与主观意志，应该是人民群众或者"选民"的意识与意志的代表、表现和表达。也就是说，领导者立志中的意识与意志，有其客观的内容与来源。

领导者个人的自我意识与自我意志，与他所代表的人民群众的意识与意志，两个方面是相互发明、相互促进和相得益彰的。两个方面都是不可或缺的。领导者个人的主观意识与主观意志，是明确而集中的。但是，只有领导者个人的主观意识与主观意志，这种立志往往是空洞的、软弱苍白的。只有群众的意识与意志，这种"立志"又往往是盲目的和不可持久的，也是难以形成明确的自觉和发展到高水平高层次的。实际上，人民群众的意识与意志，往往流于一种盲目的集体无意识。它们既不是系统集中的，也不是理性化的。只有领导者个人的主观意识与主观意志同群众的集体意识与集体意志结合起来，才能够形成既是集中明确的，又是坚定持久的意识与意志，才是领导者立志的坚实的支点与起点。

在这个方面，毛泽东的立志，既有个人长期的探索，有个人明确而集中的主观意识与主观意志，又与人民群众的意识与意志相结合，充实阶级斗争、农民运动、群众观点等等实在的内容。从而，他的立志才既没有沦为个人的妄想，也没有成为简单的个人奋斗；而是与人民群众的愿望、与群众运动紧密地结合在一起，从而持久地坚持下来，经受历史与人民的考验，并且支持他发展到一个历史性的高度。

立志与对"使命感"的自觉

对领导活动本质特性的自我意识，是领导者立志的起点。但是，在领导者的立志问题上，这个自我意识只是领导者立志的最低限度的要求。在这个起点之后（和之上），领导者的立志还有一个"使命感"的问题。

领导者立志中所谓的"使命感"，也就是领导者对他准备投身于其中的社会活动的意义与价值有一个正确的与积极的认识与评价。也就是说，无论他所投身于其中的社会活动本身是怎么样的，无论别人是如何看待他与他所投身于其中的社会活动的，至少他本人要感到他的选择与行动是有价值有意义的，或者干脆（如果它是无意义的）赋予它价值与意义。否则，他的所谓立志也就仅仅只是认识上的和理论上的而不是实践上的；他的立志，也就既上不了层次，也不可能持久。

因此，如果说，对领导活动的自我意识，是领导者立志的"门坎"，那么，对使命感的自觉，则是领导者立志中的"登堂入室"。这个"登堂入室"意味着，领导者的立志因此而达到高层次的境界，并且，在实践中经受考验和坚持下去。

毛泽东的立志，不简单地是对领导活动自身这个相对狭隘的范围的自觉认识，而是上升到对灾难深重的中华民族的忧虑，对民族复兴伟大事业的投入和"献身"。竹内实关于毛泽东以中华世界为对象奋斗终生的观点就指出了毛泽东立志的这个特点。在立志的探索过程中，毛泽东无可模仿而自立、无可学而创造的立志也反映了这个特点。

　　事实上，一方面，有了对领导活动"奥秘"的深层次的觉悟，另一方面，面对中华民族的深重灾难和她复兴的前景，毛泽东似乎产生了一种"舍我其谁"的强烈的使命感。这种使命感并不一定保证一个领导人一定成功，但是，它却把一个人的奋斗、热情与能量提高到几乎可以说是完全出乎自己的意料的高度。我们可以看到，从遵义会议以后、特别是在延安时期，毛泽东的这种使命感越来越强烈。这种使命感使得毛泽东越来越自信、从容、超脱和成熟。同样，这种使命感也越来越使得毛泽东的领导达到几乎是难以想象的高度与艺术的境界。

　　因此，跟毛泽东学立志，不仅仅是学习毛泽东个人的主观意识与主观意志。在这个方面，有一种观点认为，直接地受曾国藩的影响，间接地受陆（九渊）王（阳明）"心学"的影响，毛泽东的立志与领导风格有强烈的唯意志论的倾向与成分。与此相关的是，一种观点把毛泽东的唯意志论的倾向与风格追溯到他通过杨昌济所受的康德的影响。这种影响表现为尼采式的"超人"意志。如此等等。

　　这种看法有一定的道理。但是，它们仅仅抓住了毛泽东立志与领导风格的一个方面，即主观意识与主观意志这个方面，而没有看到毛泽东从民族复兴的使命感与人民群众的愿望那里所获得的强烈的使命感的性质与意义。实际上，如果从后者来看问题，即使毛泽东有强烈的唯意志论的倾向与性质，那也是正当的和正常的，而且，也是必要的。

跟毛泽东学情商

> 　　毛泽东是伟大的"诗人革命家"。他诗人的浪漫情怀，革命家的英雄气概鼓舞着他克服重重困难，从低谷走向高潮，从胜利走向胜利。但是，一个伟人的成功，不仅仅体现在他发挥了他丰富的情感，而更体现在他对自己丰富情感的控制和升华……

【领导者与情商】

　　情商，是一个相对于智商的概念。现代心理学和领导学中的情商概念，产生于二战、特别是冷战结束之后的社会历史条件。50～60年代以来，世界范围的经济（如现代企业）逐渐结束了匮乏经济，进入了剩余经济的时代，一般社会生活达到了富余经济水平。与此同时，随着人类登上月球和实现全球通信，人与人的通信联系越来越方便容易，人际关系越来越密切。以此为标志，社会形态进入了所谓的"后现代社会"。随着信息经济和全球化进程的加快，今天，在每一个人的生活细节中都可以越来越深切地感受到这个进程各方面的影响。

在生产和生活条件的这个影响下，逐渐形成了一种团队式的或者俱乐部式的人际关系。影响所及，在某些发达领域、地区和国家，也逐渐形成了一种团队式的社会或者俱乐部式的社会。它所提倡的行为准则和价值标准，不再是纯粹的技术与任务取向，而是关系与关怀取向；不再是你死我活的竞争，而是人与人之间相互的合作；不再是智商，而是情商。那些古怪的、不合群的"离群索居"的人，那些没有人情味的"工作狂"，逐渐变得"不合时宜"，缺乏诗意。他们被后现代社会所抛弃。

正是在这种社会环境中，人与人之间的情感关系（而不是他们之间的智力上的关系）变得越来越突出，越来越重要。并不是说，完成任务变得不重要，而是说，任务的完成是通过调动干部群众的积极性、能动性而完成的。这个变化，对于领导者来说，是至关重要的。领导活动，本身就是通过调动干部群众的积极性、能动性以完成特定的任务。而在（后）现代的社会环境中，这个要求，已经不仅仅是领导活动自身的内在要求，而且，也成为一种时代性要求。

【"诗人革命家"的自知、自胜与自强】

毛泽东是伟大的"诗人革命家"。他诗人的浪漫情怀，革命家的英雄气慨鼓舞着他克服重重困难，从低谷走向高潮，从胜利走向胜利。以往，人们多从正面说明毛泽东情感世界的丰富与浪漫，这个方面的说明也比较多了。其实，一个伟人的成功，不仅仅体现在他发挥了他丰富的情感，而更体现在他对自己丰富情感的控制和升华。一个伟人与一般人、与那些失败了"英雄"相比较，不在于他有丰富的情感，而在于他节制了自己丰富的情感，在于他对自己的情感控制得好，在于他对自己的情感升华得好。

毛泽东的自知

在毛泽东的情感世界中，最为引人注目的，恐怕是他对"下等人"、对人民群众的持久真挚的感情。还在一师时毛泽东就朦胧地意识到，"我是极高之人，又是极卑之人"。在长期的革命经历中，毛泽东逐渐认识到，所谓"极卑"也就是来自于人民群众；而所谓"极高"也就是高于人民群众。毛泽东后来从理论的高度把这个早期认识提炼为"从群众中来，到群众中去"，并且，在自己的人生修养中自觉坚持。事实上，凡是毛泽东自觉坚持这一点的时候，也就是他做得好的时候；而凡是违背这一点的时候，也就是他出现问题的时候。可以说，这一点是毛泽东情感世界与自我提高最初的出发点，也是其根本点和支撑点。

毛泽东反复告诫他的同事和同志们，群众是真正的英雄，而我们自己则往往是幼稚可笑的。毛泽东还特别说，"包括我自己"。在这个方面，毛泽东始终认为"卑贱者最聪明，高贵者最愚蠢"。他始终相信人民群众的智慧与创造性，而自己则甘当群众的学生。毛泽东之所以对鲁迅"横眉冷对千夫指，俯首甘为孺子牛"的诗句欣赏备至，是因为他们二人在价值取向与思想境界上是息息相通的。而这才是毛泽东作为人民领袖的高屋建瓴之处。比较起来，党的历史上那些"左"倾机会主义者屡屡过高估计自己的力量，不是低估了群众的力量，就是低估了别人的力量，这种态度往往显得幼稚可笑。

　　明代诗人杨椒山曾有两句名诗，"遇事虚怀观一是，与人和气察群言"。毛泽东对此深有体会，曾经多次谈及。毛泽东曾深有感触地说：他从年轻时期就喜欢这两句诗，并照此去做，几十年体会日深。毛泽东认为："遇事虚怀观一是"，难就难在"虚怀"两个字，即有时虚怀，有时并不怎么虚怀。而"与人和气察群言"，难就难在一个"察"字上。"察"并不是一般意义上的"观察"，而是体察、体会和洞察。只有虚心体察，才能真正从别人、从群众那里汲取智慧与力量。

　　有了对人民群众的深挚情感，才可能有对自己、对别人的正确认识与评价。1959 年庐山会议是毛泽东思想与人生经历

毛泽东在庐山

上的一个重大转折。庐山会议上，毛泽东轻易地把彭德怀上万言书这件事定性为右倾机会主义。后来的事实逐渐使得毛泽东认识到自己未必是正确的。结果他终于对彭德怀说："也许真理在你手上。"因此，还在三年困难时期，毛泽东曾经对自己有过三七开的评价与自我剖析。他说，我这个人啊，好处占百

分之七十，坏处占百分之三十，就很满足了，我不是圣人……。

毛泽东的自胜

从自知出发，才可能达到自胜与自强。

自知与自胜是对自己的，胜人是对于别人的。由自知才能达到自胜，由自胜才能达到胜人。因此，中国古代文化里对"英"与"雄"是有明确的区分的。所谓"自知者英，自胜者雄"，"欲胜人者先自胜"。毛泽东本来嗜烟如命，但是，在重庆谈判期间，他先后十次与蒋介石面谈，竟然一支烟都不抽。对此，蒋介石十分感叹。他曾经对陈布雷说："毛泽东此人不可轻视。据说他每天要抽一听烟，但他知道我不吸烟后竟一支不吸。对他的决心与精神不可小视呀！"

毛泽东的自强

自知与自胜的结果必然是自强。

毛泽东在《讲堂录》中曾就"自强"与"大有作为"的关系评论说，"盖未有力不足以举天下之烦，气不足以练天下之苦，性情不足以扶持天下之一偏，而可以大有为者也"。只有真正自知、自胜与自强，才能"拿得定，见得透，事无不成。""不为浮誉所动，则所以养其力者厚；不与流俗相争，则所以制其气者重。"中国传统文化始终提倡"君子以自强不息"。毛泽东所提倡的"独立自主"、"自力更生"和"奋发图强"正是中国传统文化中"自强不息"精神的继承与发扬。

【跟毛泽东学情商】

情商的普遍意义

谈起毛泽东的情商，许多人可能会有这样的想法，毛泽东是情感丰富的"诗人革命家"，毛泽东丰富的情感世界是毛泽东取得成功的原动力之一；更为主要的是，毛泽东能够节制自己丰富的情感，这是毛泽东能够取得成功的关键。但是，毛泽东的这种风格、毛泽东的这些经验，是不可学习的，也是难以学习的。而一个人如果是一个缺乏情感的领导者，那么，对他来说，毛泽东的这些东西就更是不相关的东西，它即使再好，也是毛泽东的东西，而不可能成为别人或者其他人的东西。

这种观点有一定的道理，但是，是不全面的。毛泽东的情商，毛泽东控制自己丰富的情感取向，是不可学的，也是学不来的。但是，"情商"并不仅仅是指"情感"，也是指一种"关系与关怀取向"的价值观念和行为取向。在"情感"的意义上，我们既不可能把毛泽东的情感"偷"来，也不可能把毛泽东的情感"挪"来。而且，毛泽东时代的情感，对于我们的时代，在适用性上恐怕也有这样那样的问题。

但是，"跟毛泽东学情商"，不是照搬照抄毛泽东个人的风格与做法，而是学习毛泽东"关系与关怀取向"的领导风格与领导实践。在这一点上，毛泽东"关系与关怀取向"的领导风格与领导实践，不但是可学的，而且，既是领导者所必须学习，也是他们所能够学习的。在这一点上，我们同样应该注意的是，毛泽东的成功并不仅仅是因为他有"情感"，而是因为他有"情商"。

情商与现代领导的价值取向

智商，关涉社会与自然的关系问题。情商则关涉人与人的关系问题。智商，作为衡量智力程度高低的数量概念，是逻辑性的、分析性的和数学式的。它讲究的是理性，是工具性和功能性。说到底，智商是一个工具理性概念。而情商则是诗性的、综合性的和艺术式的。它讲究的是情感，是目的性和价值性。情商的本质是价值理性。因此，情商是质量概念，是衡量情感性质、情感的丰富和细腻的质量概念。通俗地说，智商是以左半脑为基础的，而情商则是以右半脑为基础的。

情商理论认为，智商是一个适用工业化进程和工业化社会的技术概念。但是，智商已经并且越来越不适应后现代社会。在后工业社会和后现代社会，对于成功来说，对于把握和处理人际关系来说，情商是比智商更为重要的素质。而且，情商本身就是生活的一部分。情商是生活的需要，是生活的情调，是生活本身。

情商理论对于现代或者后现代的领导活动的意义是多方面的。

首先，情商理论指明了情感和情绪上的需要是领导工作的一个重要方面。在现代的或者后现代的生活条件下，领导工作必须对于群众情感和情绪上的需要给予充分的关注。特别是在现代或者后现代的社会条件下，从情商的角度开展群众工作中的宣传群众、动员群众、激励群众等等，情商理论具有重大的启发意义。

其次，情商理论强调了关系与关怀取向的领导行为的重要性。这实际上从一个角度指明了，领导工作的特点和特殊性，就是通过调整方方面面、各种各样的关系，通过动员群众，达到工作任务的完成。这对于把握领导工作的着重点，具有重要的指导意义。

第三，情商理论还表明，现代或者后现代的领导工作，在同等程度上，需要智商和情商。智商是任务取向的。情商，是关系和关怀取向的。智商与情商，分别地涉及到领导活动的两个不同方面。就对干部群众的影响来说，智商是"晓之以理"的方面；情商是"动之以情"的方面。但是，一个完整的领导活动，既是任务取向的，又是关系与关怀取向的；既需要对干部群众"动之以情"，又需要对他们"晓之以理"。事实上，也只有统筹兼顾这样两个方面和双重目标，才是真正好的和优秀的领导。

跟毛泽东学做学生

> 领导首先是群众的学生，这是一个朴素的道理。它几乎朴素到这样的程度，你要成为某种意义上的领导，你就要成为某神意义上的学生。而且，即使你意识到了这一点，你还是不一定能够做得好；即使你做得好，也是一个无限的进程。就这一点来说，毛泽东给后人的启示是令人回味无穷的……

【领导者与做学生】

领导者来自于人民群众。

首先，领导者本人就是人民群众的一员。领导者是从人民群众中产生的。领导者来源于人民群众。其次，领导者在他成为领导者之前是人民群众的一分子。在他成为领导者之后，也始终是人民群众的一分子。领导者一刻也不能脱离人民群众。领导者脱离人民群众之日，也就是他丧失影响力之时。

领导者的力量与智慧来源于人民群众。

首先，作为个人，在人民群众之外，领导者及其领导活动，本身并不具有什么独立的实体性的力量。领导者个人，在人民群众之外并不比作为整体的人民群众更有力量。甚至于，在人民群众之外，领导者个人并不比一个单独的工人或者一个单独的农民更有力量。领导者的力量根源于人民群众，来自于人民群众。

其次，领导者解决问题的政治智慧根源于人民群众的集体智慧。他解决问题的方法、能力和创造性，并不是自己想出来的，而是潜藏于人民群众及其改造世界的社会活动之中的。在这个方面，领导者与人民群众的关系，就象巨人安泰与大地母亲的关系。人民群众及其改造世界的集体性社会活动，是智慧之源，是创造性之源。

领导者的智慧与创造力，只不过是人民群众的集体智慧与创造力的集中的、自觉的表现。在这个方面，领导者的能力，在归根结底的意义上，只不过是人民群众自身的力量。这种力量"通过"领导者表现出来，但是，并不"决定于"领导者，而是决定于人民群众。一个领导者越是深入人民群众之中，他就越是具有政治智慧和越是具有政治创造力。

【毛泽东是如何做学生的】

"群众是真正的英雄，而我们自己则往往是幼稚可笑的"。

1949 年新中国成立的时候，百万人民群众天安门大游行。热情饱满意气风发的游行群众，情不自禁地欢呼"毛主席万岁"。毛泽东很激动。群众欢呼"毛主席万岁"，毛泽东对人民群众说些什么呢？我们可以注意到，当时的毛泽东几乎是油然而生不加思索地说出了"人民万岁！"事后，毛泽东回忆说，"人民群众欢呼'毛主席万岁'，我就对他们说'人民万岁'。"

1939 年，毛泽东在延安杨家岭同农民亲切交谈。

　　"人民万岁"与"毛主席万岁"，这两句话，真可以说是道尽了毛泽东与人民群众做学生与做先生的真诚关系；新中国成立天安门城楼上的那一刻，毛泽东与人民群众的真诚关系，也可以说把毛泽东与人民群众的做学生与做先生的真诚关系推向了顶点。那一刻那样一种关系，浓缩了多少真挚的感情，显示出多么水乳交融的关系，包含着多少深刻的真理啊！

　　毛泽东与人民群众的这种融洽关系，不自天安门城楼的那一刻始。新中国的成立不过是毛泽东与人民群众真诚地做学生与做先生关系的一个总结，而不是开始。实际上，从心态上来看，毛泽东不但早早地和真诚地把自己摆在做人民群众的学生的地位上，而且，始终善待人民群众和保持对人民群众谦虚谨慎的态度，正是毛泽东终生不悔、一以贯之和坚持到底的基本价值取向。

人民群众是历史的创造者和社会活动的主体。这是马克思主义的基本观点和基本立场。但是，如此密切地把这个基本观念与自己的修身、与自己的成长经历、与自己的领导历程联系在一起的正是毛泽东。正是在毛泽东那里，才概括出了"从群众中来，到群众中去"、"人民，只有人民，才是历史的创造者"、"鄙贱者最聪明，高贵者最愚蠢"、"群众是真正的英雄，而我们自己则往往是幼稚可笑的"、"人民万岁"等等简明而深刻的至理名言。

值得注意的是，这些东西，在毛泽东那里，并不仅仅是某种只对别人不对自己、或者仅仅是说说而已的口号。恰恰相反，它们是毛泽东朴素而真诚的信念，是始终与毛泽东个人的革命与领导实践联系在一起的；它们已经融为毛泽东生命与生活的一部分，而不仅仅是什么理论上的东西。

"不要称毛泽东主义"

毛泽东是个有"主义"的人。毛泽东领导的中国革命，之所以超越农民起义，就是因为农民起义没有主义，而中国革命有主义。毛泽东上井冈山打游击，就明确地说过，历史上从来没有消灭过"山大王"。但是，"山大王"没有主义，我们有主义。可见，毛泽东对他的主义是有明确的意识的。平心而论，在许多方面，毛泽东思想也有超过马克思列宁主义的地方，称毛泽东思想为毛泽东主义，并不过分。直到"文化大革命"之后国外狂热信奉"毛主义"的人仍然很多。

但是，毛泽东多次反对称"毛泽东主义"。1948 年 8 月，吴玉章准备在华北大学开学典礼的讲话中把"毛泽东思想"改成"毛泽东主义"，打电报请示毛泽东。毛泽东回电说："那说法是很不合适的……，必须号召学生学习马恩列斯的理论和中国革命的经验。"1956 年，在全国知识分子工作会议上，又有人提出把"毛泽东思想"改成"毛泽东主义"。毛泽东还是不同意，并说，"马列主义是主干，我是枝叶。"

1953 年，毛泽东在一次讲话中重申了七届二中全会未写进决议中的几条规定，其中有一条是"不要把中国同志与马、恩、列、斯平行。"对此，毛泽东解释说："这是学生和先生的关系，应当如此。"1959 年，毛泽东对王任重说："不如马克思，不是马克思主义者；等于马克思，也不是马克思主义者；只有超过马克思，才是马克思主义者。超过就是发展。列宁有不少地方超过、发展了马克思，所以人称马克思列宁主义"。

平生钟意《水浒传》

毛泽东向人民群众学习，做群众的学生，不仅仅是在与人民群众的现实关系中，而且，还延伸到更为广泛的历史文化中。

毛泽东平生钟意《水浒传》。即使是在党内，这也引起了这样那样的非议。通常的看法是，"少不看《水浒》，老不看《三国》"，毛泽东偏爱《水浒传》，从《水浒传》等之中学到了许多"权谋"与"权术"；毛泽东的军事才能有一大部分是在《水浒》《三国》中学来的；特别是，毛泽东在青少年时代"易受感染的年龄"受《水浒》的影响，这对他一生的影响可能都是决定性的。这些看法，有一定的道理。但是，仅仅从这个方面来看问题，是非常片面的。

严格地讲，《水浒》《三国》等等，根本上并不是什么"权谋"与"权术"的问题，而首先是所谓人民群众的智慧结晶的问题。我们可以注意到，包括《水浒》在内，《三国》《西游记》等等所反映的主题是"反抗"与"探索"；而它们的基本内容，大都是一些所谓的"小人物"、破落者的沉浮与升迁，是所谓社会中下层人物的命运。这个主题，与中国传统上所谓"帝王将相"、"才子佳人"的主题十分不同。而这个主题，又是与近代初期中国社会从传统的农业社会向商品经济社会转型这个大背景联系在一起的。

同时，我们可以注意到，《水浒传》《三国演义》等等的形成，正是人民群众的集体无意识酝酿加工和长期演化而成的。这个过程是一个长期的过程。总之，它们是"民间"的产物。在这个意义上，《水浒传》等古典名著的真正的作者是"人民群众"，而罗贯中、施耐庵等等只能说是它们的"编者"。因此，《水浒传》等等也是中下层人民群众的心理情绪的某种反映，是所谓"群众意识"、"群众心理"的一种流露、一种形式。在这个意义上，《水浒传》与《宋史》不同，《三国演义》与《三国志》不同。

毛泽东平生钟爱《水浒传》等，是有深层次的寓意的。这个深层次的寓意，可以说就是《水浒传》等中的人民群众的智慧这个主要的成分、性质与倾向，而根本上并不是什么其中的权谋与权术。当然，不可否认，《水浒》《三国》中有权谋与权术的成分。但是，与人民群众的智慧相比较，这些东西是十分次要的。

在这个意义上，所谓毛泽东的军事才能是从《水浒》《三国》中学来的说法也可以说是"歪打正着"地从一个侧面说明了一定的问题。事实上，近代初期以来，秉承《水浒》《三国》战法，这个传统不自毛泽东始。张士诚、清军入关、太平天国等等的战法都与《水浒》《三国》有一定的关系。而这些战法之所以吸引着如此广泛的注意,根本上也是因为它们是人民群众智慧的结晶。而这些东西在所谓的"正史"中是根本不存在的。①

　　毛泽东钟意《水浒》等等,并不是"照抄照搬",而是有批判有分析地学习。这些批判与分析之所以可能,根本上是因为有了马克思列宁主义的立场、观点和方法。例如,毛泽东看《水浒》的早期困惑可以说就是在"阶级斗争"与阶级分析的观点与方法中得到解决的。毛泽东从《水浒》"三打祝家庄"中读出了辩证法,毛泽东批注《水浒传》宋江只反贪官不反朝廷等等,都是如此。而历史上的张士诚、太平天国等等虽然秉承《水浒》与《三国》,但是,最后仍然陷于失败,恐怕就是没有超越《水浒》《三国》的这个新的现代的观点、立场与方法等等。

【跟毛泽东学做学生】

　　古希腊神话中的巨人安泰力大无比。但是,安泰只是在他被与大地隔离起来的时候才意识到他的力量来自于"大地母亲",而不是来自于他自己。安泰终于认识到,力量不过是"通过"他自己表现出来,而不是"决定于"他自己。力量的最终根源,不是他而是某种更为深厚的基础和渊源,是所谓"大地母亲"。但是,虽然安泰意识到这一点,他最终还是失败了。而在这一点上,他的对手恐怕比安泰对"叱咤风云"的历史人物的力量源泉有着更为清醒的意识。

　　人民群众或者"选民"的支持是领导者力量的最终源泉,是他们所依靠的客观基础。任何革命家政治家,一般地说,任

---

①　参见《水浒传原本与著作研究》,罗尔纲著,江苏古籍出版社。

何领导者，无论他采取的是什么阶级的和政治的立场，也无论他有什么样的成长经历，只要他想获得成功或者已经成功，他都必须或自觉或不自觉、或积极或消极、或迟或早认识到自己的力量与智慧来自于何处并且自觉地依靠这个力量而不是单纯地依靠他自己或者其他的什么神秘的力量。革命家政治家需要意识到这一点，从而在对自己与群众、"选民"的关系上，调整自己的"心态"，真正把自己摆放在群众与"选民"的学生的位置上。正是这一点，而不是其他的，才是革命家政治家真正走向"成熟"的标志。当然，在这一点之后，革命家政治家的成长，又是一个不断"修炼"、无限提高的过程。

安泰的故事，不过是通过某种"神话"的形式向那些"不明就里"的历史上的"英雄们"讲述一个最为普通的道理。在神话的年代，这个道理也不得不通过神话的形式才能讲清楚。但是，在现代的社会文化条件下，我们既不需要神话，也不需要"再度神圣化"；既不需要把人民领袖"神化"，也不需要把人民领袖"鬼化"。人民领袖与他的人民的关系是实实在在，是一步一个脚印的。而在这一点上，毛泽东与他的人民群众的关系，以及他对此的概括，不但是他个人的成熟，而且，也意味着一个党的成熟。

领导者是群众的学生，而且，首先是群众的学生，这是一个朴素的道理。它几乎朴素到这样的程度，也就是说，你要成为某种意义上的领导，你起码就要成为某种意义上的学生。这又是一个深刻的道理。而它几乎深刻到这样的程度，也就是说，即使你意识到了这一点，你还是不一定能够做得好；而且，即使你做得好，也是一个无限的进程。

跟毛泽东学做先生

彭湃出身大地主，是个大学生，后来又做了共产党的中央委员。但是，为了做农民工作，彭湃不得不脱掉白大褂，穿起农民的衣服；不得不改掉"官话"，说起农民的"土话"；不得不"违背"无神论观点，同农民一起拜观音菩萨。但是，这样一来，农民就信任彭湃，把彭湃看成自己人，愿意听他的话，愿意听他讲革命道理。结果，广东的农民运动就搞了起来，而彭湃本人成了农民运动的大王。毛泽东总结彭湃的做法，认为迁就农民的落后就要做农民的学生；但是，为着领导农民运动，又要做农民的先生。结果，毛泽东的农民运动做得更好更大。

——胡乔木

【领导与做群众的先生】

领导者比一般的个别群众和作为总体的人民群众站得高，看得远。就对事态的预见而言，领导者抓住了事态转机，估计到了事态发展变化的趋势，看到了事态发展的大方向。在这个方面，领导者有其高出于一般群众的地方。同时，在对事态的预见和把握方面，作为一个集体的人民群众或多或少表现出了某种集体无意识的状态。在这个方面，有预见能力的领导者有其优越于人民群众的优势。

领导者来自于人民群众，又高于人民群众。

人民群众的历史认识与实践创造往往是自发的、不系统的和分散的。领导者把群众的活动统一和协调起来，把自发的创造活动上升到自觉的高度，把不系统的活动系统化，把分散的活动集中起来。这样，就把群众的感性认识和创造活动上升为理性的自觉，来自于群众又高于群众，而且反过来又成为群众事业的指导。

领导者既是群众的学生，也是群众的先生。

就领导者与群众二者之间的关系而言，做群众的学生是成为领导的前提，做群众的先生是做群众的学生的结果。领导者只有先做学生，才能做好先生。在归根结底的意义上，群众是先生，而领导者只是学生。在这里，做学生与做先生，是辩证转化的关系。

【毛泽东是如何做先生的】

毛泽东论彭湃的农民运动

彭湃是党的历史上搞农民运动比较早，也是搞农民运动比较好的共产党领袖。彭湃出身大地主，是个大学生，后来又做了共产党的中央委员。但是，为了做农民工作，彭湃不得不脱掉白大褂，穿起农民的衣服；不得不改掉"官话"，说起农民的"土话"；不得不"违背"无神论观点，同农民一起拜观音菩萨。但是，这样一来，农民就信任彭湃，把彭湃看成自己人，愿意听他的话，愿意听他讲革命道理。结果，广东的农民运动就搞了起来，而彭湃本人成了农民运动的大王。

中央农民运动讲习所旧址，中央农民
运动讲习所实际主持工作的是毛泽东。

在党的历史上，毛泽东并不是搞农民运动最早的人。但是，毛泽东却可以说是农民运动搞得最好的人。毛泽东之所以能够超越彭湃，一方面是与他善于总结彭湃的经验联系在一起的，另一方面，也是与他既善于做农民的学生，又善于做农民的先生联系在一起的。毛泽东经常举彭湃的例子说明领导者既要做群众的学生，也要善于做群众的先生。迁就群众的落后，听他们的呼声，就要善于做群众的学生。但是，与此同时，又要领导他们前进，要用革命道理说服教育他们。在这个方面，又要善于做群众的先生。掌握与群众的关系，应该注意避免两种倾向，一种是命令主义的倾向，一种是尾巴主义的倾向。

"从群众中来，到群众中去"。

领导者与群众的关系，既是领导工作中经常碰到的一个老问题，也是一个复杂的重要问题。毛泽东把这个关系集中概括和升华为"从群众中来，到群众中去"的群众观点、群众路线和群众方法。从群众中来，领导者是群众的学生。到群众中去，领导者是群众的先生。

毛泽东指出，"在我党的一切实际工作中，凡属正确的领导，必须是从群众中来，到群众中去。这就是说将群众的意见（分散的、无系统的）集中起来，（经过研究，化为集中的系统的意见），又到群众中去作宣传解释，化为群众的意见，使群众坚持下去，见之于行动，并在群众行动中考验这些意见是否正确。然后再从群众中集中起来，再到群众中坚持下去。如此无限循环，一次比一次地更正确、更生动、更丰富"。

在指导群众、做群众的先生这个方面，有两种错误的倾向。一种倾向是官僚主义的倾向。"许多同志，不注重和不善于团结积极分子组成领导核心，不注重和不善于使这种领导核心同广大群众密切地结合起来，因而使自己的领导变成脱离群众的官僚主义的领导。"

"许多同志，满足于工作任务的一般号召，不注重和不善于在作了一般号召之后，紧紧地接着从事于个别的具体的指导，因而使自己的号召停止在嘴上、纸上或会议上，而变成为官僚主义的领导。"

另一种错误的倾向是主观主义的倾向。"许多同志，不注重和不善于总结群众斗争的经验，而喜欢主观主义地自作聪明地发表许多意见，因而使自己的意见变成不切实际的空论。"官僚主义的倾向只有形式上的正确性，而主观主义的倾向则是空洞的。

只有形成既是正确的，又是与群众、与实际情况相切合的意见，才能指导群众运动，才能成为群众的先生。从群众中集中起来又到群众中坚持下去，以形成正确的领导意见，这是基本的领导方法。在集中和坚持的过程中，必须采取一般与个别相结合的方法，这是前一个方法的组成部分。从许多个别指导中形成一般意见（一般号召），又拿这一般意见到个别单位中去考验（不但自己这样做，而且告诉别人也这样做），然后集中新的经验（总结经验），做成新的指示普遍地指导群众。

【跟毛泽东学做先生】

把握"两个转化"

领导者要做群众的先生，需要比一般群众"站得高，看得远"。而要能够"站得高，看的远"，就其与群众的关系看，他要把握好两个转化。毛泽东把这集中概括为两个"化"。另一个转化是将群众的分散的不系统的意见集中起来，经过研究，化为集中的系统的意见。这是所谓第一"化"。一个转化是，将已经形成的系统的集中的领导意见又到群众中去宣传，化为群众的意见，使群众坚持下去，见之于行动，并在行动中考验这些意见是否正确。这是所谓第二个"化"。这两个"化"，也是领导者与群众、先生与学生关系的转折点。

第一个"化"，是从多数的群众意见向少数的领导意见的转化，是从感性认识向理性认识的转化。这个转化，是认识论范围的转化。第二个"化"，是从少数的领导意见向多数的群众意见的转化，也是从认识向实践的转化。这个转化，是从认识论向实践论的转化。

只有这两个转化"化"得好，领导者才有资格做群众的先生。做好了前一个"化"，领导者就是群众的认识上的先生。做好了第二个"化"，领导者就是群众的行动上的先生。

领导者是群众运动的指挥者和第一小提琴手

领导者是群众的先生，还意味着，在领导者与群众的关系中，领导者并不是群众的"决定者"或命令者，而是群众的导师、辅导员。

从理论上来看，只有人民群众才是历史的创造者，才是社会实践的真正主体。正是在这个意义上，毛泽东反复指出，"人民，只有人民才是历史的创造者"。

领导者对群众的领导，概括地说，一个是"领"，一个是"导"。

在"领"的意义上，领导的作用是为群众的"运动"指明"方向"。正如毛泽东所说的，革命党是群众的向导，在革命中未有革命党领错了路而革命不失败的。领导者是群众的"向导"。他即使指出了正确的方向，路也还是要靠群众自己走。这里，有两种情况。一种情况是，没有领导者来指路，没有领导者指出正确的路。结果，是群众自己走。这种情况下，群众的走路往往是"盲目"的或者"弯曲"的。另一种情况是，领导者指出了路，并且强烈地倾向于"代替"群众去走路，而不是"带着"群众去走路。在这种情况下，即使领导者指对了路，领导者的选择也既不是现实的，也不是正当的。

在"导"的意义上，领导者的作用，归根结底，不过是协调方方面面的关系，把那些束缚群众手脚的各种各样的关系解除了、理顺了，让群众能够自由地、心情舒畅地和最大限度地从事实践活动和创造活动。我们通常所说的"领导就是扯皮"，不应该是领导者之间或者领导与群众之间相互"掐"，相互"内耗"，而应该是领导者为群众服务，为群众理顺方方面面的关系，以利于群众的创造活动。

各种各样的关系不协调、不顺畅，束缚群众的手脚，压制群众的积极性、能动性、创造性，群众当然难以很好地从事实践和创造活动。但是，即使是理顺了方方面面的关系，历史的创造活动还是要靠群众来做，而不可能靠领导者来做。实际上，单是领导者这个方面，也不可能进行这个历史的创造活动。

领导者所协调的方方面面的关系，包括四个方面的关系。一个关系是人与人的关系，包括生产关系和社会关系等等；这是一个现实的关系。一个关系是社会与自身的精神关系，包括群众的心态、精神状态等等；这是一个精神性的关系。一个关系是社会与自然的关系，例如环境保护等等；这是一个客观的物质性关系。再有一个关系是领导活动自身（包括领导者之间）方方面面的关系，包括领导制度的建构与调节等等。

　　"领"是纵向的。它既包括为群众的"运动"指出方向（包括把握正确的方向），也包括把群众的"运动"引向任务的完成。"导"是横向的，即协调群众相互之间各种各样的关系。领导者的"领"与"导"，两个方面的活动，对于群众的整个社会历史创造活动来说，是至关重要举足轻重的。在现代社会，领导活动中的这个"领"与"导"，越来越显示出它们是高级复杂劳动的一种特殊形式。它们具有自身独立的价值与意义，是不可替代的。

　　但是，在归根结底的意义上，"领"与"导"最终不过是服从和服务于群众的创造活动的。群众的历史创造活动，是第一位的"一线"的活动，而领导者的"领""导"活动是第二位的"二线"的活动。对于群众的历史创造活动，领导者的"领""导"相当于指挥一个乐队的指挥者的作用。最终的和主体的演奏者是乐队的每一个成员。"领"与"导"不过是协调各种乐器各种音符，形成和谐的旋律，达到整个音乐的高潮。在这两个活动中，领导不可能强迫群众创造历史，正如指挥不可能强迫乐手演奏出美妙的乐曲一样。

　　在整个演奏的过程中，除了指挥的作用，领导者也可以是乐队中的一分子，是一个乐手。特别地，如果他有足够的能力的话，他可以是乐队的第一小提琴手。这样一来，领导者就既是乐队的指挥，又是乐队的第一小提琴手。这当然是最理想的。但是，无论是在指挥的意义上，还是在第一小提琴手的意义上，领导者都不是命令者。

学生与先生相得益彰

　　正如毛泽东所指出的，从群众中来，到群众中去，"如此无限循环，一次比一次地更正确、更生动、更丰富"。这是一个无限循环、不断进取的过程。做学生与做先生，并不是一次性完成和结束的事情，而是不断循环、不断提高、互相促进和相得益彰的无限的过程。

　　在现代的社会条件下，领导者与被领导者、群众的界限越来越小，领导者的影响力越来越变成为是隐性的和柔性的，领导者与被领导者、群众的关系越来越成为一种频繁互易其位、双向互动的关系。特别是在迅速转变和发展的社会变革时期，领导的变革与创新，越来越需要领导与群众、先生与学生之间的相互转化与相互学习。正是在这种相互的转化和学习中，领导者与群众双方都提高到一个新的境界。

跟毛泽东学抓学习

　　实际上，在 20 年代没有"革命大师"可供毛泽东拜师搞革命。从孙中山到李大钊、陈独秀，同毛泽东的年龄、经历相比，他们都是年长资深的革命领导人，但他们当中没有一个人知道怎样才能使革命在中国这个国家取得成功。斯大林认为他了解中国的革命，他在 1925 年前后就能令中国共产党按他的设想行事，但事实证明，他也不是可信赖的领导人。毛泽东在 1921 至 1927 年间，从我上面提到的那些人那里学到了一些东西，但是在许多重要的方面，毛泽东是自学的。

　　　　　　　　　　　　——施拉姆

【领导与学习】

　　领导干部的学习，与其他人其他社会群体，例如，知识分子或者专业技术人员的学习不同，有着自己的特点。从构成内容看，领导干部的学习，可以划分为三个方面或者三大块。

　　就处理社会与自然的关系（天人关系）来看，他的学习是学习所谓的"知识"。知识，主要地是自然科学知识。就社会内部人与人的关系（人际关系）来看，他的学习主要地是学习"学问"。学问主要地是把握和处理人际关系的。所谓"世事洞明皆学问"。就社会与自身的关系来看，他的学习主要地是思想文化境界的提高和对作为领导者的"使命感"的自觉。

　　学习有其时代性。对于现代的领导干部来说，"知识"（自然科学知识）的学习越来越成为一种必须自觉完成的"必修课"。在现代的社会条件下，对知识的掌握已经成为对领导干部的"最低限度"的要求，也可以说是领导干部学习的"底线"。在传统社会，领导干部在这个方面的学习，是由"经验"构成的。但是，跨入现代社会之后，"经验构成"的有效性迅速丧失了，取而代之的是完全不同质的"知识构成"。知识，把感性的东西上升为理性，把经验的东西上升为自觉的和系统的体系。

　　经验的构成，是一个逐渐的、缓慢的积累的过程。经验的构成，呈现算术级数增长。但是，一旦跨入知识构成，知识就不断呈现"自增长"的形态，而且，知识又按照几何级数增长。这种增长呈现为"加速度"的增长态势，越增长越快。也就是说，一旦跨过经验积累这个门槛，学习就进入了"快车道"。这种状况，就象挣脱了地球的重力加速度、进入太空并且实现自运转的火箭及其卫星一样。这种质的飞跃和发展状况，又象"电脑盲"之转变为"电脑迷"和"网虫"一样。这种转变，对于现代的领导干部，不但是重要的，而且是十分紧迫的。

【毛泽东是如何学习的】

一师的影响

湖南第一师范对毛泽东的影响是直接的。一师的前身是南宋著名理学家张栻讲学的城南书院，与一江之隔、朱熹讲学

长沙岳麓山爱晚亭。毛泽东在湖南第一师范求学期间，常来此锻炼身体，培养意志，结交朋友，探讨真理。

的来 岳麓书院并称。湖南历来注重办书院，许多著名的学者曾在岳麓和城南等书院讲学。理学重内圣之道，实学重外王之

术，二者在湖南交织扎根，历代相传。到了晚清，形成了以推崇性理哲学、强调经世致用、主张躬行实践为基本特征的湘学士风。在这种风气的熏陶下，湖南学人大多关心世事，热衷于政治活动，涌现了一大批有影响的政治家、军事家、思想家和革命家。鸦片战争时期的魏源，维新运动中的谭嗣同，辛亥革命中的黄兴、蔡锷、陈天华、宋教仁都是这种学风影响下的杰出人物。

近现代的湖南，还出了一个曾国藩和以他为代表的"中兴将相"集团，包括胡林翼、左宗棠、罗泽南、曾国荃等。"中兴将相"都曾受教于岳麓或城南书院。以曾国藩为代表，他们一方面执守理学，同时又师承王船山的实学。曾国藩便着力于传刻《船山遗书》，糅合理学和实学，贯通内圣和外王，其在近代、特别是对湖南学风的影响是巨大的。

1921 年 8 月，毛泽东和何叔衡等利用长沙船山学社的旧址，创办了湖南自修大学。这是自修大学旧址——船山学社。

　　在这种风气的影响之下，毛泽东对王船山和曾国藩尤其用功。毛泽东曾经细读了《曾文正公家书》、《曾文正公日记》。在一师时期的读书笔记《讲堂录》里就抄写了不少曾国藩的话。在人格修养方面，《讲堂录》推崇曾国藩，"涤生日记，言士要转移世风，当重两义：曰厚曰实。厚者勿忌人；实则不说大话，不好虚名，不行架空之事，不谈过高之理"。在毛泽东的心目中，曾国藩既是"办事"之人，又是"传教"之人。在与近代若干风云人物康有为、孙中山、袁世凯等比较之后，毛泽东说，"吾于近人，独服曾文正"。①

　　重视经世致用的湘学士风，表现在思想方法上，就是实事求是。"实事求是"的匾额曾经题写在岳麓书院讲堂的正门。这期间，毛泽东曾经两次入岳麓书院寄读。据特里尔的《毛泽东传》介绍，"实事求是，不要自以为是"这个校训也写在了一师的外墙上。② 湖南的学风、城南与岳麓两座书院夹江对峙、岳麓书院的匾额等等，对毛泽东潜移默化的影响是深刻的。

"欲从天下国家万事万物而学之"

　　毛泽东的正规学校教育包括"6 年孔夫子"，"5 年师范生"。除此之外，毛泽东大量的学习是在自学中完成的。1912年，毛泽东以全校第一名的成绩考入湖南全省第一高等中学校（湖南省立第一中学的前身）。但是，毛泽东很快对于学校教育刻板的校规和有限的课程感到不满意。不久，毛泽东接触并且仔细阅读了《御批历代通鉴辑览》。读完后，毛泽东愈发感到学校教育还不如自学。随后，毛泽东就断然从高等中学退学，

---

① 《毛泽东传》，金冲及主编，第 19～21 页。
② 《毛泽东传》，特里尔著，第 30 页。

到湖南省立图书馆自修。湖南图书馆的自修，使毛泽东接触了大量的社会科学著作，极大地开阔了眼界。在这里，毛泽东第一次看到了一幅巨大的世界地图，留下了深刻的印象①。半年的自修，毛泽东感到极有价值。②

毛泽东舍学校教育而自修，一个 19 岁的青年作出的这个选择，不能不说是惊世骇俗的。但是，就毛泽东的学习来说，毛泽东选择自修，认为自修胜于学校教育的意义还在于，毛泽东认为，"立意做事，真心求学"，"古者为学，重在行事"；"闭门求学，其学无用，欲从天下国家万事万物而学之。"③ 他的这种选择表明，毛泽东立意从实践中学习，从群众中学习。这是毛泽东学习经历中值得注意的一个特点。而且，在某种程度上，也可以说毛泽东是"自学"成才的。关于这一点，美国学者施拉姆曾经有过一个有趣的评论。

80 年代（1982 年）施拉姆认为，"1927 年这一段时间"是毛泽东的"革命的学徒期"。但是，后来，施拉姆修正了这一提法，而把它称之为毛泽东的"性格形成期"。这样做的主要原因是，"学徒期"这个词在某种意义上是指已具备相当具体明确的标准、条件和资格，要经师傅传授手艺和专业特长。实际上，在 20 年代没有"革命大师"可供毛泽东拜师搞革命。从孙中山到李大钊、陈独秀，同毛泽东的年龄、经历相比，他们都是年长资深的革命领导人，但他们当中没有一个人知道怎样才能使革命在中国这个国家取得成功。斯大林认为他了解中国的革命，他在 1925 年前后就能令中国共产党按他的设想行事，但事实证明，他也不是可信赖的领导人。毛泽东在 1921

---

① 《毛泽东年谱》，上卷，1912 年
② 《西行漫记》，斯诺著，董乐山译，三联书店，第 120 页。
③ 《毛泽东传》，金冲及主编，第 13、21 页。

至 1927 年间，从上面提到的那些人那里学到了一些东西，但是在许多重要的方面，毛泽东是自学的。

"欲从天下国家万事万物而学之"，这是毛泽东关于学习问题的一贯主张。这个主张在毛泽东的"调查研究"、"实践出真知"、"开门办学""以社会为课堂"、"鄙贱者最聪明,高贵者最愚蠢"、"从群众中来,到群众中去"等等一系列思想与实践中都有所体现。而在革命和领导革命取得成功方面,也正可谓"无可学而学",因此,归根结底,这种学习只能说是一种自学。

毛泽东的早期学识

"欲从天下国家万事万物而学之"也表明，毛泽东的学习重视的是实践亲知的学问，而不是单纯的间接知识。一方面，对于知识，在湖南一师的学习中，毛泽东对数学、图画不花很多精力。毛泽东认为，"从前拿错主意，为学无头绪，而于学堂科学，尤厌其繁碎。"[1] 另一方面，对于学问，毛泽东则特别用心。特里尔认为，"毛喜爱'学问'这个词。"毛泽东认为："学问就是提问，就是探索。"[2] "近年来有所寸进，于书本得者少，于质疑学难得者多。"[3]

杨昌济在湖南一师讲修身课时，认为学问贵在贯通今古，融会中西；修身要有独立心，能立定脚跟，而办事又要精细。这对毛泽东的学习很有影响。在一师时，毛泽东的学习可以说是始终奉行这个"贯通大原"的大原则的。后来，毛泽东所提倡的"古为今用"、"洋为中用"等等可以说就体现了"贯通""古今中外"的这个大原则。

---

① 《毛泽东传》，金冲及主编，第 18 页。
② 《毛泽东传》，特里尔著，第 38 页。
③ 《毛泽东传》，金冲及主编，第 17 页。

　　通过杨昌济，顾炎武的"实学"关于"读万卷书，走万里路"的主张对毛泽东也有很深的影响。在湖南一师时，毛泽东曾经多次外出"游学"，并且认为，"游之为益大矣哉！"。由于多次"游学"，毛泽东成为远近有名的"身无分文，心忧天下"的"游学先生"。除了走万里路这种考查，毛泽东还特别重视历史。毛泽东曾经开列了 70 余种经、史、子、集的著作，认为这些方面是学问的重点。"苟有志于学问，此实为必读而不可缺"。毛泽东对历史的重视，特别是他晚年对历史的重视，简直到了如痴如醉的地步。对此，斯诺曾经指出，毛泽东对中国历史的渊博学识，是毛泽东能够战胜所有对手的一张王牌。

延安时期的升华

　　抗日战争时期，遵义会议、特别是延安时期以后，毛泽东成为党中央的实际领导人。正是在这个时期，毛泽东本人实现了一个从实践经验向理论自觉的转变与升华。正是在延安时期，毛泽东把大量的精力投向理论反思与创作；也正是在延安时期，毛泽东的思想与理论创造，处于最为活跃的时期。我们可以注意到，《中国革命的战略问题》（1936、12）、《矛盾论》、《实践论》（1937、7~8）、《中国革命与中国共产党》（1939、12）、《新民主主义论》（1940、1）、《论联合政府》（1945、4）等等一大批理论著作都是在这一时期写作的。据统计，《毛泽东选集》（1-4 卷）所收集的 158 篇文章，有 112 篇是在延安时期写的。《毛泽东书信选集》收集了 372 篇书信，其中 142 篇是延安时期写的。

　　就学习问题来看，毛泽东延安时期理论创作中引人注目的是他关于"改造我们的学习"的有关思想。《改造我们的学习》提出，马克思主义的"精髓"和基本原则是"理论联系实际"。

在领导活动中，"理论联系实际"，就是要贯通理论与实践。学习，特别是领导干部的学习，归根结底，就是要取得理论与实践的这个"贯通"。只有取得这个贯通，领导干部才能真正做到对理论和对实践两个方面得心应手应付裕如的把握和驾驭，才能真正达到"成熟"和自如的境界。

抗日战争时期，毛泽东在延安阅读斯大林著作。

这个贯通，可以有两条不同的途径。一个途径是从实践向理论的贯通。我们可以注意到，毛泽东本人实现从"必然王国"向"自由王国"的超越和转变的途径，是一条从实践向理论打通的途径。一个途径是从理论向实践的贯通。我们可以注意到，张闻天所自觉并积极追求的，就是一条从理论向实践的打通的道路。无论是哪个途径，只有真正打通理论与实践，才能达到超脱的和自觉的境界。这个超越和自觉，也就是毛泽东所说的从"必然王国"向"自由王国"的转变。

与此相反，不能实现理论与实践相结合，理论与实践没有打通，就会出现两种片面的倾向和结果。一种倾向是教条主义。教条主义拘泥于理论，不能实现从理论向实践的打通。一种倾向是经验主义。经验主义拘泥于感性的经验，不能实现从实践向理论的打通。二者的共同特点是，理论与实践是隔膜的两张皮，而不是融会贯通一以贯之的东西。所谓"改造我们的学习"，就是要改造教条主义的学习，也要改造经验主义的学习，打破理论与实践这个"两橛"及其隔离，最终达到理论与实践的贯通与融合。对于高级干部来说，这个打通尤其重要。在延安时期，所谓整风主要地就是整高级干部，是"将他们的思想打通"。①

【跟毛泽东学抓学习】

两种学习

从性质上看，可以区分两种学习。一种是知识的学习，主要是对于对于自然科学技术知识的学习。一种是学问的学习。学问的学习，恐怕还不仅仅是学习所谓"社会科学"，而主要地是对于"世事"的历练、把握和体验。此正所谓"世事洞明皆学问，人情练达是文章"。在这个方面，应该注意到并掌握好二者之间的异同。

首先，需要明了学问与知识不同。二者的对象不同：知识的对象是"自然"，而学问的对象是"世事"。内容不同：知识的内容是社会生产活动，学问的内容是社会政治活动。性质不同：知识是工具性的，学问是目的性的；知识是任务取向的，学问是关系与关怀取向的。所需要的能力不同：知识需要的是

---

① 《胡乔木回忆毛泽东》，第188页。

逻辑的与分析的能力，学问需要的是直觉的、领悟的与洞察的能力；知识需要的是智商，学问需要的是情商。

　　更为主要的是把握知识与学问的相互转化。首先，有一个从知识向学问的转化。转化有两个主要的环节。第一个环节是打通知识壁垒，实现从知识积累向"融会贯通"的转变。这是所谓"知"内部的转化。第二个环节是，进一步实现从"知"到"行"的转化，把间接之"知"转化为直接之"行"。这两个环节，也是转化逐渐深化的两个层次。其次，也有一个从学问向知识的转化问题。主要地，是把那些感性的、知其然而不能知其所以然的体验上升到理论自觉的高度。

知识的学习

　　对于领导干部来说，学习知识的重要性在于，一方面，学习知识，把经验上升到理性的高度，实现了经验的知识化；另一方面，学习知识，又促进知识积累，实现知识的"自增长"。知识既是实现从经验积累向知识积累这个转变的关键环节，也是实现知识自身的积累的一部分。对于现代领导干部来说，是否能够实现这个转变，是他是否能够跨入现代之门的关键。

　　知识的学习固然重要，但是，对于领导干部来说，他的知识的学习并不需要他象科学家或者技术专家那样对知识有一个面面俱到的和百分之百的掌握。这是因为，领导干部不是科学家，也不是技术专家。他对知识的掌握，有自己的"专业"特点。这种"专业"特点，在掌握知识的性质与数量上都有所反映。

　　从数量上看，领导干部学习知识，既有一个纵向上的深度问题，也有一个横向上的覆盖面问题。从纵向上看，领导干部掌握知识，所遵循的是"二八律"。即，对于领导工作来说，一个十成的知识，如果说科学家与技术专家掌握其中的八成，那么，领导干部只要掌握其中的两成就足够了。在这个方面，现代领导干部的学习，就象联合收割机收割小麦，而不是象用镰刀收割小麦。

横向地看，领导干部的学习，主要地是一个覆盖面的问题。在这里，领导干部的学习主要地是一个"面上的工作"。因为纵向上掌握知识的深度是特定的，所以，领导干部在横向上掌握知识也就有了覆盖越来越多的知识面的可能。在这个方面，领导干部的学习类似于蜜蜂的采蜜。他不能老是叮着一朵花，而是应该从几乎所有的花那儿采取花粉。但是，关键的问题是，他采了花粉之后，还需要进一步把这些花粉"酿"成蜂蜜。也就是说，对于他来说，既有一个对各门各类知识的融会贯通的问题，也有一个进一步从知识向学问的转化问题。

因此，从性质上看，对于领导干部来说，恰恰是那些"公共"的东西，而不是那些"专业"的东西，才是他的"专业"。简单地说，对于领导干部来说，"公共才是专业"。这是领导干部的学习区别于其他人——例如，知识分子或者技术专家——的学习的地方。在这个方面，对于领导干部的学习来说，"杂家才是专家"。从相对的意义上来说，领导干部的学习，"外行才是内行"。

学问的学习

在这个方面，领导干部应该注意两个主要的问题，即不但要"在实践中学"，而且要"向群众学"。首先，"在实践中学"，不但要求"理论联系实际"，而且，要求"躬身践行"，去实践，去体验。只有自己有所体验的东西才是真正的学问。其次，"向群众学"，不但要求领导干部在心态上要有一个做学生的态度；而且，更为重要的是，领导干部要善于从领导与群众的关系中、群众与群众之间的关系中学习。总之，领导干部的学习有自己的特点。领导干部不但要勤于学习，而且要善于学习。我们可以看到，毛泽东的"调查研究"和他的"游学"、"打秋风"，就体现了他勤于并善于"在实践中学"和"向人民群众学"的良好学风。

此外，学问的学习，也是领导干部自己的个人修养的一部分。学问是一种关系与关怀取向的东西。我们每一个人恐怕都是生活在社会中，生活在与其他人的关系与关怀之中。亚里士多德关于"人是天生的政治动物"、马克思关于"人是社会关系的总和"的思想，都揭示了这个深刻的真理。在这个方面，学问，实际上，就是我们的生活本身，就是我们本身。而对于个人修养来说，学问增加一分，我们的修养水平与层次也就增加一分。

跟毛泽东学领导能力

> 　　领导者自身并没有什么特殊的力量。他的力量是"借"来的。一个是借势，一个是借力。而且，借势与借力的先后顺序也是不能随便乱动的。对于领导层来说，应该是先有借势，然后才有在此基础上的借力。那么，毛泽东是如何借势的，又借了哪些力呢？……

【领导与领导能力】

　　在电影中，我们经常可以看到，在封建社会，一位弱不禁风的年轻人，考取秀才，金榜题名，被皇上指名，奉派出任某某县令。这位新任县官，骑着一头小毛驴子，从京城出发，千里赴任。从领导学的角度来看，我们可能会纳闷，这样一位"白面书生"有何德何能足以充任那个县令？他一个人足以胜任吗？

　　在封建社会，这样的秀才与县令，或者有各种各样的"背景"与"关系"，或者本人是所谓"叱咤风云"的"强人"。但是，无论他是哪一种人，这些秀才举人们既有自己的"弱项"，也有自己的"强项"。他们种地种不过农民，做工做不过工人，打仗打不过"解放军"。但是，工人农民"解放军"为其所用。而且，只要他们"用"得好，他们的"做官"也可能做得好。

封建社会的"意识形态"信奉所谓"劳心者治人，劳力者治于人"。这种价值观念当然不对。但是，它也从一个侧面说明了"为官之道"或者说领导能力的来源。实际上，这位"千里赴任"或者"易（异）地为官"的秀才县令们的领导能力无非来自于两个方面：一个方面是决策与用人，一个方面是他所治理的当地"百姓"的支持。而这两个方面又是密切联系在一起的。

用现在的话来说，前者也就是毛泽东所说的"出主意，用干部"；后者也就是毛泽东所说的"动员群众，组织群众"。而在这样两个意义上，领导者的领导能力都是"借"来的。所谓"出主意，用干部"是从自己的"手下"那里借力量；所谓"动员群众，组织群众"，是从群众那里借力量。当然，他要真的有力量有能力，也还有一个所谓"历练"即在实践中经受锻炼和考验的过程。

封建社会秀才县令千里赴任，从"手下"与"百姓"那里借力量，并不是纯粹的历史虚构。我们知道，近代的曾国藩，他的的前半生就是一直在京城做官，而且是"文官"，是"大学士"，纯属一位"白面书生"。正在他回乡"省亲"、为父守孝的时候，皇帝一道圣旨，叫他就地举办团练，镇压太平天国。

当时，虽然曾国藩有为国效忠的思想准备，但是，他怎么也没有想到是在这样一种情况下"上任"的；虽然皇帝的"上谕"明示他可以调用两湖两广的力量，但是，他手中仍然没有一兵一卒，而且，当时的"八旗兵"与官场也已经非常赢弱黑暗。否则，为什么他们作为"专职人员"不能完成镇压太平天国的任务呢？正是在这种情况下，曾国藩接手了这个棘手的委任。因此，多多少少，曾国藩的心中还是感到有些"震惊"的。

但是，在实践中，曾国藩逐渐摸索到了一套"出主意，用干部"和赢得"百姓"（当然，主要的是当时的中小地主阶级）的支持的路子，并且最后真的完成了镇压太平天国的任务。从政治上看，曾国藩站在地主阶级立场上对太平天国的镇压，是"反动"的。但是，从领导学上来看，曾国藩也不失为地主阶级中比较明智的领袖。也可以说，曾国藩对领导能力的掌握，是深得其中的"奥秘"，对其中的规律是有所体会，有所领悟的。

但是，在这个方面，与毛泽东比较起来，曾国藩的做法仍然不算是真正的"极高明"。这里，既有一个对成功实践的理论自觉与升华的问题，也有一个政治观点和政治立场的问题。而在这两个方面，真正的"大家"是毛泽东而不是曾国藩。

【毛泽东与领导能力】

建国之后，毛泽东曾经多次谈起领导工作的特性和领导能力的培养，总结领导工作的经验，评论历史人物。在某种意义上，这些谈话，都带有总结党和自己领导工作成功经验的性质。

1967 年 6 月 7 日，毛泽东在与吴冷西的谈话中，评论了他对刘邦领导才能的看法。毛泽东从领导的任务一是决策、一是用人讲起，评论汉代几个皇帝的优劣。他称赞刘邦会用人。

他说汉高祖刘邦比西楚霸王项羽强，他得天下一因决策对头，二因用人得当。据《史记》记载，刘邦称帝之初，曾问群臣：何以他得天下而项羽失天下？群臣应对不一，刘邦均不以为然。

1965 年的毛泽东。

据吴冷西介绍：毛泽东这时背诵了《史记》中刘邦说的一

段话，"夫运筹帷幄之中，决胜千里之外，吾不如子房。镇国家，抚百姓，给馈饷，不绝粮道，吾不如萧何。连百万之军，战必胜，攻必取，吾不如韩信。此三者皆人杰也，吾能用之，此吾所以取天下也。项羽有一范曾而不能用，此其所以为我擒也。"……毛主席说，领导的任务不外是决策与用人。

毛泽东对刘邦的这个评论，高度概括了领导活动的本质特征，指明了领导者能力的渊源。我们可以看到，如果说"出主意"和"决策"是领导活动中关于"事"这个方面的活动，那么，"用人"、"用干部"就是领导活动中关于"人"这个方面的活动。毛泽东关于"出主意，用干部"和决策与用人的这个总结，简明但是极为深刻地抓住了领导活动的核心与关键，指出了领导能力到底来自于何处。

从"出主意"的角度来看，领导者的能力来自于对事态性质与发展转机的把握，来自于对事态的可能发展前景、趋势等等的预见。有预见才有决策。主意出得早、出得对、出得好、出得适当，力量也就来得早、来得巧、来得好、来得有力。在这个方面，领导者的力量可以说来自于对事态的准确把握，他的力量是从事态的转机中"借"来的。

领导者的出主意与决策，是相对于一般技术人员和一般群众来说的。一方面，他的出主意，不是技术性的、琐碎的和细节上的，而是普遍的和一般意义上的主意。这个"主意"应该是从事物和事态的基本矛盾和基本规律的把握上产生出来的。同时，因为这个出主意与决策是从事物与事态的基本矛盾与基本规律上做出的，因此，这种主意与决策具有普遍的适用性。也就是说，只要从基本矛盾和基本规律上看问题，出主意和决策并不受"行业"的限制。无论是在什么行业中，领导干部的任务都是毛泽东所说的那个意义上的"出主意"。

另一方面，有了主意之后，并不是领导干部自己去做，而是让自己"手下"的干部去做。在这个意义上，也只有领导者有主意、能够出主意、能够出正确的主意、好主意和适当的主意，才能够让干部去做。也就是说，"出主意"是"用干部"的前提。只有有了主意，才有用干部的可能；否则，你拿什么东西用干部呢？你凭什么用干部呢？凭什么是你用干部，而不是其他人用干部呢？因此，在严格的意义上，毛泽东的"出主意，用干部"二者的先后顺序是不能随便更动的。正确的顺序，应该是"出主意"在先，"用干部"在后，而不是相反。

如果说"出主意"是在认识论上对"事态"、变化发展"趋势"的"借助"，那么，"用干部"就是在行动上对"人事"力量的"借助"。因此，毛泽东所说的"出主意，用干部"又是"事态"的力量与"人事"的力量的结合，是"整合"两种力量而形成的力量，是两股力量拧在一起的力量。真正的整合，也就是毛泽东所说的"一般与个别相结合"、"领导骨干与一般干部相结合"。而只有真正把这两种力量拧在一起，领导者才能形成和具有最强的力量。

毛泽东关于"出主意，用干部"的论述，还只是就狭义上的领导阶层而言。大而言之，在正确的"出主意，用干部"的基础上和前提下，还有一个进一步"动员群众，组织群众"的问题。只有形成正确的"主意"和依靠强有力的干部队伍，真正把群众动员起来，组织起来，才能够产生最大的力量。也就是说，领导者的力量，除了从预见和干部那里借了一部分外，最为根本的，还是从动员起来的群众觉悟和组织起来的群众力量中获得的。从"出主意，用干部"到"动员群众，组织群众"，领导者的力量与能量，范围与程度不断扩大，力量的基础也越来越深厚。

【跟毛泽东学领导能力】

领导者的能力不是他本身原来所具有的，而是他从某个地方"借"来的。通俗地讲，他是在"借势发挥"。那么，他"借助"了哪些势力？它（他）又是如何借助的呢？具体地说，一是"借势"，一是"借力"。而且，严格地说，"借势"与"借力"的先后顺序也是不能随便更动的。对于领导者来说，应该是先有"借势"，然后才有在此基础上的"借力"。

"借势"，即"借助"事态转变与发展的"趋势"。

所谓"势"，是一种正在生成或趋于式微的、也是十分微妙的"趋势"和苗头。在领导活动中，这种趋势或苗头，也就是那些新的、正在生成或者旧的、逐渐趋于式微的生产关系、社会关系和思想关系等等。领导活动中的所谓借势，也就是借助、培植和鼓励那些新的生产关系、社会关系和思想关系，抑制和消除那些旧的生产关系、社会关系和思想关系，通过对方方面面关系的调整，促进事态朝着预期的方向转变和发展。

具体来说，领导活动对社会变革的引导，也就是培植那种符合生产力发展趋势的生产关系，去消除另一种不符合需要的生产关系；培植那种符合巩固经济基础需要的思想文化，抑制和消除那种不符合需要的思想文化。简单地说，就是借一种"势"去压另一种"势"，并且，通过这种对方方面面关系的调整，最终促进生产的发展和社会的进步。

"借力"，即"借助"群众的"力量"。

"力量"，深藏在群众中，潜伏在群众中，蕴育于群众中。

群众的拥护是领导和领导者有力量的根源。另一方面，领导和领导者的"力量"，也就是群众的"拥护"。但是，群众为什么拥护某些领导和领导者而反对另外一些领导和领导者呢？从根本上来看，这是因为前者符合他们的利益，后者则不符合他们的"利益"。归根结底，领导和领导者只是群众利益的代理和代理人。

因此，引导变革也就要求领导和领导者对力量的源泉——群众的利益、他们的要求——要有一个明确的自觉、积极的服从和"服务"。力量来源于人民群众。但是，如果领导者不自觉这一点，甚至于违背这一点，而认为力量都来自于自己，那么，当然没有力量，特别是不可能有较大的力量。同时，群众的利益，既是物质利益，又是心理利益。只有兼顾和实现这两个方面的利益，在这两个方面都服好务，领导和领导者才可能有最大的力量。

"借势"、"借力"，需要注意适时、适度两个问题。

首先，借势要注意"适时"。

所谓"时"，也就是事态性质发生变化的时刻。事态性质的变化，发生于其主要矛盾与次要矛盾、主要矛盾方面与次要矛盾方面的地位发生转变的时刻。这要求领导和领导者对社会历史发展的趋势、特别是社会转型时期的发展趋势时刻保持一种深度的觉察和敏锐的判断。否则，超前或者落后于事态的转变，"势头"还没有生成或者已经"过时"，当然，就无从"借""势"。这里，"借势"有一个对"时机"的把握问题。

其次，"借势"要注意"适度"。

事物性质的改变，有一个程度、规模和范围等数量的问题。因此，调整和改变一种生产关系、社会关系或者思想关系等，例如废除人民公社，试行家庭联产承包责任制，可能"超越"或者"滞后"于群众实际上所可能接受的程度。无论是"超越"还是"滞后"，不但不可能获得群众的拥护，不可能获得支持和力量。相反，领导和领导者甚至于可能被群众抛弃。因此，把握"借势"中适宜的"度"——适宜的火候、分寸等等——，是至关重要的。"借势"，有一个"适度"的问题。

　　借势和借力，实际上是借助事态本身的力量，又对这种力量实现转化和整合的过程，也是一种巧妙地实现转化和整合的功夫。借势和借力借得好、借得巧、借得妙，借得适宜、借得适时、借得适度，就可以真正做到"举重若轻"。另一方面，所谓"举重若轻"，也只能是借助事态本身的力量，引导社会变革的过程，是一种"四两拨千斤"的功夫。是否能够做到这一点，是衡量领导和领导者的领导艺术水平高低的一种标志。

跟毛泽东学人格魅力

> 在过渡性和发展中的社会中，超凡魅力的领袖起着重要的作用。毛泽东就属于那种把人格的魅力与思想的魅力集于一身的超凡魅力的人民领袖。
>
> ——伯恩斯：《领袖论》

【领导者与人格魅力】

与一个人作为自然人的人格不同，领导者人格是一种自觉地建构起来的社会性的东西。领导者人格，不是受出生等自然的与生理的因素制约，而是受领导活动的内在结构和社会环境等社会因素制约。领导者人格不是自然形成的，而是人为创造的。这个人为的创造，也是一个开放的无限进程。

人格是一个结构性的东西。领导者人格由知识、学问、使命感三个方面的要素构成。知识，关涉社会与自然的关系，即天人关系。学问，关涉人与人之间的关系，即人际关系。最低限度的使命感是对领导活动内在要求的一种自我意识。而积极意义上的使命感，则表现为领导者对他的事业的执着追求，表现为对事业的一种强烈的"献身"。

通俗地说，在领导者的人格构成中，知识是"头"的方面，学问是"心"的方面，而使命感则是"命"的方面。大致地说，"头"对应于人格中的"知"，"心"对应于人格中的"情"，"命"对应于人格中的"意"。这里的"意"，一个是对领导活动的自我意识，一个是"献身"于领导活动的意志。此外，广义上的"命"，也含有"偶然性"、"命运"的意思。

头、心、命或者说知、情、意三个方面是相互矛盾与冲突的。也就是说，由知、情、意三者构成的人格结构，既是一个动态的结构，也更是一个矛盾体，是一个张力的结构。其实，在自然人的人格中，这三者就是相互矛盾着的。在极端的意义上，在精神病人那里，这种矛盾可以以分裂的形态表现出来。而对于领导者人格来说，三者之间的矛盾与冲突，会感觉得更为突出与尖锐。

要保持人格的统一，就需要协调人格三个组成部分之间的关系。而要保持健全的人格，知情意三者之间起码要具有最低限度的和谐关系。而健全的领导者人格，不但本身是人为的和自觉地建构起来的东西，而且，要把知情意三者协调起来，也更为需要自觉的努力与创造。这个创造性，也就是领导者人格魅力的渊源。

领导者的人格魅力，来自于领导者对他作为领导者的人格的自觉的建构。这是领导者人格魅力的主体的和主观的方面。在这个方面，领导者人格各有特点。例如，有些领导者的人格魅力是情感型的，有些领导者的人格魅力是知识型的，而有些领导者的人格魅力是强烈使命感型的，如此等等。

而且，不同的文化可能赋予创造性以不同的性质与形式。例如，在西方文化中，创造性的人格被认为是宗教性的。它具有神性，是所谓"天才"（Charisma）。卡里斯玛乃是所有创造性的个人领导之根源。任何政治权威都无法缺少卡里斯玛的因素。而在中国文化中，创造性的人格则不被认为具有神性，而被认为具有道德性的。如此等等。

但是，对于领导者来说，他的人格魅力不仅仅来自于他作为主体和主观方面的创造性。领导者及其人格，总是相对于追随者和群众而言的。也就是说，他的人格魅力，还来自于追随者与群众方面。这不仅仅是说领导者人格的内容是关于追随者与群众的，而且也是说，领导者（特别是领袖）的所谓人格魅力，更是领导者与群众眼中的人格魅力，是被他的追随者与群众所认为的人格魅力。换句话说，领导者（领袖）的人格魅力，是追随者与群众赋予和让渡的。说到底，领导者（领袖）的人格魅力是追随者与群众"赋魅"的产物。

总之，领导者的人格魅力来自于两个根源。一个根源是领导者建构其人格中的创造性。这是魅力的主观的和主体的根源。另一个根源是追随者与群众的"赋魅"。无论追随者与群众的"赋魅"是什么性质的、它是否正当，通过"赋魅"，追随者、群众与他们的领导者（特别是领袖）也建立了一种起码是创造性的关系。正是这两个意义上的创造性关系，才是领导者人格的魅力之所在。

【毛泽东的人格魅力】

毛泽东的人格

晚年的毛泽东对自己的性格曾经有过一段分析。在给江青的一封信中，毛泽东说，"我少年时曾经说过：自信人生二百年，会当击水三千里。可见神气十足了。但又不很自信，总觉得山中无老虎，猴子称大王，我就变成这样的猴子了。但也不是折衷主义，在我身上有些虎气，是为主，也有些猴气，是为次。"① 从某种意义上来看，毛泽东晚年关于自己性格构成的这个分析颇有代表性。对毛泽东身上的"虎气"与"猴气"，可以有不同的解释。一般地来说，"虎气"可以指"原则性"，"猴气"可以指"灵活性"。这是最流行的一种解释。但是，在某种意义上，"虎气"也可以指某种程度上的帝王之气，而"猴气"也可以指某种程度上的"反叛"、"反抗"精神。在这个方面，《西游记》等对毛泽东的影响，可以从一个侧面说明某些问题。另外，毛泽东关于"金猴奋起千钧棒，玉宇澄清万里埃"等诗句也从某种程度上，指明了所谓"猴气"的"反叛"与"反抗"精神。

毛泽东的自我分析还表明，在他身上的"虎气"与"猴气"并不是"折衷主义"，而是有主有次的，"有些虎气，是为主，也有些猴气，是为次"。耐人寻味的是，虎气为主，猴气为次，二者集于一身，它们组合而成为某种"神气"。而通过毛泽东的自我分析，我们看到，这种"神气"并没有什么宗教上的或者神秘的性质，而是与"自信人生二百年，会当击水三千里"中的"自信"联系在一起的。

关于《沁园春·长沙》，毛泽东在 1958 年的批注中曾说，"当时有一篇诗，都忘记了，只记得两句：自信人生二百年，会当击水三千里"。正是在《沁园春·长沙》中，32 岁的毛泽东"问苍茫大地，谁主沉浮"，并以激昂的气概"粪土当年万户侯"。而从毛泽东当时所获得的"阶级斗争"与群众方法两

---

① 《晚年毛泽东》，陈明显著，江西人民出版社，第 458 页。

沁园春

独立寒秋，
湘江北去，
橘子洲头。
看万山红遍，
层林尽染；
漫江碧透，
百舸争流。
鹰击长空，
鱼翔浅底，
万类霜天竞自由。
怅寥廓，
问苍茫大地，
谁主沉浮？

携来百侣曾游，
忆往昔峥嵘岁月稠。
恰同学少年，
风华正茂；
书生意气，
挥斥方遒。
指点江山，
激扬文字，
粪土当年万户侯。
曾记否，
到中流击水，
浪遏飞舟。

毛泽东：《沁园春·长沙》。

个观点（这两个观点都是中国古代历史传统上所付诸缺如）来看，毛泽东的这种"自信"并不能仅仅解释为某种早期"聪慧"，而是有着实实在在的具体内容的。而从这个意义上来看，毛泽东的"自信"与"神气"是有他的根据的。

　　特里尔曾经认为毛泽东性格与生命中确实存在着某种"平衡"，但是，这种平衡来自于对立面的冲突。尼克松也认为，与周恩来相比较，毛泽东没有能够把他个性的各条经纬编织成一个整体，却让各条线索把他拉向不同的方向。无论是特里尔还是尼克松，二者的共同之处是，他们都认为，毛泽东的性格是由不同的因素组成的；二者的不同之处是，前者认为毛泽东的性格是协调与和谐的，而后者则认为毛泽东性格中的不同因素没有被整合起来。但是，他们从不同的侧面说明了人格的魅力来自于并非什么神秘的而是实实在在的地方。

　　特里尔与尼克松都没有注意到，毛泽东的人格魅力，除了毛泽东本人这个主观的和主体的方面外，更为主要的还是毛泽东人格中的人民性这个方面。而这才是毛泽东人格魅力的最终的和最"隐蔽"的根源。而这个根源，早在 1925 年的《沁园春·长沙》中就存在着并且在毛泽东 1958 年、1967 年的自我分析中也表露了出来。而伯恩斯则指出，在那些过渡性和发展中的社会中，超凡魅力的领袖起着重要的作用。而毛泽东就属于那种把人格的魅力与思想的魅力集于一身的超凡魅力的人民领袖。

毛泽东的超凡魅力

　　"毛泽东有压倒一切的魅力"。对此，尼克松的国务卿基辛格有过亲身的感受和一个有趣的记录。基辛格说，在美国的时候他的孩子经常向他谈起，美国的流行音乐与唱片艺术家身上的一种"颤流"。事实上，音乐家（特别是那些摇滚音乐家）身上的这种"颤流"，就象年轻人谈恋爱时眉眼之间互相传送的"秋波"一样。它类似于某种"电流"。一个人如果感受到它，就会被它"击中"。但是，基辛格承认，他自己对摇滚音乐家身上的"颤流"完全感觉不到。

然而，基辛格坦承，第一次见到毛泽东，他就感受到，"他身上发出一种几乎可以感觉得到的压倒一切的魅力"。"毛泽东的确发出力量、权力和意志的颤流"。基辛格被这种"颤流"所"击中"，他折服于毛泽东的魅力。而且，基辛格还认为，在他所接触的中外政治领袖人物中，除了毛泽东，就只有法国的戴高乐身上才明显地发出这种"颤流"。

在国外观察家的眼中，毛泽东的人格魅力总是具有某种神秘的性质与成分。而这种"神秘"又总是与领袖的"袖子"有某种联系。1972年，毛泽东在天安门城楼上会见了斯诺。当时，毛泽东把斯诺作为"美国友好人士"，作为"美国人民"的代表，作为一种象征，明确地向美国发出了改善中美关系的信号。斯诺对这次会见很敏感。在会见的过程中，毛泽东与斯诺亲切地握手。

斯诺提到毛泽东的袖子。他说："外国报纸造谣说，毛泽东的一支手已经瘫痪，因此藏在他的衣袖里。但是，我却注意到他的握手同以前一样有力。"① 毛泽东的手"藏在他的衣袖里"，在外国记者的眼中是因为毛泽东的一支手已经瘫痪。但是，在斯诺的眼中，这却正是毛泽东作为革命家和政治领袖真正"长袖善舞"的微妙和深奥之处。

事实上，正是毛泽东的这手和他的袖子，在重庆谈判中"挥手之间"强虏灰飞烟灭，在开国大典的天安门城楼上真诚地向人民致敬。现如今，又是这支手和他的袖子，改写了中美两国的外交关系和历史航程。毕竟，斯诺是大手笔。也许，因

----

① 《毛泽东自述》，第215～216页。

为自己是新闻记者，善用象征手法，所以，斯诺才体察入微地注意到了毛泽东 1972 年的象征。

【跟毛泽东学领导魅力】

　　"魅力"，从"鬼"，从"未"；喻"力"。所谓"魅力"，首先是某种不知道其渊源、不知其来自于何处的力量。在这个方面，"魅力"实际上成为某种"鬼力"。其实，如所分析，魅力一是来自于人格中的创造性，二是来自于追随者与人民群众的赋予。这是一个"赋魅"的心理过程。而在后一个方面，追随者与群众的"赋魅"，与领袖的魅力，二者之间，似乎存在着一种反比例的关系：也就是说，追随者与人民群众越是把魅力赋予给领袖人物，他们自己在这个方面就越是显得"匮乏"。在这个意义上，所谓魅力，实际上是一种未能在追随者与人民群众自己身上得到实现的力量。在这个方面，魅力，实际上成为一种"未力"。而这样两个方面，又是密切联系在一起的。

　　现代领导理论关于超凡魅力的研究，有两个启发。一个是把对魅力的关注转移到追随者这个方面来看。这是非常深刻的一个转变。超凡魅力的根源首先不是在领袖方面，而是在追随者与群众方面，是追随者与群众赋予的。这个转变使得领袖的魅力不但是可学的，而且成为能够学的。

　　在这个方面，我们可以看到，毛泽东的魅力，首先有着干部群众的心理认同这个根源。跟毛泽东学领导魅力，恐怕首先还不是刻意模仿毛泽东的人格。实际上，这个模仿也是不可能的。从主体的和主观的方面看，毛泽东自觉地把自己的人格建构与干部、特别是人民群众的愿望与意志联系在一起，从而才使得自己的人格是有魅力的。其次，赢得人民群众的支持与信任，这才是毛泽东人格魅力的根本。学习毛泽东的人格魅力，这个方面才是最为值得注意的关键。

在这个方面，还可以注意的是，魅力不仅仅是一种个人性质或（和）情感性质的东西，而更是一种关系与关怀取向的领导行为和价值取向。也可以说，真正持久的魅力蕴藏在领导与追随者、群众的关系中，蕴藏在领导对追随者与群众的关怀中。需要指出的是，在这种关系与关怀取向的领导活动中，魅力并不完全是情感型的。他也可以是理智型的或者使命感型的。这样，魅力就不但是可学能学的，而且，也可以是多种多样的和有自己个性的。

超凡魅力的另一个渊源是创造性。创造性是超凡魅力的最终的根源。就领导者的人格建构来说，领导者需要协调自己人格中的方方面面，以保持自己人格的创造性的统一与和谐。保持人格统一与和谐中的创造性，是个人人格魅力的根源。即使是一个自然人，要有魅力和保持心理健康，也需要这个创造性。而对于领导者来说，这一点就更为重要。

创造性不仅仅是人格上的，而且是更为广泛的。特别是，领导者与他的追随者、与他的群众之间的关系，同样需要和要求巨大的创造性。领导者一方面需要把群众动员起来，另一方面又需要把群众组织起来；而动员群众与组织群众又是两种相反的"运动"，把二个对立的东西统一起来，其所需要的创造性是经常性的和巨大的。这些活动中的创造性，才是领导者魅力的根源。在这些方面，领导者的魅力，即使是知道了它们来自于哪里，也仍然是需要努力才能建构起来的东西。

跟毛泽东学赢得认同

> 　　赢得认同往往要经历情感认同、理智认同和欣赏的认同三个阶段。无论是争取个别的认同，还是争取群众的支持与认同，毛泽东之赢得认同，都显示出他从情感认同入手，经理智认同，达于欣赏的认同的高境界。毛泽东之赢得认同，是大手笔大气魄……

【领导活动中的认同】

　　领导活动中的认同，是相对于几个方面来说的。

　　首先，所谓认同，是相对于领导者主体或者主观方面特定的素质（包括素质中的创造性人格）的，是关于领导者对干部、群众的影响和干部、群众主观上对领导者的认识、评价、接受与赞同等等的。

　　其次，所谓认同，又是相对于领导活动中的服从而言的。服从，可以是单纯的人与人之间的关系（人际关系），而并不一定涉及到观念上的和价值评价上的问题。也就是说，服从可以是盲目的不自觉的。奴隶的服从就是盲从。而所谓认同，涉及到在主观上对领导者特定的素质、才能有所认识、评价、接受与否、赞同与否等等。

再次，所谓认同还是指，对同样的领导者素质与才能，对同样的服从关系，主观上可能存在着自觉与不自觉、积极与消极、认同与不认同的差别。极端的情况是，即使是领导者赋有创造性、即使是有服从的必要，但是，干部群众方面可能存在着故意不认同。此即所谓"明知其为是而认其为非"。另一种可能的情况是，"明知其非而故信"，或者"愈荒谬愈认同"。

此外，干部群众的认同也可以区分为不同的情况。一种情况是，对追随者（即干部这个层次）需要不同的影响力；他们对领导者的认同也有自己的特点。对追随者的影响力恐怕是"晓之以理"意义上的影响力，他们的认同则是理智认同。另一种情况是，对群众需要另一种不同的影响力；而群众对领导者的认同，也有自己的特点。对群众的影响力是"动之以情"意义上的影响力，而群众的认同更多的是一种情感认同。

就一般情况来划分，对领导者及其领导活动的认同，可以划分为三个不同的层次。一般地说，第一个层次的认同是情感认同，也包括某种意义上的情绪性认同。第二个层次的认同是理智性认同，也就是有批判地认同。第三个层次的认同是欣赏的和审美的认同。三个层次的认同，呈现为"否定之否定"的上升过程，是认同境界与层次不断深入的过程。

【毛泽东是如何赢得认同的】

从总书记到主席

　　30 年代苏维埃运动后期，毛泽东受到不公正的待遇。虽然事实证明毛泽东的思想与看法是正确的，但是，长征初期，毛泽东仍然受到了冷落。对此，毛泽东并不气馁，而是主动做工作争取别人的理解与认同。长征初期，毛泽东与王稼祥一起长征。王稼祥是二十八个半布尔什维克的核心成员之一。毛泽东就利用与王稼祥一起长征的机会，争取王稼祥，并一个一个地做他们的工作。

　　通过长期而深入的谈话、交流，王稼祥逐渐认识到毛泽东的主要想法与做法是正确的，认识到包括自己在内的布尔什维克成员的若干不正确之处，并且开始在中央里真诚地支持毛泽东。毛泽东个别地争取王稼祥的认同，这对于遵义会议的召开，对于确立和贯彻执行毛泽东的正确路线，是至关重要的一步。由于毛泽东与王稼祥一起坐担架长征，所以，这一段佳话，被形象地称为"毛王结婚"。

　　王稼祥转变过来支持毛泽东之后，张闻天也逐渐认识到毛泽东的正确路线。之后，遵义会议实际上确立了毛泽东在中央的领导地位。遵义会议上毛泽东实际上担任中央主要领导，挽救了革命挽救了党。张闻天、周恩来、朱德和王稼祥等都支持毛泽东担任党的总书记。这些主要领导人的支持，也改变了中央里在投票问题总是 3：4 的格局。但是，毛泽东审时度势，还是坚决支持张闻天担任总书记。这与在遵义会议上不谈政治问题，专门解决军事问题一样，都反映了毛泽东在争取认同问题的谨慎与认识。

　　张闻天是二十八个半布尔什维克最为核心的成员。张闻天为人正直，在党内普遍被认为是"明君"。在党内张闻天善于团结人，能够起到"核心"的作用。而且，张闻天理论水平高。此外，张闻天有苏联的支持这个背景。权衡多方面的情况，毛泽东还是坚决不就任党的总书记，而支持张闻天任总书记。从1935年遵义会议，一直到"七大"，虽然是毛泽东负责实际工作，但是，张闻天一直是党的总书记。而且，张闻天的10年总书记，在党的历史上也是比较长的。

　　如果从毛泽东这方面来看，对毛泽东的认同与接受也有一个过程。在党内，毛泽东曾经不正确地被认为是"狭隘经验论"。虽然毛泽东的重大想法与路线被证明是正确的，但是，毛泽东的这些想法与做法被接受和被认同还是有一个过程。应该说，毛泽东对此是有意识有准备的。事实上，遵义会议之后，毛泽东就曾深有感触地对贺子珍谈起，"办什么事情都要有一个大多数啊！"

　　毛泽东的这些做法，往往被认为是毛泽东在人际关系与党内关系问题上有谋略。实际上，与其说它们是毛泽东的谋略，不如说它们是毛泽东真诚的安排。因为，争取别人的认同，特别是争取那些有理论有原则的高层领导人的认同，确确实实是一个艰苦的过程。这其间，谋略可能是一个因素。但是，与真诚的态度比较起来，谋略并不是什么主要的因素。从性质上看，这里是来不得半点虚假与耍手腕的成分的。

　　与毛泽东的这些做法相比较，张国焘还在长征途中就不惜以武力相威胁，以武力方式解决路线分歧，与党中央闹分裂，与张闻天、毛泽东发生公开对抗的做法，并不高明。思想上与主观上的认同，不但有一个过程，而且也不是武力所能够解决的。从这里还可以看出，张闻天、王稼详等认同于毛泽东，除了毛泽东的政治路线是正确的，还有一个因素，那就是遵义会议特别是延安时期以后，毛泽东在理论上也很快达到了成熟。而这一点才是他能够赢得别人认同的根本。

正是在从遵义会议到"七大"这一段时期，毛泽东对赢得认同的认识与做法成熟起来。例如，在关于"山头"的问题上，毛泽东就提出了对待"山头"同样要"从认识山头，承认山头，照顾山头，到消灭山头，克服山头主义。"毛泽东的这个认识，与他争取王稼祥、张闻天的认同的做法，是完全一致的。

毛泽东赢得群众的认同

如果说毛泽东在长征途中争取王稼祥、张闻天等的认同是争取个别人的认同，那么，毛泽东赢得人民群众的认同就是争取某种集体性的认同。而这两个认同，既有差别，也有共同之处。

争取个别认同、特别是争取王稼祥张闻天那样的有理论有原则的高层领导人的认同，你自己要有原则，更要有理论。在这种认同中，仅有情感（甚至于只有情绪）认同是完全不够的。但是，在争取群众、特别是大规模的群众性认同的问题上，最为需要的恐怕首先是对群众的情感认同。而在这个方面，毛泽东对人民群众的几乎可以说是"天然的"感情，是一个至关重要的因素。

追溯毛泽东性格形成中的情感因素，有两点特别值得注意。

一个因素是毛泽东母亲的影响。毛泽东的母亲是一个虔诚的佛教徒，在家庭中给予毛泽东感情上的关怀和保护，这对毛泽东的早年性格产生了一定的影响。《毛泽东自述》对此十分肯定。毛泽东回忆其家庭内部"辩证的斗争"时说，"我家分成两党。一个就是我父亲，是执政党。反对党由我、母亲和弟弟组成。"①《毛泽东传》指出，"同父亲比较起来，给少年毛泽东影响更大更深的是他的母亲"，"毛泽东对母亲的感情很深"。② 这奠定了毛泽东情感取向的性格构成。

对毛泽东情感上的另一个重大的影响是《水浒传》等古典小说。毛泽东平生喜欢读史，不喜欢读经；而在早期，《水浒传》、《三国演义》和《西游记》等对少年毛泽东产生了巨大的影响。毛泽东说，"我认为这些书对我的影响是很大的，因为这些书是在易受感染的年龄里读的。"

象同时代青年人所受的启蒙教育一样，在毛泽东的早期教育中，旧小说和故事，在毛泽东青少年"易受感染的年龄"里，对其人格形成的影响是巨大的。事实上，从五四运动以来，《水浒》等可以说塑造了整整一代人的基本性格。但是，不象学者纯粹的学术兴趣或学术研究，毛泽东对这些书中的故事、人物等等真诚的关注和反思，可以说直接地构成了他人格建构、特别是情感世界的一部分。"我继续读中国旧小说和故事。有一天我忽然发现，这些小说有一个特别之处，就是里面没有种地的农民。人物都是勇士、官员或者文人学士，没有农民当主角。对于这件事，我纳闷了两年。"③ 一个 13 岁的年轻人为此事纳闷两年，并且在其成年之后仍然念念不忘，这是少见的。

因此，如果说母亲的影响决定了毛泽东的情感取向的性格

---

① 《毛泽东自述》，第 16 页。
② 《毛泽东传》，金冲及主编，第 3～4 页。
③ 《毛泽东自述》，第 17～18 页。

构成，那么，《水浒传》等就构成了其性格中情感的具体内容。这些对毛泽东对于下层群众的同情，他后来自然地走向农民和谋求于农民，其潜在的影响可能是深刻的和决定性的。在问题的这个方面，是否可以说，毛泽东"诗人革命家"的气质，其"诗人"的方面，来自于其性格中的情感构成；而"革命家"的方面，则来自于他对农民和下层群众的"天然"同情呢?!

如果说，通过母亲与《水浒》等等的影响，毛泽东对下层人民群众还只是有一种朴素的与朦胧的"亲切"，还只是一种不自觉的情感上的"接近"，那么，在随后不久，它们就在"从群众中来，到群众中去"等等一系列思想中就得到了全面的、理论上的升华与自觉。我们可以看到，贯串毛泽东一生的正是对人民群众的执着的、真诚的感情认同。毛泽东关于"鄙贱者最聪明，高贵者最愚蠢"、"人民，只有人民，才是历史的创造者"、"人民万岁"，甚至于他关于"知识分子最愚蠢，人民群众最聪明"等的思想，虽然有这样那样的片面、失误和不当，但是，浸透其中的那样一股真挚的感情则是实实在在始终不渝的。

对人民群众情感上的真诚的认同，是毛泽东赢得人民群众对他的认同的关键。这种认同，再加上毛泽东对人民群众切身利益的始终不渝与实实在在的关注、改善和提高，当然能够赢得人民群众对他的支持与认同。同时，我们还可以看到，毛泽东争取人民群众的支持与认同，并不是迁就群众的落后，而是通过这个认同领导群众，提高群众，欣赏爱护群众，从而把群众升华到一个更高更自觉的层次。这在毛泽东激励人民群众奋发图强等等方面都有所表现。而在赢得群众的认同方面，毛泽东先是情感上认同群众，然后赢得群众的认同，并在引导群众、教育群众、欣赏爱护群众，从而把群众提高到一个更高的层次，这是最为值得注意和学习的。

【跟毛泽东学赢得认同】

认同的三个阶段

在一般意义上，赢得认同会经历三个阶段。

首先，是认同中的同质同量阶段。

例如，酒场上喝酒，你向同桌人敬酒，取得别人的认同，那么，你酒杯中的酒应该和其他人的酒，从质上看，应该是"同质"的；从数量上看，应该是"同量"的。否则，别人是不会认同你的。既不会认同你的质量，也不会认同你的数量；二者综合起来，就会不认同你这个人，不会认同你的作风、酒风。在领导工作中也是这样，要想别人认同你，你就要在数量上质量上与其他人保持一致、一样。与其他人保持一致一样，是赢得别人认同的"最低限度"的要求和标准。

其次，优质优量阶段。

在认同问题上，与其他人在数量上质量上保持性质上的一致和程度上的一样，这实际上是以这样的假定为前提的：即群众与领导是同质同构同等程度的，二者是同样的。但是，应该说，在实际的领导工作中，群众与领导并不是完全相同的。二者在性质上是不同的，在程度上也是不同的。这样，在认同的问题上，就要以领导与群众之间量上质上的不同等为前提设置认同，取得认同。

从质上看，作为领导者，要别人喝啤酒，自己就要喝白酒（或者红酒）；你要别人喝白酒，自己就要喝更为厉害的。总之，领导与权威的一方要比服从或者认同的一方更为"优质"。

你要别人喝一杯啤酒，你自己就喝一杯白酒（或者红酒），这样别人才会跟着你喝；这体现了不同的层次，即低层次的对高层次的认同。从量上看，你自己喝二杯白酒或者红酒，别人就会跟着你喝一杯白酒。这体现了在优质基础上的"优量"原则。如果你要求别人喝一杯啤酒，你就喝二杯白酒。这体现了认同中的"优质优量"原则。

第三，认同中的质变与转化。

认同并不是简单地比喝酒的层次，也不是简单地是比喝酒的数量。单纯如此，就只能形成某种恶性循环。在恶性循环中，真正的领导关系没有能够建立起来。事实上的认同并不是这样。因为，优质优量、同质同量的原则，要么假定了群众与领导之间的"同"，要么假定了群众与领导之间的"异"。但是，实际上，群众与领导既不是完全相同的，也不是完全相异的，而是同中有异、异中有同。也就是说，领导与群众之间真正的关系是"认"。只要群众认你，那么，无论是同质同量，还是优质优量，群众都会追随你。这样，在认同的问题上就发生了质变与转化。通过这个质变与转化，认同进入了一个新的水平与阶段。

欣赏地认同毛泽东

跟毛泽东学赢得认同，内在地包含着正确地认同毛泽东的问题。正确地认同于毛泽东，是学习毛泽东赢得认同的一部分。总结认同毛泽东的经验教训，是跟毛泽东学赢得认同的题中应有之意。

应该说，党内对毛泽东的根本性的认同是从遵义会议开始的。遵义会议挽救了革命挽救了党。这对于确立毛泽东在中央的地位、对于对毛泽东的认同是关键的一步。虽然在此之后对于毛泽东的认同并不是没有竞争与不同意见，但是，认同中的根本性转变是在遵义会议实现的。从遵义会议之后，对毛泽东的认同，基本上没有遇到什么大的原则性的障碍。迈斯纳指出，从遵义会议开始，甚至已经形成了对毛泽东的某种形式和某种程度的崇拜。

1954 年毛泽东在杭州。

　　遵义会议之后，连续地实现了一系列的胜利。抗日战争胜利了。解放战争胜利了。新中国建立了。"一化三改造"胜利了。抗美援朝胜利了。这些胜利都是历史性的。这些胜利似乎预示着无限胜利的可能前景，也把对毛泽东的认同推向了高潮。这个趋势发展的后果就是出现了"文化大革命"的"造神运动"。

意识形态的"造神运动"，创造了毛泽东似乎有无限能力的假象。对于毛泽东来说，它创造了一种"剩余能力"，也是一种"虚假能力"。在这个"虚假能力"和"剩余能力"的基础上，产生了毛泽东"超凡"的魅力，也产生了对毛泽东的狂热崇拜。造神运动把毛泽东神化了。"神化"的结果就是"神话"的形成。这是认同毛泽东的一种极端的和病态的形态。

改革开放以来，在认同毛泽东的问题上，出现了另一种极端的和病态的形态。那就是把毛泽东"鬼化"，而"鬼化"的结果就是形成了关于毛泽东的"鬼话"，出现了"鬼话连篇"的局面。这些鬼话，极力丑化毛泽东，事实上是在对毛泽东的认同问题上，明知其为是也认其为非。这种态度反映了一种普遍的"逆反心理"。它们不仅仅是个体的或者个别人的逆反心理，而且更是集体与群众的逆反心理。这种心理，与"文化大革命"中"愈知其谬而愈信之"的群众心理，是同一种病态的心理类型。在认同的问题上，它们都不是健全的和消极的心理态度。

在对毛泽东的认同问题上，把毛泽东神化或者把毛泽东鬼化，都偏离了适当和正当的定位。也就是说，在认同与不认同毛泽东的问题上，它们都没有能够形成一个准确的定位。实际上，毛泽东既不是神，也不是鬼，而是人。正如所指出的，在中国文化中始终存在着一种"神－人－鬼"的三分结构，颇象但丁《神曲》中的"天堂－炼狱－地狱"的三分结构。神在人之上，鬼在人之下。人处于神鬼之间。人格超越常人的人被神化，会成为神。人格低于常人的人被鬼化，会成为鬼。60～70年代，毛泽东与刘少奇就分别遭受了这样两种不同的命运。毛泽东被神化。刘少奇被鬼化。现代的造神运动结束之后，一个真正的人站出来说了一句真话：毛泽东是人不是神，刘少奇是人不是鬼，"四人帮"是鬼不是人。

还毛泽东以本来的面目，真正以人的面目来看毛泽东，才能真正认同于毛泽东。就毛泽东方面来说，我们会看到，对毛泽东的认同，一是来源于他人格与能力中的创造力，一是来源于人民群众的支持与认同。而这两点都是清清楚楚明明白白的。同时，就我们认同的一方来说，既不要在"赋魅"的过程中把毛泽东神化，也不要在"祛魅"的过程中把毛泽东鬼化，而是要在审美地欣赏地认同毛泽东的过程中真正把毛泽东人化。对毛泽东的认同，归根结底，只能是一种审美的欣赏的认同。而这种认同才真正是所谓"人间词话"。多方面比较起来，这种审美的欣赏的态度，恐怕才是认同毛泽东问题上的持久的能够经受得起考验的态度。

一般地讲，任何形式的认同不都是这样吗?！

第二章
跟毛泽东学决策

·运筹帷幄之中，决胜千里之外·

跟毛泽东学调查研究

> 　　毛泽东既不是神，也不是天才，毛泽东的才能与智慧有着实实在在的根源。它们来自于调查研究，来自于人民群众的智慧。调查研究是毛泽东领导思想与实践的历史出发点，是毛泽东领导思想与领导实践的理论出发点……

【领导科学中的调查研究】

　　善于调查研究是一切领导者的基本功，是实现正确领导的前提和基础。调查研究是思想方法，又是工作方法。有了调查研究，科学的领导才有可能。因此中国特色的领导科学历来把调查研究置于一个十分重要的位置。

调查研究的重要作用

　　调查研究的作用有以下四点：一是了解情况，获取信息，为领导决策提供依据。二是联系群众，发动群众，做好激励和思想政治工作。三是发现人才，为用人提供依据。四是了解工作中的问题，了解群众的需求，以便更好地为群众服务。调查研究最直接最重要的作用就是为各种决策的制定和修正提供依据，包括为用人的决策提供依据。例如，使用干部前的民意测验及公示制也是调查的一种形式。

调查研究的程序与原理

调查研究一般说来，包括准备阶段、调查阶段、研究阶段和核查阶段。具体应用时不是这么死板，比如也可以边调查边研究。

渗透原理：调查研究不是一种超然的发现事实的活动。调查者的世界观、价值观、思维方式、兴趣偏好及知识经验直接间接地影响着调查研究的过程和结论。

先后原理：一切结论产生于调查情况的末尾，而不是在它的先头。

趋近原理：调查研究是一个渐进的过程，不可能一下子认识到事物的本质。要通过多次反复，验证修正，才能趋近于真理。

调查研究的科学方法

调查的方法有直接观察，包括"走马观花"式的面上的观察和"下马看花"式的点上的观察，也有间接观察，比如问卷调查、电话调查、网上调查、开调查会等；有典型调查，也有文献调查、媒体调查等。事实上调查方法随着时代的发展在不断创新。

研究的方法包括逻辑推理、系统分析、矛盾分析、统计分析等。重要的是把调查方法与研究方法结合成一个整体加以运用。

【毛泽东是如何调查研究的】

失散多年的"孩子"是谁？

在遵义会议期间，有一位同志对毛泽东的军事战略很不了解，说什么毛泽东的战略是从《孙子兵法》上学来的，现在的形势是用不上的。毛泽东就问这位同志："你读过《孙子兵法》没有？《孙子兵法》一共有几章？"那位同志无言以对，因为他根本没读过《孙子兵法》这本书。

毛泽东的用意非常清楚，没有调查就没有发言权，没有认真的调查就没有正确的发言权。那位同志既没有读过《孙子兵法》，又不了解毛泽东的战略决策，怎么可以妄言毛泽东的战略是从《孙子兵法》上学来的呢？怎么可以说毛泽东的战略现在用不上呢？

上面这个故事是毛泽东同志在延安整风期间向他身边的同志讲的。他通过这件小事讲明了调查研究的大道理。

毛泽东一生注重调查研究，非常珍惜自己的调查研究成果。尤其对令他十分满意的调查研究成果更是十分珍惜。这些成果一度丢失，令毛泽东十分惋惜。后来失而复得，就像失散多年的孩子重新回到自己身边一样令毛泽东十分高兴。

1930年5月，毛泽东经江西会昌来到寻乌县城，他利用红军发动群众之机在寻乌做了大量的调查研究工作，弄清了当地的基本情况。毛泽东经过20多天的调查，又召开了50多人参加的总结调查会，请与会者核对材料，讨论问题，做到广泛征询意见，真正集思广益。

毛泽东非常重视第一手的调查材料，并不断地进行加工分析。终于在 1931 年 2 月利用第一次反围剿胜利的间隙，写出了 10 万字的《寻乌调查》。毛泽东一直珍藏着这个本子，经过长征，带到延安。

毛泽东在寻乌调查的过程中还总结了调查研究的经验，并从哲学的高度进行理论概括，写下了《调查工作》一文。

在《调查工作》一文中，毛泽东说，你对某个问题没有调查，就停止你对某个问题的发言权。这不太野蛮了吗？一点也不野蛮。你对那个问题的现实情况和历史情况既然没有调查，不知底里，对于那个问题的发言便一定是瞎说一顿。瞎说一顿是不能解决任何问题的，那么停止你的发言权又有什么不公道呢？

《调查工作》一文由闽西特委翻印，在红四军和中央苏区广为传播。在当时的革命队伍中人人都知道毛泽东的名言"没有调查，没有发言权"。

后来由于作战频繁，环境恶劣，很多珍贵的革命资料难以保存下来，这篇《调查工作》也在反围剿中失传了。毛泽东一直为此事感到十分惋惜。

1957 年 2 月，福建省上杭县荣山公社官山村一位农民把自己珍藏了 27 年之久的一本油印的《调查工作》作为重要的革命文物贡献了出来，这篇重要的历史文献终于失而复得。毛泽东得知这个消息后非常高兴。他说："失散多年的孩子"终于找回来了。

毛泽东说："我对自己的文章有些并不喜欢，但这篇《调查工作》我是喜欢的。"1964 年 6 月《调查工作》被收入《毛泽东著作选读》公开发表。毛泽东为它改了一个名字叫《反对本本主义》。

　　为什么毛泽东那么喜欢这个失散多年的"孩子"呢？因为他在这篇文章中倡导的调查研究反对本本主义的观点与他后来一直倡导的把马列主义理论与中国革命的实践相结合的思想是一脉相承的。

"不能看眼色行事"

　　毛泽东多次强调，调查研究要虚心向群众请教，向群众寻求真理，因此要眼睛向下，不能昂首望天。没有眼睛向下的兴趣和决心，是一辈子也弄不懂中国的事情的。

　　毛泽东认为，搞调查研究主要的一点是要和群众做朋友，而不是去做侦探，使人家讨厌。在解放前毛泽东到兴国、长冈乡和才溪乡及其他地方作调查时，都是把被调查的对象当作可敬的先生，自己则是一个谦恭的学生。解放以后毛泽东到各地调查更是反复强调实事求是，不能看眼色行事。

　　1956年，毛泽东到武汉开调查会，中心议题是对农业合作化的经验做一个总结。毛泽东说，"这次调查会各人畅所欲言，一不划右派，二不扣帽子，知无不言，言无不尽，要讲真话，不要讲假话。否则我就会上当，就会浪费时间。"但令人遗憾的是，座谈会开始已15分钟仍无人发言。后来发言的人也是一个调子，尽唱赞歌。于是毛泽东提议休会，明天再开。

　　毛泽东把省委的同志留下，语重心长地说，可惜呀，大家说一样的话，千篇一律，这个不是党的传统。明天开会，一定要畅所欲言。

　　第二天的座谈会开得十分成功。省委主要负责人就农业发展规划问题作了重点发言，举出实例，说明规划的重要性和可行性。其他与会同志也从不同的角度作了实事求是的发言。

　　毛泽东一边听，一边记，脸上露出欣慰的笑容。他高兴地说道："好，同志们都说出了心里话。昨天的会议使我失望，今天的会议使我高兴。你们不能看眼色行事，更不能看我的眼色行事。"

毛泽东认为，调查研究不仅要有正确的方法，更重要的是首先要有正确的态度。调查人必须平等待人，真诚待人，开调查会必须无拘无束，无话不谈。否则就不会有好的调查效果。

间接调查的好处

毛泽东在青少年时就有读书看报的好习惯。所以后来在井冈山上，在长征路上，利用报纸进行间接的调查研究就不是偶然的了。报纸的时间性强，毛泽东利用它们来捕捉各种信息，为自己的科学决策打下良好的基础。

1935 年秋，红军占领了哈达铺，发现镇上有很多全国和地方性的报纸。毛泽东不顾疲劳，立刻翻阅这批报纸。通过对报上消息的分析，毛泽东确切知道陕北有刘志丹领导的红军。经过与其他领导人研究，决定把红军长征的落脚点放在陕北。

建国后，毛泽东担任了党和国家的重要领导工作，日理万机，工作繁忙，但仍然利用各种手段各种途径进行调查研究工作。在 50 年代，毛泽东为了了解党的各项农村政策的贯彻落实情况，就积极鼓励在自己身边工作的中央警卫团战士回乡时搞调查。他说："你们都是做警卫工作的，我现在给你们加一项工作，就是调查。这个对我对中央都有帮助。"

每当警卫战士从农村回来，毛泽东总是亲自听取他们的汇报，批阅的他们调查报告，并对他们的调查给予热情的鼓励。在听了湖南、湖北籍的战士汇报家乡的情况后，他非常高兴地说："了解两个省六千万人口的情况，用了三个钟头。这个办法实在好，通过你们同广大农民联系起来了。"他还说："你们见到农民，我看到你们，就间接见到农民。"

　　1956 年初，我们已有了三年多的社会主义建设经验，开始对苏联的模式的主要缺点有所认识。毛泽东仔细询问了各个部门、各条战线取得的成就、存在的问题及工作中的教训，在理论上进行认真的思考。

　　1960 年，毛泽东召集了部分大区中央局书记和省委书记在浙江进行调查研究，当他在视察金华双龙水电站工人宿舍时，拿起宿舍中的一张《金华日报》认真看了起来。

　　毛泽东和中央其他领导同志一起分别听取了工业、农业、商业、财政等 34 个中央部门的工作汇报，一连工作两个多月，进行了一系列的调查研究工作。

　　毛泽东当时已年过花甲，但是每天都是起了床就听汇报，听了汇报就上床休息，只有吃饭时才有一点空闲时间。他风趣地将此次调查叫"床上地下，地下床上"。可见，毛泽东调查的态度多么认真，工作效率又是多么高。

　　正是在这次调查研究的基础上，经过中央政治局多次讨论，由毛泽东概括性地提出了著名的《论十大关系》。毛泽东自己讲过，"那个十大关系是怎么搞出来的呢？我在北京经过一个半月，每天谈一个部，找了 34 个部的同志谈话，逐步形成了那个十条。如果没有那些人谈话，那个十大关系怎么会形成呢？不可能形成。"

在这里，毛泽东每天谈一个部，找领导干部谈话，其实也是间接调查，可以高效率地获取多方面的信息和看法。作为一个领导者，一定不要拘泥于一种调查方式，而要善于开拓思路，善于利用多种方式方法进行调查。直接调查和间接调查各有利弊，应将二者有机地结合起来，做到优势互补。

【跟毛泽东学调查研究】

把调查与研究结合起来

调查是对第一手材料的收集，是对信息的获取；研究是对第一手材料的加工，是对信息的开发和利用。毛泽东十分重视把调查与研究有机地结合起来，以致于把调查研究作为一个整体来对待。

毛泽东一到寻乌就开始了紧张的实地调查，弄清了很多前所未闻的事实。但他并不满足于这一点，而是经过反复思考，认为还有不少问题需要进一步研究。于是与县委书记古柏商量，召开座谈会来征询大家的意见。在会上，毛泽东把没有把握或不太清楚的问题一一提出来，让大家议论，与大家一起研究。在反复研究反复思考的基础，八个月后在宁都小市写成了《寻乌调查》一文。

调查得到的只是感性认识，而研究得到的才是理性认识。

由调查到研究就是从感性认识到理性认识的飞跃。

调查研究要有明确的目的

毛泽东在寻乌调查研究，其目的是十分明确的。当时党内存在着严重的"左"倾思想和"左"倾政策，在农村"杀杀杀，杀尽一切反动派的头颅；烧烧烧，烧尽一切反动派的房屋"。在城市，也主张对中小商人和工商业主兼地主没收财产。毛泽东为了正确制定在农村正确对待富农和在城镇中正确对待小商业主的政策，所以选择寻乌进行针对性的调查。

在50年代，毛泽东让中央警卫团的战士回农村时搞调查，其目的是为了及时了解党的各项农村政策的落实情况，了解农村中存在的现实问题，了解农民的意愿和建议。

在武汉调查的目的更加明确，中心议题就是了解农村合作化的情况，对农村合作化的正反两方面的经验进行总结。当第一天开座谈会大家尽唱赞歌，游离了调查的主题，达不到调查的目的，毛泽东就认为"浪费了时间"。

有了明确的调查研究的目的，才会得到明确的决策目标。调查研究有很多用处，但其主要用处是为领导决策直接提供依据。

调查研究要有正确的态度

毛泽东重视调查研究，而且特别重视调查研究的态度。在武汉调查农业合作化问题时强调"不能看眼色行事"，在寻乌调查时强调要"反对本本主义"。

毛泽东认为，一切结论应产生于调查情况的末尾，而不是它的先头。只有蠢人，才是他一个人，或者邀集一堆人，不作调查，在那里苦思冥想，出主意，想办法。正确的态度应是深入群众，深入实际，虚心向群众学习，一切从实际出发。

毛泽东认为调查者要虚心学习，要眼睛向下，拜群众为师。与被调查者交朋友，平等待人，才能得到第一手的资料。

毛泽东所说的调查研究的正确态度包括两方面的内容，一是上面所说的调查者的正确态度，二是被调查者的正确态度。被调查者不能只看调查者的眼色行事，而应本着实事求是的态度，知无不言，言无不尽。当然，被调查者的态度是受调查者的态度直接影响的。

调查研究的方法要创新

毛泽东一生进行了大量的调查研究工作，同时也使用了大量的调查研究的方法。比如开座谈会，个别访谈，通过报纸媒体，听汇报等方法，这其中既有直接的调查方法，也有间接的调查方法。

毛泽东曾用"三打祝家庄"的事故来说明调查研究方法的重要性。前两次打祝家庄之所以失败，是因为情况不明，方法不对，没有作出正确的调查。第三次的调查周密，方法得当，所以三打祝家庄就成功了。

毛泽东的调查研究方法告诉我们以下几点：一是调查研究要拓宽路子，使用多种方法，并且方法要创新。二是正确的调查一定是周密的系统的，而不能是浅层的，零散的。三是把调查与研究内在地结合起来进行，调查之中有研究，研究之中有调查。

在今天跟着毛泽东学调查研究也要方法创新。比如说问卷调查、抽象调查、网上调查，比如说对调查材料的定量分析，概率论与统计分析技术的运用，比如说任用干部前的公示及民意测验，在今天的调查研究中也越来越受重视。

跟毛泽东学预见预测

> 毛泽东的预测预见，就像总设计师一样的精确。从国内革命战争时期的"星星之火，可以燎原"、抗日战争时期的"三个阶段"，到解放以后在"一穷二白"基础上描出的"最新最美的图画"，事事件件都证明了毛泽东是一位伟大的预言家，是一位杰出的"历史画家。"

【领导与预见预测】

领导工作的核心和关键是领导决策，领导决策的前提和基础是预见预测。"凡事预则立，不预则废"。缺少科学的预见预测根本谈不上科学决策，更不用说领导工作的科学化了。

预见是领导者对客观事实和环境条件的发展变化的趋势作出的概观及前瞻。一般说来，预见是宏观的，定性的，定向的，而且是对较远未来的变化的一种把握。预测是领导者对客观事物和环境条件的发展变化的状态作出的具体测度。一般说来，预测是微观的，定量的，实证的，而且是对较近未来的变化的一种分析判断。尽管二者在语义上存在着上述差异，但实际上我们在使用中通常对二者不加严格的区分。

科学的预见预测可以为领导决策提供目标

领导决策主要回答未来应该干什么以及应该如何干这样两大问题。未来应该干什么就是决策的目标。如何决定决策的目标呢？当然离不开对决策对象和决策环境的预测预见。

科学的预见预测可以为领导决策提供途径和对策

未来应该干什么是决策的目标，应该怎么干则是达到目标的途径。选择目标离不开预见预测，选择途径同样离不开预见预测。

预见预测既帮助我们看到有利因素有利条件，也能帮助我们看到不利因素不利条件。有利因素有利条件可以帮助我们下决心定下决策目标，而不利因素不利条件则可以提醒我们及时地制定对策。对策可以避免未来的风险，消除未来的不利，确保途径的畅通和决策目标的达成。

科学的预见预测可以激励士气

领导者对未来发展趋势的预见预测是符合事物发展的客观规律的，因此是令人信服的。当领导者预见到形势有利、前景美好、目标远大时就会极大地激励广大群众的士气和热情，将他们的创新热情和潜能激发出来，而这样做对决策的实施是非常有利的。毛泽东从"星星之火"预见到"可以燎原"，从而鼓舞了广大军民浴血奋战，不怕牺牲，前仆后继，去追求理想，夺取胜利。

科学的预见预测可以有利于早作准备

决策是要实施的，实施决策需要做好多方面的准备。科学的预测预见能够使决策的实施者提前做好物质上和精神上的准备。当毛泽东在正确分析中日双方各种矛盾的基础上，科学地预见到抗日战争要经过三大阶段时，广大军民就有了进行抗日持久战的准备，就有了最后胜利必将属于中国的坚定信念。

科学的预见预测必须遵循客观规律

预测预见不是主观的猜测臆断，而是既要符合事物发展的客观规律，又要符合认识事物的客观规律。任何事物都是有其内在联系的，它的发展是有规律可循的。领导者不仅可以认识事物的过去和现在，而且可以根据它的过去和现在预见它的未来。

预见预测的方法很多，主要有模型预测法和经验预测法。模型预测就是定量预测，它把调研得到的资料进行加工整理，从中寻找两个以上变量之间的有规则的对应关系，建立起能够反映预测对象内部联系的数学模型，然后通过模型的运行和评价来预测原型的未来态势。选择预测对象的变量及寻求变量之间的对应关系最为重要，也最为困难。变量选多了，模型不易建立且难以运算；变量选少了，模型太简单，预测的质量就难以保证。

经验预测又可以分为两类，一是个人的经验预测，二是集体的经验决策。把二者结合起来可以优势互补。经验预测法主要运用逻辑推理和直觉判断思维技巧来预测事物发展的未来态势。

不管是依赖电脑的定量的模型预测方法还是依赖人脑的定

性的经验预测方法都难免有它的局限性。领导者在实际决策时既要以科学的预测预见为依据，又必须根据事物和环境的实际变化情况来调查思路，调整对策。

【毛泽东是如何预测预见的】

抗日战争"三步曲"

毛泽东在领导中国革命斗争的实践中，对于中国重大历史事情的预测，特别是对抗日战争的进程和结局的预测，其科学性、准确性超出了人们的想象。

"九·一八"事变以后，日本帝国主义侵略者就一步一步地扩大了侵略中国的罪恶行径。1937 年 7 月 7 日，日本侵略军制造了"卢沟桥事变"，中国守军第 29 军一部奋起抵抗，打响了抗日战争的第一枪。

对于抗战的前景，不同阶级不同阶层的人有着截然不同的看法。"亡国论"是其一种。这种人的论调是"中国的武器不如人，战必败"。"速胜论"则是另外一种。他们过高估计自己的力量，认为只要再有几个台儿庄战役就可将日本侵略军赶出中国。"持久战"的观点不同于以上两种观点，认为经过艰苦持久的抗战，胜利一定是属于中国的。

在延安的窑洞里，毛泽东认真地思考着这一重大问题。1938 年 5 月，他写出了《抗日游击战争的战略问题》和《论持久战》等科学著作。毛泽东根据中国的国情，根据当时的现实状况，尤其是根据 10 个月来的战争实践，同时借鉴古今中外的战争经验，以其惊人的洞察力，准确把握了中日战争的基本特点及历史走向，科学地预测了抗日战争的发展过程，从而确定了抗日战争的战略战术。

毛泽东认为，中日双方的基本矛盾有四个特点。一是敌强我弱，二是敌退步我进步，三是敌小我大，四是敌寡助我多助。上述四个特点是抗日战争的全部基本要素，它规定了战争的进程和结局。

在抗日战争中，中日双方的四个基本特点贯穿始终，互相消长，并随着战争的发展而变化。中国人民只要坚持持久抗战，就能逐渐转变敌我力量的对比，使整个战争的形势朝着有利于中国而不是有利于日本的方向发展。

毛泽东正确分析了中日双方基本矛盾后，科学地预见到抗日战争必须经过三个阶段。第一阶段是"敌之战略进攻，我之战略防御"阶段；第二阶段是"敌之战略保守，我之战略反攻"阶段；第三阶段是"敌之战略退却，我之战略反攻"阶段。

毛泽东说，依目前的条件只能指出战争趋势中的一些大端。客观现实的进展是异常丰富和曲折变化的，谁也不能造出一个中日战争的"流年"来，然而为战争趋势描画一个轮廓，却为战略指导所必需。

1945 年 9 月 2 日，日本侵略者正式签署无条件投降书。美国纽约的一家报纸当天发表了一篇文章《这就是毛泽东——中国共产党的领袖》。作者写道，"在预测中国会发生什么事情的时候，毛泽东一直是永远正确的。"是的，抗日战争的进程和结局雄辩地证明了毛泽东的高瞻远嘱，证明了毛泽东预言的正确。

未雨绸缪组建东北边防军

善谋者善势。毛泽东是预测战争趋势的行家里手。朝鲜战争一爆发，毛泽东就及时分析了战局的发展。他认为有两种可能，一是速决，即朝鲜人民很快取得胜利，将美国侵略军赶走；二是持久，美国不甘心失败，继续增兵，甚至在朝鲜北部登陆，扩大战争规模，从而使战争转入持久。

在朝鲜人民军打到洛东江地区同敌人形成胶着状态时，毛泽东告诫说，中国人民必须要有所准备，防止美帝国主义乱来。为了避免仓促应战，根据毛泽东的提议，中央军委连续两次召开会议，讨论组建东北边防军问题，并及时作出了第一步部署。

经过研究，决定东北边防军由四野的部队组成。因为四野部队里东北人较多，解放战争时期在东北战场打过仗，对东北的地理环境和气候都能适应。边防军组成以后立即进行了紧张的集训。

共和国成立一周年之际，中央政治局召开会议专门讨论出兵援朝的问题。毛泽东认为，如果我们不出兵，让敌人压到鸭绿江边，国内国际反动分子气焰增高，对各方都不利。首先对东北不利，整个东北边防军将被牵制住，南满的电力也将被控制。当时我国的重工业集中在东北，而东北重工业又集中在南满。所以，出兵朝鲜不仅是一个国际主义的问题，它是爱国主义和国际主义的高度结合，即抗美援朝，保家卫国。经过充分讨论，权衡利弊，中央政治局达成一致意见，正式作出出兵援朝的战略决策。

1950 年 10 月 8 日，毛泽东发布命令将东北边防军改为中国人民志愿军。同时任命彭德怀为中国人民志愿军总司令员兼政治委员。

如果没有东北边防军组建在前，中国人民志愿军就不可能那么迅速地组织起来并开赴前线。在 8 月 5 日，毛泽东亲拟电文发给东北军区，"8月内可能没有作战任务，但应准备于9月上旬能作战，各部应于本月内完成一切准备工作，待命出动作战。"可见毛泽东未雨绸缪，先前一步组建东北边防军的目的是十分清楚的。8月18日，毛泽东又给东北军区发来指示电："边防军的准备时间可以适当延长，但务必在9月30日以前完成一切准备工作。"9月底，东北边防军一切准备就绪，已经进入了临战状态。所以，毛泽东10月8日命令一下，由东北边防军改成的中国人民志愿军就雄纠纠、气昂昂地跨过鸭绿江去保和平、保家乡了。

　　从东北边防军的组建到中国人民志愿军的组建，体现了毛泽东的妙算，证明了毛泽东的预见。

【跟毛泽东学预测预见】

预测是为决策服务的

　　毛泽东所做的一切重大战略决策无不建立在科学的预见预测基础之上。反过来，毛泽东的一切预测预见都是有目的，都是直接为决策决断服务的。

　　毛泽东预测到出兵朝鲜的必要性才未雨绸缪，提前组建了东北边防军，并在做出出兵朝鲜的决策之后，立即将东北边防军改组成中国人民志愿军。

　　毛泽东预见到抗日战争必胜但不可能速胜，所以才有了抗日持久战的战略决策，才有了八年抗战后的伟大胜利。

　　毛泽东的决策实践告诉我们，预测必须务实。离开决策的预测是空洞的，无用的；离开预测的决策是盲目的，危险的。

预测必须科学，预见必须客观

　　毛泽东所作的预测预见都是科学的，符合事物发展的客观规律的，他根据敌强我弱的实际情况推断了战争的长期性和残

1954 年的毛泽东。

酷性。抗日战争要速胜是根本不可能的。他根据敌退步我进步，敌小我大及敌寡助我多助的实际情况，作出中国必胜日本必败的结论无疑是有根据的。

　　毛泽东的预测预见之所以屡屡正确无误是因为他尊重事实，尊重规律，尊重科学。预测不是猜测，更不是臆测。预见不是偏见，不是一厢情愿。

　　"唇亡"必将"齿寒"。毛泽东预测到美国侵略军占领朝鲜

必将对东北对中国造成诸多威胁。不管是从爱国主义的立场还是国际主义的立场都有必要出兵朝鲜。"唇亡"以至"齿寒"就是一个客观规律，毛泽东把握了这一客观规律，所以预测正确，决策正确。

预测预见为决策实施作准备

预测预见不仅为决策的制定服务，而且还要为决策的实施作准备。毛泽东预见到出兵朝鲜已成定局后就及时地为这一战略决策作好准备。所以，彭德怀一走马上任，中国人民志愿军即刻整装待发。

预测不等于现实

毛泽东讲过，客观现实的进展是异常丰富的，是曲折变化的，谁也不能造出一个中日战争的"流年"来，只能描画一个大概的战争趋势的轮廓出来。毛泽东说的这一点是很有现实意义的。一方面，决策不能离开预测，另一方面决策又不能过分地依赖预测。关键是要根据现实的发展和变化随时调整决策的思路和内容。

跟毛泽东学使用外脑

> 　　领导决策是一个过程，这个过程大致上可分为两个阶段，一是"谋"的阶段，二是"断"的阶段。在"谋"的阶段，既有"内脑"的参与，又有"外脑"的参与，而且在很大程度上是"外脑"在"谋"。在"断"的阶段，则主要是"内脑"的事了。毛泽东很善于使用"外脑"，并给后人留下很多有益的启示，这一点，从著名的淮海战役即可看出……

【领导与使用外脑】

　　领导决策不仅要认真做好调查研究工作，倾听人民群众的呼声和建议，收集必要的信息，做到集思广益，而且要注意听取专家学者的建议和意见，打开思维的空间，做到多谋善断。

　　如果把领导者的头脑称为"内脑"，那么，专家学者的头脑就是"外脑"。一般人认为，决策一定是由决策者做出的，其实这句话并不是完全正确。因为领导决策是一个过程，这个过程大致上可分为两在阶段，一是"谋"的阶段，二是"断"的阶段。在"谋"的阶段，既有"内脑"的参与，又有"外脑"的参与，而且在很大程度上是"外脑"在"谋"。在"断"的阶段，则主要是"内脑"的事了。

"外脑"出谋，"内脑"决断"。

谋与断的相对分离、相对分工是一个进步，是现代领导决策的一个突出特征。外脑的主要职责是出谋划策，调查研究，拿出备选方案；内脑的职责主要是对外脑提出的方案进行评估选择，做出决断。

狭义的"外脑"是指对特定的决策问题有专门研究的专家学者，广义的"外脑"包括广大群众，既包括本部门的员工，又包括外部门的员工。因此，出谋划策既是专家学者的事，也是普通员工的事。

"内脑"在决策时善于使用"外脑"可以大大拓宽思路，提高决策质量。而且"外脑"对决策的参与可以提高他们实施决策的积极性和创造性。

"外脑"在先，"内脑"在后。

由于逻辑上在决策时先谋后断，所以一定是先用"外脑"，后用"内脑"。这个道理看起来简单，而实际决策时往往很难做到。一些领导干部习惯于先"定调子"，"划框子"，然而再让"外脑"去论证。很显然，这种先"内脑"后"外脑"的做法是不符合科学决策的原理的。

“外脑”要多，“内脑”要少。

“外脑”要多，多了就有代表性，就能反映方方面面的情况和意见，就能有效地扩大思维的空间和选择的空间。“内脑”要少，少了便于减少决策的成本，提高决策的效率。我们知道，决策的时效性是极为重要的。一个即使方向和方案都正确的决策，只要错过了最佳时机，也是一张发黄的废纸。

这里的多与少都是相对的。“外脑”也不是越多越好。太多的外脑不仅增大决策的成本，而且延误决策的时机。“内脑”也不是越少越好。太少的内脑会造成决策专断。

“外脑”会“放”，“内脑”会“收”。

在思维方式上“外脑”与“内脑”有着显著的不同。一般说来，“外脑”的思维是发散的，是放射的，是打开思维空间的，是多向思维的。“内脑”的思维是收敛的，聚合的，是始终指向领导意图、指向决策目标的。思维的发散性是与“谋”联在一起的，而思维的收敛性则是与“断”联在一起的。

“外脑”为辅，“内脑”为主。

在整个决策过程中“外脑”与“内脑”分工不同，作用也就不同。“外脑”是出谋的，是起辅助作用的；“内脑”是决断的，是起主要作用的。我们这里所说的“主”与“辅”是从责任上讲的。“内脑”要对决策承担责任，而“外脑”对决策的失误是可以不承担责任的。有鉴于此，“内脑”必须下功夫提高自身的能力和素质，以保证决策质量的提高。

对上是"外脑"，对下是"内脑"。

内脑与外脑的区分是相对的。一个领导者面对上级扮演着"外脑"的角色，他为上级领导的决策出谋划策，起一种参与的作用，辅助的作用。同一位领导者当他面对下级时则扮演着"内脑"的角色，他要在各种思路各种方案的基础上选择定案，起一种决断的作用，主角的作用。

【毛泽东是如何使用"外脑"的】

"小淮海战役"到"大淮海战役"

正当辽沈战役节节胜利之时，毛泽东和中央军委又及时布置了淮海战役。淮海战役的最初提出者是粟裕。

1948年9月24日，济南战役结束的第二天，粟裕致电中共中央军委和毛泽东，明确建议华北野战军在济南战役结束后乘敌人两淮兵力空虚之机，应迅速发起以攻克两淮、海州及连云港为目标的淮海战役。

粟裕的建议很快得到毛泽东的称赞和中央军委的认可，认为"淮海战役，甚为必要"。

10月11日，毛泽东就淮海战役的具体部署致电粟裕，"本战役第一阶段的重点是集中兵力歼灭黄伯韬兵团，完成中间突破"。

当时蒋介石在徐州一带集结80万精锐部队，妄图守住徐州这个兵家必争之地，以确保南京的安全。根据这一情况，毛泽东定下的策略是"中间突破，打其一部"，促使敌人重新调整部署，而我军就可以利用敌人调兵之机，对其进行有重点的分割包围，达到各个歼灭的目的。

其时，黄伯韬兵团位于徐州东侧新安镇一带。打黄伯韬对我军极为有利。因为击破黄伯韬就等于斩断徐州右翼，就可使敌人的一点两线的计划破产，就可以把苏北解放区和山东解放区联成一片，这样对整个淮海战役极为有利。

为达此目的，毛泽东认为应调集华东野战军 5 至 6 个纵队担任阻援和打援任务，以 6 至 7 个纵队分割歼灭黄伯韬兵团。换言之，保证以我两个军对敌一个师的绝对优势来达到歼灭黄伯韬兵团的战略任务。

毛泽东在陕北朱官寨窑洞查看军事地图，部署人民解放军的战略进攻。

需要指出的是，此时毛泽东筹划的淮海战役还是"小淮海战役"，只是以歼敌十几个旅为目的的一个战役。考虑到"小淮海战役"也比济南战役、豫东战役规模大，要确保取得战役胜利，所以需要中原野战军在战略、战役上的配合。中原野战军攻克洛阳、郑州和开封之后，按照毛泽东的命令挥师东进徐州。

10月31日，粟裕向毛泽东再次郑重建议，鉴于"此次战役规模很大，请陈军长、邓政委统一指挥。毛泽东经过认真考虑，再一次接受粟裕建议，决定淮海战役"统一受陈、邓指挥"。这样就形成了华东野战军的中原野战军联合作战的新格局。毛泽东说"两个野战军联合在一起，就不是增加一倍力量，而是增加好几倍的力量。"

11月6日，淮海战役正式打响，我军节节胜利。为保证决战的最后胜利，中央军委和毛泽东决定，由刘伯承、陈毅、邓小平、粟裕和谭震林组成总前委，邓小平为书记，临机处置一切。

淮海战役也由原定打淮阴、淮安、海州、连云港，歼灭黄伯韬等部十几个旅，发展为以徐州为中心，东起连云港，西至商丘，南到蚌埠，北至临城的广阔战场上，同蒋介石最强大的战略集团展开的一场大决战。"小淮海战役"变成了"大淮海战役"。

1949年1月10日，将突围至徐州西南的杜聿明集团全歼，从而最后赢得了歼敌55万的决定性胜利。

淮海战役由"小"变"大"是毛泽东和中央军委顺应时势的正确决策。从中我们可以看到毛泽东在决策时虚心纳谏的优秀品质。从淮海战役开始之前一直到结束之后，粟裕多次向毛泽东和中央军委提出建议，而且大多被采纳。

粟裕是一位从普通士兵成长起来的指挥兵，他身经百战，经验丰富，所以能够帮助毛泽东出很多好的主意。

1948年1月，中央军委电示粟裕打过长江，要求他"熟筹见复"。粟裕经过"熟筹"却提出了相反的意见。他分析了盘踞在中原地区的国民党四个主力军的具体情况，认为我军渡江南下，不一定能达到吸引敌军主力回防江南，减轻我中原野战军压力之目的。相反，若我十万大军过江，则减少了中原我军的力量。倒不如利用中原解放区逐渐巩固的形势，集中兵力大量歼灭敌人，从而改变整个战局。

毛泽东对粟裕这一建议极为重视，于 1948 年 5 月 5 日召集中央书记处全体成员听取粟裕的汇报，并决定采纳粟裕的建议。前已所述，粟裕又提出在济南战役之后进行淮海战役的一系列建议。所以在淮海战役的重大战略决策中，粟裕这个"外脑"发挥了很重要的作用。

不拘一格用"外脑"

在延安时期，"精兵简政"这一重大建议最初就是由党外人士李鼎铭先生提出来，后被毛泽东所正式采纳的。党外人士黄炎培先生提出的"周期律"也引起了毛泽东的认真思考，为毛泽东的决策所借鉴。

在延安时期，毛泽东对著名的"五老"都非常尊重。在给他写信的时候，与他们面谈的时候，总是以晚辈的口气向他们致意，以非常谦虚的态度同他们商量问题，征求他们的建议，听取他们的意见。

1941 年，毛泽东写信给谢觉哉，就财经建设的基本方针提出了一些自己的看法。随即说明，如你及林老觉得有错误，就丝毫不要客气，一一指正，以归一是。

毛泽东在决策时借助外脑是随时随地的，是不拘一格的。外脑的"谋"可以是粗略的设想，也可以是详尽的计划；充当"外脑"的人可以是士兵，也可以是将军；可以是党外人士，也可以是党内人士。

1941 年和 1942 年我抗日根据地处于最艰苦困难的时期，陕甘宁边区的财政困难尤为突出。1941 年 11 月，陕甘宁边区第二届参议会在延安大礼堂隆重召开。会议召开期间，毛泽东总是到会，坐在议员中间，听取大家对党和政府的批评意见。

党外人士李鼎铭先生先后提出了几个提案，其中最重要的就是前面提到的"精兵简政"的提案。提案的内容是，为了更好地完成抗日救国大业，兵要精，政要简，行政机构要以质胜量，提高工作效率。并指出，军事政治必须以经济力量为基础。

尽管当时有许多人反对李先生的提案，但毛泽东对此提案十分重视，一字一句地抄在自己的笔记本上。毛泽东的批语是，这个办法很好，恰恰是改变我们的机关主义、官僚主义、形式主义的对症药。

毛泽东在会议上发了言。他说，我们是为人民服务的，不论谁提出的意见，只要对人民有好处，我们就照办。后来，不仅陕甘宁边区实行了精兵简政的政策，而且党所领导的各个抗日根据地也实行了这一政策。"精兵简政"的决策减轻了人民群众的负担，为度过抗战最艰难的岁月，坚持持久抗战，发挥了重要作用。

【跟毛泽东学使用"外脑"】

"用外脑"与用人的结合

毛泽东在使用"外脑"时不仅与领导决策结合起来，而且与领导用人结合起来。在淮海战役的重大决策中，不仅多次采纳了"外脑"粟裕的建议，而且先后任命粟裕为华东野战军代总司令和前敌委员会委员。

让"外脑"参与决策，再让"外脑"执行决策。在参与决策和执行决策的过程中，"外脑"成熟了起来，慢慢地"外脑"在一定程度上也变成了"内脑"。可见，"用外脑"与"用人"相结合是毛泽东培养干部的一个有效途径。

"用外脑"要出以公心

毛泽东虚怀若谷，从谏如流。不管是谁，只要你说的对，对人民有好处，对决策有好处，就采讷你的意思。

跟着毛泽东学使用"外脑"，重要的一点是要出以公心。决策时不是只想着"内脑"的意愿，只想着自身的利益，而应该想到人民群众的利益，想到决策实施的结果是否有利于人民群众。

善于对"外脑"的主意进行加工

外脑的主意有时是零散的，不系统的，但毛泽东却能把它们加工成集中的系统的意见。当粟裕在济南战役后建议迅速发起以攻克淮阴、淮安、海州、连云港为目标的淮海战役后，毛泽东对此建议进行认真思考，系统加工，而不是被动地原样的采纳。为确保"中间突破，打其一部"策略的实现，为确保集中优势兵力歼灭黄伯韬兵团，毛泽东的决策是调集中原野战军在战略、战役上的配合。这样以来，毛泽东的决策就远远超过了粟裕建议的内容。

兼听则明，偏听则暗。

毛泽东在决策时善于借助多个"外脑"，既有普通群众，也有领导干部；既有党外人士，也有党内同志。"外脑"多了，代表性就提高了，方方面面的意见、建议就有可能反映到决策内容中去了。

毛泽东深知兼听则明、偏听则暗的道理，所以一直强调领导决策要走群众路线，要从群众中来，到群众中去。善于借用"外脑"与走群众路线不仅不是矛盾的，而且是内在一致的。

跟毛泽东学决策艺术

> 毛泽东有着高超的决策艺术，其中最突出的是决策深谋远虑，明确大目标；将原则性和灵活性巧妙结合；全方位多层次考虑决策，善于系统思维；审时度势，抓住有利时机；关键时刻，力排众议，敢于负责……

【领导与决策艺术】

毛泽东讲过，领导者的职责概括起来主要是两件大事，一是"出主意"，二是"用干部"。这里所讲的"出主意"就是今天所说的决策。

所谓领导决策，就是领导者在被领导者的参与下对组织未来行动的目标途径所作出的选择和决定。决策的重点是选择，选择一个目标，一个途径，一个策略等等。

决策既是科学又是艺术

对错综复杂的事物作出选择和判断既是一门严谨的科学，

又是一门精妙的艺术。对决策问题进行定量分析，对各个备选方案进行比较权衡，就离不开逻辑推理，离不开各种数理方法和科学方法的运用。但是过分的定量分析和科学化，可能大大延误决策的时机。一旦错过时机，理论上完美无缺的决策也是没有任何用处的。

一方面客观事物很难完全定量化，另一方面决策者的理性分析也是有局限的，所以追求完全理性的十全十美的"最优决策"就让位于有限理性的"满意决策"了。满意决策面对现实，承认限制，既使用定量的方法，又使用定性的方法，尤其是善于使用决策艺术。

决策艺术是决策方法的创造性的运用

决策艺术并不是完全经验的。相反，决策艺术是科学的决策方法熟练的运用，富有个性的运用，创造性的运用。同一个决策方法，不同的决策者在不同的决策环境中，面对不同的决策对象时就会有不同的决策艺术。

决策艺术重在选择

领导工作的重点是决策，决策艺术的重点是选择。要选择首先要打开选择空间，要多思路、多角度、多方案的选择。其次选择要有选择的标准，标准不能一个，而多个标准要排优先序。第三选择的形式要灵活，才能体现决策艺术的特点。选择可以是"多中选一"也可以是"合多为一"，可以是"另起炉灶"换一个方案，也可以是"暂不选择"，等待适当的时机。有时候，暂不选择也许是最明智的选择。

决策艺术要"四问四答"

领导决策的艺术要回答四个问题。一问为什么要做这个决策？决策的目的是什么？价值是什么？最后实施的结果是什么？二问未来要干什么？三问如何去干？四问如何去变，去应变？

回答第一个问题便找到了决策的目的，回答第二个问题便找到了决策的目标，回答第三个问题找到的是达到目标的途径，回答第四个问题找到的是应付变化的对策。

一般说来，目的和目标是刚性的，而途径和对策则是柔性的，领导决策时综合考虑以上四个问题就容易做到刚柔相济，就容易做到原则性与创造性的统一。一旦做到这一点，决策者就初步进入了决策艺术的境界。

【毛泽东是如何决策的】

拿延安换取全中国

1947 年，全国解放战争进入第二个年头。蒋介石在华北、华东和东北战场上丢了 71 万人马，于是将"全面进攻"的策略改为"重点进攻"。其中，延安就是蒋军重点进攻的对象。

蒋介石调集了胡宗南、马步芳的 23 万兵力，企图以绝对优势一举消灭西北解放军，夺取延安。当时我军在陕甘宁边区的部队只有 2.5 万人，与国民党的兵力正好是 1：10。

延安是抗日战争胜利的象征，是中共中央的所在地，是全国人民瞩目的地方。敌强我弱，形势险峻。延安是撤是守？难题摆在了中国共产党决策者的面前，摆在了毛泽东的面前。

当时，人民解放军的力量已经壮大，在各个战场上又处于优势。再说，人心在共产党一边，人民群众衷心拥护共产党。野战军和地方军投入练兵热潮，民兵和群众也积极参军参战，广大军民严阵以待，誓死保卫延安，保卫党中央，坚决不让国民党占领延安一寸土地。

毛泽东理解广大军民的想法和心情，但是他的思考要比一般人深入得多，他得出的结论也与众不同。换言之，他的决策艺术更有创造性。毛泽东毅然做出的决策是：全部撤出延安，留空城一座。

当然对于这一决策很多战士和群众想不通，一些干部也想不通。毛泽东是这样解释他的决策的：将欲取之，必先与之。只有我军暂撤延安，诱敌深入，让敌人多占一点地方，多背上几个包袱，我们才能轻装上阵，在运动战中寻找机会歼灭敌人。

毛泽东认为，蒋介石、胡宗南来进攻延安，我们是要跟他们拼，但拼要有个拼法，既有敢于拼，又要善于拼。敌人的军队多，我们的兵力少，硬拼是要吃亏的。为了保存力量，我们应该暂时撤离延安。我们暂时撤离延安，就是让敌人把包袱背上。包袱背得越多就越走不动，到那时我军则更主动，就能大量地消灭敌人。

蒋介石进攻延安是为了抢地盘，我们就给他地盘。我们打仗是俘虏他的兵，缴获他的装备，消灭他的有生力量，来壮大自己。毛泽东的决策艺术高明就高明在决策的目的明确，他知道抓最重要的东西，而且很有策略，很有灵活性。毛泽东在给干部战士做思想工作时说，暂时放弃延安无损于解放战争的整个大局。现在敌人拼命地要我们的延安，可以，我们奉送几眼窑洞，是暂时的，只要我们大量地消灭敌人的有生力量，这就意味着将来我们要解放西安，解放南京，解放全中国。大家肯定会同意，拿延安换取全中国合算。

1947 年 3 月 18 日，在彭德怀的再三催促下，毛泽东吃完晚饭，离开了延安。3 月 19 日，胡宗南"占领"了延安这座空城。但毛泽东一直没有离开陕北，一直在陕北指挥广大军民战斗。1948 年 4 月 22 日，是一个永远值得纪念的日子。毛泽东用兵真如神，这一天，延安按着毛泽东的预料又回到了人民的手中。

重庆谈判的抉择

毛泽东的决策非常重视原则的坚定性、严肃性，也特别重视策略的灵活性和创造性，并且能把二者有机地结合起来。正因为如此，所以毛泽东的决策更具有艺术特色。

1945 年 8 月，日本侵略者宣布无条件投降，抗日战争胜利结束。然而蒋介石却企图抢占人民抗日胜利的果实，在美国支持下，积极准备发动内战，消灭共产党，继续维持国民党一党专政的法西斯统治。

蒋介石积极发动内战，但摄于国内外要求实现和平民主的强大政治压力，也为了争取时间把国民党军队由后方调至前线，于是大打"和谈"的幌子，玩弄假和平的诡计，从 8 月 14 日至 23 日，三次电邀毛泽东赴重庆直接举行谈判。

重庆谈判，去还是不去？派谁前往？什么时候前往？若去又谈什么？怎么谈？这一系列问题急待毛泽东和党中央抉择。

有的人认为，毛泽东是党中央的主席，从安全考虑，不能亲自去重庆。有的人认为，蒋介石根本没有和平的诚意，重庆谈判不会有什么结果，去了也没什么用。

毛泽东的决策是以和平、民主为原则的，是以人民的利益和愿望为原则的。毛泽东认为，为了尽一切可能争取和平，阻止和推迟内战的爆发，揭穿蒋介石假和平、真内战的反动面目，以教育和团结广大人民，我们应该去重庆谈判。我们不去，就中了蒋介石的诡计，蒋介石内心里正是不希望我们去，他可以借此说我们拒绝和平，以便他发动战争。正由于以上原因，我们不仅应该去，而且必须去。

毛泽东赴重庆谈判不仅显示了一个领袖的胆略、气魄和大无畏的气概，更显示了在革命紧要关头决策的原则性和灵活性。

"针锋相对"是原则性，也是灵活性。毛泽东讲，针锋相对，要看形势。有时候不去谈是针锋相对，有时候去谈，也是针锋相对。从前不去谈是对的，这次去也是对的，都是针锋相对。

为了打破僵局，促成国共和谈达成协议，就必须在谈判中把原则性和灵活性巧妙地结合起来。毛泽东认为，可以在不损害人民基本利益的原则下作一些让步的妥协，尽最大努力争取和平民主。比如，在关于人民军队和解放区民主政权等问题上作了一些必要的让步，提出国共双方军队整编的比例由 5：1 改为中共军队只占全国军队的 1/7，并答应将广东、浙江、苏南、皖南、皖中、湖北、河南（豫北除外）等省区的人民军队撤往苏北、皖北等地。毛泽东在重庆谈判中的这一灵活举措粉碎了国民党反动派的造谣污蔑，揭穿了国民党反动派的内战阴谋，赢得了全国人民包括各民主党派的热烈赞同和支持。

经过反复的谈判，斗智斗勇，蒋介石被迫在《国共双方会谈纪要》上签字，承认和平团结的大政方针。国民党再发动内战就在全国和全世界面前完全输了理，我们共产党就完全有理由采取自卫战争来粉碎蒋介石的进攻。

【跟毛泽东学决策艺术】

　　毛泽东的决策艺术十分高明，有很多东西值得我们学习。其中最突出的几条是：第一，领导决策要深谋远虑，明确大目标；第二，原则性和灵活性巧妙地结合起来；第三，全方位多层次考虑决策问题，善于系统思维；第四，审时度势，抓住有利时机；第五，关键时刻，力排众议，敢于负责。

决策的大目标一定要明确

　　毛泽东之所以暂时撤离延安，是为了达到"换取全中国"这一决策的大目标。若只计较于眼前的几眼窑洞，几块土地，背着一个一个的包袱就不可能主动地歼灭敌人，就不可能达到决策的大目标。

　　一个领导干部只有像毛泽东那样，站得高才能看得远，深谋远虑才能够寻求并实现决策的大目标。为了实现大目标，必要的成本是要付出的。

原则性与灵活性相结合

　　毛泽东决策任何时候都是坚持原则不动摇的，但在坚持原则的前提下又十分灵活，善于妥协，富有创造性。在重庆谈判时一方面针锋相对，寸步不让，另一方面在坚持原则、不违背人民基本利益的前提下，在人民军队的数量及解放区的民主政权建设方面都作出了必要的妥协。

　　在用延安换取全中国的战略决策中，毛泽东认为，要集中兵力，打运动战，打主动仗。一切事情都从实际出发，看菜吃饭，量体裁衣，有什么本钱就打什么仗。我们部队的装配和数量不如敌人，因此就应该先打弱敌，后打强敌；先打分散孤立的敌人，后打集中强大的敌人。可见，没有灵活性，原则性也就落空了；没有原则性，灵活性就没用了。

领导决策要善于系统思维

毛泽东的决策艺术体现了系统思维的特点。他分析问题总是有一种用"大"看"小"的全局观念、整体观念，考虑到与决策问题相关的方方面面的因素，方方面面的联系，方方面面的影响。系统思维的另一层涵义是用"长"看"短"，面向未来看现在，用长远的观点和发展的观点去看眼前的问题和现实的问题。再之，系统思维要"正""负"兼顾，既看到问题有利的一面，又要看到不利的一面，尤其是看到不利转为有利的一面。在撤离延安以后，有很多干部包括中央领导同志考虑到安全因素建议毛泽东和党中央离开陕北，但毛泽东却坚决不过黄河，坚决不离开陕北。他的考虑是，留在陕北与广大军民共同战斗，既能鼓舞广大军民斗志，增强必胜信心，又能牵扯敌人的力量，这是"正"的一面。至于留在陕北有一定的危险，毛泽东是清楚的，这是"负"的一面。为了化解这"负"的一面的风险，毛泽东及时作出决策，由刘少奇、朱德为首组成中央工作委员会，到河北平山工作；毛泽东、周恩来、任弼时为首组成中央前敌委员会，留在陕北指挥作战。同时还成立一个中央后方委员后，这种兵分三路的策略是非常高明的。

审时度势，抓住有利时机

审时度势，抓住有利时机决策是一个领导干部成熟的标志之一。制定决策要及时，实施决策仍要及时。在重庆谈判时毛泽东根据事态的发展，根据蒋介石的言行，随时调整自己的策略，确保自己在谈判中的有利地位。

抗日战争胜利之前，毛泽东审时度势，提出了争取东北的战略意义。他认为，从中国革命的最近和将来的前途看，如果我们把现在的一切根据地都丢了，只要有了东北，那么中国革命仍然有巩固的基础。因此应加强在东北的地下工作，并且要加紧团结流亡到关内的东北人民，随时准备收复失地。战略上阐述清楚以后，关键是寻找进军东北的最佳时机。

1945年8月9日，根据雅尔塔会议精神，根据莫斯科同国民党签订的《中苏友好同盟条约》，苏联百万红军和太平洋舰队分三路进入东北。毛泽东马上意识到进军东北的时机来了。由于苏联受中苏友好条约的限制，要把东北交给国民党政府管理，为了抓住机会，毛泽东又果断决策：部队待命，干部先行。事不宜迟，一支1500余人的干部队伍向东北地区进发了，而且又迅速成立了以彭真为书记的中共中央东北局。

在重庆谈判期间，刘少奇致电毛泽东，提出"向北发展，向南防御"的思路，得到毛泽东的认同。于是，一方面毛泽东在重庆宣布作出重大让步，另一方面把南方的公开退却和北方的秘密战略进攻巧妙地结合起来。9月我军配合苏军解放了热河、辽宁全省和黑龙江、吉林两省的西部和南部，先后接管了一些重要城市，成立了民主政府，很快打开了东北的局面。

力排众议，敢于负责

毛泽东决策有时是虚心听取同事和下级的意见，有时则力排众议，坚持自己的主张。撤离延安之后，中央大多数同志都是倾向于离开陕北的。但毛泽东自有自己的主见，坚决不离开陕北。后来，他说服了其他同志，大家统一了认识。事实证明毛泽东的决策是正确的。

　　每当毛泽东力排众议时总是深思熟虑的。他有丰富的决策经验，又有敏锐的直觉；有对决策问题透彻的分析，又有胆略和气魄，所以总能说服他人，总能决策成功。

跟毛泽东学决策实施

> 毛泽东的决策站得高，看得远，而且把决策的制定和实施统筹考虑。在指挥决策的时候计划性很强，环环紧扣，就好像完全按照原先设计的路线前进一样，令人称奇……

【领导与决策实施】

领导决策是一个过程，它包括决策的制定、实施和修正等多个阶段。如果只重视决策的制定，而忽视决策的实施和修正，那么决策通常是无效的。

领导决策要被实施者所认同

一个决策最后的效果取决于三大因素的综合作用，一是决策本身的质量，二是被实施者认同的程度，三是实施决策的时机。假如有一个决策，从理论上看无可挑剔，但是没有一定的解释，缺少必要的沟通和激励，实施者对决策一点也不认同，那么可想而知，这个决策是无法实施的。即使实施下去效果也不会好的。

领导决策要及时实施

邓小平同志讲过，决策要及时，机遇要抓住。一个好的决策不仅要及时制定，而且要及时实施。错过时机，再好的决策也是无用的。尤其是进入 21 世纪以后，我们处于一个大变革的时期，领导决策更应该预测变革，适应变革，及时地制定和实施决策，推动变革朝着有利的方向发展。

实施决策要有计划

实施决策是一个系统过程。为了提高实施决策的效率，一定要有一个严密的计划，以便更好地配置各种资源。实施决策的计划包括实施决策的目标以及分解的子目标，实施决策的若干个阶段和步骤，大致的时间安排，人力安排，资金安排，物的安排，具体由谁负责等等。实施决策的计划要具体明确，具有很强的可操作性。最后，对实施计划的落实情况要进行监督检查。

实施决策要有组织保证

实施决策要建立必要的组织机构，要配备合适的人员，形成一个能胜任实施任务的工作团队。毛泽东把领导者的职责概括为两件大事，实在很有道理。一是"出主意"，主要指领导决策的制定，二是"用干部"，主要指领导决策的实施。

如何实施决策？如何创造性地实施决策？这本身就是一个二次决策、三次决策的问题。为了提高决策实施的效率，领导者要充分授权，让实施决策的人有足够的自主权去处置遇到的问题。

【毛泽东的决策实施】

环环紧扣见真功

在解放战争进入第三个年头之后，毛泽东分析了战争形势，毅然决然抓住战略决战的时机，亲自组织和指挥了震惊中外的辽沈、淮海和平津三大战役。

选择东北为战略决战的首战方向是毛泽东经过科学分析后所作出的正确决策。在具体指挥辽沈战役时，毛泽东按照将蒋介石军队封闭在东北加以各个歼灭的构想，一方面要求我军打前所未有的大歼灭战，另一方面又命令我军避免打很大规模的大歼灭战，每次歼敌不超过一两个整编师，以免引起东北的敌军退缩增援，从而抑留敌军，把他们最终聚歼在东北战场上。

正当辽沈战役方兴未艾之时，毛泽东又及时部署指挥了淮海战役。首先采取"中间突破"的策略围歼黄伯韬兵团，切断敌人的海上通道，为第二、第三阶段分批歼敌创造了有利条件。接着又歼灭黄维兵团和杜聿明兵团，取得了中原决战的伟大胜利。

辽沈战役和淮海战役高歌猛奏之际，毛泽东又命令东北野战军快速提前入关，配合华北野战军发起平津战役。毛泽东命令华北部队对新保安之战暂不要打，与华东战场延缓对杜聿明残部的最后歼灭相配合，先稳住敌人，完成战略包围和战役分割，使华北敌军完全陷入收不能拢、逃无出路的绝境。华北敌军被我解放军斩头去尾、分段歼灭。最后，在我重兵围困之下北平得以和平解放。

通过三大战役，我军先后歼敌正规军144个师，非正规军

29 个师，共 154 万人，取得了战略决战的伟大胜利。毛泽东在指挥战略决战时正确处理了三大战役的配合和衔接，环环紧扣，体现了高超的制定决策和实施决策的艺术。

关键是让群众接受决策

毛泽东一生注重疏通引导，注重以理服人，注重激励鼓舞，注重思想政治工作。之所以注重这些工作，是为了让群众接受他的决策，理解他的决策，从而自觉地实施他的决策。

在延安时期我党我军遇到了极大的困难。毛泽东在谈到当时情景时说，那时曾弄到几乎没衣穿，没有油吃，工作人员在冬天没有被盖的地步。国民党用停发经费和经济封锁来对付我们，企图把我们困死。我们的困难真是大极了。

怎么样才能渡过难关呢？毛泽东从 1938 年底到 1939 年上半年在许多会议许多场合反复讲这个问题。他说道："我们来陕北是干什么的呢？是干革命的。现在日本帝国主义和国民党顽固派要困死、饿死我们，怎么办？我看有三个方法：一是革命革不下去了，那就不革命了，大家解散回家。二是不愿解散，又无办法，大家等着饿死。三靠我们自己的两只手，自力更生，发展生产，大家共同克服困难。我们用哪个办法呢？"大家都回答用第三种办法。

1939 年 2 月初，在中共中央召开的生产动员大会上，毛泽东代表党中央发出了"自己动手，丰衣足食"的号召。他说："饿死呢？解散呢？还是自己动手呢？饿死是没有一个人赞成的，解散也是没有一个人赞成的，还是自己动手吧！"一场边区军民大生产的运动就这样轰轰烈烈地展开了，一个伟大的决策就这样顺利地实施了。

【跟毛泽东学决策实施】

把实施决策与用人结合起来

毛泽东的每一个重大决策的实施都与使用干部和培养干部结合起来。比如延安大生产运动中对王震的使用，在淮海战役中对粟裕的培养和使用等等。在实施决策的过程中要抓骨干，让骨干去干。

把实施决策与激励鼓舞结合起来

在延安大生产运动中，毛泽东在杨家岭自己所住窑洞对面的山沟里，亲手开垦了一块长条形的耕地，并且种上了辣椒和西红柿。一有空，他就去浇水、施肥、拔草。这种以身作则的精神对边区军民是个很大的鼓舞。

毛泽东说："饿死呢？解散呢？还是自己动手呢？"这对边区人民也是一个极大的激励。谁也不愿饿死，谁也不愿解散，那么自己动手吧，等待我们的是丰衣足食。一下子就把大家的积极动机激发了出来，把斗志和激情鼓舞了起来。

实施决策要有系统的安排

为了延安大生产运动切实有效，毛泽东规定了"发展经济，保障供给"的总方针。为了贯彻这一总方针，又制定了领导生产的具体方针和办法：必须实行"自力更生"和"公私兼顾"、"军民兼顾"的方针；必须在生产和供给上采取"统一领导，分散经营"的方针；必须以发展农业为主，实行"组织起来"和"减租减息"的方针；在生产和消费的关系上，实行努力生产、厉行节约的方针；在上下关系上，实行统一领导、分散经营的方针；在组织生产的活动中，实行合作互助、开展生产竞赛、奖励劳动英雄的方针。在如此周密系统的安排下，延安的大生产运动富有成效地开展起来了。

在实施决策的过程中，一定要有个周密的计划，一定要注意到各个环节的衔接，各个阶段的接应，注意到内部各个部门的协调和合作，注意到工作的节奏和秩序，注意到上下左右的密切配合。

根据实施中所遇到的问题及时调整决策

决策不是一成不变的。只有决策的实施才能检验决策本身正确与否。要根据实施决策过程中反馈的信息及时对决策进行修正和调整。比如，根据淮海战役需要中原野战军的配合，就调整原来"小淮海战役"的思路，及时组成总前委，对华东野战军和中原野战军进行统一指挥，"小淮海战役"的决策就演变为"大淮海战役"的决策。

[illegible]

[illegible]

[illegible]

第三章
跟毛泽东学知人善任

·任凭风浪起，稳坐钓鱼船·

跟毛泽东学识人

> 识别人，自古以来都是非常困难的。看准人，并妥善用之，则大事可成；反之，则一事无成。关于这点，毛泽东的见解颇可学习。他说：必须要善于识别干部，不但要看干部的一时一事，而且要看干部的全部历史和全部工作，这是识别干部的主要方法。……

【领导与识人】

"何代无贤，但患遗而不知耳"，是唐太宗继帝位后与右仆射封德彝对话中的一句。这句话的意思是，每一个时代都有贤才，关键在于知。而知贤才，首先要能识别。但是，识别人这一工作，自古以来都是非常困难的。人之所以不同于其他动物，在于他的复杂性。人的智商、情商以及在实践中的选择能力，其他的动物是无法比拟的。实践证明，看准人，并加以妥善使用，事业则无往而不利；看不准人，就会用人不当，即使再好的事情也会导致一塌糊涂。

　　在识人问题上的复杂性和困难性是客观的，不依人的意志为转移的，因此，促使人们去思考和探讨识人的标准和原则是必要的，不可回避的。

　　关于识人难的问题一直困扰着领导们，针对这一问题，白居易曾在他的《放言五首并序》的第三首中做了这样的描述，他写到："赠君一法决狐疑，不用钻龟与祝蓍。试玉要烧三日满，辨材须待七年期。周公恐惧流言日，王莽谦恭未篡时。向使当初身便死，一生真伪复谁知。"这首诗的大意是说，识别人才的优劣、好坏，是非常不容易的，得经过长期的观察和多次的实践考验。就如同鉴别一块玉要用火烧三天，经过三天的火烧，这块玉还不热，那它便是真的；分辨一棵树是不是乔木，得需要等待七年时间；一个人的好与坏，真与伪，忠与奸，不能凭一时一事，也不能凭某些人的某些评断，而是要看他的整个过程。就好象周公和王莽一样，假如周公摄政时，王莽未篡位时就死了，那么他们一生的真伪又有谁会知道呢？可见识别一个人，它不但是复杂的，而且还需经过长期的观察和考验。

　　识别人难是公认的，但是人并不是不可识别的，只要我们有一定的识人的标准和原则，在此基础上我们就可以形成一套方法。从根本上讲，这一准则主要在德才两个方面。德是指个人人品、伦理道德和政治品德。在这里坚持正确的政治方向是首要的，根本的。才指才智、才华、才干，等等。德才是识人的依据。在领导工作中，两者辩证统一，无德，则不能服众，无才则不能领导其所属人员做好工作。只有德才兼备，才能率众完成其所肩负的任务。

　　以德才兼备作为知人善任的标准，是中国文化的结晶。落实到识人方面，在我国古代有许多精辟的论述。三国时代蜀国的丞相诸葛亮在《前出师表》中就提出"亲贤臣，远小人"，这对兴亡有至关重要的意义。他借此对汉朝进行了概括，并指出，先汉时期之所以兴隆，是因为"亲贤臣，远小人。"后汉之所以倾颓，是因为"亲小人，远贤臣。"后来在《便宜十六策》中又进一步指出："治国之道，务在举贤。若夫国危不治，民不安居，此失贤之过也。"在唐朝有个大臣叫魏征，他把识人与行结合起来，主张才行兼备。他提出要识人，要审查这个人的行为，作到知其善始用之。他说乱世用人，可不顾其行，但在"丧乱既平，则非才行兼备不可用也。"这也明确地提出了德才兼备的标准。宋代政治家司马光在前人的基础上又提出"才者德之资，德者才之帅"的主张，这对后来的人，都产生过一定的影响。

从历史上看，凡按此原则识人并加以使用的，这样的群体都有过一番业绩。诸葛亮不但有知人的思想，而且在实践中也把这一思想充分地体现了出来。其中对待蒋琬就是一例。刘备率大军入蜀初期，蒋琬是干都的县令。有一次刘备下去巡视，见蒋琬酒醉不理政事，大怒之下就要杀他。诸葛亮非常了解这个人，替他讲情，说：蒋琬这个人，是国家的栋梁之才，非常难得，他为政以安民为本，不大重视粉饰自己。刘备尊重了诸葛亮的意见，没有给他治罪。蒋琬果然不负所说，后来做了不少有益的事情，并被诸葛亮提拔为丞相府长史，诸葛亮每次出征，他都能保障兵粮的供给。因此他被诸葛亮称为"忠雅"之士。诸葛亮临死前，又向刘禅推荐他。蒋琬果然没有被看错。在他执政期间，大公无私，胸襟广阔，善于团结人，能审时度势，使国治民安。

在我国的古代文明中，识人不但有准则，而且还讲究一定的方法。在《论语》中有一句，"今吾于人也，听其言而观其行。"讲的就是识人的方法问题。在《吕氏春秋·论人》篇中有"八观六验和六戚四隐"之说。所谓"八观六验"，用白话文来讲，其大意是，凡要识别一个人，看他在仕途顺利时对什么人示以尊敬；显贵时和什么样的人往来；富有时集什么样的人在他周围；不但要听他说，还要看他怎样做；在他空闲时要看他的爱好是什么；当和他熟悉了之后要看他的言语是否端正；看他穷困时不接触什么；贫贱时看他不做什么；当他高兴时看他是否失态；快乐时看他有什么不正之举；发怒时看他是否能自我克制；恐惧时看他能否自持；悲哀时看他能否自制；困苦时看他志向是否坚定。所谓"六戚"，是指他的父母兄弟妻子。"四隐"是指他的朋友、故旧、邻里和左右之人。一个人如果爱他的父母兄弟妻子，说明他是一个有情有义的人，如果他真诚地善待他的朋友、故旧、邻里和左右之人，说明他能尊敬和爱护别人。所以用八观六验加上六戚四隐的方法对人的真伪、善恶进行考察，就没有看不清的了。这段话在古代文化中，是比较全面地总结了考察、识人的方法。

诸葛亮在他的《知人性》中也提出了七条知人之法。他着重从具体的境况中考察人的志、变、识、勇、性、廉、信，在此基础上来确定他是什么人，属于哪类的人。这七条之法的大意是：故意把事理的对错搞混淆让他处置，以察看他的志向；用辞辩困窘他，以观他的应变能力；向他询问计谋而察看他的见识；告他祸害、危难而看他是否能知难而进、见义勇为；故意让他吃醉酒看他的性情；用利引诱他，看他是否廉洁；和他约定事情而察看他是否诚实、守信。

识人是实践的艺术，也是人们不断思考的课题。对古代的识人之道，我们可以概括为以下几个方面，一是识人的准则，即做什么都要有规矩，无规矩则不成方圆，有了准则，对识人才有所遵循的标准。识人的准则主要有两条，一条是德，另一条是才。二是识人的方法。其主要包括以下三点，第一，用历史的方法识人，即看一个人，要把他同过去联系起来；第二，把一个人与一定的环境和在一定的环境中的关系联系起来。第三要与一定的境况联系起来。

【毛泽东是如何识人的】

毛泽东在《中国共产党在民族战争中的地位》一文中指出："必须要善于识别干部，不但要看干部的一时一事，而且要看干部的全部历史和全部工作，这是识别干部的主要方法。"这个方法是马克思主义的辩证唯物论和历史唯物论的具体应用，是中国共产党的事实求是的思想路线的具体体现。它要求客观地、全面地、发展地看待干部。只有全部的历史和全面的工作，才是干部的全部的实际情况，表现着干部的德才的全貌和整个发展过程。以全部历史和全部工作为根本依据，并将其同一时一事联系起来，才能正确地识别干部。识别干部要防止主观片面性，也要避免表面性。不能停留在表面现象上，更不能被某些假象所迷惑，只有这样才能保证识别干部的客观性，并能在实践中用其所长。在民主革命时期，毛泽东正是用这一方法，把很多有才干的干部安排到了恰当的领导岗位。

1928年，朱毛井冈山胜利会师后，接连打了几个胜仗。有一次，攻占了永新城，根据当时的情况，久占该城对红军不利，于是决定撤出。当时驻守永新城里的是红三十一团，它的老底子是秋收起义编组成的工农革命军第一团。一听说要撤出永新城，部队违犯城市政策纪律的事，全都"亮相"了。干部里面，有些人旧军人习气复发，出现了逛窑子的、斗纸牌的、搜俘房腰包发洋财的种种不良现象。在对待工商业者上，他们采取了"一律没收"的行为。商店里的东西乱抓乱拿，连小商小贩的理发挑子，也滴溜当啷地挑出城来了。

面对红军队伍中这一严重情况，毛泽东决定好好地进行整顿。于是派年仅 23 岁的谭政去检查整顿该团的纪律。谭政从苏联归国后，就到井冈山参加革命斗争，并做了毛泽东的秘书，在起草古田会议决议上，他显露出了政治和政策方面的才能，得到了毛泽东的赏识，在这次检查整顿该团的纪律过程中，他做了大量的工作。不久，毛泽东又任年仅 23 岁的谭政担任三十一团的党代表。在他到任前，毛泽东专门找他谈话，讲了政治工作的重要性和做好政治工作的方法，末了，毛泽东似是玩笑，似是鼓励地对他说："谭政，这次可真是谈政喽"。从此，谭政与政治结下了不解之缘。由于谭政表现出较好的政治工作才能，毛泽东又委派他担任红四军的秘书长、政治部训练部长。后来红军到达陕北后，他仍然从事政治工作，并任陕甘宁晋绥联防军副政治委员兼政治部主任等职，建国以后他被任命为总政治部主任。

要从历史中去识人。三湾改编后，毛泽东决定在井冈山建立革命根据地。其中有一项是如何认识袁文才、王佐这两个人，以及如何对待他们两人领导的这两支农民武装的问题。在这个问题上有人主张消灭他们。而毛泽东则不同意这个意见，他认为可以对他们进行团结教育和改造。并对这一见解作了如下分析：第一，这两个部队的成员大多数是贫苦农民出身，在政治上受迫害，在经济上受剥削，对土豪劣绅有着强烈的仇恨；第二他们受过大革命的影响，参加过共产党领导的革命活动，对共产党有认识。第三，他们土生土长，地形熟悉，群众基础好，争取他们对建立根据地和今后开展游击战争具有不可忽视的作用。经过以上的分析，大家的意见得到了统一，认识取得了一致。后经过对他们二人进行教育、说服，他们表示愿意接受党的领导。

善于识人之长，并能用其所长，是毛泽东领导活动的主要特点。古人说："国有三不祥，夫有贤而不知，知而不用，用而不任。"在相当长的一段时间里，毛泽东能够识贤任贤，做到知人善任，发现优秀的人才，并委以重任。例如，安子文在延安整风中，同张鼎丞一起，反对在自己领导的单位搞"抢救运动"，使整风运动的正确方针得到贯彻执行。建国以后，安子文又以严于律己，严格要求自己的"无己"精神而出名。安子文在抗日战争时期就担任了地方党组织的组织部长，实际工作经验丰富。坚持原则，认真负责，以身作则，克己奉公，这对于一个组织工作者来说是最重要的。毛泽东器重安子文的这一特长，在党的七大后，提名他担任中央组织部副部长，在党的八大后，又提名他担任了中央组织部部长。

【跟毛泽东学识人】

美国人卡罗林·威尔斯·霍登编写了一本《世界幽默选》，在《人才》篇中有一段讲，一个政治家对一个哲学家说："聪明人真难找啊！"哲学家说："的确，因为只有聪明人才能了解和发现聪明人。"这句话道出了人才的发现必须有善于发现人才的人。在我国把善于发现人才的人通常比作伯乐。关于伯乐的地位，汉朝政治家桓谭说："得十良马，不如得一伯乐。"唐代大文学家韩愈又做了进一步的论述："世有伯乐，然后有千里马。千里马常有，而伯乐不常有。"这可以说是经验之谈。

事实证明，千里马是常有的，关键是发现他。在生活实践中，一项事业的成功与失败，关键在于能否发现人才和善用人才。

在革命和建设中，毛泽东总结党的干部工作经验，集中全党的智慧，形成了一系列重要的观点。在识人方面为我们提供了经验和方法。这些无疑是领导工作中的宝贵财富。

对毛泽东的识人艺术，要从他的整体中、历史中去把握。

整体是由各个要素构成的有机体。在整体的各要素中，首先要把握它的基本原则，即"德才兼备"。1938 年 10 月，在《中国共产党在民族战争中的地位》等文章中，毛泽东指出，党要领导中国几万万人民进行伟大的革命斗争，必须有计划地培养"多数德才兼备的领导干部"，否则就不能完成自己的任务。德就是要求能坚决地执行党的路线，服从党的纪律，富忠心耿耿地为民族、为阶级、为党而工作。积极肯干，不谋私利。才是要求党的干部要懂得马克思列宁主义，要有一定的知识和理论水平，要有政治远见，有独立的工作能力，能独立解决问题，善于把党的路线方针政策变为群众的行动。

毛泽东批注《资治通鉴》的话：观人观大节，略小故。

其次是，要有识人的方法。这一方法用毛泽东的话来说就

是 "必须要善于识别干部，不但要看干部的一时一事，而且要看干部的全部历史和全部工作，这是识别干部的主要方法。" 这就是说，识人要坚持用全面的、历史的、动态的观点和方法。

只有全面地看人，才能正确地评价人，做到看人从大处着眼，取人的长处，克服他的短处。每个人都有长处和短处，如何辩证地对待长处与短处，做到扬长避短，这不但是科学，而且是艺术。所谓要全面看人，就要对一个人的各个方面进行综合把握。既要考察他的素质情况，如智商和情商；又要了解他的相应的背景情况，如学历、经历、特长、优势和不足等。只有这样才能抓住其本质，发挥其特有的才能。通过全面认识去识一个人，其目的就是发现其专长加以使用。

要历史地看人有两个层次的含义，一是，识人的特长在不同的历史时期有不同的侧重。如在战争时期，所侧重的才主要是能打仗，善于作思想政治工作；而在建设时期的才，毛泽东则强调干部要学会搞经济工作，学习文化科学技术，做到 "又红又专。" 二是，把一个人的历史情况和现实表现结合起来观察。历史对现实具有重要的参考价值，这是公认的道理。对一个人的历史进行考察，来认识他的现在，其意义在于防止就一时一事下武断的结论，导致误用一个人或浪费一个人才。

动态的观点就是要求从联系的、发展的观点看问题，在实践中把握问题。就识人来讲，不能用静态的方法，要用动态的方法。因为世界在变化，人也在变。对变化中的人要在实践中不断地对他进行考察，及时地加以培养和教育，做到升降有度。只有这样才能在用人的过程中识之以德才，用之以诚，纠之以法，赏功罚罪，使之向上，不敢为非。所以，认识一个人，不要凭一时一事，而要从历史上、一定的环境中进行全面考察，综合分析，运用辩证的、发展的眼光去看问题，以避免识人过程中的片面性。

识人虽难，但只要我们掌握了一定的原则和方法，并有一定的相应程序相配合，识人的难也就迎刃而解了。识别干部是选拔和使用干部的前提。要选拔好、用好干部，首先应有识别人的艺术。只有对人有全面的正确的认识，才能正确地选拔和任用干部，做到知人善任，把每一个干部安排到适当的工作岗位上去，充分发挥他们的专长和才干。

跟毛泽东学选人

> 治国之道，务在举贤。若夫国危不治，民不安居，此失贤之过也。毛泽东选人，总能从总体上考虑，把人安排到恰当的位置上，他派罗荣桓做林彪的搭档就很能说明这一点……

【领导与选人】

诸葛亮是我国古代的一个贤相，他非常重视选拔人才的重要性。在《便宜十六策》中，他写到："治国之道，务在举贤。若夫国危不治，民不安居，此失贤之过也。"

在美国历史上有一段佳话，那就是在南北战争中，林肯选择格兰特的事情。1861年，林肯宣誓就任美国第十六任总统，在此后仅10天，南方各州以奴隶制问题为借口，纷纷退出联邦并成立了"美利坚诸州联邦"。解决南北分裂，维护国家的统一这一艰巨的任务摆在了林肯面前。在当时，林肯很明白，他必须打这场战争，而且必须打赢它。这些关系到美国未来的政治、经济、文化的稳定、繁荣和发展。

　　通过战争避免分裂，其关键就是选出一位杰出的统帅。开始林肯在选择军事统帅上并不顺利，并三易统帅，但在这一过程中，林肯发现了一个人才，并进行了恰当的选择，他就是格兰特。

　　格兰特毕业于著名的西点军校。在校读书时，他就刻苦攻读兵书，钻研战术，研究战略，是一个胸怀大志，意志顽强，善于作战，不怕牺牲，具有一定战略和战术素质的人。由于他心直口快，与上司常有冲突发生，受到上司的压抑。在 1862年的田纳西战役中，他脱颖而出，引起了林肯的注意。1862年 2 月 16 日格兰特攻克了唐逊而逊要塞，并赢得了要求"无条件投降"这一雅称。当日林肯就提升他为少将。格兰特在田纳西州的战役中伤亡很大，还有人说他经常酗酒，很多人要求林肯解除格兰特的职务，但林肯说："他英勇善战，我很需要这样的人。"

　　1863 年 10 月 16 日，林肯授予格兰特指挥西线全部陆军的大权。格兰特接到这一任命后，对部队进行了大刀阔斧的整顿，并解除了一些不称职军官的职务，加强了合理的布防。林肯对这一将军的魄力和雷厉风行的作风非常赞赏。并为自己的这一抉择感到满意。格兰特不负所望，在一个月里就打了几场大胜仗。稳定了西线的局势。

　　1864 年 3 月 10 日，林肯又提升格兰特为中将，负责指挥合众国的全部陆军。格兰特接管陆军全面指挥权之后，就率军与罗伯特·李展开了一场称为"莽原战役"的战斗，这场战斗进行的非常激烈，伤亡也很大，但格兰特以卓越的指挥才能和坚强的意志，坚持占领一个地方就抓住不放，逼迫罗伯特·李步步后退。1865 年 4 月 9 日，最终迫使这位李将军投降。

　　为完成一项目标，赢得最终的成功，选择什么样的人就成为关键因素。南北战争，北方获胜，这和林肯的正确选人分不开的。

　　在生活实践中，一旦选错人，就会对事业造成巨大损失。就对其原因考察，从总体上说，是缺乏全面的、辩证的选人观。选错人一般表现为，领导往往偏重于感情的因素，如任人唯亲；或偏重与一个人的表面，如重学历、门第，而不看是否有真才实学。这样的领导在选人的过程中往往戴着"有色眼镜"看人。

　　共产国际选王明作中国共产党的领导人，王明让李德掌管红军的指挥权就是一例。1904 年，王明出生于安徽六安县金家寨，1925 年由上海大学去莫斯科中山大学，由此得到校长米夫的赏识，开始了他在中共党内的政治生活。

　　由于王明是米夫的得意门生，1929 年 3 月，共产国际就派他回到上海主持共产党的工作。王明是共产国际路线，既革命要在一省或数省首先取得胜利的坚决执行者，他不顾中国的实际，一回国就开始排挤毛泽东，对毛泽东的成就不但不加以肯定，反而对他进行批判，给他戴了许多"大帽子"，说他不懂得马克思主义理论，执行的是"富农路线、狭隘的经验论、极严重的右倾机会主义"等等，并撤销了毛泽东对军队的领导权。

　　他们凭什么这样做呢？因为他们是留苏的，是"正宗"的马克思主义者，是"真正"懂得马克思主义理论的人。而毛泽东呢，在他们看来，只不过是泥腿子，充其量不过是精通《水浒》的游击战士。因而只有王明这样的人才能领导中国革命。

　　他们对毛泽东这样有实际能力的人不用，反而把共产国际派来的李德奉为"太上皇"，让他主管军事战略、战役战术指导，并负责训练以及部队和后勤的组织等问题。结果导致了第五次反"围剿"的失败，红军被迫进行了长征。

【毛泽东是如何选人的】

选人要讲辩证法，有高山必有低谷，具有大才的人，在某些方面的缺点也很突出的。要用联系的观点，联系过去、看现在。

毛泽东选人、安排人到适当的岗位，在于他能从总体考虑，把每一个人安排到恰当的位置中去。就个人来讲，毛泽东认为，一个人有其长处，也有其短处，在性情和习惯上，有恶点也有善点，不可执一而弃其一。完人和全才是没有的。因此，要善于抓住人的品质个性的优点，从大处着眼，根据每一个人的专长，安排干部工作，使每一个人在干部队伍中都能发挥其才干。在这一思想的指导下，毛泽东使许多干部脱颖而出。

在井冈山时期，毛泽东为林彪选搭档就是一例。林彪是黄埔四期毕业生，善于打仗，并得到了毛泽东的器重。但林彪在性格上，个性很强，别人和他共事很困难。自从他被任命为二十八团团长以后，与他合作的党代表有好几个，都由于与他合作不上来而被调走了。后来，林彪担任了红四军军团长，但派谁去当红四军政委这一问题上，毛泽东颇伤脑筋。因为物色的人除了具备丰富的政治工作经验，还必须具有坚定的原则性，又有在非原则问题上的灵活性。经过慎重考虑，罗荣桓被选中了。

罗荣桓是在武昌中山大学读书时就参加了中国共产党。大革命失败的紧要关头，他在鄂南组织农民自卫军，并担任该军的党代表，同时兼任管理财务的工作。由于罗荣桓的忠厚老

毛泽东与罗荣桓

实，在率领农民自卫军参加秋收起义的途中，竟让两个自告奋勇前来"帮忙"的士兵把盛钱的箱子拿走并逃之夭夭。通过这次事件，他明白了在革命队伍中还有一些来混饭吃的。这些混饭吃的人并没有影响他的革命意志。后来到三湾改编时，原来参加起义的四个团只剩下两个营了，但罗荣桓坚定地留了下来，对这种具有坚定的革命意志的大学生，毛泽东非常赏识，并选他任特务连的党代表。在开辟井冈山根据地的斗争中，毛泽东进一步发现了罗荣桓许多可贵的品质：凡是要求干部做到的，他自己首先做到；打仗时冲锋在前，退却时亲自断后；行军时为病号扛枪；宿营时下班查铺；吃饭时带党员出去站岗放哨，让战士先吃。罗荣桓以自己的模范行动赢得了士兵的爱戴，并成为他们的知心朋友。罗荣桓担任三十一团三营党代表后，由于他出色的工作，三营成为一支拖不跨，打不烂的革命队伍。1928 年湖南省委代表造成了"八月失败"，毛泽东率三营南下接二十八团，打了十几仗，却没有一个开小差的，创造了巩固部队的好记录。

毛泽东发现罗荣桓是一个优秀的政工干部，经他的介绍，罗荣桓在红四军党的第九次代表大会上当选为前委委员。几年后，毛泽东对他评价说："荣桓是个老实人，而又有很强的原则性，能顾全大局，一向对己严，待人宽，做政治工作就需要这样的干部。"

罗荣桓走马上任，不少人都为他担心。但罗荣桓在红四军充分发挥了自己的能动性，积极开展工作，做得既生动活泼，又扎扎实实，使全军指战员始终保持了旺盛的战斗情绪，罗荣桓把军事训练、后勤工作也抓得井井有条。就连个性很强的林彪也无话可说。于是，军长和政委之间，一时也相安无事。罗荣桓由于在政治工作中的突出才能，后来被相继选任为八路军一一五师政委、解放军第四野战军政委、中央军委总政治部主任，并且是军队政治干部中唯一获得元帅军衔的人。

【跟毛泽东学选人】

选人就是要把真正的人才，安排到恰当的岗位上去。选干部和选业务人才不同，干部所从事的是领导工作，他更具有综合性。就其素质来讲，他不但要有理论水平，而且还要有驾御问题和处理问题的能力。选领导干部只看理论水平，忽视其实际能力是错误的；只重视他的经验，而不问他的理论基础怎样，也是错误的。选干部既要看他的理论水平，又要考察他的实际工作经验。只有综合起来，才能把握这个人的理论与实际相结合的能力。否则就会犯教条主义和经验主义的错误。关于这两种错误，毛泽东曾作过多次的论述和总结。

关于对教条主义的批判和总结。1942 年 2 月 1 日，毛泽东在中共中央党校开学典礼上作《整顿党的作风》的讲演中指出：真正的理论在世界上只有一种，就是从客观实际抽出来又在客观实际中得到了证明的理论，没有任何别的东西可以称得起我们所讲的理论。脱离实际的理论是空洞的理论。空洞的理论是没有用的，不正确的，应该抛弃的。马克思列宁主义是从客观实际中产生出来又在客观实际中获得证明的最正确最科学最革命的真理。如果我们把教条主义克服了，就可以使有书本知识的干部，愿意和有经验的干部相结合，愿意从事实际事物的研究，可以产生许多理论和经验结合的良好的工作者，可以产生一些真正的理论家。因此，真正的领导干部应该是能够依据马克思列宁主义的立场、观点和方法，正确地解释历史中和革命中所发生的实际问题，能够在中国的经济、政治、军事文化种种问题上给予科学的解释，给予理论的说明。那些只知背诵理论知识不能应用，这样就不是一个好的领导干部。仅有书本知识是不够的，最重要的，是善于将这些知识应用到生活和实际中去。

在《论联合政府》中，毛泽东又指出："马克思列宁主义的普遍真理一经和中国具体实践相结合，就使中国革命的面目为之一新。"凡是违背这一条的干部就会使革命退步，凡是坚持这一条的就会使革命进步。教条主义和经验主义者由于违背了这一条原则，使革命出现了巨大的波折。教条主义脱离具体实践，经验主义把局部经验误认为普遍真理。因此，毛泽东指出，本质是什么，是活灵魂，即在一般规律的指导下，作到具体问题具体分析。谁不遵守这一点，谁就会犯错误。

在国民党第五次"围剿"的开始，国民党的官员不承认和红军作战有和其他作战不同的战略和战术。由于轻敌加上老一套的战法，导致了他们在第一、二、三、四次"围剿"中的失败。针对国民党"围剿"的失败，国民党军中的柳维垣、戴岳提出了新的战略和战术，结果被蒋介石采纳了。于是蒋介石在庐山创办了军官训练团，并改变了原先的"围剿"方式。

　　然而当敌人改变其军事原则使之适合于红军作战的情况的时候。中国工农红军在王明"左"倾路线的指导下，拒绝了解任何特殊情况，拒绝接受毛泽东的合理建议，对敌人采用的新原则熟视无睹。处处设防，节节抵御，不采纳向敌人后方进攻的积极防御战略，也不敢大胆放手诱敌深入，聚而歼之。结果丧失了除了陕甘边区以外的一切根据地，使红军由三十万人降到了几万人，使中国共产党由三十万党员降到了几万党员，而在国民党区的党组织几乎完全丧失。在中国共产党党史上，这是领导干部教条主义的一次极大的历史性的惩罚。

　　关于经验主义的错误，毛泽东说，我们从事实际工作的干部同志，他们往往经验很多，但是，如果误用了他们的经验，也是要出毛病的。因为这些知识是偏于感性的或局部的，缺乏理性的知识和普遍的知识，就是说，缺乏理论，他们的知识也是比较地不完全。而要把革命的事业做好，没有比较完全的知识是不行的。这样看来，有两种不完全的知识，一种是现成书本上的知识，一种是偏于感性和局部的知识，这两者都有片面性。只有使二者相互结合才会产生比较完全的知识。

　　考察和选拔干部，不但需要正确的观念，还应有一定的程序。这一程序就是在选拔干部之前要对干部进行考察。考察是指在日常的工作、学习和生活中，对干部的思想政治状况、道德品质、业务水平、工作表现、学习成绩等情况进行经常性的调查了解。干部考察是为识别、选拔干部提供客观依据的一项基础性工作。毛泽东历来重视考察干部，提出了考察干部的一系列原则和方法。干部考察由组织人事部门和党组织负责，其基本方法是：（1）把自上而下和自下而上的了解结合起来，既要听取干部的上级和同级的意见，又要听取干部本人的意见。

（2）通过考核、考试、民意测验、选举等多种形式了解干部的表现。（3）在深入了解干部、充分占有实际材料的基础上，对干部进行历史的、辩证的分析，综合整理成干部考察材料。考察过程中要坚持原则，公道正派，实事求是，真实地、全面地、本质地反映被考察者的情况，干部考察要经常化、制度化、民主化、公开化、科学化，坚持群众路线，实行领导和群众相结合。

跟毛泽东学用干部

> "人才、干部是世界上所有的宝贵的资本中最宝贵最具有决定意义的资本。应该了解，在我们目前的条件下，干部决定一切。"这是斯大林的名言。毛泽东在依靠群众的基础上也认为，在实践活动中，干部起着决定性的作用。毛泽东是如何用干部的，这之中又可以给人们哪些启发呢……

【领导与用干部】

知人善任，是一个有机整体，识人、选人其目的是为了用好人。使真正的人才能够突现出来。评价是否能合理地使用，就看是否最大限度地发挥了人的特有的潜能，做到人尽其才，才尽其用。

一般来讲每个有成就的领导都有他的独特的用人之道。在美国的将领中，马歇尔的用人之道，已成为西方管理学的案例。

马歇尔在用人时经常说一句："此人能够做什么。"而且在他的办公桌的抽屉里，总是放着一份名单，上面写着适合担任各种职务军官的名字。在这些名单里的军官都是有一定绩效的。凡是经过战绩考验的，他从不论资排辈，都会提升到恰当的岗位。由于他把经得起"绩效考验"作为提升军官的一条"铁则"，在他任陆军参谋长期间，他提升了一批中青年军官，并把他们放到重要的岗位上。这批人中就有后来成为盟军总司令的艾森豪威尔。

1942年，美军准备派一个装甲师赴埃及对德作战。在选调师长时，艾森豪威尔推荐了巴顿少将。当时许多参谋人员反对。马歇尔本人也对他有些成见。但艾森豪威尔介绍说，巴顿是一位坦克专家，战斗意志旺盛，作战不循规蹈矩。马歇尔听后认为，巴顿虽然有缺点，却不影响发挥其特长。他批准了这一任命。后来还多次为巴顿辩护，使巴顿获得在沙漠战场上表现出卓越才能的机会。

对于没有任何优秀表现和突出建树的军官，马歇尔总是毫不犹豫地将他们调往别处，从不留情面。拿他的用人理论来说，若不将滥竽充数的人调走，就会剥夺其他人发挥才干的机会。

用人的人要有用人的素质。这种素质表现为领导不但能知所用的人能做什么，而且还要有能容忍所用之人的短处，特别是那些看上去有些"傲慢"之人。通常来讲，非常之人必有特殊的才干。一个领导如果能善于使用和驾御这种人才，那对他的事业无疑是锦上添花。一般来讲，做大事的人都有容这类人的肚量。

大家知道，秦始皇是一个残暴、多疑、唯我独尊的人。凡是触犯他的人，很难逃出死亡的下场。可是在对待人才上，他却能礼贤下士，做到了求贤若渴。在统一六国前，秦始皇就聚集了一大批贤才，如王翦、王贲、蒙恬、李斯、尉缭、姚贾等。可是他并不以此为满足，仍不断地网罗人才。

有一次，秦始皇听说有一个叫顿弱的游士很有才干，擅长谋略，便单独召见他。顿弱来到秦始皇面前要求不向他施参拜之礼，否则就免谈。在那个年代，参拜是臣下对君王的起码礼节。顿弱这样做就意味着抗上、蔑视他。面对弱顿的傲慢无理，秦始皇虽然怒火中烧，但还是很爽快地同意了这一要求。

在交谈的过程中，弱顿攻击秦始皇是一个"无其名又无其实"的人时，秦始皇却谦虚地问他如何才有名又有实呢？看到秦始皇有如此的度量，弱顿便坦诚地向他献出离间各国的计谋。并替秦始皇游说魏国和韩国，并从这些国家为秦国寻觅很多人才。为秦国最后统一六国作出了的贡献。

大凡杰出人物用人都得到后人的称赞。就其艺术归纳起来主要有几个方面：有求贤若渴的情怀；如刘备三顾茅庐。有容人的气度和胸怀；能唯才是举，不任人唯亲；能用人不疑，善于尊重和采纳他人的意见，让人才有充分显露的机会；善于知人善任，各取其所长，充分发挥他们的作用。

【毛泽东是如何用干部的】

在知人善任、选拔和使用人才方面，毛泽东具有高超的领导艺术。在毛泽东看来，在实践活动中，干部起着决定的作用。但是，干部是否能发挥决定作用，这是和正确的政治路线分不开的。关于政治路线与干部的作用关系问题，在《中国共产党在民族战争中的地位》一文中毛泽东作了重要的论述。其主要内容是：中国共产党要完成自己的历史使命，必须有正确的路线和政策的指导。党的领导从根本上来说是路线和政策的领导。正确的路线和政策确定之后，必须有懂得党的路线、政策的干部去组织和发动群众，为实现党的路线和政策而奋斗，否则最好的路线也会落空，而不能产生预期的效果。因此，党的干部是党的各项工作的骨干，没有德才兼备的领导干部，是不能完成党的历史任务的。

作为无产阶级革命家的毛泽东，深知干部执行政治路线和完成党的历史使命的重要性。因此，在用干部上，毛泽东把德才兼备的人不拘一格地选到领导岗位上来，让他们发挥作用。通过不拘一格被安排到领导岗位的人中，粟裕就是一个典型的代表。

粟裕是一个由士兵成长起来的将军。和一些其他将领不同，他没有上过军校，也没有出国留过学。但在战争的实践中，粟裕的军事才能不断地显现出来。抗日战争时期，30 多岁的粟裕已经显露出卓越的军事才能。他所率领的部队仅在 1938 年至 1943 年就歼灭日伪军 10 万人。1944 年在车桥战役中，一次歼敌近千人，攻克据点 13 处，使苏北敌军闻风丧胆。毛泽东相信，粟裕有指挥大

粟裕

军团作战的能力。1945 年 9 月，粟裕担任了华中军区副司令

员兼华中野战军司令员。解放战争中，粟裕率野战军 3 万人迎击国民党军 5 个整编师 12 万人的进攻，一个半月内，在苏中地区七战七捷，歼敌五万三千余人。

苏中七战七捷后，粟裕挥师北上，与陈毅部汇合。关于如何行使军事指挥问题，毛泽东致电陈毅等人：山东、华中两大野战军汇合后，由陈毅领导，大政方针共同决定，战役指挥交粟裕负责。这种分工可以看出，毛泽东对粟裕的重用。粟裕果然不负所望，3 个月内，具体组织指挥了宿北、鲁南、莱芜战役，均获大捷。正如陈毅所说，粟裕的战役指挥，保持长胜的记录，"是愈出愈奇，愈打愈妙。"

对自荐者委以重任也是毛泽东不拘一格用人的另一大特点。他在选才用才中，提倡毛遂自荐，并用他的战略眼光加以重任。中国炮兵建设的奠基人之一朱瑞就是向毛泽东自荐委以重任者之一。1945 年 6 月，中央决定任命朱瑞担任军委副总参谋长。朱瑞闻讯后，立即找毛泽东，表示自己在苏联炮兵学校学习过，可以在军队的炮兵建设方面作些工作，起点桥梁作用，副总长一职，请另选人。毛泽东对朱瑞不计较个人名利，在炮兵建设上具有战略眼光非常赞赏，随即任命他为延安炮兵学校代理校长。日军投降后，朱瑞率炮校迁往东北。他一方面组织炮校干部到主力部队培养骨干，一方面发动人员到东北各地收集器材，使东北部队很快组建起十个炮兵团、六个炮兵营、二十二个独立炮兵连。1946 年 10 月，朱瑞担任了东北军区炮兵司令员。在他的领导下，东北炮兵到 1948 年 8 月已发展到十六个团，拥有四千七百余门各种口径的火炮，从装备上压倒了东北的国民党军队，为辽沈大战做了充分的准备。与此同时，他领导的炮校为各兄弟军区输送了几百名干部，为全军炮兵建设培养了一批骨干力量。

用干部不拘一格，充分地体现了毛泽东在积极发现人才，大胆使用人才，反对论资排辈，能使人才尽其所长的领导艺术。但是不拘一格用人才，只是用人的第一步，它还必须与用好人才联系起来，才能成为一个完整的整体。怎样才能用好人才呢？放权是其中之一。

能否做到放权用人，反应了一个领导者是否相信部属，做到疑人莫用，用人莫疑。是否在实践中把原则性与灵活性有机地结合起来。善于用人和用人过程中善于放权是毛泽东用人的典范。如，1948 年，在中原战场上，粟裕从毛主席和中央军委领受了打敌整编第五军的战斗任务。朱德同志又亲自来濮阳视察和动员，使全军大受鼓舞。

6 月初，关于打第五军的战略问题，毛主席又做过指示。对于这一战略部署，粟裕进行了积极的准备，但在准备打敌五军的过程中，粟裕看到当时的条件还不成熟。在不违背毛主席和中央军委的总体战略意图的前提下，粟裕改变了攻打第五军的作战，挥师转向豫东作战，并命令第三、八纵队由通许以南地区北上，以突然行动攻歼开封守敌，以一、四、六纵队迅速插入邱清泉兵团与开封之间，在兰考以东地区坚决阻击该兵团西援；以广纵、中野十一纵并指挥冀鲁豫独立一旅在鲁西南地区又北向南从侧后牵制邱清泉兵团；并以中原九纵插入郑州与开封之间阻击郑州孙元良兵团东援。然后视情况在集中兵力歼灭援敌之一路。粟裕在拟订作战方案之后，立即将作战计划电告中央，毛泽东复电，这是目前情况下的正确方针，表示完全同意，并嘱示"情况紧张时，独立处置，不必请示。"

独立处置，不必请示，这是毛主席对粟裕的莫大信任，也是毛泽东对干部的具体实践中贯彻原则性与灵活性相结合的典范。

　　放权用人的积极意义至少有以下几个方面：可以充分调动部属的积极性，使部属能放开手脚去工作；二是可以克服部属对领导的依赖思想，激发其创造精神，提高独立工作的能力。三减少请示汇报等工作程序，可以提高工作效率。四是可以使领导从事必亲躬中解放出来，集中精力抓好大事。总之，用人既要要求行为主体遵守大局，又要尊重行为主体的能动性、创造性，既避免权力过分集中，个人的意志凌驾于群体之上，又要发挥集中力量能办大事的原则。

　　爱护干部是用好干部的必要环节。在《中国共产党在民族战争中的地位》一文中，毛泽东指出，必须善于爱护干部。爱护的办法是：（1）指导他们，这就是让他们放手工作，使他们敢于负责；同时又适时地给以指示，使他们能在党的政治路线下发挥其创造性。（2）提高他们，给干部以学习的机会，提高其理论、政策水平和工作能力。（3）检查他们的工作，帮助他们总结经验，发扬成绩，纠正错误。（4）对于犯错误的干部，一般应采取耐心说服的方法，帮助他们认识错误和改正错误，不可轻易地给人戴上"机会主义"的大帽子，轻易地采用"开展斗争"的方法。（5）照顾他们的困难，干部有疾病、生活、家庭等项困难时，必须在可能限度内用心给以照顾。

　　重视对干部的战略指导和鼓励干部充分发挥主观能动性是毛泽东爱护干部的一贯作风。留守团创建初期，陕甘宁边区的社会秩序还很混乱。尤其是匪患对根据地造成了巨大的威胁。为了巩固陕甘宁边区，必须出动军队剿匪。在如何剿匪的战术问题上，萧劲光与共产国际顾问李德发生了分歧。萧劲光根据土匪的特点，决定采取机动灵活的猛打穷追与堵截、合击相结合的战术。得到了毛泽东的支持。经过数十次战斗，历时不到一年，各地的土匪基本上被肃清了。当萧劲光向毛泽东汇报这一战果时，毛泽东非常高兴，并向全国抗日根据地通报了这一战绩，表彰了边区军民。

用干部和识别干部、选拔干部是相互联系的有机整体。毛泽东的用人方略极为重视对这一问题的综合把握。从以下的几个方面我们就能深切地体会到这一点。（1）政治路线确定之后，干部就是决定的因素。（2）没有一大批德才兼备的干部，党的领导就无法实现。（3）全面地、历史地、发展地识别和考察干部；（4）走任人唯贤的的干部路线，知人善用，按德才兼备的标准去衡量和选拔干部。（5）有计划地培养大批干部，就是中国共产党的战斗任务。为此，必须善于识别干部、使用和爱护干部。毛泽东还一贯强调选拔干部要走群众路线，不能由少数人说了算。选拔干部的目的是使用干部。只有认真地选拔干部，才能更好地实行党的干部政策。

在这个整体中的中心就是德才兼备、任人唯贤的干部路线。它是毛泽东一贯倡导和坚持的党的干部路线。1938 年 10 月，他在中国共产党六届六中全会所做的报告《中国共产党在民族战争中的地位》中指出，共产党的干部政策，应是以能否坚决地执行党的路线、服从党的纪律，和群众有密切的联系，有独立的工作能力，积极肯干，不谋私利为标准，这就是"任人唯贤"的路线。我们党的这种"任人为贤"的干部路线，也是反对任人唯亲，团结全党干部的路线。这就要求我们在干部的选拔和使用上，必须坚持"五湖四海"的原则，不允许在干部队伍中分亲疏，任人唯亲，搞宗派主义、山头主义；不允许搞派别组织和派别活动，拉拢一部分人，压一部分人。任何人不得把党的干部当作私有财产，不得把上下级关系，变成人身依附关系，利用职权培植亲信，扶持个人或少数人的势力。实行任人唯贤的干部政策，不仅能把优秀的人才安排在合适的岗位上，做到人尽其才，才尽其用，它既有利于人才的成长和发挥作用，而且有助于反对宗派主义，促进党和革命队伍的团结和统一，保证党的政治路线的贯彻执行。

跟毛泽东学管人

> 事业的沉浮无不在人。管好人，不但提高领导活动的效率，而且也是成功的保证。领导的基本职能有组织、引导、指挥、协调、监督和教育。把这些功能用在管人方面，毛泽东在他的革命实践活动中，有许多创造性的发挥……

【领导与管人】

人是万物之灵，他是有思想，有感情的动物，对于人的管理自然也就不同于一般事与物的管理。事与物虽说复杂，但与人相比较，就逊色得多了。人的本性、欲望、个性、情感乃至于人际关系等之所以复杂，是因为在领导的活动过程中的每一步，都要涉及对这一复杂关系的处理。如，管理的程序包括计划、组织、领导、沟通、协调和监控，其每一环节、每一步骤都离不开对人的管理问题。因此说，领导的好坏，管人是关键。如何管人，我们就黄金准则来对它进行一般的探讨。

孔子有一句名言，叫做"己所不欲，勿施与人"。在圣经马太福音里面记载着这样一句话，"你愿意他人如何待你，你就应该如何待人。"有关人的行为关系，人们把这两句话视为黄金准则。他不论对过去还是现在都具有深刻的意义。虽然这一准则是针对人与人的关系态度所说的，但是，对领导与下属干部的关系而言，也是一条完美的行为准则。

管人是一门科学，以往人们把他视为御人之术。御是赶车的意思。在封建社会指上级对下级的管理或支配。这是一种单向度的管理方式，既上级是绝对的主体，下级永远是客体、受支配物。上级"以我为尊"来支配下级，根本不顾及下级的需求。较为明智的上级有时为了使下级做好工作，他所钻研的不是领导方法，而是御人之术。无论怎么样，他都没有脱离以我为中心的领导方式。

在现代生活中，在管人方面，无论是西方还东方，热中于权术的还是较为普遍。走到书市，类似于"管人的权术"这样的名字还是较为常见的。但是，一个人是另一个人的附属物的时代已经过去了。特别是在的知识经济时代，个人的主体性和主体地位越来越受到重视，个人选择的自由也越来越充分。面对这样的发展潮流，研究如何管人，成为一个卓越的管理者，是领导必备的知识。掌握这种知识的途径很多，向管人的大师学就是一种途径。毛泽东管人的科学性与艺术性是很值得我们学习和研究的。

【毛泽东是如何管人的】

管人要把人有效地组织起来，才能发挥人的最大效用。1927 年 9 月 29 日，毛泽东在湘赣边界发动了秋收起义。由于在战争中的挫折和损失，起义部队到达江西永新县三湾村时，部队已不足千人，这时部队中悲观失望的情绪较为严重，凝聚力出现了危机，战斗力消退。面对此情况，毛泽东主持召开了前敌委员会会议，决定对部队进行整编。在这次整编中，毛泽东对干部队伍的建设，突出地表现为，他创造性地在部队中建立党的各级组织，营团建立党委，连以上设党代表，连设支部，班排设党小组，整个部队由前敌委员会统一领导，毛泽东任书记。把支部建在连上，是毛泽东比同代人高明之处，它做到了把管人的工作扎根到了基层。实现了对人的有效管理，增强了党员干部和群众的凝聚力和战斗力。这一重大的措施，经过长期革命战争的考验，证明具有无限的生命力，保证了我军在任何艰难困苦的情况下，连队都发挥着战斗堡垒作用。

　　领导在社会实践活动中管好人，进行恰当的引导是必不可少的。领导的引导任务就是为干部、群众引路和导航。他不但正确地提出路线、方针，规划目标，提出任务和指定实现任务的方法，而且还要不断地进行有关的教育引导。毛泽东一向重视通过思想教育加强对人的管理。

　　1929 年 11 月底，毛泽东又回到红四军前委主持工作了。当时，红四军部队中问题成堆。因此，毛泽东一主持前委工作，就马上找干部汇报情况，经过干部的汇报，问题一一被披露了出来，其主要表现为：

　　干部中滋长了不注重农村根据地建设，热中于打城市，"走州过府"、"拿它十几个州县"的思想。部队中产生了享乐思想，不讲政策，不守纪律；走到哪里吃到哪里；不打收条，不付现款，损坏东西不作赔偿；虐待俘虏，搜俘虏腰包，还有调戏妇女的。部队中有严重的流寇思想。

　　红四军队伍中，有些干部不愿接受党的领导，基层不再加强

党 支部建设，无止境地进行民主，自由主义泛滥，连队一盘散沙。

单纯的军事观点，说什么"军事好政治自然好"，"司令部对外"，排斥政治工作干部。

严重的军阀主义，干部随便处罚、体罚士兵，主张枪毙逃兵，在这种作风的影响下，老兵也欺负新兵。这些不良倾向如果不加以整治，红四军部队将失去战斗力。

面对如此严重的部队状况，毛泽东进一步组织由各类干部、战士参加的座谈会。并亲自下去组织召开座谈。通过许多个座谈会，并在此基础上，毛泽东又召集干部共同分析研究和讨论各种错误的思想倾向。大家一起揭露问题，一起分析这些错误产生的根源、危害，并一起研究提出解决问题的办法。

经过充分的民主讨论，使大家认清了哪个是错误的，哪个

古田会议会址。

是正确的。在此基础上，"古田会议"通过了毛泽东为大会起草的《中国共产党红军第四军第九次代表大会决议案》。决议

案指出：中国的红军是一个执行革命的政治任务的武装集团，它必须服从党的领导，树立无产阶级思想，纠正单纯的军事观点、极端民主化、绝对平均主义、主观主义、个人主义、流寇思想等错误观点；要负担起宣传群众、组织群众、武装群众并帮助群众建设革命政权等项任务；并且必须在军内建立正确关系，对敌人采取正确政策。

这项决议为统一干部的思想、作风，克服干部中的错误思想，解决了以农民为主要成分的革命军队如何建成一支无产阶级性质的新型人民军队的问题。它是毛泽东管人的高超的领导艺术的具体体现。实践证明，正确的战略战术原则，加上政治思想工作强有力的保证，是战胜一切困难，走向胜利的保证。

在管人中，推动人们执行某项决定，促使他们努力完成既定的目标是领导的一项重要活动。毛泽东在推动和促进人们做事情有他独特的风格和艺术。使人们既服从他的指挥，又能使人们充满激情地完成任务。这一点在对留守陕甘宁，保卫边区的萧劲光就是一例。洛川会议有两个重要议题。一个是确立了以游击战为主，运动战为辅的战略作战方针。另一个重要议题就是，建立陕甘宁根据地并留下一支部队巩固陕甘宁根据地，使陕甘宁成为全国抗日大本营。

毛泽东把留守陕甘宁，保卫边区，保卫党中央的任务交给了萧劲光。毛泽东多次找萧劲光谈话，向他讲述了党中央扎根陕甘宁的可行性，它的战略地位和意义。然后毛泽东要求萧劲光抓好这支队伍的建设，把这支来自各个方面的比较散乱的部队建设成为具有很强的战斗力，打不烂、拖不跨的正规兵团。

1937 年 12 月，留守兵团召开了第一次兵团首长会议，正式颁布编制、任命干部。毛泽东亲自参加会议，并做了热情洋溢的讲话。他拍了拍萧劲光的肩膀，风趣地说："我在延安，

1938 年 7 月 28 日，毛泽东在延安同参加八路军留守兵团和
陕甘宁边区保安部队第二次军政首长会议的全体同志合影。

就是靠你萧劲光吃饭，靠你们留守兵团吃饭啊。"大家都笑了。

"萧劲光啊，我准备死在延安，埋在清凉山。你也得做这个准备哟"。毛泽东又当众开了一句意味深长的玩笑。

这虽然是用玩笑的方式说出来的，但谈笑间就使人感到任务艰巨，责任重大，它包含了党中央和毛泽东对他们的信任。这样的信任有谁能辜负呢？这样的管理不但能激励人们去思考把工作做好，而且能坚定做好的决心，并能强化出色完成任务的意志。听完毛泽东的讲话，在会上，萧劲光就提出"任务重于生命"作为留守兵团的行动准则。

留守兵团建立以后，有一次萧劲光去毛泽东那汇报工作，并谈到了部队中存在的一些问题。关于如何抓好部队的建设，毛泽东教导萧劲光说：

"要把这支来自各方面的比较散乱的部队建成一支具有很强战斗力，打不烂、拖不跨的正规兵团，关键就在于按照《古田会议决议》的精神去做，加强政治思想工作，使他们明确留在根据地的意义和作用，带好部队，完成党中央赋予的光荣任务。"最后，毛泽东还要萧劲光每天晚上到他这里，谈谈部队的情况，汇报工作。

促使人去完成某项任务，首先要让他感到这一目标是富有挑战性的。其次要让完成目标的人了解这一目标的必要性和意义。再有就是询问他的意见和建议，促使他去积极思考，充分发挥他的自主性和能动性。最后，要不断地加强信息沟通。

通过信息加强沟通是毛泽东管人的独特艺术。引导的好，指挥的效能就高。指挥中的推动和促进与良好的协调是分不开的。在引导、教育、指挥、协调的整体中，信息沟通有着重要的作用和地位。毛泽东在他的革命实践中非常重视这一点。1929 年一、二月份，红四军下井冈山，到赣南、闽西开辟革命根据地时，部队每天要行军，做群众工作，有时还要打仗，在那样紧张艰难的情况下，毛泽东总是每隔两、三天就召集营以上干部开一次会，会议时间不长，个把小时。每次开会时间，不管刮风下雨，大家都准时到会。毛泽东总是说，把你们找来，一是及时了解情况；二是请大家研究一下行动和工作。后来他讲，这是个好办法，打胜仗是大家的，即使出了问题，也不互相埋怨，不推诿。

有时开干部会，遇有不同意见，就在会上辩论。在会议中间，毛泽东总是鼓励大家发表意见。会议结束时，他根据大家的意见，集中大家的智慧，作出结论。毛泽东从不主张按"长官意志"办事，反对那种谁官大，谁的话就是真理的封建主义思想。在革命战争时期，坚持党内民主，尊重大多数的意见，反对家长作风的管人方式，是毛泽东领导作风的典范。

信息的共享能刺激人的反应速度，能够激励大家积极地思考，做到取长补短，取得卓越的成就。信息沟通的功效是用大家的智慧做决定，代替个人做决定，由民主取代专制。现代管理学的思想认为，成功的领导主要是依靠非强制手段推动人们朝某一个方向前进的过程。只会控制部属和向上级请示汇报的领导，他们只注重短期效果，就个人的领导修养来讲，他们不是嫉贤妒能就是本身无能。

加强信息沟通不但能起到加强民主、共策共力的作用，而且它也能有效地控制无政府主义。建立报告制度是毛泽东管人的重要手段之一。1948 年 1 月 7 日，毛泽东起草了《关于建立报告制度》的党内指示，规定从 1948 年起，各中央局和分局由书记负责，每两个月向中央和中央主席作一次政务活动的综合报告，各野战军首长和军区首长，除作战方针必须随时报告和请示，并按照过去规定，每月作一次战绩报告、损耗报告和实力报告外，每两个月要做一次政策性的军务活动的综合报告。这种报告制度，是党中央坚持民主集中制，反对无政府主义思潮的斗争在新形势下的一个发展。

在日常工作中，毛泽东对这一项制度非常重视，凡有违反这一制度的干部，毛泽东都要给以批评。1949 年 6 月下旬，为迎接中华人民共和国的成立，中央决定成立公安部，由罗瑞卿任公安部长。

在革命战争时期，党主要以军队这只力量来完成革命任务。但在建设时期，为保证稳定和平的社会环境，公安的作用变得举足轻重了。在这种情况下，毛泽东非常重视对公安工作的方针、政策、队伍建设等等的指导，而且从用人处事等方面，都给以宏观的总体的把握。建国初期，社会治安形势极为严峻。大陆残余的反革命分子活动十分猖獗，杀人、放火、投毒的案件时有发生，镇压反革命分子成为人民政府的迫切任务，因此，公安机关面临着十分艰巨和复杂的局面。

在这种情况下，公安部向党中央和毛泽东写了报告，提出对土匪、恶霸、特务、反动党团骨干、反动会道门头子等五个方面的残余反革命分子实行坚决的镇压，做到杀一批、关一批、管一批，毛泽东当即批示说："赞成你们的意见。但要发动群众，依靠群众，要大张旗鼓，不要搞孤立主义，神秘主义。"这次"镇反"运动有力地打击了少数作恶多端的反革命分子，使新生政权得到了巩固，给全社会增加了安全感。

公安部的成绩得到了毛泽东的高度赞扬，但对违反纪律的事，毛泽东也决不姑息，要追查责任。1950 年春，经总参机关批准，北京一个警卫师改为公安师。毛泽东看到了批准的文件，就在上面写到：什么人批准这个师改为公安部队的？为什么我不知道？为了这个事，当时的总参负责人和罗瑞卿都作了检讨。

在以后的某一个场合，毛泽东又对罗瑞卿说："报告要直接送给我，不直接送我不行。"后来毛泽东又在公安部的一个报告上写到：公安工作必须置于各级党委的绝对领导之下，否则是危险的。这种一查到底的作风，充分地体现了毛泽东管人的一个特色。

罗瑞卿一向组织纪律很强，重视毛泽东的指示和评价。由于工作中出现了纰漏，使他很不安，毛泽东发现了这一变化，就找罗瑞卿谈话。最后毛泽东对他说，有错误不要紧，改了就行了，并要罗瑞卿好好工作。这次谈话很长，毛泽东还留罗瑞卿吃了晚饭。

这些给罗瑞卿的教育很大。为贯彻"公安工作必须置于各级党委的领导之下"的指示方针，公安部很快完备了直接向中央，尤其直接向毛泽东本人请示报告的制度。

毛泽东虽然工作繁忙，日理万机，但对关键的问题却非常注重信息沟通。这不但能及时了解情况，而且通过及时教导和鼓励，以增强干部的信心和处理问题的能力。

【跟毛泽东学管人】

毛泽东终其一生，究古今之变，通中外之学，探治乱之源，形成了高超的领导艺术。在管人方面，毛泽东既有完整的方法，又有领袖的风度。

作为一个卓越的军事家、政治家，在夺取战争胜利和夺取全国政权的过程中，毛泽东驾驭矛盾，指挥若定，是非常游刃有余的。其成功的要旨主要是：谦虚谨慎，实事求是，理论联系实际，工作中很少失误（如有失误，很快就能纠正）。

粟裕曾回忆在井冈山时期在毛泽东指挥下作战的经历及体会，他写了这样一段话，"毛泽东、朱德同志指挥我们打了一系列胜仗，使我认识到，两军对阵，不仅是兵力、火力、士气的较量，也是双方指挥员指挥艺术的较量。在敌强我弱的情况下，我军开始处于被动，但只要指挥员善于运筹，可以驰骋的领域仍然很宽广的。战争指挥艺术是一门无止境的学问。"

指挥员指挥艺术，善于运筹，其中的关键是方法和用人、管人。毛泽东对人不但严格管理，而且还深加爱护。在旧军队里，官长打骂、体罚士兵是常有的事，有的甚至随意枪杀士兵。所以，旧军队里官兵关系都相当紧张。毛泽东在井冈山的红军里建立了新型的官兵关系，规定官兵在政治上平等，官长不得随意惩罚士兵，废止了肉刑，使官兵关系建立在全新的基础上，它大大提高了部队的战斗力。

毛泽东就多次提出、共产党人好比种子，人民好比土地，我们到了一个地方，就要同那里的人民结合起来，在人民中间生根、开花。我们的同志不论到什么地方，都要和群众搞好关系，关心群众，帮助他们解决困难。团结广大人民，团结得越多越好。只要我们同全体人民更好地团结起来，中国的事情就好办了。管好群众，首先要和群众搞好关系，关心群众，帮助他们解决困难。

作为人民的领袖，毛泽东在实践中形成了一整套的管人方法。其主要的内容有以下几个方面：

一、管好人，风气要正。毛泽东所讲的风气，主要是党的作风。党风体现着党的性质和宗旨，是党的世界观和方法论在实际行动中的表现。1942 年 2 月 1 日，毛泽东在中共中央党校开学典礼上发表《整顿党的作风》演说时，首次提出了党风概念并作了论述。他指出，只要共产党的作风完全正派了，全国人民就会跟着学，党外有这种不良风气的人，只要他是善良的，就会跟着学，改正他们的错误，这样就会影响全民族。1945 年 4 月 24 日，他在《论联合政府》中对中国共产党的党风理论作了更系统而深刻的阐述。概括了党的三大优良作风，即理论联系实际、密切联系群众、批评与自我批评，确立了党风理论的基本内容。中华人民共和国成立前后，根据新的形势和要求，毛泽东提出要继续保持谦虚谨慎和艰苦奋斗的作风，反对脱离群众的官僚主义等重要思想，进一步丰富了党风理论的重要内容。

二、管好人，要走群众路线。党的群众路线是领导方法和工作方法的重要组成部分。它要求坚持"从群众中来，到群众中去"的过程，充分发挥领导和群众两方面的积极性。在《关于领导方法的若干问题》中指出，共产党人无论做何种工作，都必须采用领导和群众相结合的方法。具体说，一方面要调动广大群众的积极性，因为事业是群众的事业，群众是真正的英雄。离开了群众任何事业都将是空谈，另一方面领导要有领导骨干的积极性，以便组织群众，领导群众，使群众的积极性充分调动起来，并按照正确的方向巩固和提高。只有上下两方面结合起来，才能同心协力地搞好工作。中华人民共和国成立后，在《关于中华人民共和国宪法草案》的讲话中进一步阐述了这一方法。坚持领导与群众相结合的方法，必须反对主观主义和官僚主义，树立马克思主义的群众观点，贯彻民主集中制和集体领导的原则。

三、管人要坚持和充分发扬民主。1959 年 4 月初，毛泽东在一次会议上讲到党内民主生活时，说："我这个人也有旧的东西，比如有一次，我的弟弟毛泽覃同志和我争论一个问题，他不听我的，我也没有说服他，就要打他。他当场质问我'你怎么打人？''共产党实行的是家法，还是党法？'"

毛泽东多次讲，在党内可不能搞家长制的领导，要实行民主集中制，对人民对同志，不能压服，只能说服，要以理服人，我们都是平等的同志关系。毛泽东的这一民主思想，是他领导革命胜利的一个锐利武器。

在井冈山初创时期，秋收起义和南昌起义的两支部队，就其成分来说，大都是从旧军队和农村来的，虽然有党的领导，但很多东西还是旧的一套，雇佣观念、军阀习气较为浓厚，干部打人骂人的现象时有发生。毛泽东发现士兵反对肉刑，对打骂现象很有意见。以毛泽东为首的前委，就在红四军第九次代表大会上规定了废止肉刑，反对军阀习气等制度。他指出："中国不但人民需要民主主义，军队也需要民主主义。军队内的民主主义制度，将是破坏封建雇佣军的一个重要的武器。"
在这一思想指导下，部队的民主空气空前浓厚，上级和下级，
干部和士兵之间的关系更加融洽，互相有意见总是开门见山。
领导批评群众，群众批评领导，直来直去，谁也不拐弯抹角。
群众有时议论领导的错误、缺点，领导知道了，也不打击报
复。有时大家正在议论某一个干部，这个干部突然来了，战士
仍无拘束，直言不讳。有的干部还把自己的旱烟袋锅，送到讲
自己毛病的战士手里，让他边抽边讲。正如毛泽东所说的那
样，"威信是逐渐建立起来的。过去军队里面有人编歌谣骂人，
我们不禁也不查，军队还是没有垮。"

跟毛泽东学团结人

> 我们常用一盘散沙来形容不团结。闹分裂搞不团结，会从鼎盛走向衰败。太平天国农民起义就是一个例子。毛泽东非常注视党的团结，将团结看作党的生命，并非常善于处理党的内部和外部的团结问题。毛泽东的团结艺术是一笔宝贵的财富……

【领导与团结人】

统计表明，结婚的人比单身者更长寿。其中一个原因就是婚姻双方能够保持相互关怀，在生活和事业上能够团结友爱。中国也有一句古话叫家和万事兴，道理都是一样的。凡能把事业推向鼎盛的，都与这个团体领导之间和领导与群众之间的团结合作分不开的。

是否能走向或处于鼎盛期，从人际关系中便可看出一斑。人际关系如何，只需看它是否团结。凡是团结的，他们的情感都较为和谐，内部各方面协调有方，所有运作兴旺发达，干部和群众都知道发展方向以及如何紧跟目标前进。有一个案例介绍了一家器材公司走向辉煌的三个成功要素。一是，企业文化的核心要永远正确地对待人；二是，热情地对待员工，使他们觉得公司不仅仅是他们的工作场所，他们还是公司的主人；三是，努力创造家庭气氛，不仅在员工之间，而且还要伸展到社会。这三个要素的核心就是通过情感纽带把大家团结在一起了。由于团结一致，这家公司才走向辉煌。从这个意义上讲，以感情为纽带的团结因素比合理的工作场地布局及科学的生产计划更重要、更能决定生产效率的价值。

东方人较为注重团结问题。大家庭的观念在东方社会显得尤为突出。我们常常看到或听到企业领导们号召员工"以厂为家""以公司为家"。实践证明，它的确能增强企业的凝聚力，为企业创造更好的效益。而且在这样的环境中，对激发员工的创造性是一种奇妙的力量，这种情趣产生了融洽的气氛。在这样的管理原则指导下，领导们都十分强调团结的力量，并把它看作是核心的环节，看作是事业得到不断发展和成功的保障。

实现鼎盛、保持鼎盛或回到鼎盛，是每位领导潜心规划、梦想和实践的目标。人们都知道，只有处于鼎盛期，才能形成主宰的力量；只有在鼎盛期，才能保持强盛的地位。而这些的实现没有团结的力量是很难办到的。

我们平时用一盘散沙来形容不团结。在实际生活中，闹分裂，搞不团结，往往使鼎盛走向衰败。太平天国农民起义就是一个明显的例子。由于大家团结一致，他们一口气打到了南京。可是在那里，他们就开始闹不团结，搞分裂，开始了内部相互残杀。结果失败了。

人生在世，难免会与人产生某种摩擦。即使彼此亲密无间的人，仍会有些难解的问题。在人际关系错综复杂的恶劣环境中，矛盾问题会象滚雪球似的越滚越大，以至于士气低落、效率下降。因此，所有人生问题中最棘手的莫过于人际关系中的团结，处理不好，它往往给个人带来无尽的祸患，把人们折磨得身心疲惫。处理得好，能使人相互信任和相互尊重，并为共同的利益努力奋斗。

在新民主主义革命和社会主义建设初期，毛泽东非常重视中国共产党的团结问题。由于他正确地处理了党的内部与外部的团结问题，使革命和建设事业进展顺利，并呈现了由小到大，由弱到强。毛泽东的团结艺术是我们的宝贵财富。

【毛泽东是如何团结人的】

党的团结是党的建设的一项重要内容。以毛泽东为代表的中国共产党人一贯重视党的团结和统一，把党的团结看成是党的生命，是克敌制胜、战胜困难的无价之宝。在长期党的建设实践中，毛泽东就党的团结统一问题提出了许多符合中国实际情况的重要思想，在实践中为我们作出了表率。

遵义会议是中国共产党的一个重大转折点，它重新确立了毛泽东的领导地位，在这次会议上，毛泽东作了一系列的英明决策，其中有一个是关于改组后的中央领导集体人员的安排和批评的对象问题。在这个问题上，毛泽东显出了他的高超的团结艺术。

关于这一点，黄克诚曾作过这样的描述：遵义会议的情况，我是在三军团听毛主席亲自来传达的，当时听了以后感到很不满足。因为遵义会议虽然对中央领导进行了改组，确立了毛主席在中央的领导地位，但是担任中央总负责人的是张闻天同志；会议只批判了军事路线的错误，没有批判政治路线的错误，那时我觉得这样做还不够，经过半年多的实践，才放弃原来的看法，才懂得当时不谈政治路线，只谈军事上的指挥错误，受批评的同志就不多，有利于团结。当时只是解除了博古

遵义会议会址。

的总负责人职务和李德的军事指挥权，中央政治局的其他同志仍保留在领导岗位上，博古同志也保留在政治局内。特别到了同张国焘斗争的时候，我更加认识到毛主席这个决策的无比正确。假如在遵义会议上提出政治路线问题，受批判的同志就多了，会对革命事业不利。而军事斗争是当时决定革命生死存亡的关键问题，红军的处境又非常危险。毛主席这样决策，既可以集中精力考虑军事上的问题，又维护了党的团结。这样，后来同张国焘的军阀主义、逃跑主义、分裂主义斗争时，政治局基本上做到了团结一致。

　　毛泽东敢于坚持真理，修正错误，同时还善于团结自己队伍中犯了错误的人。毛泽东在《学习和时局》中说：不要着重于一些个别同志的责任方面，而应当着重于当时环境的分析，当时错误的内容，当时错误的社会根源、历史根源和思想根源。1945 年，党在延安召开"七大"时，他提议要把几个犯了严重错误的同志包括当时的王明，选进中央委员会。毛泽东说：他们的错误，是在一定历史条件下犯的，特别是中国小资产阶级象一片汪洋大海，而中国还没有什么小资产阶级政党，他们之中革命的人都加入了中国共产党，当然也把他们思想情绪带了进来，这是不足为怪的。现在经过整风，惩前毖后，治病救人，已经把是非弄清楚了，就不应该太看重个人的责任。选举的那天，代表投票后，大会宣布：唱票时可以自由活动，可是毛泽东同志不走，做在台上听唱票，一直等到票快唱完了。王明的票过了半数，他才放心地起身走了。后来他说，如果选不上，大家心中都会不安的。一人向隅，满座为之不欢。

　　在毛泽东的主持下，"七大"开会前，六届七中全会作出了《关于若干历史问题的决议》，把党内的许多重大历史问题解决了，统一了全党的思想。"七大"开会时，毛泽东在《论联合政府》的报告中，提出的是新的伟大的任务。党的"七大"制定了正确的路线、方针、政策，使全党达到了空前的团结。

【跟毛泽东学团结人】

　　毛泽东在总结党的团结和党内斗争以及党内斗争理论，提出了一系列增强党的团结、处理党内矛盾的正确思想、原则、方针和方法。这些思想原则反映了党内团结、党内矛盾和党内斗争的客观规律。

毛泽东团结人的思想原则在实践中表现为，办什么事情都要有大多数。为了团结大多数，毛泽东很会做人的工作，为了说服、教育他们，往往是苦口婆心、不厌其烦。在李立三"左"倾路线统治时期，有一次，中央长江局军委负责人周以粟到红一军团，传达攻打南昌、长沙的盲动主义计划。结果，毛泽东用几天的时间说服了他，使这位"左"倾路线的执行者转变了认识，成为支持毛泽东的坚定分子。

1934 年，共产国际的代表李德来到苏区后，积极支持王明所推行的"左"倾路线。李德根本不了解中国国情，却独断专行，到处发号施令，结果造成了第五次反"围剿"的失败，红军被迫进行了长征。

在长征途中，我们知道在遵义召开了具有历史意义的会议。遵义会议结束了王明"左"倾的军事路线，确立了毛泽东在军队的领导地位，在最危机的情况下，挽救了红军，挽救了革命。那么遵义会议是怎么开的呢？这和毛泽东善于团结人和说服人分不开的。

1931 年以后，由于受王明路线的干扰，毛泽东失去了对党和军队的领导权。在遵义政治局扩大会议上，要重新确立毛泽东对军队的领导地位，必须得到与会者的多数通过。由于王明路线的执行者给毛泽东加上种种罪名，一直到长征时都没有解除。从离开中央苏区到长征初期，很少有人主动同他说话。为了扭转这一孤立局面，为了让更多的同志了解他，了解王明路线的错误，在长征的途中，他主动找同志们谈话，作了大量的艰苦工作。

他利用一切可能的机会，抓紧时间，同政治局的同志、中央军委的同志一个个地谈话，反复阐述他的意见：敌人实行堡垒政策，我们不能同他硬拼，要机动灵活地打运动战，消灭敌人。毛泽东先后做了王稼祥、张闻天的工作，他还经常去找周恩来和其他军委、中委的同志谈，其中有朱德、刘伯承、彭德怀等。这些同志对毛泽东比较了解，也同意他的观点，通过谈话进一步增进了了解。由于毛泽东的善于团结同志，才使遵义会议实现了伟大的转折。

毛泽东在革命的实践中，善于团结人的一个重要的指导思想就是只有尊重别人才能团结多数。西安事变后，到延安访问毛泽东的名流学者络绎不绝。凡是来访者，毛泽东都接见，时间多安排在晚上，大多是从晚上十时开始，谈三、四个小时，有的则谈到凌晨三时至四时，客人还是舍不得告别，毛泽东也畅谈不倦。

据被接见的有关人士讲，在谈话中他们的政治观点虽不尽相同，但他们对毛泽东却称颂不已，一致钦佩。当时毛泽东虽已有很高的威望，但红军毕竟还弱小，根据地也不大，共产党的影响并未完全普及全国。然而他们怎么在一谈之后就那么佩服呢？有一次有人问了毛泽东这个问题。他回答说："尊重别人"。并进一步指出，只有尊重别人才能团结多数。当时毛泽东和来访的名流学者，都谈到抗日民族统一战线和抗日民族战争的方针和办法，不过都是用的商量的态度，诚恳征求对方的意见，并倾听对方的意见。

有一次，有一位老教授会见毛泽东后非常感动地讲了一个事情："我去见主席，主席拿出纸烟来招待，可是不巧，烟吸完了，只剩下一支。你想主席怎么办？他自己吸不请客当然不好；拿来请客，自己不吸也不好。于是，毛主席就将这支纸烟分成两半，给我半支，他自己吸半支。这件小事可以看出毛主席待人热情、诚恳而又亲切。"他最后说："这使我很受感动。"

　　尊重别人，才能团结多数，用谦虚的态度讨论问题，相互交流，才能使人心悦诚服。毛泽东对党外人士如此，在处理党内的问题上，这种例子也很多。

　　萧劲光主持留守兵团工作时，在军政关系上，有不够尊重地方政府的现象，对西北局的领导，没有经常向他们汇报、请示工作，部队中也存在一些不尊重地方政府，和地方政府闹纠纷的事情。下面有些部队政策观念不强，在生产上有的与民争利，有的做违反政府法令的事情，影响了军民关系。在高干会议上，大家批评留守兵团所存在的缺点错误，萧劲光作为留守兵团的主要负责人，对这些问题主动承担了主要责任。

　　在正确处理军政、军民关系，加强团结等问题上，毛泽东具有高超的领导艺术。这一点，通过毛泽东对萧劲光的批评教育可见一斑。

　　在高干会上，批评留守兵团有关军政关系问题，主要指与西北局的关系。留守兵团承担保卫陕甘宁边区的任务，在处理与西北局的关系时，把西北局作为他的隶属关系，对西北局的领导也不够尊重。还有些领导干部认为西北局的个别干部水平低，因此，对他们也有些瞧不起。这就导致在工作上对地方的命令主义，不注重沟通、协调，出现了以留守兵团为中心的现象。这些现象使西北局的领导有意见。因此，在高干会上，有些人对留守兵团不尊重西北局和地方政府，有闹独立性、本位主义、个人主义、违反群众纪律等缺点错误提出批评。甚至在会议后期，对这些错误的批评出现了扩大化，有些人把这种错误归结为军阀主义，还有的把它提升到张国焘的"军党论"的程度。

　　由于留守兵团缺乏善于团结一切可以团结的人一道工作，这不但使西北局和地方政府有意见，而且还由于他们的意见导致了对留守兵团的干部打击面过宽，挫伤了一部分干部的积极性。

关于尊重地方领导、尊重地方政府，搞好军政关系等问题，毛泽东曾多次教育和批评留守兵团的负责人。他指出：军队和地方出了问题，军队首先要检讨。军队和地方闹了矛盾，军队首先做了自我批评，事情就比较好办了。这作为一个原则定下来。

毛泽东还对留守兵团的主要领导进一步引导，以提高对团结问题的认识。他说：要尊重西北局的领导，连我们中央决定的事都要通过一下西北局，你留守兵团决定的事怎么能不通过一下西北局呢？部队在哪里住，也就应当尊重那里的地方政府。并进一步鼓励他们要经常出去走一走，到军队、地方政府以及军队和地方政府的领导同志中间走一走，加强联系，增进了解，发现问题，及时解决。

在处理中央与地方的关系，加强与地方干部的团结，毛泽东无论在理论上，还是在实践中都为我们创立了典范。当红军到达陕北以后，对陕北的干部非常尊重，经常到他们中间与他们联系，加强沟通，就连中央做决策也要征求他们的意见。由于毛泽东非常重视外来干部与本地干部的团结，使得中央的路线、方针、政策得以顺利地贯彻执行。善于团结一切可以团结的人一道工作，是毛泽东领导艺术的一个典范。

跟毛泽东学搭班子

> 行政管理班子与统治者思想的和物质利益上的团结一致又是至关重要的。依赖这种团结一致的统治者，与行政管理班子中每一个单个的成员相比，要强大些，而与所有的成员相比，则要弱一些。这句话适用于统治者与行政管理班子的关系。
>
> ——韦伯

【领导与搭班子】

大自然是人类智慧的影子。从带刺的小草到工匠的锯子，从飞翔的弋鸟到航天飞机，从蜜蜂的定向飞行到遍光导航仪。大自然的现象导致出的形形色色的人类智慧。它也孕育了现代仿生学。仿生学对领导科学有着重大的启示。

蚂蚁、蜂群的团队精神就是其中之一。生物学家发现，在蜂群与蚂蚁王国，存在着严密的组织结构。马蜂是捕食的昆虫，一群马蜂多则几百只，少的数十只。马蜂的家庭由雌、雄、工（中性）三种成员组成。雌、雄蜂除了交尾产卵之外，还担任工蜂的一些功能，如采食、饲喂、清洁、保卫等。工蜂担任筑巢、采食、饲喂、清洁、保卫等项工作。马蜂一旦遇敌，群起而攻之，毫不吝惜自己的生命。另外，家庭成员之间有互相传递食物和喂食的习性。这种习性，既能够使他们相互依存，又能够使他们共同御敌。

蚂蚁和马蜂一样，属于过群体生活的昆虫。一般蚁群，由雄蚁、母蚁、工蚁三种蚁组成。雄蚁在巢中不参加任何劳动，除生殖外，不出巢门半步，依靠工蚁饲养为生。母蚁专事产卵。工蚁担任觅食、御敌、护幼等工作。

蚂蚁、马蜂在残酷的竞争中各司其职，各尽所能，既有分工，又有协作，群策群力结成命运共同体。它们这种独特的团队精神启示人类：要谋求系统的高效和提高对外竞争能力，系统中每一个成员都应当充分发挥自己最拿手的技能，为整个系统的发展做出贡献。领导的集体都大力倡导蚁群的团队精神和命运共同体的方式。这种仿生似的领导行为方式充满了生生不息的活力，处在良好状态中的领导集体，有与这种自然现象非常相似之处。

自然界的共生现象是非常普遍的。不同种类的物种相互联系，相互依存，相互作用，才使自然界处于平衡和稳定的演化之中。在非洲，有一种小鸟，老是爱和凶猛的鳄鱼在一起，当鳄鱼躺在沙滩上晒太阳时，小鸟就在鱼背上，啄食鳞甲中的寄生虫，有的甚至飞到鳄鱼的剑齿之间，拾取牙逢中的余屑，鳄鱼决不伤害小鸟，真是两全其美：小鸟啄食鳄鱼皮褶中的寄生虫以充饥果腹，鳄鱼也因此而减轻了寄生虫叮咬之苦。生物学家称之为"共生现象"。

这种现象是与领导班子之间的共存共荣有一定的联系。仿生学的启示对我们学习毛泽东的领导艺术，启发我们去寻找理想的领导班子结构模式有着一定的意义。

【毛泽东是如何搭班子的】

领导结构的设定是以一定的功能为前提和出发点的。其表现在一定的具体实践中，根据目标的需要设定领导班子的组合形式，目的是在实现目标的过程中有合作的和谐性。

毛泽东在领导中国革命的实践中，经过不断地总结经验，集集体智慧的结晶，形成了一整套搭班子的科学体系。在这一体系中有他的历史总体性方面，也有他的具体性的内容。其具体表现在搭班子的组织形式，搭班子的人员构成等方面。

在党的领导班子中毛朱周的搭配，是后人的典范。毛泽东曾多次说过，朱毛，没有朱，哪有毛。这话中深刻地包含了中国共产党的政权中，党的领导权与军队的领导权在班子中形成了一个有机的整体。有人评价毛泽东和朱德的关系说，朱毛在某些方面很相似，但不尽相同。他们都来自农村，因此都能不摆架子地和农民谈得来。但在风度上和理论上毛泽东更象一位知识分子，而朱德是一个非常出色的军事领导者。朱德把毛泽东看成一

1936 年的毛泽东与朱德

位思想家，而毛泽东非常欣赏朱德的军事指挥才能。毛泽东长于指定宏观的战略，而朱德则精于战术行动，在中国共产党进行革命战争的年代，朱毛互相取长补短，有时简直到了天衣无缝的地步。毛泽东、朱德和周恩来等老一代领导人的搭配佳话是非常的多。雷英夫曾在毛泽东身边工作过，他对毛泽东抓大事有过这样的描述，毛泽东做重大决策就象他指挥打仗一样，喜欢歼灭战。他总是集中精力去思考大政方针，甚至进入连续几天的"目中无人"、"目中无事"的状态，直到做出最后决定时，他才恢复正常的生活、工作与交往。相比之下，周恩来是处理实际事物的能手，他经常一天会见几十人，看上百份电文，处理几十几百件大小事。他的心特别细，即是常人不留心的事也能记在心理。对他两个人的特点，有人形象地评价说，毛泽东是个舵手，高瞻远瞩，掌握方向；周恩来是个划桨人，能够让船快速前进，两个人的作用是没人能代替的，两个人配合得完美无缺，可说是天生的一对搭档。

1956年，毛泽东、周恩来、刘少奇、朱德在中南海怀仁堂。

　　美国国务院"中国通"谢伟思谈论毛泽东时说过这样一段话：毛泽东的时间和思考主要用在政策方面：制定最能赢得日军战线后方游击区农民支持的政策；在必将来临的反对蒋介石一党专政的夺权斗争中，如何运用农民支持所产生的力量的政策；可能说服美国在中国这场内战中采取不偏不倚或中立态度的政策。这些问题，包括这些问题的各个方面及其后果，都是毛泽东喜欢谈论的，他愿意把具体细节、日常工作和一般政务留给别人处理，象周恩来或朱德那样能干的同事是不乏其人的。

　　一个好的班子，至少有两点是不容忽视的。一是合理的人员搭配；另一个是集体领导和分工负责。一个班子是一个坚强的集体，其中有掌舵的，也有划桨的，他们分工要明确，如果大家都争着去掌舵，去做大事，而无人去划桨，那就变成了一个坐而论道的团体；如果大家都争着去划桨，而无人掌舵，都埋头于具体事物，就既容易失去方向、目标，又容易导致"芝麻"和"西瓜"不分。

　　领导人员的合理搭配，工作的合理分工，是提高领导工作效率，发挥领导能量的前提。掌舵和划桨有着各自的职责，不能颠倒和混淆，包办代替或随便插手超出职责范围内的事，这种现象一旦经常发生，就会造成混乱，相互推委，该做的事没做，该负责的不负责的局面。

【跟毛泽东学搭班子】

　　人的活动有大自然的优胜劣汰，适者生存的竞争法则。也有人的自为法则。人的自为法则表现在组织结构和分工上。合理的组织结构和分工能在残酷的竞争中各司其职，各尽所能，并在既有分工、又有协作和群策群力中结成命运共同体。团队精神要谋求系统的高效和提高对外竞争能力，系统中每个成员都应当充分发挥自己最拿手的技能，为整个系统的发展作出贡献。

班子的构成是由不同的领导类型组成的。在这种组合中，有两种领导类型是不容忽视的。一是领袖的领导类型，另一个是管理的领导类型。领袖领导类型的基本素质通常表现为自信；具有远见卓识；善于交流，促成共识；具有很强的反映和领悟能力；能够抓住机遇，作出正确的选择。这两种类型的领导关系是，领袖型的领导只做正确的决断，而管理型的领导能把事情办好。

班子是一个团体，它是通过组织结合在一起，通过协作精神凝聚在一起。能不能发挥班子的优势，如何体现优势，就要看领导们的凝聚力能不能捏在一起。在现代的组织行为学的理论和实践中，都很注重协作和团队精神。假如你协作精神不好，就不能做领导，尽管你在某项工作方面做得很好也是不行的。为什么？很简单，交叉互补功能最具效率性，它比单一的更具有优势。所以在现代的班子组合上，人们都讲究搭配问题。这是符合组织行为学理论的。

每个人都有自己的行为风格，就一个领导来讲，也是如此。人的行为风格可分为以下 4 类：分析型、推动型、表现型及温和型。每一类都有其潜在的优势和不足，但优势也只不过是潜在资产，只有善加开发才能成为实际优势。同样，不足也只是一种潜在的负债，每一类型的成功人士都会设法扬长避短，提高效率。

有效的班子中要具有优势，人员的搭配需要至少 4 种不同类型的人：思想者（分析型）、行动者（推动型）、交际者（温和型）和冲锋陷阵者（表现型）。在领导班子中。如果每个人都会表现出一种主导风格，并兼有一些其它风格的特征，那么可以说这是一个理想的领导班子。

现代领导科学理论中非常重视协作的作用，认为最佳协作作用是一个现代点金石，它能使 $2+2=5$。最佳协同作用在搭班子中意味着某甲与某乙联合起来，其价值大于某甲与某乙价值的简单之和。最佳协同作用在一些方面一直是不可思议的，因为它似乎可以应用于任何一种情况。

跟毛泽东学当"班长"

> 在所有的社会生活中，在每一个重要的社会组织形式中，都不能没有领导。控制与领导的方式方法，公开的或隐蔽的，各个社会，各不相同。但是领导人时刻都在眼前，不仅是国家的明显象征，并且是责任、决策和行动的中心。
>
> ——胡克

【领导与当"班长"】

权力是领导者能代表组织机构采取行动并且强迫他人也行动起来的强制力量。伴随权力的是责任。权力在组织机构中分布得越广，各种责任也就越多。

权力的存在形式主要表现在集权和分权这两种形式上。一个领导的团体，将权力如何分配呢？是将权力集中于一人身上，让一个人承担全部责任，还是进行合理地授权，让大家共同承担相应的责任。实践证明，在领导团体中，有合理地分权是必要的。职责明确，又能进行有机地配合，才能出现高效的管理。一个单位的一把手，如果把权力都揽在自己身上，他就不可能抓好中心环节，会整天忙于具体事物中，没有重点，这显然不利于工作的进步和事业的发展。

权力集中的缺点主要表现为缺乏灵活性和官僚主义。但是，在生活实践中，认为权力集中一点优点都没有，把它推向极端化，也是一种错误的认识。必要的权力集中与必要的权力分开，只有在实践中实事求是地加以把握，才能科学地处理好二者的关系。恩格斯说，为了使社会主义变为科学，就必须首先把它置于现实的基础之上。缺乏现实基础的论断，是形而上学的思维方式。

把集权和分权建立在现实的基础上，要求在过程中动态地把握它。从发展的阶段性来看，初期权力要有一定的集中，形成了一定的基础和规模之后，人们已适应了决策和运作的环境，这时权力要下放，这时的控制是在权力下放基础上的控制。

一般来讲，领导的规模越大，其控制就越为复杂，在这种状态下进行有效的管理，分权会更好一些。但主要的领导者毕竟与一般的管理者不同。主要领导者的权力职能是决策和控制。决策是围绕目标所进行的选择，它更强调总体与关系。决策是由决策者组织有全体人员参与的对最佳方案选择的活动。决策时既要民主，又要集中，而集中就是必要的集权。只有一定的集权，决策者才能根据总体需要对部门进行必要的人事安排和结构的调整，进行有关责权方面确定和划分，即明确规定主要责任人和连带责任人，主要权力和从属权力，做到给予具体部门以支持（如财力的和人力的）和提供信息；对具体部门进行审核和评定；下达指标；以及相关的监督进行必要控制。

决策层当选择了目标后，为完成目标就必须下放一定的权力给实现目标的单位。向下级单位授权的决策，当然不是把所有的职权和责任都授出去。如果全部授出去，就会失去控制，也影响整体协调的效率，但不授出去一定的权力，就会影响下级的参与感，也就遏制了下级的参与热情和自主性与能动性。因此授出的权限多还是少，关键在于在成本最低的前提下，能高效地保证工作的完成。

授权要与监控相结合，授权给下级后，领导者发现下级没有搞好工作，或出现了问题，他可以收回这个授权，或者亲自去做，或者授给另一个下级去做。集权的意义在于上级有权指挥、协调和监控下级的权力，使下级对上级负责。

权力分散有以下几个方面的优势：首先，能加速实现决策的目标。下属领导在一定的限度和一定的范围里能行使自主权，更有利于激发他们的潜能。其次，权力下放能增强下级的的义务感。避免不必要的浪费，权力与义务在一定程度上是相应的，比如，没有支配钱的权力时，有钱他会想办法把它花掉，当他有支配钱的权力时，他会想怎样使这钱发挥更大作用。第三，使决策者有更多的时间思考和抓大的事情。

正确地处理好集权与分权的关系，是对领导才能的一项重要的评估。从领导才能上看，绝对的集权是一种低素质的表现，因为他没有能力在放权的基础上进行控制。

领导者和管理者在职能上是有区别的。领导的真正意义是以设定目标为主项，通过对信息的整理进行协调和控制。管理者们是任务的完成者和信息的反馈者，在完成任务与反馈信息的过程中应充分发挥自主性和能动性。

强有力的领导对最终的成功起着至关重要的作用。因为他有战略思想，有正确的选择能力和决策能力，并在决策的实施过程中，能进行有效的协调和控制。在现实中刚愎自用的领导喜欢集权，结果往往出现事业的大幅震荡；而优柔寡断的领导不能集权，结果缺乏总体战略和目标，在关键的时刻不能进行有效的控制。

大多数优秀的领导者都具有一些共同的特性，如远见、正直和敢于冒险。他们还坚持自己的目标，并全力以赴地去实现目标。但是，这里说的领导，并不是个人和团体需要解决困难时所依赖的家长式人物，而是既民主又严格，尊重他人，鼓励他人进行自我管理、积极主动、勤奋创业的领导人。

【毛泽东是如何当班长的】

要善于当"班长"就要有正确的工作方法。毛泽东指出："党委书记要善于当'班长'。党的委员会有一二十个人，象军队的一个班，书记好比是'班长'。"要把这个班带好，"领导工作不仅要决定方针政策，还要制定正确的工作方法。有了正确的方针政策，如果在工作方法上疏忽了，还是要发生问题。"① 书记要当好"班长"，既要加强自身的学习和研究，注意向其他委员作宣传和组织工作，处理好同他们之间的关系，充分发挥他们的作用，带好党委这"一班人"。如果这一班人动作不整齐，就休想带领千百万人去作战、去建设。

毛泽东一向重视工作方法、领导艺术和领导作风。1933年8月20日，毛泽东在《必须注意经济工作》中指出：没有正确的领导方法和工作方法，要迅速地开展经济战线上的运动是不可能的。1934年1月27日，在《关心群众生活，注意工

---

① 《毛泽东选集》第四卷，人民出版社1991年版，第1440页。

作方法》中指出：我们不但要提出任务，而且要解决完成任务的方法问题。他形象地把完成各项任务比作"过河"，而领导方法、工作方法则是过河不可缺少的"桥"和"船"。在《关于领导方法的若干问题》、《党委会的工作方法》、《工作方法十六条》等一系列著作中，他提出了许多具体的工作方法，比较重要的有：

实事求是、调查研究。按照实际情况决定工作方针，这是一切共产党员所必须牢记住的最基本的工作方法。解剖麻雀，是对搞好典型调查工作方法的一种形象说法。麻雀虽小，却肝胆具全，所以要解剖麻雀的机体构造和

1954 年 9 月 6 日，毛泽东、周恩来、朱德、陈云在中南海紫光阁前。

特性，只需解剖一两个麻雀，而不用分析每一个麻雀。这就是解剖麻雀的方法，也就是要通过对个别有代表性的地方、单位甚至个人的调查，以求得对普遍情况的了解与掌握。1930 年 5 月，毛泽东在江西寻邬县作了一次大规模的社会调查，找来了一部分中级干部，一部分下级干部，一个穷秀才，一个破了产的商会长，一个曾经在县衙门中管过钱粮的已经失了业的小官吏。他们向毛泽东提供了许多闻所未闻的知识。毛泽东根据这些人提供的材料，对该县的阶级情况、经济生活等作了详尽的

解剖，求得了对中国农村的普遍性认识。1956 年 9 月 25 日，毛泽东号召领导机关的负责同志都要学习"解剖麻雀"，亲自调查一两个农村，解剖一两个麻雀，以取得经验，正确地指导工作。

从群众中来，到群众中去和种试验田。这是毛泽东提出要普遍推广的一条工作方法。是"一切经过试验"方法的具体化。到基层群众中去，和他们一起搞科学实验，以取得典型经验，指导群众的生产活动。1958 年 2 月，在《工作方法十六条（草案）》中要求普遍推广这一方法，在农村是种试验田，在城市是抓先进典型。实践证明，种试验田是一条行之有效的领导方法。他可以克服官僚主义和主观主义，密切党群关系，使干部做到又红又专。

要学会"弹钢琴"，既抓住中心工作而同时又开展其他方面的工作。党委会管的工作有许多方面，各地、各军、各部门的工作，都要照顾到，不能只注意一部分问题而把别的丢掉。凡是有问题的地方都要点一下，但如果不抓中心环节，没有重点，也不利于工作的进步和事业的发展。这象弹钢琴一样，十个指头都要动，不能有的动，有的不动。但十个指头都按下去，那也不成调子。要产生好的音乐，十个指头的动作要有节奏，要互相配合。

抓两头带中间。在《工作方法六十条（草案）》中，毛泽东说：抓两头带中间，是一个很好的工作方法。任何一种情况都有两头，即有先进和落后，中间状态又总是占多数。抓两头就可以把中间带动起来，这是一个辩证法。

要加强集体领导，防止个人包办。书记是党的委员会中平等的一员，要善于集中大家的意见，重要的问题不能搞个人专断。党委书记要善于当班长，主要是指要正确处理党委书记和委员之间的关系，充分调动委员们的积极性。

【跟毛泽东学当“班长”】

毛泽东关于善于当“班长”的思想方法具体表现在以下几个方面：

要树立全局观。1936 年 12 月，在《中国革命战争的战略问题》中，毛泽东指出：没有全局在胸，是不能投下一着好棋子的。计划的每一个阶段都是全局的有机体。起始阶段是全局计划的有机的序幕。没有好的全局计划，决不能有真正好的开端。有了好的开端，还必须想到第二、第三、第四以及最后一步的做法。尽管往后变化难测，越远看越渺茫，然而大体的计算是可能的，估计前途的远景是必要的。那种走一步看一步的指导方式，对于政治是不利的，对于战争也是不利的。走一步应看那一步的具体变化，据此以修改或发展自己战略战役计划，不这样做，就会弄出冒险直冲的错误。然而贯通全战略阶段乃至几个战略阶段的、大体上想通了的、一个长时期的方针，是决不可少的。不这样做，就会弄出迟疑坐困的错误，实际上适合了敌人的战略要求，陷自己于被动地位。

因此，指挥全局的人，最要紧的，是把自己的注意力摆在照顾战争的全局上面。如果忽视了全局，就往往丢掉主要的去忙一些次要的问题，那难免要吃亏的。任何一级的首长，应当把自己注意的中心，放在那些对于他所指挥的全局说来最重要最有决定意义的问题或动作上，而不应该放在其他问题或动作上。

要注意调查研究。指挥员的正确的部署来源于正确的决心，正确的决心来源于正确的判断，正确的判断来源于周到的和必要的侦察和对于各种侦察材料的连贯起来的思索。指挥员使用一切尽可能的和必要的侦察手段，将侦察得来的敌方情况的各种材料加工以去粗取精，去伪存真、由此及彼、由表及里地思索，然后将自己方面的情况加进去，研究双方的对比和关系，因而构成判断，定下决心，定出计划。

要学会处理重大关系，进行正确的选择，做出科学的决策。干部决策的重要性在于选择，在于正确处理内因与外因的关系。关于第五次反"围剿"为什么失败，在遵义会议上有过一场争论，当时国际派来的军事顾问、德国人李德说，它完全由于敌人过于强大。敌人是外因，面对外在的环境，行为主体可以有不同的选择。事实上，主体的不同选择可以导致不同的结果。关于第五次反围剿的原因，毛泽东曾经说道："非战之罪，天乃亡我的说法是错误的。第五次反围剿失败，敌人的强大是原因，但战之罪、干部政策之罪、外交政策之罪、军事冒险之罪是主要原因。战之罪的战，是指战争的决策和战争的行为方式。在战争的行为上，干部决策是首要的，由于决策失误之罪，往往导致失败的结果。因此，外在是原因，但决策的方式导致的行为结果恰恰是主要原因。

要坚持集体领导原则。倡导由中国共产党的集体而不是个人决定问题并组织实施的领导原则，是民主集中制在党领导工作中的体现。毛泽东在领导中国革命和建设中论述并实践了集体领导原则。1948 年 9 月 20 日，毛泽东为中共中央起草的《关于健全党委制》的决定中具体论述了集体领导原则问题。指出：党委制是保证集体领导、防止个人包办的党的重要制度。强调必须注意集体领导和个人负责相结合，二者不可偏废。1953 年 8 月，毛泽东在《反对党内的资产阶级思想》中指出，为了保证社会主义事业的成功，必须实行集体领导，反对分散主义和主观主义。只有依靠集体的政治经验和集体的智慧，才能保证党和国家的正确领导，保证党的队伍不可动摇的团结一致。1955年3月，毛泽东在中共全国代表大会上进一步指出，鉴于个人智慧必须和集体智慧相结合才能发挥较好的作用和使我们在工作中少犯错误，中央和各级党委必须坚持集体领导原则。实行集体领导原则，可以依靠和发挥集体的政治经验和集体的智慧，防止和避免个人包办或者无人负责的不良倾向，防止和减少决策中的失误或片面性，使党的正确领导建立在比较可靠的基础上。

跟毛泽东学激励干部

> 有了能力强、智慧高而又有干劲的部属之后，下一步要做的就是激励他们，使他们发挥创意。毛泽东无论在革命战争年代，还是社会主义建设时期，都善于用激励的方式鼓舞干部，使他们焕发出无限的热情，以坚定的意志去努力工作。关于毛泽东的激励方法，可以从不同的角度和层次挖掘……

【领导与激励干部】

日本的著名企业管理人盛田昭夫说了这样一句名言："有了能力强、智慧高而又有干劲的部属之后，下一步要做的就是激励他们，使他们发挥创意。"

激励的方式很多，有物质激励方式，还有精神激励方式。在精神激励方式中有通过增强荣誉感进行激励的，也有用危机意识激发人的。善于妙用危机感和忧患意识进行激励是显示领导水平的一个重要方面。对这一问题也是历来受人重视和被人津津乐道的。对这一方面的论述，我们可以追述到《孙子兵法》中去。在该兵法的《九地》篇中，孙子说过一句："陷之死地而后生，置于亡地而后存"。用白话说就是，当人面临绝境，进行生死抉择时，如果加以必要的激励，就能转危为安，转败为胜。置于死地而后生的激励方法无论在古代还是在现代都具有普遍意义。

《史记·淮阴侯传》记载，韩信率兵进攻赵国，他命令一万人做先头部队，并背靠河水摆阵势。当赵国军队看到这种阵势之后，讥笑韩信不懂兵法，但战局一开，水边军士都拼死战斗。兵力、人数都占绝对优势的赵军非但不能取胜，反而被韩信所败。这就是著名的背水之战。背水之战之所以能以少胜多，其根本原因就是面对死亡危机之中，一种求生的欲望反而激励了他们奋勇向前，齐心合力去奋战，争取胜利。

有人说，日本人的忧患意识很强，他们很强的竞争能力与这种意识有一定的关系。不过日本人的确很善于利用忧患意识的激励方式。日本的小松制作所是一家专营土木工程机械的厂家。1961年其产品占日本市场的60%左右。正当春风得意之时，突然出现了一个严重的挑战：占有世界市场50%的美国一家同类公司准备同新三菱合资生产推土机，日本通产省认为这样可以迅速提高日本现有技术，准备批准这项合资申请。小松制作所是首当受冲击的对象。面对如此的危机，他们有两种选择，一是被动地接受这一现实，参加合资经营，充当小伙计；另一个就是积极地迎接挑战，拿出自己的产品与其竞争。小松制作所勇敢地选择了后一条路。公司领导河合良召集全体干部，讲明公司所面临的危机，并发誓要在三年内造出超出进口推土机的新产品来。这是一个关系到公司生死存亡的重要决策，这一决策得到了全体职工的热烈响应。经过大家的奋力拼搏，小松制作所终于在进口推土机打进日本之前抢先造出了一批新型先进的推土机，从此，公司大振，一跃成为世界闻名的大企业。现任日本松下公司的总经理山下俊彦，也善于运用在公司内造"危机感"、"忧患感"和"饥饿精神"的氛围，并把此看作是松下经营思想的核心部分。他认为，企业越大，衰落的危险就越大。他常常用有些企业失败的教训提醒部下，使大家在大好的局势下始终保持一种危机感和忧患意识，鼓励大家不断创新，不断地向新的目标冲刺，要有一种永不满足的"饥饿精神"，从而推动松下不断进取，精益求精。

忧患意识刺激的作用，在不同的学科领域都有一定的研究。行为科学理论认为，人们在险恶的环境中，会不遗余力地奋斗求生，发挥潜在的能量，爆发出异乎寻常的勇气，又会自动放弃平素的偏见和隔阂，达到团结一致。总之，妙用忧患的激励方法，它可以激发人的潜能，创造力，提高工作效率和效益。

【毛泽东是如何激励干部的】

毛泽东无论在革命战争年代，还是在社会主义建设时期，都善于用激励的方式鼓舞干部，使他们焕发出无限的热情，以坚定的意志去努力工作。关于毛泽东的激励方法，我们可以从不同的角度，不同的层次去挖掘，它具有丰富性和多样性的特征。在这里我们通过信任激励法可窥一斑。

信任是相信而敢于托付的意思，它是引起他人全心全意、愉快地从事某项活动的一种心理效应。在领导用人的活动中，实行信任激励，就能使人们在受到信任后产生荣誉感，激发责任感，增强事业心，会使人全身心地投入到某项工作中去。所以，人们通常把信任誉为"最高的奖赏"，"力量的象征"。

从心理学角度讲，信任激励法是以人们心理上的"信任需要"为根据的。即每个人都有被别人所信任的需要，而当这种需要得到满足的时候，人们就会感到鼓舞和振奋。反之，不被人所信任，将会令人懊丧和痛苦的。同时，这种期待信任的心理一旦得到满足，就意味着一种激励，可以激发人们的主动性和创造性。

1938 年，毛泽东在抗大作报告。

从领导实践看，使用信任激励法有以下几个优点：第一，信任可以增强下属的工作责任感。信任是尊重的一种表现，也是体现某一个人存在价值的形式。作为领导对部下持信任态度，下属就会把职权范围内的工作视为施展才华的途径，认真负责，不折不扣地执行决策，并且在实践中及时发现和补充决策中的不足，积极地面对新情况，以保证决策的成功。如果领导对部下持有怀疑态度，那就会使部下失去上进的信心和动力，从而导致工作上不负责任，对领导布置的工作任务持消极态度。这就是你无论如何决策，他都原样执行，即使发现有失误和不完善之处，也会以"领导是这样指示的"为借口，眼看着失误或损失也不去纠正、弥补。事后还会以"与己无关"来推卸责任，从而造成整体工作的被动局面。

信任可以增加情感。人是有感情的高级动物，感情是思想的表露，思想则是指导人们行为的指挥机构。因此，个人对工作的主动性如何，情感的因素是不容忽视的。忽视情感的恰当运用，会造成下属的挫折感，因而也容易挫伤下属的积极性和主动性，遇到问题不做主动处理，遇到矛盾绕着走。

信任激励作用作为领导用人的方略，它有许多具体的表现形式，其主要的有，扬长避短的方式，关怀的方式，恳谈的方式等。

毛泽东委傅作义以重任，并对他的高度信任，通过充分肯定他的义举，使这个国民党的高级将领为人民做了很多有益的事情。

傅作义先生是率领 50 万余官兵投奔到人民阵营中的一位国民党的高级将领，1949 年 1 月接受了中国共产党关于和平解放北平的条件。毛泽东高度地称赞了这一义举为人民立下了大功。

1949 年 2 月 22 日，毛泽东在西柏坡接见了傅作义。一见面，毛泽东用双手亲切地握住了傅作义的手，愉快而风趣地说："过去我们在战场上见面，清清楚楚，今天我们是姑舅亲戚，难舍难分。"毛泽东对他在北平的和平解放中的表现，给予充分的肯定，并针对傅作义的忧虑说，假如说你过去有错的话，那么现在功过权衡，还是功大于过，也是有功人员。并告诉他不久中共中央就要到北平去，提出以后要加强合作，共同建设好这个国家。毛泽东接着说，我们到北平以后，就要召开民主党派、人民团体、无党派人士、各少数民族和华侨等各方

面的代表人物开会，成立中华人民共和国政府。你可以被邀请
参加会议，你有功也有代表性。毛泽东的话给傅作义很大的鼓
舞，使积聚在他心中的疑虑顿时解除。他向毛泽东表示，回北
平后，一定向部下传达毛主席和其他中央首长的指教和关心，
一定要做好部队的和平改编工作。并表示他个人无条件地服从
毛主席和党中央的决定，叫做任何工作，都保证做好。在有生
之年做些有益的事情，以弥补过去的过错。

　　最后，毛泽东又问傅作义想做什么工作。他回答想到黄河
河套一带去做点水利建设方面的工作。毛泽东则说："你对水
利感兴趣？黄河河套水利工作面太小，将来你可以当水利部长
么！那不更能发挥作用吗？"

　　经过这次见面，进一步坚定了傅作义为人民多做工作的决
心。1949 年 8 月，绥远的和平起义遇到严重困难当头，他亲
赴绥远解决此事，如期实现了绥远的和平起义。9 月 22 日，
傅作义回到北平，在第一届政协会议上做了充满激情的讲话。
后来毛泽东又多次在共产党和群众中替傅作义做工作，并给予
他信任和关怀，解放初期正式让他担任的职务有：第一届全国
政协委员、中央人民政府委员、政务院水利部部长、绥远军区
司令员等职。

　　任用干部不但要指示他做什么，还要深入干部中去，对他
加以关怀，并经常地鼓励和指导。用关怀激励干部是毛泽东善
于用干部的一大特征。

　　新中国成立后，李四光毅然回国，参加新中国的建设，并
担任地质部长一职。期间毛泽东多次接见李四光，并多次询问
和关心地质问题，还作了许多指示，为开展石油普查提供了战
略决策。

　　1952 年，毛泽东曾向李四光询问地质力学中"山字型构

造”这一概念的内涵。后来又关切地问李四光我国天然石油的远景怎样？李四光用乐观的、十分肯定的语气回答毛泽东说，我国天然石油的远景大有可为。据此，毛泽东当即作了关于开展石油普查的战略决策，并指出，地质部是党的地质调查研究工作部。他的工作好坏，关系到“一马挡路，万马不能前行”。

根据毛泽东的战略决策，周恩来组织地质部和有关部门一起，从1955年开始，在全国范围内开展了战略性的石油普查勘探工作。根据地质力学的理论，他们在一些辽阔的中、新生代沉积盆地中，在约200多万平方公里的面积内进行了程度不同的石油普查，打了3000多口普查钻井，总进尺120多万米。从所取得的大量地质资料看，不仅初步摸清了我国石油地质的基本特征，而且证实了我国有着丰富的天然石油资源。不久以后大庆油田喷射出了大量的石油。

石油找到了，毛泽东对这一功绩一直记在心上，并不失时机地进行激励。1964年，在三届人大会议期间，毛泽东又一次找李四光，并风趣地对他说：“李四光，你的太极拳打的不错啊。”看到李四光一时没有明白过来，毛泽东进一步笑着说：“你那个地质力学的太极拳啊。”毛泽东的这番话是对李四光用其新华夏构造体系找到了石油的高度评价。毛泽东的赞扬，更加激励了李四光为祖国找到更多的石油而贡献自己力量的决心。

有一次，李四光在怀仁堂开完一个会以后，毛泽东邀请他一起观看在北京第一次演出的豫剧《朝阳沟》，两人边看剧，边交谈，谈了剧也谈到了石油。在谈到石油问题时，毛泽东对地质部和石油部在找油方面所做出的贡献给予高度的评价。演出结束后，毛泽东又拉着李四光一起登上舞台，同演员合影留念。据李林讲，李四光回家后对他们说：“在找油方面我们刚刚迈了一步，主席就这么热情地鼓励我们，还在各种场合，用各种方式启发教育我们要深入实际、走与工农兵相结合的道路，给我们科学工作者指明了方向、道路。"李四光的激动心情久久不能平静，他就好象获得了新的、无限的生命力，变得象年轻人一样。

【跟毛泽东学激励干部】

有效的激励能让所有利益关系人共同努力，凝成一股永不止息的洪流，不断献计献谋，激发创新，使事业的发展更上层楼。而形成凝聚力的激励，首先要形成一种精神，只有在一定精神的驱使下，才能在人的心理产生刺激，并发出奋斗的激情。精神激励能产生晕轮效应，即当许多复杂因素同时出现时，人们往往以其主导的精神因素为基础做出判断。使其它因素作为次要的而被忽视。毛泽东在激励干部的过程中非常注意精神的因素。

毛泽东激励干部要敢于坚持真理，就曾多次讲过卞和献璞的故事。这个故事说：楚国有个卞和，得到一块很好的玉，献给楚王，楚王说他骗人，把他的左脚砍掉了。第二次又献上去，还说他骗人，把他的右脚砍掉了。卞和坚信真理，坚信自己献的是好玉，第三次再献上去，被确实证明了是块好玉，才取得了信任。毛泽东讲这个故事说明，要使人们相信真理，抛弃偏见，不是一件简单的事，为此甚至还要作出某种牺牲。他指出：历史上新的正确的东西，在开始的时候常常得不到多数人承认，只能在斗争中曲折地发展。正确的东西，好的东西，人们一开始常常不承认它们是香花，反而把他们看作毒草。哥白尼关于太阳系的学说，达尔文的进化论，都曾经被看作是错误的东西，都曾经历艰苦的斗争。

　　1957 年 6 月，毛泽东让吴冷西到《人民日报》去工作，并严肃地告诫吴冷西说，你到《人民日报》工作，要有充分的思想准备，要准备遇到最坏的情况，要有"五不怕"的精神准备。这"五不怕"就是：一不怕撤职，二不怕开除党籍，三不怕老婆离婚，四不怕坐牢，五不怕杀头。有了这五不怕的准备，就敢于实事求是，敢于坚持真理了。

　　毛泽东说，撤职和开除党籍并不罕见，要准备着。杀头在正确的路线领导下大概不至于，现在的中央不同于王明"左"倾路线的领导，也不同于张国焘。但坐牢得有精神准备，共产党内一时受冤屈的事还是有的，不过在正确路线领导下终究会平反纠正的。一个共产党员要经得起受到错误的处分，可能这样反而对自己有益处。屈原既放而后有《离骚》，司马迁受腐刑乃发愤著《史记》。他自己也有这个体会。他说道，他讲打游击战的十六字诀时，并没有看过《孙子兵法》。后来，王明"左"倾路线领导讥讽说十六字诀来自过时的《孙子兵法》，而反"围剿"打的是现代战争。这时他才找到《孙子兵法》来看。列宁的《国家与革命》也是这时看的。那时他被解除了中央红军的职务，就利用空闲看了不少从红军走过的县城中弄来的书籍。

　　从心理学的角度讲，精神是人需求的最高层次。这一点已被人们普遍接受。如爱的需要、尊重的需要等就属于精神需求的具体表现。关于这个问题，马斯洛在他的需求层次论中作了较好的表述。他认为人的需求由低级到高级依次为：生理需要、安全需要、爱的需要、尊重的需要和自我实现的需要。马斯洛的需求层次理论认为生理需求为基本的，它是其它需求的前提和基础，这与马克思的历史活动的动因（或前提）是相接近的。

马克思指出：历史活动的动因（或前提）是人的需求和需求的满足。人的需求的第一个前提（因素）是为生存而进行的物资生产活动。"人们为了能够'创造历史'，必须能够生活。但是为了生活，首先就需要吃喝住穿以及其他一些东西。因此第一个历史活动就是生产满足这些需要的资料，"这是一切历史的基本前提。

人的需求的第二个前提（因素）是创造的需要。即在已得到满足的基础上的进一步满足的需要。也就是在原有满足基础上又引起新的需要。它需要创新和创新机制的创造性活动才能实现。一切历史的发展无不是创造性的活动。在第一基础上的人的这一活动，具有明显的精神性质。没有一定的精神支持，人的能动性是难以体现的。

因此，对人进行精神激励，能引发人的情感，如爱、良心、道德和幸福等；能激发人的创造潜能的发挥；能使人有一种美的感受，让人达到一种境界。

第四章
跟毛泽东学动员与组织群众

·人民，只有人民，才是历史的创造者·

跟毛泽东学群众观点

> 在我党的一切实际工作中，凡属正确的领导，必须是从群众中来，到群众中去。这就是说将群众的意见（分散的、无系统的）集中起来，（经过研究，化为集中的系统的意见），又到群众中去作宣传解释，化为群众的意见，使群众坚持下去，见之于行动，并在群众行动中考验这些意见是否正确。然后再从群众中集中起来，再到群众中坚持下去。如此无限循环，一次比一次地更正确、更生动、更丰富。
>
> ——毛泽东

【领导活动与群众观点】

领导活动，是领导者通过影响群众以完成特定的公共目标的社会活动。这意味着，领导活动既不是领导者作为个人的某种活动，也不是领导者为了个人的某种活动。也就是说，领导活动，归根结底，不过是群众的社会活动的一种形式。这就需要领导者对他所从事的那种社会活动的性质与结构要有一个起码的意识。这个意识，从其主观形式来看，就是领导者的自我意识；而从其客观内容来看，也就是所谓群众观点。群众观点，是真正意义上的领导活动的出发点。

群众观点，可以从客观意义与主观意义两个方面来看。

在客观上，只有人们群众才是社会活动的主体和历史的创造者。而领导者，无论他是多么杰出的历史人物，都不是这样的主体和创造者。相对于人民群众这个主体的历史创造活动来说，领导者的力量，无论其多么巨大，也都是次要的和微弱的。

在这个方面，领导者只是群众生产与社会活动的"动员者"、"组织者"、"指挥者"，是群众运动的"领路人"。领导者发挥作用，是"依靠"（By）群众和"通过"（Through）群众实现的，而不是由自己实现的。领导者的作用，归根结底，只能是一种"服务"的作用。领导者是群众的"代言人"和"代理者"，而不能"取代"和"代替"群众的生产和社会活动。

在主观上，领导者需要在思想上、观念上、态度上与群众的思想情绪发生一个正当的关系。这种主观上的关系，也就是领导者对群众的激励、教育、凝聚人心、思想政治工作。在最终的意义上，这种关系也包括改造文化和提高群众的精神状态等。

此外，所谓"群众观点"也是相对于"干部观点"而言的。所谓"出主意，用干部"，是领导者与他的直接追随者之间的关系问题。而相对于群众来说，领导者与他的追随者，仍然属于领导阶层。因此，这样的领导阶层也仍然有一个面对更为广大的群众的问题。所以，从领导者这个方面来看，群众观点又是干部观点的延续和延伸。

【毛泽东的群众观点】

"从群众中来，到群众中去"。

群众观点是马克思主义的首要的和基本的观点。马克思主义认为，人民群众是社会活动的主体和历史的创造者。毛泽东把它集中概括为"从群众中来，到群众中去"。这个概括，从动态的角度，指明了领导者与群众所应该具有的正当的关系。它不仅仅具有理论上的意义，而且，更具有方法论的意义。

毛泽东指出，"在我党的一切实际工作中，凡属正确的领导，必须是从群众中来，到群众中去。这就是说将群众的意见（分散的、无系统的）集中起来，（经过研究，化为集中的系统的意见），又到群众中去作宣传解释，化为群众的意见，使群众坚持下去，见之于行动，并在群众行动中考验这些意见是否正确。然后再从群众中集中起来，再到群众中坚持下去。如此无限循环，一次比一次地更正确、更生动、更丰富"。

"领导骨干和广大群众在组织中在斗争行动中发生正确关系的思想，正确的领导意见只能从群众中集中起来又到群众中坚持下去的思想，在领导意见见之于实行时要将一般号召和个别指导相互结合的思想，都必须在这次整风中普遍地加以宣传，借以纠正干部在这个问题上的错误观点。"

"许多同志，不注重和不善于团结积极分子组成领导核心，不注重和不善于使这种领导核心同广大群众密切地结合起来，因而使自己的领导变成脱离群众的官僚主义的领导。"

　　"许多同志，不注重和不善于总结群众斗争的经验，而喜欢主观主义地自作聪明地发表许多意见，因而使自己的意见变成不切实际的空论。"

　　"许多同志，满足于工作任务的一般号召，不注重和不善于在作了一般号召之后，紧紧地接着从事于个别的具体的指导，因而使自己的号召停止在嘴上、纸上或会议上，而变成为官僚主义的领导。"①

　　在毛泽东那里，"从群众中来，到群众中去"并不仅仅具有发展了马克思主义群众观点的理论上的意义，而更是把马克思主义理论与中国革命实践相结合的产物，是他长期革命实践经验的高度概括与升华，是从实践经验中摸索出来、有比较有分析的真知卓见。

领导活动中的"两个依靠"

　　"从群众中来，到群众中去"的群众观点应该从两个方面看。一方面，在归根结底的意义上，"群众是真正的英雄，而我们自己则往往是幼稚可笑的"。这是群众观点的前提。因此，要依靠群众。但是，另一方面，群众的力量只有通过干部才能组织起来、开发出来和凝聚起来。群众是"沙"，干部是"泥"。有了领导，有了干部，群众才知道往哪走，跟谁走。因此，还需要依靠干部。一个依靠是依靠群众，另一个依靠是依靠干部，两个方面不可偏废。

　　党大致有两部分构成，一部分人出主意，属领导干部，另一部分人是办事人员，可以叫一般干部。确切地说，前者叫领导，后者叫干部。"干部"就是干事情的那一部分。群众是水，

---

① 《毛泽东选集》，第三卷，第899页。

干部是桨手，领袖是舵手。

建国后，毛泽东曾经多次指出，刘邦之所以成功，有三个主要的原因。一个是因为决策对头；一个是用干部得当；但是，最为关键的是，刘邦出身社会下层，对人民群众的疾苦有深切的体验，有群众观点。与项羽相比，刘邦才是政治家。毛泽东的这个评论，一针见血地指出了是否有群众观点是衡量是否是政治家及其水平高低的标志。把政治家问题与群众观点联系起来，这是深刻的见解。

关于这一点，刘少奇也曾经指出，中国历史上曾出现过不少能干的封建帝王，如刘邦、刘备、曹操、赵匡胤、朱洪武等人。这些人都是在打游击中打出天下的。在开始的时候，这种打游击的英雄很多，最后能够统一天下的便称为"真命天子"。他们所以能够成功，具备有两个共同的条件：第一是具有比较适合群众要求的政策；第二是因为他们能够团结干部，能够以宽大政策对人。

【跟毛泽东学群众观点】

群众观点是领导活动的出发点

领导活动，不是从一个感到自己个人力量的强大开始的，而是从一个意识到自己个人力量的弱小开始的。换句话说，领导活动是从一个人意识到他需要通过依靠和借助其他人的力量，去完成某种更大的事业的时候开始的。这个转变，一方面，从观念、定位和态度上，使他进入领导者角色；另一方面，使他们的活动带有了领导活动的性质。

领导者感到自己个人的力量弱小，这既可能是相对于所要完成的任务的庞大艰巨而言的，也可能是相对于作为一个集体的群众而言的。但是，对于领导工作来说，它的特点正在于，它是通过影响群众去完成任务。要弥补领导者个人力量的弱小，当然不能谋之于领导者个人，但是也不能直接谋之于任务本身，而只能谋之于群众。因此，意识到领导者自己作为个人力量的弱小，就需要领导者有一个群众观点。

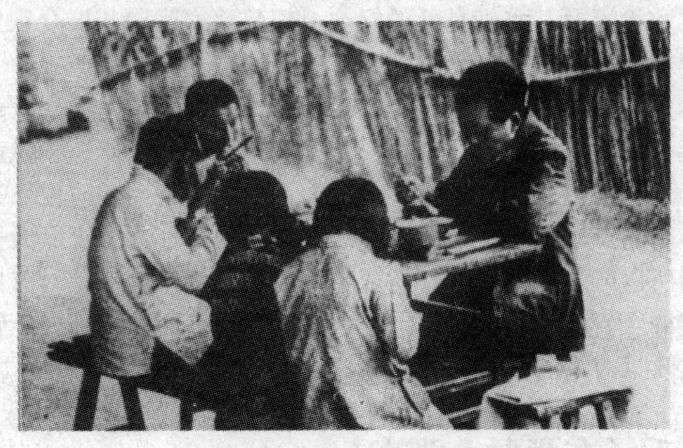

毛泽东在陕北农村，同农民一起吃饭。

在这个转变之后，领导者可能不是谋之于群众，而是谋之于干部。但是，干部实际上是领导者阶层的一部分。谋之于干部，归根结底，不过是绕一个弯，最后仍然是谋之于领导者们。虽然这时领导者的人数增加了，力量也可能加强了。但是，相对于任务、特别是相对于群众来说，领导者们的力量仍然是弱小的。问题仍然没有解决。要解决问题，还是需要谋之于群众，需要群众观点。

领导者对他个人力量的弱小、他需要谋之于群众的意识会有早有晚，会有认识程度的差别。但是，只要他不意识到这一点，从而要么谋之于己，要么直接谋之于任务，那么，不但任务是完不成的，而且，他也没有从主观上进入领导角色。他可能迷迷瞪瞪、东一榔头西一棒槌，也可能或积极或消极，但是，他总是不得要领不得其门而入，始终处于领导活动之外。他也可能实际上呆在"领导"的位置上，但是，无论是他的上级还是他的下级，或者是群众，都不把他视为合格的领导者。他们会感到他不象。另一方面，一旦他进入了领导角色，虽然他实际上并没有被"任命"，别人也还是会认为他是一位领导者或者"是那么回事"。总之，"他象个领导者"。

群众观点与领导工作的"三线"

领导工作，是领导者通过调整方方面面的关系，以调动群众的积极性能动性创造性以完成特定的领导任务的。在这个方面，领导者就不是显得"弱小"而是显得"强大"和"有力量"。当然，在这样做的时候，既需要领导者有一个"起码"的群众观点，又需要他把自己的定位摆在一个恰如其分的位置上。

领导活动所涉及的方方面面的关系，可以区分为三个不同的层次，也可以称之为领导活动的"三条战线"。就领导活动本身来看，领导活动自身内部各种关系的调整，如领导者的变更、特别是领导制度的建立，是领导工作的"一线"。生产关系、社会关系和思想关系等三重关系的调整，是领导工作的"二线"。社会与自然关系的调整、特别是社会生产的性质的调整，是领导工作的"三线"。

但是，就历史的创造和社会实践活动本身来看，"三线"的划分正好相反。社会与自然关系的调整，例如，社会的生产和再生产、社会生产性质的调整，是最为根本、最为重要的社会活动，是"一线"的活动。生产关系、社会关系和思想关系等三重关系的调整，是服从和服务于整个一线的生产和再生产的，是"二线"的活动。而领导活动自身内部各种关系的调整，不但服从和服务于一线的生产和再生产，而且，服从和服务于生产关系等三重关系的调整，只能是整个社会活动的"三线"。

群众观点并不否认领导者的作用

作为领导科学的一个命题，"人民群众是历史的创造者和社会实践的主体"是指，从性质上看，领导者与人民群众在整个社会活动中处于不同的地位，从而二者具有不同的作用与意义。

领导者与人民群众在社会活动中所起作用的性质不同。

从根本上看来，人民群众之所以是历史的创造者和社会实践的主体，是因为人民群众是社会物质财富的创造者，是社会精神财富的创造者，也是社会变革的主导力量。

人民群众的历史创造和社会实践，是原创性的。相对于这种原创性的社会活动，领导者所起到的作用，归根结底只能是一种服务性质的作用。具体而言，领导的服务功能只能是，在正确预见的基础上，成为事变的发起人，成为人民群众参与事变的动员者，成为人民群众的社会活动的组织者。

此外，人民群众的社会活动是根本，是主体部分，是创造性的根源，而领导者的作用、包括其创造性活动，是从属的，是局部，是派生的。而且，从数量上看，相对于人民群众持久的和大规模的历史和社会创造来说，领导者及其领导活动是短暂的和少量的。

群众是"沙"，干部是"泥"；群众是水，干部是桨手，领袖是舵手等等说法不过是某种形象的比喻。就造成一种强大的力量来说，"泥"并不比"沙"更重要；"舵手"也并不比"桨手"或者"水"更重要。而在归根结底的意义上，要造成强大的钢筋水泥，恐怕"沙"比"泥"更重要；而要有"桨手"或者"舵手"，恐怕首先要有水才行。领导与群众是领导活动的两个方面。但是，群众是更为根本的方面。

跟毛泽东学动员群众

> 从思想与政治优势入手动员群众，把物质利益与精神利益有机地统一起来，把"给"与"取"有机地统一起来，是毛泽东动员群众的领导艺术的真谛……

【领导活动与动员群众】

领导活动，是领导者通过影响群众以完成特定的公共目标的社会活动。领导活动的特殊结构是：领导者－群众－任务。这个结构表明，领导活动既不是领导者个人独自去面对任务的活动，也不是涣散的群众独自去面对任务的活动，而是领导者通过群众去面对任务的活动。这样，领导者通过群众面对任务，首先就有一个领导者影响群众的问题。而领导者影响群众，首要的又是动员群众的问题。

所谓动员群众，包括两个层次的不同内容。

第一个层次是认知意义上的动员。这又包含两种可能的情况。第一种情况是，群众本来可能是处于不活跃状态。这个意义上的动员就是把群众的认识、心理与情绪状态调动和激励起来，提高到一个较高和较活跃的状态。第二种情况是，群众本来已经处于一种比较高、比较活跃的心理与情绪状态。但是，这种比较高、比较活跃的心理与情绪状态，可能不适合目前的任务需要。因此，就需要把这种心理与情绪状态转换到另一种期望的心理与情绪状态。

第二个层次是准备行动意义上的动员。已经被调动和调适的群众的心理与情绪状态，需要进一步被引导向领导任务的完成。群众虽然已经被调动和激励起来，但是，他们对需要完成的任务的性质、结构、困难程度、进展状况、完成任务的前景与结果、完成任务与他们自身的关系等等，可能缺乏明确的了解。

也就是说，群众的心理与情绪虽然处于活跃的状态，但是，它可能处于另一种"无明"的状态。它是"盲目"的。那么，在这种情况下，就需要进一步把群众活跃的心理与情绪状态引导向对完成任务的关注，对完成任务的积极准备，对完成任务的投入。

认知意义上的动员，是群众相互之间以及他们与领导者之间的认识上、心理与情绪上的关联。准备行动意义上的动员，是领导者、群众两个方面与任务的关联。前者是"人际关系"意义上的动员，也是横向的动员。后者是"人事关系"意义上的动员，又是纵向的动员。任何真正意义上的动员，都不单是其中某一个方面的动员，而是把人际关系的动员与人事关系的动员结合、整合起来的动员。也只有把这两个方面结合和整合起来，动员才能达到它的目的。

【毛泽东与动员群众】

　　在革命与在建设中，注重从思想上政治上动员群众，是毛泽东动员群众高屋建瓴的大手笔。革命家与统治者不同。统治者可以利用现成的东西特别是物质利益上的东西去动员群众。例如，在组织军队的问题上，处于统治地位的领导者阶层，就可以利用他们手上所掌握的物质利益去动员民众参军。而从事革命的革命家政治家则不具备这个优势。

1938 年，毛泽东在抗大作报告。

　　但是，另一方面，如果革命家政治家能够把群众经济上社会上被统治被剥削被鄙视的劣势地位转化成他们思想上政治上的觉醒与觉悟，那么，这对于革命家政治家来说，也就转变为他们动员群众的优势。这里，不但有一个劣势与优势相互转换的问题，而且，也有一个"给"与"取"相互转换的问题。

　　四十年代，毛泽东对动员组织群众有过精彩的论述。毛泽东说，一切空话都是无用的，必须给人民看得见的物质福利。

……我们第一个方面的工作并不是向人民要东西，而是给人民东西。但是，给什么呢？眼前的物质利益是没有的，也是不可能的。

毛泽东认为，共产党及其领导者能够给人民的，首先就是组织人民、领导人民、帮助人民发展生产，增加他们的物质福利，并在这个基础上一步一步地提高他们的政治觉悟与文化程度。……只有在做了这一方面的工作，并确实生了成效之后，我们才做第二个方面的工作。向人民要东西的工作时，我们才能取得人民的拥护，他们才会说我们要东西是应该的，是正当的。毛泽东认为，只有在懂得并且实现了这样两个方面工作的配合时，我们方能算得上一个完全的共产主义的革命家。

我们可以看到，在长期的革命与建设实践中，毛泽东正是从思想动员与政治动员入手，发挥了思想政治工作在动员群众上的优势，才把广大的群众调动了起来，激励了起来。毛泽东动员群众，不仅仅注意群众的物质利益，注意群众的精神利益，而且，注重物质利益与精神利益的相互促进相互提高，从而把群众提高一个更高的层次。毛泽东动员群众，不仅仅注重"取"的方面，而且，首先注重的是"给"的方面；是"给"与"取"的辩证的统一。从思想与政治优势入手动员群众，把物质利益与精神利益有机地统一起来，把"给"与"取"有机地统一起来，这才是毛泽东动员群众的领导艺术的真谛。

【跟毛泽东学动员群众】

动员群众的三个环节

动员群众需要掌握好三个环节。

第一个环节是"影响群众"。人民群众是历史创造和社会实践的主体。领导活动只能是通过人民群众这个中介，通过对人民群众的影响实现和完成的。通过对人民群众的影响而实现和完成的活动，既是社会活动的实现和完成，也是领导活动的实现和完成。在领导者－群众－任务的关系中，正是"影响群众"沟通了领导者与任务两个不同的方面，把同一活动的两端——领导活动和社会活动——联结了起来。

领导者影响群众的活动，可以区分为两个层次。第一个层次是调动和激励群众的积极性，第二个层次是引导群众参与、支持所期望的社会活动。前者主要地是一个"动员"群众的问题，是影响群众中的认识问题。后者主要地是一个"组织"群众的问题，是影响群众中的实践问题。

第二个环节是正确的预见。动员群众，建立在对事态的正确预见的基础上。有了正确的预见，才能抓住事态的转机，估计事态发展的趋势。这为动员群众提供了一个客观的基础。有了正确的预见，才能使得领导者比一般群众站得高、看得远，从而为群众指出事态发展的大方向。这为动员群众提供了一个主观的可能。因此，所谓动员群众，也是为群众服务的一种形式，是为群众服务的一种具体内容。

第三个环节是制定和掌握政策。比一般群众站得高、看得远，能够指出事态发展的大方向，能够抓住事态发展的转机，估计事态发展的趋势，还只是影响群众的一种可能性。要真正动员群众，还需要在这个基础上进一步提出切实可行的目标、路线、方针、政策、口号等等，以宣传和动员群众。

这里，任何切实可行的目标、路线、方针、政策、口号等等，都要求体现两个"切合"。第一个切合是，政策要切合事态本身的性质与发展变化。第二个切合是，政策要切合群众的切身利益需要，适应群众主观上、心理上的接受程度。只有做到了这两个方面的切合和适应，所提出所掌握的目标、路线、方针、政策、口号等，才能够真正影响群众，把群众动员起来。

动员群众的两种片面倾向

动员群众的领导活动经常存在着两个片面的极端。在一个极端上，群众动员不起来。群众动员不起来，有两种状况。一种状况是，群众既可能是惰性的，同时也是懒散的。例如，近现代社会以来，中国逐渐沦落为所谓"积贫积弱"、"一盘散沙"的东亚病夫，就是这种既是惰性的，又是懒散的状态。另一种情况是，群众可能是高度组织化，不容易动员、特别是不容易被鼓动或者煽动的。例如，现代西方社会的群众，可以说是比较理性化的，又是高度组织化的。这样的社会就不容易被动员起来。

在另一个极端上，动员起来的群众丧失了控制，群众既没有被引导向任务的完成，他们相互之间也没有很好的疏导和协调。例如，在法国大革命的后期，激动的群众几乎丧失了控制，演变为大规模的群众暴乱。"文化大革命"后期，也出现过类似的情况。

动员群众，只有在既把群众动员起来，又把群众组织起来，取得二者的"对立统一"的情况下，才能达到预期的效果。

跟毛泽东学组织群众

> 有一种革命家，他们在理论上很强，但是在组织工作和实际工作方面却很弱。革命时代一到来，当要求领袖拿出革命实践口号的时候，理论家就退出舞台，让位给新人物了。要始终成为无产阶级革命和无产阶级政党的领袖，就必须一身兼备理论力量和无产阶级的实际组织经验。
>
> ——斯大林

【领导与组织群众】

领导活动，是领导者通过影响群众以完成特定公共目标的社会活动。影响群众既包括动员群众，也包括组织群众。组织群众，就是把已经动员起来的群众安排进某种秩序与规范中。在某种意义上，动员群众是组织群众的前提。只有群众已经动员起来，才有对群众的组织协调问题。

组织群众有两个功能。

组织群众的一个功能是"组"，即把动员起来的群众引导向预期的目标与任务的完成。"组"是调整人与事的关系，是群众与任务的关系。"组"是纵向的领导活动。在某种程度上，这个目标与方向也是事态本身的发展方向。纵向的组织是一个赢得群众的参与和支持的过程。

组织群众的另一个功能是"织"。"织"，就是"协调"，也可以说是"疏导"，是调整群众与群众相互之间的关系。"织"是横向的领导活动。横向的疏导有两种。一是调整方方面面的关系，协调各种各样的关系。二是建立、维持和维护把群众组织起来的规章制度。其中，建立、维持和维护那些稳定的和根本性的生产制度、政治制度和社会制度，是组织群众的重中之重。

组织群众的这两个功能，在"组织部"这个机构设置中有着鲜明的表现。所谓"组织部"有两大职能。一个职能是"组"，即把动员起来的群众与特定的任务联系起来；一个职能是"织"，即协调群众之间的相互关系。"组织部"是党的系统中的一个要害部门。党组织群众，是通过思想政治工作实现的。这是党的组织工作的特色。

动员群众与组织群众，是"影响群众"这个活动矛盾着的两个方面，二者并不总是统一的。动员群众是把本来可能是处于相对稳定状况的群众鼓动起来。这是一个"向上"（Up）的过程。而组织群众，则是把已经处于活跃状况的群众纳入某种秩序之中。这可以说是一个"向下"的过程（Down）。引导群众，是把群众纳入纵向的、与任务的关系之中。疏导群众，是把群众纳入横向的、他们互相之间的秩序之中。影响群众应该把握好动员群众与组织群众的关系。

【毛泽东是如何组织群众的】

集理论力量与组织才能于一身

1919 年，26 岁的毛泽东提出，解决中国的问题，最为迫切需要的是实行"民众的大联合"。早年的毛泽东就显示出一定的组织才能并且认识到，"世界上有两种人，有的人善于做具体的事情，有的人善于做组织工作，前者要多于后者。但是，每个人都有他的长处。"毛泽东感到，一位组织家的才能，就在于能够把各种人的长处融合起来，他不应该挑剔别人的弱点，而应该鼓励所有积极因素的联合。[1]

斯大林认为，有一种革命家，"他们在理论上很强，但是在组织工作和实际工作方面却很弱……，革命时代一到来，当要求领袖拿出革命实践口号的时候，理论家就退出舞台，让位给新人物了。""要始终成为无产阶级革命和无产阶级政党的领袖，就必须一身兼备理论力量和无产阶级的实际组织经验。"[2]

我们可以看到，在党的历史上，那些早期的"知识分子革命家"所擅长的正是"理论的力量"。但是，在革命的进程中，这些"知识分子革命家"，大部分都显示出他们在理论上很强，但是在组织工作和实际工作方面却很弱。在革命的转折关头，"知识分子革命家"，不适应形势的需要而退出舞台。遵义会议、特别是在延安时期以后，毛泽东在理论上迅速成熟起来，实际上成为全党集理论力量与组织才能于一身的政治领袖。兼备理论才能与组织才能的这个素质，在张闻天与毛泽东的对比

---

[1] 《毛泽东传》特里尔著，第 37 页。
[2] 《斯大林选集》，第四卷，第 278~279 页。

中，表现得十分突出。

周恩来是党的领袖中擅长于组织工作的关键人物。周恩来曾经指出，团结是在矛盾中形成的。人心不同，各如其面。人们的智慧、才能、性格各有不同，相互之间有时是有矛盾的。团结就是在共同点上把矛盾的各方统一起来。善于团结的人，就是善于在共同点上统一矛盾的人。钢铁和水泥是性质不同的物质，把他们结合起来，就变成钢筋水泥那样强有力的东西。科学家能把自然界不同的物质组合起来、统一起来，难道不能把有不同见解和脾气的人统一起来吗？

要把群众组织起来，就必须有一个擅长于组织工作的党。而要把一个党组织起来，就必须有一个既有理论的力量、又有组织才能的革命领袖。只有有了这样的革命领袖和革命的政党，才能经受得起历史的考验。我们看到，遵义会议、特别是延安时期的毛泽东，就是这样一位适应历史需要的革命领袖。

共产党与组织群众

共产党有强大的组织能力与组织优势。亨廷顿曾经就此指出，经过列宁的发展，共产党显示出了巨大的组织能力。这个组织能力，不但比列宁之前的西方政党强大得多，而且，比第三世界遵循西方民主政治传统的政党，例如，中国的国民党，也强大得多。组织能力，是共产党的优势。关于这一点，毛泽东曾经有过一段专门的论述。

1945 年，在中国共产党第七次全国代表大会预备会议上，毛泽东说，孙中山这个人我见过，他是一九二五年去世的。当他致力于国民革命三十九年的时候，我见到了他，那时他已将近六十岁。当时国民党开第一次全国代表大会。我们以共产党员的资格出席国民党的代表大会，也就是所谓"跨党分子"，是国民党，同时又是共产党员。当时各省的国民党，都是我们帮助组织的。那个时候，我们不动手也不行，因为国民党不懂得组织国民党，致力于国民革命三十九年，就是不开代表大会。我们加入国民党后，一九二四年才开第一次代表大会。……那个时候叫做"以俄为师"，因为他革命三十九年老是失败。

在评论斯大林与孙中山时，毛泽东也曾经说，世界上的伟大人物他见过两个，一个是孙中山，一个是斯大林。他说，这两个人都是不要群众的。为什么呢？斯大林说，"干部决定一切"，那么，群众呢？孙中山就靠帮会等势力，去世前经共产党帮助才搞三大政策。毛泽东认为，中国是另外一套，只要把群众动员起来组织起来，世界上就没有什么困难不可克服。

从"一盘散沙"到"组织起来"

近现代以来的中国社会，号称"积贫积弱"、"一盘散沙"。在某种意义上，这是中国社会的一个弱点。但是，弱点不在于它的"贫"、"弱"，也不在于它是"沙"，而在于它的"积"和"散"。所谓"贫"、"弱"总是相对的和可以改善的。但是，如果越积越贫，越积越弱，或者越来越涣散，越来越离心离德，那么，"东亚病夫"的"不治之症"就可能成为真正的"无可救药"了。

另一方面，如果通过某种途径，例如，通过"组织起来"，那么，"贫弱"（即使象水一样）与"沙"（即使象分子一样），就不仅不是弱点，而且，相反，成为某种优点。事实上，水泥正是那些"贫弱"的与"离散"的东西"组织起来"的。但是，通过把它们组织起来，产生了钢筋水泥那样强大的力量。

"组织起来"，毛泽东早在 1927 年的《湖南农民运动考查报告》中就已经提了出来。在此之前，毛泽东对农民运动的认识也存在着这样那样的不足。毛泽东说，"以前我没有充分认识农村里阶级斗争的程度，当我未到长沙之前，对党完全站在地主方面反对农民的决议无由反对……，直到在湖南住了三多天，才完全改变了我的态度。当时的毛泽东认为，当农民运动已经高涨起来的时候，如果能够把他们组织起来，同样会产生强大的力量。

在1927年，虽然毛泽东已经认识到农民运动的高涨，虽然已经认识到把农民组织起来的必要，但是，由于各种各样的原因，农民运动和第一次大革命还是失败了。大革命的失败对每一个共产党人都是一个沉重的打击。斯诺说，1927年的事变"是每一个中国共产党人一生经历中的一个转折点。"而这个"转折点"对于毛泽东来说，恐怕更是意味深长的。因为，恰恰是在毛泽东寻找到了农民和准备把他们组织起来的当口，党内拒绝了他，而国民党开始了它的屠杀政策。因此，在"八七会议"上，毛泽东拒绝了到上海的党中央，而坚决地选择了上山当"山大王"。直到1936年，毛泽东还对斯诺说，如果当时能够把农民组织起来，大革命绝对不会是后来发展的那个样子，而会有完全不同的新气象。

可以说，从那以后，毛泽东所选择的道路，基本上就是一条把农民动员起来（而在这个方面，当时的认识是落后于农民运动的实际程度的）、组织起来的革命道路。在组织农民的活动中，毛泽东进一步发展了他此前的农民运动讲习所和农会组织的经验。他依靠农民组织军队，是在军事上组织农民的一种新形式。他关于"支部建在连上"的认识与做法，是在思想上政治上组织农民领导农民运动的新探索新发展。甚至于，建国后他关于人民公社、大跃进、政社合一等等一系列做法都是他对组织农民的形式的探索。

【跟毛泽东学组织群众】

"组织起来"的启示

据说，目前发达国家关于"垃圾"的定义，已经不再是"废弃的物品"，而是"放错了地方的物品"。这个观念，对于领导活动具有多方面的启发意义。领导活动的一个重要方面就是用干部，就是动员群众组织群众。在领导活动中，领导者所用的干部群众本身可能存在着这样那样的不足与弱点。但是，对于领导者来说，在严格的意义上，干部群众并不存在着什么不可用不能用的问题，也不存在着谁适合谁不适合的问题。

首先，在领导活动中，关键的问题不在于干部群众这个方面，而在于领导者这个方面。在干部群众是既定或者给定的情况下，干部群众决定性的作用。其次，关键的问题更在于，干部起着的缺点与不足、适应不适应总是相对的，而不是绝对的。在这个位置上是缺点与不足的特点，在另一个位置上就可能成为优点。在这个岗位上不适应的人，在另一个岗位上就可能成为适应的人。因此，关键的问题是领导者的搭配，是领导者用干部、组织群众的观念与能力。

在这些方面，我们可以看到毛泽东组织群众的成功经验真正是大手笔大气魄。在党的历史上，工人阶级被认为是先进的阶级和领导阶级。党史上的"知识分子革命家"照搬照抄马克思主义的教条和苏联的成功经验，导致了革命的失败。而农民，即使是在我们现在的印象中，也被认为是"贫弱"、"涣散"、"落后"的。地主阶级嫌弃他们。资产阶级嫌弃他们。共产党的领袖也忽视了他们。但是，毛泽东并没有忽视和嫌弃他们，而是把农民动员起来组织起来并且最终取得了中国革命的胜利。

毛泽东组织群众的领导艺术的高明之处在于，他把一个本身"贫弱"、"涣散"的群体转化和造就成为一个强大的和强有力的群体，并且因此而取得了可以说是史无前例的光辉成就。相对于毛泽东的成就来说，把一个本身弱的群体转变为一个弱的群体，不能说是好的。把一个本身强的群体转变为一个强的群体，不能说是最好的。而把一个本身强的群体弄成为一个失败的群体，当然是最坏的。

在绝对的意义上，对于"组织"来说，没有什么东西是"贫弱"的，甚至于没有什么东西是"废料"。对于领导来说，关键的关键，不是组成的材料，而是领导者如何把它们组织起来，组合起来，搭配起来。组织得好，弱点可以变成优点，劣势可以变成优势，贫弱的东西同样可以产生强大的力量。对于一个人是这样，对于革命来说是这样，对于一个民族也是这样。

毛泽东的成功经验，最为充分地证明了这一点！

"组织起来"需要一个"核心"

要把群众组织起来，必须有一个能够组织和擅长于组织的"核心"。从这个核心出发，一层一层地向外扩大组织的范围与层次。就毛泽东的领导来看，这种组织似乎可以划分为三个主要的层次。在党的第一代领导集体中，可以说，毛泽东就是这样一个核心。以毛泽东为核心，形成了以刘少奇、周恩来、朱德等等为核心的党的领导集体。这个集体，正如周恩来所说的，通过党内的组织与团结，形成了象钢筋水泥那样强有力的力量。这是第一个层次的组织。

第二个层次的组织是党。如果说毛泽东及其领导集体还是某种人格化的主体的话，那么，党就已经是一种非人格化的主体了。中国共产党擅长于组织，具有强大的组织能力与组织优势，这是它能够战胜国民党，取得中国革命的胜利的根本保障。在中国革命中，领袖（人）的组织力量与党（制度）的组织力量，是相互保障相得益彰的。事实非常明显，如果仅仅有一批英明的领袖，而没有一个能够持续存在、打不垮拖不烂的党，中国革命是经受不起如此艰巨的形势的考验而取得革命的成功的。

第三个层次是对广大人民群众的组织。正是因为有了一大批英明的政治领袖和一个坚强的党，我们才能够把最广大的人民群众组织起来，取得中国革命的胜利。这里，广大人民群众被组织起来，既是以这一大批政治领袖为核心而凝聚起来，又是被吸纳和安排进党的非人格化的组织制度中。

我们可以看到，凡是人民群众被组织得好的时候，可以说都是这两个方面协调和组织得比较好的时候。而凡是出现这样那样的问题的时候，也就是二者中的其中一个方面出现问题或者两个方面都出现问题的时候。领袖方面过于强制度方面过于弱，结果就形成组织纪律涣散，出现无度的群众运动，甚至于形成个人崇拜。领袖方面过于弱制度方面过于强，又往往抑制了群众的积极性能动性，出现官僚主义的倾向。

因此，在组织群众的过程中，只有把领袖的组织力量（他的号召力影响力等等）与制度的组织力量，恰到好处地结合起来，才能够真正妥善地把群众组织起来。而这个结合，需要巨大的创造力，是一种高超的领导艺术。在这个方面，毛泽东组织群众的成功经验，给我们留下的财富是珍贵的。

跟毛泽东学激励群众

> 激励的前提是信任，是认同，是尊重，是鼓励，是张扬，是关怀，是爱护，而不是压抑，不是打击，不是鄙视，更不是继续压抑，继续打击，继续鄙视。毛泽东从信任、认同、尊重、鼓励、张扬、关怀和爱护农民出发，去激励农民，激励农民运动。正因为这样，即使是农民也成就了辉煌的伟业……

【领导与激励】

心理学的激励理论发现，要把一个人的潜能挖掘出来，转化为显能，需要一个关键的环节。这个环节就是激励，无论是来自于内部的自我激励还是来自于外部的其他的激励。由于内外两个方面缺乏适当的激励因素，由于适当激励的强度不同，人类潜能的绝大多数都没有得到发挥。也就是说，人类的绝大部分能力仍然处于潜伏的或者压抑的状态而有待于开发利用。

有关的试验发现，一般农民只有 2－3％ 的潜能转化为显能，蓝领工人所实现的显能不超过潜能的 5％，白领工人低于 15％。

1960 年美国专门研究激励理论的心理学家罗森塔尔在哈佛大学进行了一个著名的心理学试验。在被试不知道试验目的的情况下，罗森塔尔从哈佛大学某一个班级中完全随机抽取若干样本，对他们给予信任和心理激励，强烈地但只是暗示他们一定能够成才。一年之后，所有被试的成绩都有了显著的提高，即使是班级中被认为是不可救药的"白痴"的成绩也发生了惊人的几乎是不可想象的提高。罗森塔尔在不同的专业、不同的群体、甚至在完全不同的文化背景中反复进行同样的试验，结果都获得了出乎意外的相同发现。罗森塔尔的试验证明了激励的重要性。它表明，适当的激励——一方面是适当性质的激励，另一方面是适当强度的激励——对一个人的发展和成长，即使不是决定性的也是至关重要的因素。

罗森塔尔在试验之前曾经与被试所在班级的班主任签订合同，他的心理学试验是要付钱的，同时他要求班主任不要事先把测试目的和测试结果告诉学生和学生家长。但是，试验之后，"罗森塔尔点谁谁成才"，试验结果简直是神了。班主任老师抑制不住自己的兴奋，打电话给罗森塔尔说，"罗森塔尔先生，你简直神了，你点谁谁成才。钱我们不要了。但是，对不起，我们事前把试验目的和试验结果告诉学生和学生家长了。"罗森塔尔幽默地回答说，"我对不起你了。因为学生和学生家长事前是知道试验目的和试验结果的。不过这没有关系。我们的老师对他们的学生，需要多一点信任、激励和认同，少一点评判、抑制和惩罚，什么学生都是会成才的。"

是的，多一点信任激励认同，少一点评判抑制惩罚，什么人都是会成才的，而且任何人所取得的成就都会出乎自己的意料之外的。现代领导的激励理论也证明了这一点。从性质上看，在内在条件相同的情况下，一个人越是被给予积极的期望与关怀，就越是有可能作出积极的成就。一个人被给予的是消极的刺激，例如，压抑、轻视、排斥和打击，他取得成就的可能就受到抑制。从程度和量上看，他（她）被给予的期望值越高，所可能取得的成就就越大。

【毛泽东激励群众的艺术】

激励的前提是信任，是认同，是尊重，是鼓励，是张扬，是关怀，是爱护，而不是压抑，不是打击，不是鄙视，更不是继续压抑，继续打击，继续鄙视。我们看到，在这个方面，毛泽东正是从信任、认同、尊重、鼓励、张扬、关怀和爱护农民出发，去激励农民，激励农民运动。也正是因为这样，中国革命的事业才取得了辉煌的胜利与成就。

千百年来，人民群众特别是农民，被认为是"下等人"、"乡巴佬"、"泥腿子"、"穷棒子"，被歧视，被轻视，被鄙视，被无视。没有哪一个统治阶级认为他们能够干出什么惊天动地的事情来。他们是愚民。他们只是被人嘲笑的笑料。近现代以来，"积贫积弱"、"一盘散沙"的中国人的形象其实有一大半说的就是农民的形象。就是在党内，农民也被认为是落后的涣散的。

孟子关于"劳心者治人，劳力者治于人"的思想，可以说是这种看法的代表。长期以来，这种地位与评价，对农民和人民群众心理造成了严重的压抑与摧残，其破坏性的程度几乎是难以想象的。可悲的是，下层人民群众自己也往往认为自己是

"老百姓"，是"小民"。

　　但是，毛泽东并不这样想，也不这样看农民。有人认为，农民运动"糟得很"，"农民运动是痞子运动，是惰农运动"。早在《湖南农民运动考查报告》中，毛泽东就坚决批判了这些观点，旗帜鲜明地提出，农民运动"好得很"，而且，高度评价农民运动，认为孙中山先生致力于国民革命凡四十年，所要做而没有做的事，农民几个月内就做到了。这是四十年乃致几千年未曾成就过的奇勋。

毛泽东在天安门广场上。

　　实际上，毛泽东对农民和下层人民群众的这个态度、关心与热情，不过是还尊严于应该享有尊严但是受欺凌与侮辱的人。可以想象，它会产生多么大的尊严，会产生多么大的解放作用啊！而这种解放作用又会释放出多么大的能量，更会激发出多么大的能量啊！

　　正是这个被激发出来的尊严与力量，使那些最为普通平凡破衣烂衫的农民成就了最为轰轰烈烈让世界为之震惊的事业；正是这个被激发出来的尊严与力量，把那些处于社会最底层的下等人提升为连他们自己也为之震惊的思想高度和觉悟水平。西方许多观察家，对于中国共产党的社会控制与影响力深入社会基层的程度，既十分困惑，又颇为吃惊。其实，如果从毛泽东的中国革命变"谋之上"为"谋之下"、从激励下层群众着手这一点来看，这个深入基层的控制与影响是丝毫没有什么值得奇怪的。

　　正是因为毛泽东尊重和认同下层人民群众，激励下层人民群众成就了伟业，所以，反过来，下层人民群众也更为尊重与认同毛泽东。早在苏维埃运动时期，许多农民不知道"朱毛"是朱德与毛泽东两个人，而以为他是姓朱名毛的一个人。许多农民不知道苏维埃是什么，而亲切地称之为"苏维埃先生"。中国革命胜利后，许多农民称毛泽东为"我们的毛主席"。解放后《东方红》中唱的"东方红，太阳升，中国出了个毛泽东"，有个人崇拜的一面，但也表达了人民群众发自内心的心声。

日本学者国分良成在评论毛泽东时说，"与其说他凌驾于党中央之上，不断发出指示，不如说他充分利用自己的超凡魅力，置身于群众中发动和领导运动。"[1] 这个说法很形象。但是，毛泽东之所以能够超越于党之上，根本上还是因为他沉潜在群众之中。毛泽东之所以有超凡魅力和能够利用自己的超凡魅力，根本上是因为他已经与人民群众水乳交融地融合在一起。他成为群众的一部分，群众也成为他的一部分。他的超凡魅力是群众赋予的，也是群众所认可的。

毛泽东对人民群众的激励与认同，从他对人民群众情感上的亲近开始，但是，又不止于对群众的情感与认同，而是把它们上升到理性的高度。毛泽东关于，"人民，只有人民，才是历史的创造者"，"人民群众有伟大的创造力"，"上帝不是别人，就是全中国的人民大众"，[2] "群众是真正的英雄，而我们自己则往往是幼稚可笑的"，"人民万岁！"等一系列论述，既把人民群众提升到非常高的地位，而通过这一点，又有效地领导了人民群众。

毛泽东对人民群众的激励、认同与信任，甚至于发展到某

---

① 《国外邓小平理论研究评述》，马启民著，山东人民出版社，第106页。
② 《毛泽东选集》，第三卷，第1102页。

种“过分”的程度。毛泽东关于“鄙贱者最聪明，高贵者最愚蠢”，“所谓知识分子，其实是比较地最无知识的，工农分子的知识有时候倒比他们多一点”[1] 等等的论述，似乎难以让人接受。但是，从一个侧面来看，是否可以说，这正显示出毛泽东激励群众的某种“奥秘”？

毛泽东对人民群众的信任与激励，也多处流露在他的诗词中。其实，在毛泽东的诗词中，“人民性”并不是什么特殊的主题，而是某种一贯的思想。让我们看两首词。

1959 年《七律·到韶山》：“别梦依稀咒逝川，故园三十二年前。红旗卷起农奴戟，黑手高悬霸主鞭。为有牺牲多壮志，敢教日月换新天。喜看稻菽千重浪，遍地英雄下夕烟。”词中“为有牺牲多壮志，敢教日月换新天”，既显示出诗人自己的自信，又是对“农奴”们革命斗志的信任与激励。而最后一句“遍地英雄下夕烟”，在和平建设年代，悠闲暮归的村民，也仍然是诗人心目中真正的英雄。对人民群众，这是何等的亲切，又是何等的激励与认同！

《水调歌头·重上井冈山》：“久有凌云志，重上井冈山。千里来寻故地，旧貌换新颜。到处莺歌燕舞，更有潺潺流水，高路入云端。过了黄洋界，险处不须看。　风雷动，旌旗奋，是人寰。三十八年过去，弹指一挥间。可上九天揽月，可下五洋捉鳖，谈笑凯歌还。世上无难事，只要肯登攀。”

《水调歌头·重上井冈山》写于 1965 年 5 月，发表于 1976 年 1 月，八个月后，毛泽东即去世。这首词大约可以算作毛泽东生命最后阶段留给后世的作品。三十八年间（从 1927 年上井冈山到 1965 年重上井冈山）的经历与感受，被诗人集中概

---

① 《毛泽东选集》，第三卷，第 748 页。

括为，"世上无难事，只要肯登攀"。这一高度洗练的箴言，洋溢着深沉而执着的自信。同样，这种自信，既是诗人一贯的自信，也是对人民和人民革命的信任。通过《重上井冈山》这首带有回顾与总结井冈山革命道路的词，我们也不难看出，对于人民，当年的毛泽东到底是一种什么样的心情与认识。

【跟毛泽东学激励群众】

激励群众，开发群众的潜能。

　　毛泽东激励群众给我们最大的启发是，对于领导者来说，根本性的问题不在于你有什么样的群众与被领导者，而在于领导者如何去开发群众与被领导者的潜能。问题不在于群众，而在于领导。正如毛泽东所说，没有落后的群众，只有落后的领导。在实际工作中，经常听到我们的领导干部抱怨，中国太落后，群众太落后，不好弄。是的，相对于发达国家来说，中国是落后；但是，这里的问题不是中国与外国比，也不是中国的群众与外国的群众比，而是中国的群众与中国的领导干部比。抱怨中国的群众（比外国的群众）落后，事实上，是搞错了参照系。其他的人其他的工作，可以拿中国与外国比，可以拿中国的群众与外国的群众比。但是，这个比较，对于领导工作不适合。

　　严格地讲，对于领导活动中的激励来说，没有什么先进的或者落后的群众这一说。这个说法不成立。与群众相比，领导者可能是先进的与自觉的。但是，这是应该的，是题中应有之义。否则，还要领导干什么？领导者当然要比群众先进和自觉。

　　与领导者相比，问题不在于群众是先进还是落后，而在于领导者如何去开发、开发的方式方法是否得当、开发的力度是否到位、开发是否成功等等。开发得适当、开发得好，即使是落后的群众也可以表现出先进的觉悟，也可以成就一番伟业。开发得不适当、开发得不好，即使是先进的群众，恐怕也难以成就什么名堂。

相信群众才能激励群众

　　毛泽东激励群众给我们的另一个启发是，只有首先相信和信任群众才能谈得上激励群众。毛泽东激励群众，并不是从向群众说好话开始的，也不是从奉承农民开始的，更不是从向农民抛媚眼开始的，而是从真诚地相信、信任和认同于农民和群众开始的。这个说法仍然太抽象。应该说，毛泽东激励群众，是从他在情感上亲近农民开始的。相信和信任可以有多种形式。而情感上的信任（甚至是托付）是整个激励的出发点。在某种程度上，情感上的信任也是整个激励的关键与核心。

　　激励从情感开始，情感是激励的关键与核心，并不是因为农民重情感，不象知识分子那样理性化。当然，这是一个重要的因素。但是，决定性的因素并不在这里。情感与情绪化，是农民的特点，但是，并不仅仅是农民的特点，而是任何群众与群众心理的特点。

　　激励一个群体（例如，激励群众），与激励个体，有着根本的不同。个人，是理性化的，或者说基本上是理性化的。而群体则不是或者很少是理性化的。相反，群体经常是或基本上都是情绪性或情绪化的。如果说对个人的激励，需要的是"晓之以理"；那么，对群体的激励，需要的则是"动之以情"。而这才是从情感入手实施对群众的激励的关键。

　　在总结彭湃搞农民运动的经验时，毛泽东曾经指出过，彭湃为了做农民工作，不得不脱掉白大褂穿起农民的衣服，不得不改掉"官话"说农民的"土话"，也不得不和农民一起拜观音菩萨。但是，这样一来，农民就把他看作自己人，愿意跟他说心里话。从此以后，彭湃的农民运动就搞了起来，彭湃也成了农民运动的大王。人们不免说，彭湃的做法是情绪性的，甚至于不免带有"煽情"的性质与成分。但是，关键的问题还不在这里，而在于因此农民就把彭湃看作自己人。这是一个转折点。只有在这个转折点之后，彭湃（一般意义上的领导者）才能对农民（一般意义上的群众和被领导者）实施激励，才能领导他们。

　　从情感入手和实施情感激励的重要性还在于，激励的顺序应该是先激励"情"然后才会迸发出"智"。一个人一个群体的才能与智慧之所以发挥不出来，关键的因素是他们被压抑或者被压抑得太久。而这个压抑并不是直接压抑了才能与智慧，而是直接压抑了"情"（情绪与情感）。压抑的结果就是情感反应被抑制，从而，才能与智慧的"源泉"枯竭了。在生活中，经常可以看到一个人情绪高昂时才思敏捷；而情绪低沉时则反应迟钝。这种情况就典型地反映了"情"与"智"的这种关系。毛泽东激励群众的艺术，就是打开了群众的情感源泉，从而，即使是那些被认为最鄙贱的下等人也迸发出了无限的热情与才能，创造了令人震惊的奇勋。

从"激"到"励"的升华

　　"激"是直接的、物质的、外在的刺激。"励"是间接的、精神的和内在的自觉。从"激"到"励"是激励的提升和升华，是激励的深入和转化。

毛泽东对群众的激励从情感入手，重视情感，但是，又不仅仅停留在情感与情绪的层次上，而是把这种情绪与情感进一步提升。这种提升包含多方面的转化。

一个转化是，把对群众的激励转化为理论的自觉。在这个方面，毛泽东关于"人民，只有人民，才是历史的创造者"，人民才是真正的上帝等等一系列论述，就是在这个方面的艺术转化。

另一个转化是，把群众的情绪和情感性质的东西上升和升华为阶级意识，上升和升华为民族尊严，上升为自力更生奋发图强的精神。

第三个转化是，把外在的激励内化为群众的自觉，把激励转化为群众的自我提高自我完善和自我发展，转化为群众的自尊自爱自强。这样一来，毛泽东（一般意义上的领导者）对群众的激励，就转变为群众的自我激励。

第一个转化是从情感情绪到理性与理论的转化，第二个转化是纵向的，第三个转化是横向的。三个转化相互配合，把对群众的激励变成为一种立体的、全面的激励与开发。这是高超的领导艺术，但是，并非是不可学习的艺术，而只是难以学习的艺术。

跟毛泽东学凝聚人心

> 对于毛泽东来说，成功就是赢得人心凝聚人心。
>
> ——海伦·斯诺

【延安整风与凝聚人心】

海伦·斯诺在论述毛泽东的成功时，曾经指出，"成功对他来说，主要是指赢得人心。""赢得人心"四个字评论，可以说，极为鲜明地概括了毛泽东的成功之路。

埃德加·斯诺曾经指出，长征不是一种失败，但是，无论如何长征是一种战略退却，而且是一种"有可能败坏士气的退却"。但是，在毛泽东与党中央的苦心经营下，长征转变成为"斗志昂扬的胜利进军"，延安成为抗日与民族复兴的象征与中心，成为政治上的第二大城市，千百万热血青年冲破国民党的重重封锁奔赴延安。这种赢得人心凝聚人心的力量，在近现代的中国历史上是少见的。

遵义会议没有能够解决思想和政治路线问题。延安整风运动实际上是遵义会议的继续。而且，千百万人奔赴延安，各种各样的背景与思想状况的人都有。也正是在延安时期，各种实际存在着的"山头"开始形成"山头主义"。正是在这样的背景下，开展了延安整风运动。十分明显，整风运动，不是要把"奔赴"延安的人"整跑"，也不是要把有不同意见的人"整倒"，"山头"也不可能一夜之间就消灭。延安整风，实际上，是在革命队伍不断扩大的情况下，整顿思想作风，统一思想认识，形成战斗核心，形成凝聚。

延安时期的毛泽东，对于赢得人心凝聚人心，不但高度重视并且倾注了大量心血。正是在延安时期的整风运动中，毛泽东提出了"惩前毖后，治病救人"，"团结－批评－团结"的口号。在整风"抢救运动"中，毛泽东确定了"大部不抓，一个不杀"的原则。也正是在整风运动中，在对待山头和山头主义的问题上，毛泽东提出"承认山头，认识山头，照顾山头，到消灭山头，消灭山头主义"的原则。

如果说在长征途中争取王稼祥张闻天还是某种争取认同的工作，那么，到了延安，这种工作就进一步转变和上升为赢得人心凝聚人心的事业。延安时期的整风运动被某些人认为是整人运动。这个说法不准确。张国焘在长征途中就与党中央毛泽东公开分裂。但是，在延安，毛泽东等并没有排斥、打击、抛弃张国焘，而是多方面和耐心地做争取他的工作。最后，张国焘逃离延安，毛泽东还说，对张国焘仁至义尽。

延安时期，特别是在延安整风中，王明依恃苏联的支持，在诸多问题上与毛泽东有分歧。但是，毛泽东始终做中央的工作让王明当中央委员。延安时期，张闻天是党的总书记，毛泽东负责实际工作。但是，随着毛泽东的影响越来越大，张闻天多次表示应该让毛泽东做总书记。但是，毛泽东真诚地认为，还是张闻天适合做党的总书记。事实上，一直到"七大"，张闻天担任了 10 年的总书记。

　　延安时期全党的凝聚，并不仅仅是毛泽东在努力，而是形成了一种共识，是大家一起在努力。但是，在这个过程中，毛泽东实际上成为核心；而且，毛泽东开诚布公，在赢得人心凝聚人心上倾注了大量的心血。正是通过这种真诚的努力，延安时期形成了全党空前的团结，形成了一个坚强的战斗集体。

　　延安整风运动不仅仅是在党内形成了坚强的凝聚，而且，对于赢得全国人民的支持，凝聚全国人民的人心，准备迎接抗日战争的胜利、迎接全国的胜利，都是必要的和意义重大的。

　　在抗日战争的战略相持阶段，国民党忙于瓜分那些还在日本军国主义威胁下的经济利益。事实上，所谓四大家族也正是在这一时期形成的。而且，在国民党的统治区域，通货膨胀几乎发展到金融体系陷于崩溃的地步。而与此同时，共产党却在苦苦地致力于"打通思想"的整风运动。一个大党，在如此艰苦的条件下，长期地、持续地和大规模地致力于某种思想运动，这在近现代的政党史上是罕见的。

　　与国民党比较起来，共产党的整风运动，在全国人民面前树立的是对中华民族的前途与命运负责的形象，是艰苦奋斗奋发向上的形象，而不是斤斤计较的"小家子"、"败家子"的形象，是与人民同呼吸共命运的"共产"形象，而不是"刮民党"的形象。这对于赢得全国人民的人心，凝聚全国人民的人心，是意味深长的；它与中华民族复兴的关系也是意味深长的。

　　延安整风，是凝聚全国人心的一个重大历史步奏，也是一个成功的战略选择。通过整风，形成了党中央的凝聚与团结。通过整风，形成了全党的凝聚与团结。通过整风，赢得了人民的支持，凝聚了人民的心。从而，整风为迎接抗日战争的胜利准备了干部队伍，为解放战争的胜利奠定了基础。

【跟毛泽东学凝聚人心】

从激励到凝聚

从性质上看，凝聚是相对于激励而言的。从过程上看，应该是先有激励然后才谈得上凝聚。激励是一个把群众的心理情绪调动和动员起来的过程。这个是一个向上或者向外"膨胀"的过程。它要使本来可能是处于消极的、懒散的或者被压抑的群众激动起来。形象地看，它就象烧开一锅水一样，水蒸汽向上运动。但是，在这个过程中，群众的心理情绪，可能产生不了实际的结果；即使产生了实际的结果，也往往是短暂的、难以持久的。一锅开水不可能老是热着。

为了使被调动起来的群众的心理情绪产生持久的、建设性的效果，就需要在激励之后实施凝聚。相对于激励来说，凝聚是一个向内或者向下"收缩"的过程。这个"收缩"的过程，实际上包含着三个意思。第一个意思是，首先要使群众的热情"稳定"在一个层面上。这时，群众的情绪既不再上升，也不再下降。这是第一个"保持"。第二个意思是使群众的热情保持在一个较高的水平上。这是第二个"保持"，是程度（即纵向）上的保持。第三个意思是，如果群众已经有了强烈的热情，那么，接下来的问题是使这种热情保持下去。这是第三个"保持"，是动态的、历时性和延续性的保持。

从过程上看，当激励到了一定的阶段，当群众的情绪与觉悟发展到一定水平的时候，就应该停下来，从事凝聚的工作，把群众的情绪与觉悟巩固下来，然后，在这个基础上再从事进一步的激励的工作。否则，一味的激励、单纯的激励，并不真正有利于群众的提高和任务的完成。短期来看，从激励到激励，其效果可能是好的。但是，从长期看，反倒是不好的。因此，激励－凝聚－再激励……，才是最好的激励，也才是最好的凝聚。

凝聚的不同形式与阶段

实现对群众情绪与觉悟的凝聚，可以有多种选择。

第一，从情绪与短暂的觉悟向信仰与信念的转化与升华。

通过激励，群众的情绪被调动起来，达到并保持在较高的水平，群众的觉悟状态也有所提高。但是，这种情绪性的状态仍然只是一种直接的存在状态；而短暂的觉悟也可能"失落"。要使这种热情与觉悟凝聚起来，就需要把它们转化为对特定目标与事业本身的意义与价值的信仰或者信念。信仰与信念不同于情绪或者短暂的觉悟，它是理性的和可以经受考验的。这个转化，实际上是群众情绪与觉悟状态的升华。

第二，认同感的形成。

群众情绪与觉悟的转化与升华，是群众与"事"的关系，是他们与他们所要达到的目标的关系。这是客观意义上的凝聚。与这个凝聚相对应的，是他们相互之间的凝聚。被激励起来的群众可能会发现，他们相互之间具有基本相同的情绪与情感类型，具有基本相同的觉悟状态与觉悟水平，甚至于他们也可能会具有一致的信仰与信念。因为这些相似、相同或一致，他们相互之间逐渐认同起来，形成或稳定或不稳定的共同体。

此时，凝聚的工作特别需要领导者把群众相互之间朦胧的朴素的认同明确地引向共同体，也就是明确、引导、确认他们对共同体的认同，直接促进共同体的形成与稳定。实际上，相对于那些散漫的"群体"或者"阶层"来说，"阶级"的形成就经历了这样一个过程。从这个方面来看，阶级的形成，并不简单地是因为相同或者大致相同的经济与社会地位，也是因为"阶级意识"这种认同感的形成。

第三，制度化。

群众情绪与觉悟在他们与目标任务关系上的凝聚，以及在他们相互之间的关系问题上的凝聚，是凝聚群众的两个不同的方面。前者是在"事"上的凝聚。后者是在"人"上的凝聚。而要把这二者进一步结合起来、凝聚起来，就需要靠一个更为根本的东西：那就是"制度"。通常的情况是，上述两个方面的凝聚往往凝聚在一个人（特别是领袖人物）的身上。凝聚的人格化是一种选择。但是，相对于凝聚的制度化来说，凝聚的人格化还不是凝聚的最稳定的选择。而且，凝聚的制度化，也能够很好地把对事的凝聚与对人的凝聚统一和整合起来。

凝聚需要适当的核心

现代科学揭示出，要下雨下雪，形成"气候"，水汽首先要能够"凝聚"。而要能够形成"凝聚"，首先又要有一个水汽"愿意"和"能够"附着在其上面的"凝聚核"。科学证明已经揭示出，水汽对这个"凝聚核"的要求是非常"苛刻"的：这种凝聚核必须是宇宙中本来就存在着的宇宙尘埃。

科学家曾经很纳闷，工业与城市废气也造成了很多尘埃，可是，为什么城市很少降雨降雪呢？经过深入的对比研究，科学家发现，工业与城市废气所造成的尘埃与自然界本来就存在着的尘埃的分子结构是完全不同的；要形成凝聚，凝聚核必须是"自然形成的"。所以，水汽"不愿意"附着在它们上面，它们对水汽缺乏"凝聚力"。工业与城市废气，不但不能形成降雨降雪，相反，成为"温室气体"，造成了城市气温的上升。

在延安整风运动中，可以看出，毛泽东的成熟为党中央的凝聚提供了一个核心。党中央高层的整风为全党提供了一个核心。而全党的凝聚又为人民的凝聚提供了一个核心。其中，通过整风形成了一个蓬勃向上的、团结的和强有力党，这是凝聚全国人民取得抗日战争和解放战争胜利的根本保障。

凝聚中的领导者与群众

如果说激励群众需要高超的领导艺术，那么，凝聚群众就不但需要高超的领导艺术，而且，需要经常性的领导艺术。

对群众的激励与凝聚，同对个人的激励与凝聚，有所不同。对个人的激励，其对象始终是个体。如果个体的认识有所提高，有所觉悟，那么，保持这种觉悟也是个人的事情。这里，激励与凝聚的主体始终是个人。例如，孔子在评价颜回的时候曾经认为，颜回觉悟之后，能够把这种觉悟保持三年；而其他人只能保持三天或者更短的时间。佛教为弟子开戒之后，也总是问他们"能持否？"对于个人来说，能否保持住他们各自的觉悟，是个体主观努力的问题。

但是，群众被激励到一定的程度或者有所觉悟之后，群众情绪与觉悟的保持难以靠"集体"来完成，也难以靠群众中的单个成员来完成。因为，"集体"，只是一个抽象的"无名"的主体；而集体中的每一个个体又不能等同于他们所组成的集体。这样，就需要领导者从集体"之外"或者集体"之上"来维持群众的情绪与觉悟。而这个处于集体之外或者集体之上的人，或者是来自于群众，或者在群众之前就存在着，总之，他必须是高于群众的。至少，这样的领导者应当是独立于群众的。

跟毛泽东学奋发图强

> 1840 年以来，中华帝国沦落为东亚病夫。然而，一个民族虽然可以被"打倒"，但是，只要她能够守住自己的精神，她就不会被"打散"，她就有复兴的希望。正是在毛泽东的领导下，中华民族奋发图强，实现了民族复兴，从此，"中国人民站起来了"……

【领导活动的双重目标】

明治维新是近代日本实现民族复兴的关键。明治维新之前，日本国势衰微，沦为西方大国的殖民地。明治维新，实际上是日本奋发图强实现民族复兴的政治改革运动。明治维新之后，日本走向了全面的民族复兴与发展。

通过明治维新，日本实现了民族复兴。日本的民族复兴有一点特别值得注意，那就是，明治维新不仅仅重视经济军事等综合国力的提高，而且，尤其重视国民精神的唤起、激励与提高。实际上，物质文明与精神文明也正是实现任何意义上的民族复兴的两个方面。

这两个方面，就象奋飞的两个轮子，同样重要，缺一不可。缺少了任何一个，都不可能实现复兴。用今天的话来说，也就是"两手抓，两手都要硬"，"两个文明一起抓"，"双丰收"。特别是在国势衰微、国难当头的情况下，就更为需要艰苦奋斗奋发图强的姿态。当然，这是一个长期而复杂的工程。但是，通过某些侧面，我们还是可以看到这个转变的若干基本环节。

日本明治维新时期的大藏相涩泽荣一在明治维新之后主动"辞官下海"，经营实业。涩泽荣一的经营十分成功。据说，他一生经营了 500 多家企业，没有一家是亏损的。涩泽的经营宗奉孔子的《论语》。晚年的涩泽，在成功经营的基础上，潜心于总结他一生的成功经验，致力于对后代企业家经营管理人员的教育，著有《论语加算盘》。涩泽认为，经营企业的根本大法或者是基本准则，也是他一生成功的基本经验，概括为一句话就是兼顾"论语"与"算盘"两个方面。"论语"讲究的道德，算盘讲究的是利润。

有人认为，经营实业搞商业讲究的只是利润，不能讲道德，讲道德会吃亏。但是，涩泽荣一认为，恰恰相反，只会盘算算盘，可能是精明的经营，但是，这种经营既不会持久，也不是高明的经营。另一方面，许多人做生意，又光讲道德，不注重盘算与利润，当然是不会持久也不会成功。

涩泽认为，道德与利润、论语与算盘应该"两手抓，两手都要硬"。特别是企业的经营最终应该落实到对企业员工的教育、改造和提高上来。这才真正体现了"以人为本"的思想与价值取向。这当然困难，但是，这却是企业根本的经营之道。不懂得这个道理，或者懂得这个道理但不能兼顾不会经营，就很难取得真正持久的成功。

涩泽的这个思想与他的经营之道，通过他的弟子和讲学，对日本企业界的影响是广泛而深刻的。现代的松下幸之助等等一大批日本企业家都是秉承涩泽的这个路线发展下来的。现在，在涩泽讲学的地方，还塑造并保留着涩泽的雕像。涩泽的这个雕像，一手拿着孔子的《论语》，一手拿着算盘。

涩泽的这个雕像是意味深长的。

它表明，领导活动的基本目标是双重的。一方面它所追求的是功能性的物质目标，例如经济上的成功，军事上的胜利等等。另一方面，它所追求的是群众意识的唤起、心理的满足、思想境界的提高等等。这两个方面是同一个领导活动的不同侧面。严格地讲，并不能说哪一个方面是更为重要的。单纯追求或者实现其中一个方面，例如其中的功能方面或者价值方面，二者都属于一个层次。能够同时追求和实现两个目标才是最高的层次。我们可以看到，明治维新的成功，成功就成功在它在这两个方面做得比较好。

此外，还应该看到，群众对于领导者及其领导权威的正当性、合法性的信仰或信念，也并不是现成的，而是有待开发和唤起、维持和维护的。领导权威的合法性、正当性信仰或信念还只是潜在的和可能的，而不是给定的和既定的。也就是说，领导权威的基础，并不是一个可以把服从与认同简单地放置其上的东西。在这个方面，教育、改造的提升群众的心理与认知状态，也是树立和赢得领导权威的关键环节之一。

谈起毛泽东的历史功绩，人们多注重毛泽东军事上政治上奇迹般的胜利与辉煌。这固然是毛泽东的伟大成就。但是，应该看到，单是这一个方面还是远远不够的。事实上，这个成就还只是毛泽东丰功伟业的一个方面，或者说只是他历史成就的二分之一。与这个成就相比较，毛泽东之教育群众，把中国人民从近现代积贫积弱的东亚病夫提升为奋发图强自立于世界民族之林，这才是毛泽东更为值得关注的历史成就。

【毛泽东提升人民群众奋发图强】

帝国的衰落与东亚的"病夫"心态

从历史上看，中国历史传统上的主流心态与精神风貌并不都是萎靡不振的。恰恰相反，近现代社会之前，或者准确地说，在1840年之前，总体来说，中国人的主流心态与精神风貌一直是积极进取奋发向上的。历史上，在中华民族的形成时期，中国人的心态是健康积极的；在秦皇汉武、唐宗宋祖的时代，即使是在成吉思汗的时代，中国人的心态一直是蓬勃向上的，甚至于一直是对外拓展的。

南宋以来（特别是明朝中叶以来），中国社会已经处于巨大的但是是悄无声息的历史转型进程之中。此时，中国人的心态发生着重大的转变，但是，其性质仍然是积极健康生机勃勃的。即使是在康乾时代及其稍后，经历过工业革命初期发展的西方社会虽然已经来到中国并且在某种程度上也已经构成对中国的威胁，但是，中华文化仍然是发达的，中国人对西方社会仍然是不卑不亢的，我们对外所采取的态度仍然是平等自信和保持尊严的。

但是，近现代以来，特别是1840年以来，中国社会在逐渐转变为半封建社会的同时，中华帝国逐渐沦落为西方帝国主义的半殖民地，国力渐趋式微，国势渐趋衰落。在帝国衰微的过程中，中国人并不是没有抗争。但是，1840年以来，中国几乎所有的对外战争都以失败而告终。即使刘永福黑旗军在安南的对法战争在军事上取得了胜利，但是，这一次军事胜利在政治上也签订了丧权辱国的协定，也是失败的。

最让中国人震惊和蒙受耻辱的是中日甲午海战。历史上的日本一直景仰中华文明。即使是明朝的倭寇，在戚继光的抗击之下也被打败了。相对于中国来说，日本是一个小国。但是，在甲午海战中，中国竟然被日本战败了。甲午战争之后，日本从中国获得了大量战争赔款。这个赔款极大地促进了日本的工业化进程。但是，甲午战争对于日本的影响不仅仅是物质上的，更为主要的是精神上的。甲午战争对于日本人的心态是一次极大的激励。甲午战争极大地增强了日本的民族自信和民族精神。精神上心理上的这个影响才是日本赶超中国，"脱亚入欧"的关键环节。

另一方面，甲午战争对于中国的影响也不仅仅是实力方面的，而更是精神上的心理上的。它对于中国人不仅仅是自信并且是多少有些高傲的心态是一种沉重的打击，而且是一次毁灭性的打击。中华帝国不但从国力国势上衰落为一个疲惫的帝国，而且从心力上精神上衰落为一个疲惫的帝国。一个老大帝国终于沦落为实力上和心力上名副其实的"东亚病夫"。帝国（特别是大帝国）的衰落都有一个过程。但是，在这个衰落的过程中，如果说有一个致命一击是衰落的转折点的话，那么，这个致命一击的转折点就是甲午之战。甲午之战之后，中国人真的一蹶不振了。

从某种意义上说，心理上精神上的这个失落是更为严峻的。一个人一个帝国可以被"打倒"（Down）。但是，一个人一个帝国只要不被"打散（Down but not Out），只要它还能够守住自己的魂魄，它就有复兴的希望。然而，一旦一个人一个帝国被打得"魂飞魄散"或者"失魂落魄"，自认自己是二等民族或者劣等民族，那么，它就永远丧失了复兴的可能。事实上，我们可以看到，历史上，奴隶之为奴隶，不仅仅是因为奴隶们丧失了物质上的"家园"，而且是因为奴隶们丧失了他们的"守护神"，丧失了他们精神上的"家园"。①

近现代中国奋发图强的历次努力都是失败的。清末的新政是失败的。义和团运动是失败的。太平天国是失败的。洋务运动是失败的。甚至于连辛亥革命都是失败的。农民起义被镇压了。地主阶级是保守的。民族资产阶级是软弱的。在某种意义上，蒋介石及其国民革命是成功的。但是，蒋介石及其国民党最终投靠了英美帝国主义。它所依靠的仍然是外国势力。这种甘做帝国主义和殖民主义附庸的选择，用鲁迅先生的话来说，终究不过是没有"骨气"的奴才。事实上，在国民党蒋介台的统治之下，如果说这种附庸与奴才的地位有程度上的改变的话，也没有性质上的根本改变。中国人的心态与精神风貌一仍如旧。

"中国人民站起来了"

从其初衷上看，五四启蒙运动就是要把人民群众从他们所遭受的压抑中解放出来，从思想文化上给予启蒙和激励。近现代中国人在向西方的学习过程中，先后经历了学习西方的坚船利炮，学习西方的政治制度，到学习西方的思想文化三个步奏的转变。第一个步奏是器物层面的，第二个步奏是制度层面的，只有第三个层面才是思想文化与心理建设层面的，也只有这个层面的建设才是最为根本的。

①《新科学》（下），维科著，商务印书馆，第386页。

　　从领导活动的各个层次来看，器物层面是社会与自然的关系问题，制度层次是人与人的关系问题，思想文化与心理建设是社会与自身的关系问题。就历史的进程来看，彻底改造中国社会与其自身的精神关系，从事思想文化与心理再造，才是当时历史的最为根本的任务；而这一点也是整个领导活动最为关键和价值目标方面高层次高境界的任务。

　　毛泽东及其所领导的中国革命，既不是谋之于"上"，也不是谋之于"外"，而是谋之于"内"，谋之于"下"。谋之于"内"这体现为一种独立自主的精神和立场。谋之于"下"，这体现为一种"奋斗"的精神，体现为一种艰苦奋斗的立场。谋之于"内"谋之于"下"，需要的是奋发图强的精神气概。

1949 年 9 月 21 日，毛泽东在政协一届全体会上庄严宣告："中国人民从此站起来了"。

　　早年的毛泽东曾经亲自组织新民学会的会员赴法勤工俭学，但是，他自己却没有去。这一事态可以有各种各样的解释，但是，如果从毛泽东搞革命的价值取向来看，这其中恐怕有一个毛泽东立意谋之于"内"的基本立场上的考虑。也许早年毛泽东对此还是缺乏明确的意识的。但是，从毛泽东一生的选择来看，谋之于"内"的这人基本考虑确实是明确的和一贯的。

毛泽东搞革命更是谋之于"下"。这不仅仅体现在策略问题上，毛泽东所依靠的群众观点群众路线群众方法，而且，更体现在毛泽东对下层人民群众的托付，对人民群众奋发图强激昂斗志的信任。实际上，从另一个角度来看，下层人民群众所受的压迫越是厉害，他们所可能具有的革命的和奋发图强的精神风貌就越是强大，其有待开发与利用的可能性与价值就越是巨大。正是在这个意义上，我们可以注意到，毛泽东一生始终贯穿着一根红线，那就是对人民群众的信托。这个信托，也可以说就是毛泽东成功的秘密和发源地。

西方观察家注意到，与西方的工人阶级相比较，中国的农民可能是落后的；与此同时，他们也注意到，与中国历史上的历代中央政府相比较，从来没有一个政府象毛泽东的中国那样有如此强大和深入的对于基层的影响力和控制力。实际上，在毛泽东那里，这两点并不是矛盾的，恰恰相反，它们是统一的。这个统一就在于，从革命之初，毛泽东及其中国革命就是谋之于"下"，而不是谋之于其他的。

毛泽东及其中国革命谋之于"下"，从近现代来说，这是五四运动的继续和继承。如果说五四新文化运动还是一种谋之于"上"的战略选择，那么，中国共产党与毛泽东对五四运动的继承和发展就进一步把它引导向对于下层人民群众的关注和依靠。在其早期阶段上，五四运动高扬的是科学与民主，是所谓"德先生"与"赛先生"。1919 年以后，五四运动进一步与民众运动相结合，进一步发展为反帝反封建的革命运动，科学与民主演变为革命运动，"德先生"与赛先生"转变为"德同志与"赛同志"。在日本帝国主义最终要变中国为它的殖民地这一生死存亡的危机关头，"救亡"的迫切需要最终压倒了"启蒙"与"发展"的战略规划。

依靠下层人民群众对于中国革命是关键性的。正是由于这一转变，我国在近现代历史上取得了对外战争的第一次胜利。而且，这一胜利恰恰又是对日本的胜利。抗战的胜利雪洗了民族耻辱，大大提高了民族的信心。抗战胜利的意义，不仅仅在于它收复了失地，光复了本土，而且，更为主要的在于它守住了一种精神，一种高贵的精神。中国人守住了他们的"守护神"。但是，在毛泽东及其领导的中国革命中，中国不但没有被"打散"，而且，还从政治上军事上实现了民族的伟大复兴。

在这个意义上，我们可以看到，鲁迅先生致红军与毛泽东的电报，他在其中所说的长征是民族复兴的"希望"与寄托的话，不但是敏感的和富有前瞻性的，而且也是寓意深刻的。在鲁迅先生的心中，寄托了多少亲切的希望啊！！正如毛泽东所说的，鲁迅先生不愧为中华民族的"脊梁"。

中国革命的胜利，归根结底，是人民战争的胜利。是的，我们正是要看到这个"归根结底"的渊源和力量。正是依靠这个渊源和力量，共产党打败了国民党，毛泽东打败了蒋介石。正是依靠这个渊源和力量，新中国在建国仅仅 3 年、国家处在千疮百孔百废待兴的局面下，果断地和勇敢地出兵朝鲜，抗美援朝保家卫国。而且，依靠这个渊源和力量，新中国干净利索地打败了武装到牙齿的美国——帝国主义的美国。对于抗战的胜利，人们还可以辩论说，那并不仅仅是毛泽东及其中国共产党的胜利。但是，对于抗美援朝的胜利，这种说法无论如何是不能成立的。与抗日战争的胜利相比较，抗美援朝的胜利恐怕也是一个更为重大的胜利。

抗日战争的胜利，抗美援朝的胜利，应该放在 1840 年以来中国趋于衰落的背景下来看待，应该放在 1840 年以来中国人民反抗帝国主义及其殖民统治的历次失败这个背景下来看待。事实上，毛泽东在为人民英雄纪念碑的题词中也正是把这些胜利放在这个背景下来看待的。而且，毛泽东也正是把对这些胜利的纪念归结为和上升为"人民英雄永垂不朽"。毛泽东的这个概括，恰如其分，恰到好处，真可谓是增一字则多，减一字则少。

这些历史性的胜利，极大地鼓舞了中国人民的自信和信心，极大地振奋了民族精神。正如毛泽东在 1949 年新中国开国大典上所说的，从此，"中国人民站起来了。"中国人民从"东亚病夫"积贫积弱一盘散沙转变为意气风发蓬勃向上自立于世界民族之林，成为与美英苏等大国并立的世界强国。中国成为世界历史上的一支重要的和平力量。中国的声音成为世界政治舞台上的强音。这在中国近现代的历史上还是不曾有过的事情。既是人民群众奋发图强的结果，也是人民群众奋发图强心态的表现。

中国的独立强大奋发图强还体现在，强大起来的中国对外既不构成威胁进行侵略，也不卑躬屈节崇洋媚外，更不闭关锁国盲目排外，而是不论国家大小，皆以"和平共处"的平等心态对待世界上的一切民族国家。与西方的帝国主义霸权主义心态不同，也与中国传统的中华帝国心态不同，新中国的这一平等的心态，才真正体现了一种现代意识现代观念和现代立场，也才真正体现了一种充分自足的自信心。相反，霸权主义的张牙舞爪与闭关锁国盲目排外，或者是信心不当的表现，或者是信心不足的表现，二者都是缺乏真正充分的自信的表现。

　　正是在这个意义上，我们看到，中国在万隆会议上所提出的"和平共处五项基本原则"，才真正体现了一种大国风貌，并赢得了世界各国特别是第三世界各国的广泛而真诚的欢迎与认同。也正是在这个基础上，周恩来等老一辈无产阶级革命家政治家在国际外交舞台上显示出了令人惊讶的自信与从容，显示出了令人折服和倾倒的外交魅力。

　　新中国人民群众奋发图强的精神风貌，在毛泽东对抗苏联大国沙文主义的外交斗争中也显示出来。迫于国际局势，新中国的外交形成了"一边倒"的局面。但是，事态的发展逐渐显示出，苏联企图通过在中国建立所谓"长波电台"和在南海搞所谓"联合舰队"，控制中国。这实际上是一种新形式的殖民主义。对于苏联的这种图谋，毛泽东态度坚定，不惜与苏联分裂，坚决顶住了苏联的压力。这种坚强的态度与精神，没有一种独立自主奋发图强的精神是不可能的。

【跟毛泽东学奋发图强】

　　在论毛泽东的成功时，海伦·斯诺曾经评论说，"成功对于他（毛泽东）来说，主要是指赢得人心"。① 赢得人心，是打天下的根本，是坐天下的根本。早在 1934 年，毛泽东在论述第四次反"围剿"的斗争经验时就说过，"国民党现在实行他们的堡垒政策，大筑其乌龟壳，以为这是他们的铜墙铁壁。同志们，这果然是铜墙铁壁吗？一点也不是！……。同志们，真正的铜墙铁壁是什么？是群众，是千百万真心实意地拥护革命

---

① 《毛泽东自述》，第 242 页。

的群众。这是真正的铜墙铁壁。"①

　　在这个方面，毛泽东赢得人民群众的拥护，激励人民群众奋发图强，不但是成功的，而且，在历史上也是大手笔大气魄。毛泽东的做法和成功经验对于现代领导工作具有多方面的启示和教育意义。

　　首先，毛泽东的做法和成功经验表明，现代领导干部应该高度重视对于群众心理和认识状态的开发与经营。在领导活动的双重目标中，物质利益与精神利益是同等重要的，二者不可偏废。在"社会主义市场经济"条件下，领导干部不仅仅应该注意到"市场经济"这个功能性的方面，而且，更要注意到"社会主义"这个方面，真正做到"两手抓，两手都要硬"。而且，在某种意义上，群众心理状态的提升，群众奋发图强的精神，是一种更为持久稳定的宝贵资源。这个方面的工作，不但把群众提升到更高的层次，而且，也把领导工作提升到更高的境界。

　　其次，开发和唤起、维持和维护对于领导（和统治）的合法性、正当性的信仰或信念，不但有赖于把实践上（例如，军事上经济上）的成功转化成对领导权威的依赖与支持，或者把实践上的失败、挫折转化成对领导权威的希望与激励，而且，有赖于把群众模糊的习惯或习俗、情绪或情感转化为对领导权威的信仰或信念。这样，群众的心理与认识，就不会因为成功或失败、顺利或挫折而有所波动，从而保持一种较为稳定持久的状态。这种工作，本身已经是建立统治或确立权威的一部分，或者说，已经开始了这个进程。

　　第三，这种开发和唤起、维持和维护对领导的合法性、正

---

① 《毛泽东选集》，第一卷，第139页。

当性的信仰或信念的转化工作，是对群众或者积极或者消极的心理状态的"引导"与"升华"。作为宣传群众、组织群众的一种活动，本身要求要具有巨大的创造力。它要说出群众所想说、但未能说出的"口号"、"标语"，它要提出群众所想提出但不曾提出的"纲领"、"政策"、"战略"，如此等等。其实，这种宣传和组织群众中的这种"创造性"，才是统治和领导权威赖以建立和确立、维持和维护的最根本的渊源。

提高群众的精神状态是政治家的领导目标之一。毛泽东把提高人民群众精神状态、把群众的奋发图强上升到政治自觉的高度。这是领导活动的高超境界。在问题的这个方面，政治家与特定的行政管理班子存在着特殊的联系，需要引起领导干部的广泛注意。

在与政治家的联系上，特定的行政管理班子的"使命"或"意义"在正于、也只在于，它有可能较早地或者较明确和较自觉地意识到并维持、维护和扩大对于领导权威的合法性、正当性的信仰信念。另一方面，也只有这个行政班子自觉地对统治权威的合法性、正当性的信仰或信念，并有效地履行了这一功能，它才能够成为"领导阶层"的一部分，并与领袖建立起权威关系。例如，特定的政治团体，只有当它们在上述二个方面表现出这种创造性并完成其"使命"时，它们才能成为统治团体，并享有对统治权威的服从和认同。

但是，事实上，大量的行政管理班子并不比领导阶层以外的其他人，更早、更明确、更有效或者更好地完成它本应承担起的对领导有合法性、正当性的信仰或信念的自觉和"经营"方面的"任务"。从而，这样的行政管理班子也就被拒绝在政治团体和权威关系之外。结果，这样的行政管理班子或者有被整个的政治权威所抛弃，或者演化成中立的、信仰或价值无涉的纯粹的科层化的官僚机构。

在这两种情况下，这种行政班子都不再享有政治权威。在后一种情况下，行政管理班子，可能建立和享有另一种意义上的权威，例如管理技术方面的权威。但是，这种权威——如果它真的建立起来的话——从性质上看，已经不再具有原先的那种政治权威了。因此，事实上，政治权威并不绝对地与一个行政管理班子存在着必然联系，而是与对政治权威的合法性、正当性的信仰或信念之有无及其开发是否有效和成功存在着必然联系。

跟毛泽东学统一战线

> 在某种意义上，毛泽东的统一战线理论与实践，可以概括为两句话，一句是"谁是我们的敌人，谁是我们的朋友"，一句是"没有永远的敌人，也没有永远的朋友"。

【领导活动中的"统一战线"】

简单地说，领导活动就是领导者通过"经营"方方面面各个层次的"关系"，以调动干部群众的积极性能动性创造性，达到领导目标的完成。关系的"经营"，包括关系的建立、协调、调整、维持和维护等等。在这个方面，"统一战线"可以说是形象地概括了领导活动的这个本质。

"统一战线"的内容与做法，关键的，一个是"统"，一个是"一"。"统"，就是把各种各样方方面面、错综复杂纠缠不清的关系统起来，理顺了。要把各种各样方方面面、错综复杂纠缠不清的关系统起来理顺了，需要有一个支点、核心、原则、精神等等。也就是需要有一个把各种各样方方面面、错综复杂纠缠不清的关系"一以贯之"联结和沟通起来的东西。

"统"与"一"是"统一战线"的两个方面。"统",是统一战线中所谓"多"的方面。"一"则是统一战线中"少"或者"一"的方面。仅有"一"没有"统",这是统一战线中的"孤家寡人""光杆司令"。仅有"统"没有"一",这是统一战线中的"狐朋狗友""乌合之众"。两个极端都背离了统一战线的本意。

统一战线可以区分为两种主要的形式。一种是从某一核心、原则出发,不断扩大统一战线的范围,一个层次一个层次地向外扩展。这是一种结构性的统一战线。一种形式是,随着时间与情势的变化和推演,统一战线不断调整与重组。后者是一种"动态的"统一战线,是统一战线的一种"历时性"形式。前者是一种"结构性"的统一战线,是统一战线的一种"共时性"形式。

【毛泽东和统一战线】

统一战线是党的三大法宝之一,是毛泽东领导思想与领导艺术的得意之作。统一战线的思想与实践,从毛泽东的早期革命实践,一直贯串到他晚年关于"三个世界"划分的思想,是毛泽东领导思想与实践中一以贯之的一条基本线索。

早在1925年《中国社会各阶级的分析》中,毛泽东就明确提出,"谁是我们的敌人?谁是我们的朋友?这个问题是革命的首要问题。中国过去一切革命斗争成效甚少,其基本原因就是因为不能团结真正的朋友,以攻击真正的敌人。"这里,毛泽东实际上是提出了统一战线的战略与策略这个重大问题。在《分析》一文中,毛泽东分析了地主阶级、买办阶级、中产阶级、小资产阶级、半无产阶级（半无产阶级中又区分为半自耕农、贫农、小手工业者、店员五种）、无产阶级和游民无产者等各阶级。

1949 年 9 月 19 日，毛泽东邀请部分民主人士游览北平天坛。

在阶级分析的基础上，毛泽东明确提出了他的统一战线策略。"综上所述，可知一切勾结帝国主义的军阀、官僚、买办阶级、大地主阶级以及附属于他们的一部分反动知识界，是我们的敌人。工业无产阶级是我们革命的领导力量。一切半无产阶级、小资产阶级，是我们最接近的朋友。那动摇不定的中产阶级，其右翼可能是我们的敌人，其左翼可能是我们的朋友——但我们要时常提防他们，不要让他们扰乱了我们的阵线。"

在《中国社会各阶级的分析》中还看不到专门对农民的关注。但是，在随后不久的《湖南农民运动考查报告》中，毛泽东对农民进行了带有统一战线性质的分析。在那里，毛泽东对富农、中农、贫农等作了细致的分析，提出了联合和依靠农民的问题。这个观点扩大了《分析》中提出的统一战线的范围和成分，而且，奠定了毛泽东此后革命战略与统一战线的基本思想与战略选择。

在三四十年代抗日民族统一战线中，毛泽东对中国社会的阶级分析以及因此而来的统一战线有了进一步的发展。毛泽东把民族资产阶级与大地主大资产阶级划分开来，在大地主大资产阶级中又分出依附于日本帝国主义的与依附于英美帝国主义的。大地主中也把开明地主区分出来。从福建人民政府开始，毛泽东就注意利用地方军阀与蒋介石集团的矛盾。抗日战争中，就不但把中央军与地方军区别开来，而且对不同的中央军也采取不同的政策。对比较能够接受抗日民族统一战线的中央军，如卫立煌等，也采取联合的政策。

在统一战线内部的策略问题上，毛泽东提出并坚持"以斗争求团结则团结存，以团结求团结则团结废"，独立自主的抗日民族统一战线是"通过"国民党而不是"依靠"国民党，"以革命的两手对付反革命的两手"，"革命不忘妥协，妥协不忘革命"等等一系列方针政策。这些方针政策，都体现了"两手抓，两手都要硬"、原则性与灵活性相结合，体现了领导艺术上辩证法的高度。

毛泽东的统一战线涵盖革命与社会主义建设的各个方面。大到与国民党的两次合作、抗日民族统一战线、"抓两头，带中间"的方针政策、"不要四面出击"、关于"三个世界的划分"，小到"统筹兼顾"、"学会弹钢琴"等等，都体现了毛泽东调动各方面的积极性能动性创造性、驾驭错综复杂矛盾的高超的领导艺术。

统一战线有着实实在在的物质的或者精神上的利益问题，有着具体的阶级的或者政治上的考虑。在毛泽东那里，也可以看到，从正确处理党内关系，到阶级分析的立场和原则，到正确处理人民内部矛盾，再到各方面的统一战线，由一个"支点"出发，统一战线的层次分明，范围逐渐扩大，甚至于扩大到几乎是可能的最终界线。

　　但是，毛泽东的统一战线的高明之处在于，他并不拘泥于这些实实在在的东西，或者范围与层次的扩展，而在于他把统一战线上升为对民族的优秀传统和健康的历史文化的认同，上升为对于革命与建设前景的展望。这里，高明和高超之处，并不仅仅在于它把"实"的统一战线转换为"虚"的形式，而在于，他把统一战线发展到更高的层次，它更为广泛，更为持久，也更具有普遍的意义。

【跟毛泽东学统一战线】

统一战线的核心与共同基础

　　在改革开放比较早、发展比较快的经济特区，经常可以听到人们说，"没有永远的敌人，也没有永远的朋友，只有永远的利益。"如果单纯地把这里的"利益"理解为"物质利益"，这个说法是片面的。但是，如果把这里的"利益"既理解为"物质利益"，也理解为"精神利益"或者"心理利益"，那么，这个说法就比较全面、比较合理可取了。

　　这后一种说法之所以比较合理比较可取是因为，领导活动中的统一战线，在物质利益与精神利益或心理利益两个方面，无论是"敌人"还是"朋友"都是动态的和不断变换的。在物质利益上，你的敌人可以是我的朋友，你的朋友可以是我的敌人；今天的敌人可以成为明天的朋友。在精神或者心理利益上也是如此。更为主要的是，物质利益上的敌人，可以是精神或者心理利益上的朋友；精神或者心理利益上的敌人，也可以是物质利益上的朋友，如此等等。反之亦然。

　　因此，统一战线要能够组织起来，必须为相关各方提供共同的核心或者共同的基础。值得注意的是，这个核心或共同基础，既可以是物质性的，也可以是精神性的。而最好和最可取的核心与共同基础则既是物质性又是精神性的。这样一个既是物质性又是精神性的核心与共同基础，既可以为关心物质利益的方面所接受，也可以为关心精神与心理利益的方面所接受，而且，能够有效地把两个方面都结合起来。

当然，与此同时，这也需要领导者在价值态度上既真诚地对待统一战线，而在功能与有用性上又灵活地把握统一战线。单纯强调统一战线中"统"的方面或者价值的方面，统一战线做不好。单纯强调统一战线中"一"的方面，或者单纯把统一战线作为手段（甚至于权谋与权术），统一战线同样做不好。驾驭这两个方面，需要处理好原则性与灵活性的关系，需要辩证法的支点与高度，需要的是高超的艺术。在这个方面，毛泽东的做法值得我们重视和借鉴。

把握统一战线的不同层次

粗略地说，领导活动中的统一战线可以划分为四个主要的层次。

在领导活动中，领导者之间或者领导班子内部，各种不同的观点、各种不同的力量，在某一个时期某一个问题上，达成共识，取得共同的立场，采取一致的行动。这可以说是领导活动的"一线"，是统一战线中核心的、也是第一个层次的统一战线。

在这个基础上，围绕着这个核心，领导者们各自的"追随者"，也就是它们的"行政管理班子"中不同的成员，对他们的领导者们的政策与行动等等，会有不同的观点、看法、价值取向，也会有不同的反应、选择和取舍。因此，他们在采取行动时，虽然不得违反上级领导的意图和命令，但是，他们的反应与行动可以有自觉与不自觉、积极与消极、配合与不配合等等的差异。这样，实际上，不同的追随者、行政管理班子中的不同成员，也就与各自所"中意"与追随的领导者形成了不同的"组合"，从而也就结成了各自的"统一战线。"相对于上述核心的统一战线来说，这个层次的统一战线是第二个层次的统一战线。

第一二两个层次的统一战线，属于领导阶层内部的统一战线。但是，无论领导阶层内部的统一战线如何组合，这种组合，实际上都只是在他们的领导"之下"或者说他们所领导的群众的利益的集中代表、集中反映。表面上看来，领导阶层有其"自身"的利益，他们的组合是在谋求这种自身利益。但是，在归根结底的意义上，这种"自身利益"并没有独立存在的"价值"，而且，它的"价值"也要"通过"群众、通过群众利益来实现。因此，领导阶层还需要进一步谋求和那些与"自身利益"相一致的群众的结合。这种结合中的多种组合，也就是领导阶层与群众结成的统一战线。这个层次的统一战线，是第三个层次的统一战线。

在第三层次统一战线内部，无论是物质利益还是精神与心理利益，群众之间（也包括领导与群众之间）各种关系的组合，归根结底，是受生产力发展水平与状况制约的。也就是说，他们之间各种关系的组合，并不是随心所欲的，而是客观的和遵循一定的规律的。正象他们不能选择自己的出身一样，他们也不能选择他们处身其中的社会关系，特别是不能选择他们所处身其中的经济关系、阶级关系和政治关系等等。

第三个层次的统一战线，是统一战线的主体。这个统一战线内部，又可以划分为各个不同的层次。生产关系是最基础的，其核心是所有制问题。社会关系是中间层次的，其核心是阶级关系和政治关系。思想关系是精神性的，其核心是上层建筑。

上述三个层次，都是统一战线中"实实在在"的方面，"实"的方面。实的方面是基础，是核心。这个基础与核心是不可或却的。但是，实的基础与核心同样也是"受限制的"。也就是说，在既定的条件下和范围内，统一战线能够做到多大，能够扩展到什么范围，这是一定的。但是，在"虚"的意义上，却可以把统一战线扩展到几乎是无限的程度。它的深度是不受局限的。它的高度是无止境的。它的范围所无限宽泛的。如此等等。

"虚"的统一战线并不是回避，更不是逃避。真正意义上的"虚"，例如，象征、文化与心理认同等等，为矛盾冲突的各方面，寻找到了更多更宽泛的结合点共同点认同点，也把统一战线转变为更为稳定持久和更为富有意义的形态。这既是统一战线的一个方面，更是统一战线的升华。通过这个升华，对统一战线的把握和驾驭，才真正上升到艺术的境界。

统一战线中"实"的方面和"虚"的方面，是相互依靠、相互促进、相互转化的。没有"实"的方面，统一战线就丧失了基础与核心，就有流于"空疏"、"空洞"的危险。没有"虚"的方面，统一战线就有陷于"盲目"的可能，既上不了层次，也不会持久。只有真正把"实"的方面与"虚"的方面有机地和创造性地结合起来，才能够有实实在在高水平的统一战线。而在这个方面，毛泽东关于统一战线的阶级基础的思想与实践，是值得重视的。如此同时，毛泽东把统一战线扩大到几乎是无限的范围，把统一战线上升到对中国传统历史文化的认同的高度，也是值得我们学习的。

这是统一战线的第四个层次。

第五章
跟毛泽东学抓大事揽全局

·"小事不管，大权独揽"·

跟毛泽东学路线领导

> 近现代以来，随着历史的发展，群众的民主意识、参政意识普遍觉悟，领导者要想成为群众的领袖，如果没有路线贯穿其政治活动，仅凭个人的影响，无论有多少权术的纵横捭阖，都不能服众，不能持久，难成大事……

【领导与路线】

领导不是统治，现代意义上的领导活动既不是领导者作为个人的活动，也不是领导者为了个人的活动，而是领导者通过影响干部群众为了公共事业的社会活动。因此，领导活动只能是通过人民群众这个中介，通过对人民群众的影响来实现和完成一定任务。那么，领导者如何才能实现影响和引导群众的活动呢？尤其是政治领导，他是如何把许多甚至素昧平生的大众鼓动和组织在一起形成变迁历史的巨大群体呢？除了领导者自身的人格魅力外，领导者能制定和实行正确的路线领导起了至关重要的作用。

　　所谓路线领导，是总揽全局的领导，是指导社会事业根本发展方向的领导。路线领导针对的不是琐碎的具体事务，解决的也不是一时一地的暂时性的任务，而是能提出明确的原则和普遍有效的规律来指导群众处理复杂的社会事务，完成相当时间内重大的历史任务。正确的路线领导，能为群众提供正当的目标和权威有效的行动指南。正当的目标，能唤起群众宏伟壮丽的想象，使千差万别的个人目标为集体的目标所取代，焕发出改天换地的巨大能量；权威有效的行动指南，是指它建立在对事态发展的长期正确估计的基础上，不以领导者个人一时的情绪为转移，得到实践的反复验证，具有很高的权威性，能得到群众的自觉体认，使活跃起来的群众运动纳入相应的秩序和规范，积极配合领导的运筹帷幄，达到影响历史变迁的实际目的。可见，路线领导在动员、组织和指导群众方面具有无可比拟、无可替代的巨大威力。尤其是近现代以来，随着历史的发展，群众的民主意识、参政意识普遍觉悟，领导者要想成为群众的领袖，如果没有路线贯穿其政治活动，仅凭个人的影响，那么无论有多少权术的纵横捭阖，都不能服众，不能持久，难成大事。因此，成熟的政治领导，都有一整套明确的思想路线、政治路线和组织路线。

【毛泽东是如何进行路线领导的】

初试锋芒

　　秋收起义失败后，毛泽东没有听从共产国际的指示继续攻打长沙，而是带领队伍来到井冈山。对此共产国际和当时的中共领导人都不以为然，多此敦促毛泽东离开井冈山攻打武汉、长沙这些中心城市，以造成全国性的影响。他们认为，在山沟里闹革命，要钱没钱，要粮没粮，要搞社会主义革命，又没有工人阶级，与外界联系也很困难，还要对付国民党的军事围剿。如此艰苦的环境，起义队伍的命运恐怕不出两种情况：一种是在艰苦的环境里大家悲观失望，失去斗志，慢慢被国民党剿灭；好一点，也无非是学《水浒》，搞封建割据，据险自保，与山大王没什么两样。这些看法，周恩来后来有一个回忆可以证明：1940 年他到共产国际去，"国际的领导同志都还担心我们离开工人阶级太远了。我说我们在农村里经过长期斗争的锻炼，有毛泽东同志的领导，完全可以无产阶级化。共产国际的一些同志听了大哗，不以为然。"① 也难怪远在国外的同志，就是井冈山上，起初普通战士开小差的现象也很多。连党的干部林彪也提出了"红旗到底还能打多久"的疑问。形势虽然是如此险象环生，但后来实际情况却是，毛泽东不仅没有在井冈山上栽跟斗，退出历史舞台，反而是从此崛起，井冈山成为中国革命胜利的起点，同时也成为毛泽东走上领袖之路的起点。毛泽东依靠的是什么呢？他不是周恩来，没有喝过洋墨水；也不是王明，有共产国际作靠山。他有的，除了坚强的意志和过人的胆略，就是他在脚踏实地的工作中，从中国革命的实际出发，敢于和善于形成自己的一整套路线。

　　在毛泽东以前，大家都规规矩矩地沿着莫斯科传来的路线走。开始，莫斯科指示，要不惜代价地跟国民党保持一致，中共就放弃对革命的领导权，放低动员群众的调子；等到统一战线破裂后，国际又传来指示要不惜代价地进行总决战，于是大

---

① 《周恩来选集》上卷，第 178、179 页。

家又急忙搞罢工，搞暴动，攻打中心城市，枉然地一次次迎接那只在想象中而从未实现过的革命"高潮"。中国社会到底该向何处去？中国革命的道路到底该如何走？这些事关全局，事关整个革命运动的发展方向的问题，实际上并没有得到很好的解决。当时，毛泽东还只是党内一个名不见经传的年轻人，分管湖南省委工作。但毛泽东的过人之处就在于，他在工作中从不局限于具体的事务，他的目光总是关注着全局。在实际工作中，他得出结论，中国革命靠组织和领导城市工人阶级来立刻取得胜利是不现实的，中国共产党应该依靠动员农民夺取政权，走农村包围城市的迂回道路。上井冈山，就是他这一思想的实践。一开始，他的意见作为异端，当然不受重视。有人讽刺他是"山沟沟里的马克思主义"，坚持共产国际路线的人还打击他，清算他的路线，解除了他的领导权。但是他并不屈服，继续坚持他的路线。在他的领导下，井冈山存在下来了，苏维埃根据地扩大了。于是他的名字渐渐传开了。他的意见渐渐不得不受重视了，同意他见解的人，逐渐团结到他的周围，而他的领袖地位，也从此开始形成。可以设想，如果毛泽东象当时大多数人那样，跟着共产国际人云亦云，提不出自己的主张，虽然不会遭到什么讽刺打击，但不仅中国革命"还要在黑暗中继续摸索"，毛泽东本人，也很难成为领导革命从胜利走向胜利的全党全民族的领袖。

延安整风

　　从 1942 年到 1943 年，毛泽东在延安进行了一场令国民党摸不着头脑的运动：延安整风运动。因为从 1941 年起，正是抗日战争进行到最残酷的相持阶段。日军进攻抗日根据地的兵力达到侵华总兵力的 75%，并实行烧光、杀光、抢光的三光政策，企图从根本上摧毁根据地。而国民党顽固派又于1941年初制造了皖南事变，断绝对八路军提供粮饷，并对根据地实行经济封锁，使根据地的财政经济和军民生活都发生了极大困难。面对如此众多的困难需要立即解决，毛泽东却不务实反务虚，开展了一场研究讨论中共历史上的路线问题的运动。这自然让国民党迷惑不解了。国民党的王世杰就曾经问周恩来，你们怎么拿那么长的时间来作历史总结，这在国民党是不会这样搞的。是啊，毛泽东为什么在当时要花那么长的时间，那么多的精力来解决这个路线问题呢？国民党如果明白和了解了这一点，恐怕就不会在随后的解放战争中输得那么快，失败得那么惨。

1942 年，整风运动在全党开展。2 月，毛泽东在延安作题为《整顿学风党风文风》和《反对党八股》的报告，全面阐明了整风的方针和任务。这是当时出版的这两个报告的单行本。

　　毛泽东当时面临的问题，是王明从苏联回来后，积极推行共产国际的"一切服从统一战线"和"一切经过统一战线"的经验。毛泽东明白，王明的观点是错误的，如果按照王明这一套去做，会重蹈陈独秀的覆辙。皖南事变就是个例子。但是要纠正王明的错误并不是很容易。因为中国共产党是在俄共、共产国际的帮助下产生的，在一般党员和高级干部中共产国际都有着很高的威信。王明、博古等人原来连中委都不是，就是在共产国际的支持下，才当上了总书记。共产国际的教条主义在党内影响很深。在这种形势下，一开始毛泽东暂时不采取正面交锋的方式，只做了一些适当的抵制。同时他考虑着该如何才能向广大的党员和干部揭示王明的错误。在深入思考这个问题的过程中，毛泽东认为，个别的指出和反对王明的错误已经不能解决问题。只有通过一场大规模的思想运动，使全党树立起从实际出发，理论联系实际的思想路线，提高广大干部群众的理论水平，才能从根本上破除对共产国际的盲目迷信，认清王明的教条主义的错误实质，使全党的认识统一到正确的路线上来。

毛泽东十分重视这次整风运动。他亲自编辑了整风的重要文件《六大以来》，总结党的历史上的几次重大的路线错误。在编辑过程中，他还写了九篇文章，批判王明的政治路线和思想路线。这"九篇文章"毛泽东非常重视。当时就修改了多次。1964 年春、1965 年 5 月他又作了重要修改，并送中央领导传阅。直到逝世前一个月，即 1976 年 8 月，他还请人读给他听一遍。其重视程度，可见一斑。

经过这次整风，以毛泽东为代表的正确路线取得了很大的胜利。而广大干部也破除了主观主义、宗派主义、教条主义的不良影响，全党达到了空前的团结，为迎接抗战胜利，夺取全国政权作了很好的准备。延安当时的高昂士气和必胜信念给美国人留下了深刻印象。美国学者费正清对此有生动地描述："当 1944 年美军派观察小组到延安时，看到中共形势正在上升，准备着战后与国民党决一雌雄。这种不可一世的精神可以从 1944 年 4 月底到 6 月中旬举行的重要的中共第七次代表大会表现出来。会议通过了新党章，毛泽东当选为中央委员会和政治局主席，赋予他更大的中央权力。"毛泽东思想"被欢呼为全党的指导方针。"①。相形之下，国民党派系林立，腐败和混日子的官吏滥竽充数，革命的理想主义早就荡然无存。当共产党打到了长江边上，李宗仁和孙科还在为了当代总统勾心斗角，争拉选票。孰强孰弱，鹿死谁手，当然也就昭然若揭了。

　　在共产党内，深谙毛泽东路线领导艺术的领导人要算邓小平了。粉碎"四人帮"后，百废待兴，而"两个凡是"挟毛主席他老人家的余威高踞着意识形态，改革的事业无从着手。邓小平以其过人的智慧，在全党发起了一场"实践是检验真理的唯一标准"的大讨论。这场讨论表面看并不针对任何人，完全在思想理论范围内进行。但是，一当重新树立了实事求是的思想路线，一切都要拿到实践的法庭上进行检验。于是教条主义破产了，盲目崇拜破灭了，而极左路线的那一套在人们心中自然也就破了产，改革的事业也就名正言顺的可以起航了。可以设想，如果邓小平一开始不在思想路线解决上下工夫，没有重新澄清和统一人们的思想认识，那么他想要否定毛泽东亲自发动的"文化大革命"，想彻底扭转毛泽东晚年的错误实践，想开创改革开放的新局面，则其将遇到的困难是不可估量的。恐怕其改革的事业还没有开始就又一次作为中国的"纳吉"而再次下台了。

---

① 　费正清：《伟大的中国革命》，第 241 页，国际文化出版公司版。

巨人中的巨人

　　毛泽东一生文韬武略，创造了无数奇迹，他是如何看待自己的呢？有一件事较耐人寻味。"文化大革命"中林彪曾在他的名字前加了四个"伟大"的定语，就是伟大的领袖、伟大的导师、伟大的统帅、伟大的舵手，毛泽东都不感兴趣，只有"伟大的导师"除外。联系日本学者竹内实先生对毛泽东的分析评价，我们从中可以探寻出毛泽东能成为历史伟人的奥秘之所在。

　　竹内实先生认为，在中国悠久的历史上，英雄豪杰，贤人义士、明君能丞，多不胜数。但要真正称得上是历史的伟人，改变了中华民族发展道路和方向的，只能是四位伟人，他们依次是秦始皇、孔子、毛泽东和邓小平。

　　为什么选秦始皇呢？竹内实指出了两个理由：一个是因为秦始皇统一了中国，一个是秦始皇为英雄豪杰们提供了一个政治活动的舞台。前者奠定了统一中国的基础，后者确定了政治活动的框架。中国历代王朝的荣枯盛衰，实际上都是因为有始皇帝提供的舞台才能演出一幕幕的历史剧（同时也是现代剧）来。

　　"中国历史第二人，要算孔子。"

　　竹内实认为，孔子的历史地位首先由孔子及其文化对汉民族形成的影响奠定的。由于孔子的存在，中华世界才具有"中华文明"的面貌。如果没有孔子，那中华世界只能是一个由汉民族、满民族和蒙古民族等相互胡乱厮杀的战场。孔子使得中华民族凝聚为一个文化上的有机整体。在这个方面，孔子的影响正好填补了秦始皇的不足。这是孔子对中华民族的最为伟大的贡献。

如果把始皇帝作为权力政治的第一人的话，那么，孔子就是没有权力的精神世界的第一人。秦始皇和孔子是中国历史上的两个有代表性的人物。在中华世界的历史潮流中，拥有权力的皇帝和没有权力只有权威的孔子形成一种绝妙的配合，也可以说是形成了微妙的均衡。

竹内实特别指出，毛泽东是中国历史上的第三人。

毛泽东在北戴河

毛泽东集秦始皇与孔子于一身。他"使这两人合为一体而引人注目。"他"把自己塑造成既掌握权力又拥有思想这一类人物。他"把一个国家放到了历史舞台上。"

　　竹内实对毛泽东的评价，在一定意义上符合毛泽东一生的自觉体认，符合毛泽东的领导风格。

　　在毛泽东看来，帝王说到底还是"办事之人"，只有功业，没有路线，没有主义。圣贤属于"传教之人"，传教理想，启人心智。但是只办事不传教，其事难以持久；只传教不办事，其教难以广远。因此，还得有第三类人，办事兼传教。这是毛泽东最为理想的事业。毛泽东一生都自觉追求这种君师合一、德业俱全的人生境界。在领兵打仗的过程中，不论是偏处井冈山的一隅，还是迎接夺取全国政权的胜利，他始终坚持其马克思主义的信念，坚持用马克思主义的路线、方针和政策教育队伍，并在实践中创造了一套中国式的马克思主义。在毛泽东看来，夺取全国政权的胜利并不是他的最终目的，这只是"万里长征走完了第一步"。夺取政权只是为在全国推广贯彻其新主张、新路线做准备。这是何等的胸怀气量。难怪他在《沁园春·雪》中，雄视古今，睥睨六合，高唱"数风流人物，还看今朝"。

　　因此，与满足于文治武功的历朝历代开国君主不同，毛泽东的领导活动不仅创造了中国历史，给世界人民也留下了深刻印象。法国总统德斯坦把毛泽东与法国人民尊敬的戴高乐将军相比，指出现代社会的国家领导人并不体现一种哲学思想，他们只解决一些问题，诸如经济、社会、军事等等。毛泽东却体现了一种哲学思想，并努力把它付诸行动。巴基斯坦总统布托在毛泽东死后发表声明，称毛泽东是巨人中的巨人，毛泽东的名字将永远是穷人和被压迫者的伟大而正义的事业的同义语，是人类反对压迫和剥削的斗争的光辉象征，是对殖民主义和帝国主义的胜利的标志。

【跟毛泽东学路线领导】

从毛泽东高超的领导艺术中，我们可以体会到，要实施正确的路线领导，领导者不仅一方面必须比群众站得高、看得远，洞察事物发展的规律，能够为群众指出事物发展的大方向，获得群众的充分信任；同时在此基础上，还要适应群众的需要，适应群众主观上、心理上的接受程度，考虑到路线的可执行性。只有适应了这两方面的要求，领导者才能制定和贯彻执行正确的、行之有效的路线领导。

毛泽东经常说，以其昏昏而使人昭昭是不行的，要注重理论学习。

路线领导是总揽全局的领导，是把握事态发展根本方向的领导。如果领导者没有一定的理论水平，缺乏抽象思维的能力，那就不能把一时一地的工作经验上升为普遍规律，也很难着眼全局对工作进行统筹规划，通盘考虑，当然就不能站在制高点上为群众指明前进的方向，也就更谈不上领导和组织群众了。毛泽东就经常说，以其昏昏而使人昭昭是不行的。为什么毛泽东在党内有那么高的威信，得到人民群众的拥护？因为他掌握了马克思主义的灵魂和精髓，把马克思主义与中国实际相结合，逐渐形成和成熟了一整套路线、方针和政策，因此每在历史转折的关头，他能够比其他人站得更高、看得更远，更早地掌握了中国革命发展的客观规律。毛泽东高超的路线领导艺术是与他注重理论学习和研究分不开的。用历史唯物主义的观点来考察毛泽东的一生，就不难发现，注重结合中国实际来学习和运用马克思主义理论，是毛泽东在若干历史关头透过层层迷雾、认清前进方向的重要原因。

　　毛泽东对思想理论的重视有着很深的历史根源。自鸦片战争以来，中国掀起了几次救亡图存的高潮。从洋务运动，到戊戌变法，到辛亥革命，中国的现代化运动屡遭重挫。到五·四运动人们才醒悟，枝枝叶叶的改革拯救不了老大帝国，只有从根本上改变中国人的旧思想，中国才有机会得到新生。中国向西方文明的学习从器物层面深入到思想的层面。当时各种主义盛行，中国人期望能从中找到一种科学真理能从根子上一揽子解决中国的问题。青年毛泽东很受这种思潮的影响，终身保持着对理论研究的兴趣，终身注意从理论高度、从战略全局解决问题。

　　1936年，毛泽东对斯诺的谈话中指出，1920年他接受了马克思主义，从此成为坚定的马克思主义者。马克思主义是他终身从事革命活动的基本指导思想。

　　在戎马倥偬的战争年代，毛泽东也从未放弃过对马克思主义理论学习的重视，即使在长征途中，他有病躺在担架上也照读不误。毛泽东之所以在理论上如此下工夫，就是因为他希望进一步认识中国革命的规律，希望从理论上说服他的同志接受他的观点。在《彭德怀自述》中彭德怀有这样的回忆：1933年接到毛泽东寄给我的一本《两个策略》，他说要在大革命时期读到这本书就不会犯错误了。以后不久，毛泽东又寄一本《“左派”幼稚病》给我，他在书上写着：你看了会知道，“左”和“右”同样有危害性。从彭德怀的回忆中可以看出，当时毛泽东多么渴望在理论上突破“左”倾路线的困扰。到延安后，有了相对稳定的环境，他发愤读书，写出了许多煌煌大著，彻底反击了教条主义者给他扣上的“狭隘经验主义”的帽子，从理论上统一了全党思想，也最终无可争辩地确立了他在党内的领袖地位。

　　高度的理论修养赋予了毛泽东处理具体事务时呈现出游刃有余的领导风范。毛泽东的这个特点给予基辛格一种近乎神秘的感觉。他在回忆录中谈到毛泽东谈话机智、哲理而又似乎漫不经心。在中美恢复建交的历史性时刻，尼克松提出一系列国际问题的细节，毛泽东客气而又坚定地回答说：这些问题不是在我这里谈的问题，这些问题应该同周总理去谈。我谈哲学问题。

　　当然，领导干部在注重培养理论水平以提高路线领导的能力的同时，也要避免一种倾向，就是理论与实践的脱节。否则象王明他们的极左路线，听起来引经据典，理论水平很高，实际上完全不考虑中国的实际情况，当然就行不通了。

原则性与灵活性的统一

　　把原则性和灵活性结合起来，是实施路线领导的又一个重要原则。作为一个领导者，要指导群众工作，协调群众关系，当然必须坚持原则。否则朝令夕改，或者在困难面前放弃原则，则领导者的威信破坏尽矣。毛泽东是三十年代最早认识并抵制王明"左"倾错误的苏区领导人之一。他也因此成为经常受打击的对象，被骂为"右倾机会主义者"、"庸俗的保守主义者"，被排挤出中央苏区党和红军的领导岗位。但毛泽东在打击下并不放弃自己的观点，他继续深入分析思考王明等人的错误实质，从理论和实践中总结出王明等人在军事上、政治上存在着的严重路线错误。结果当历史实践证明他代表着正确路线时，他在全党、全军都树立了极高的威信，奠定了他的领袖基础。对这件事毛泽东深有感触，在建国后就此事的一次谈话中毛泽东说："真理有时掌握在少数人手里。"以鼓励干部坚持真理、坚持原则的信念。

当然，领导者在坚持原则性的同时，还要讲究一定程度的灵活性、机动性、有时甚至是妥协性。在对待群众工作中，既要教育和指导群众，又要最大限度地和群众接触，倾听群众的呼声，并向群众学习；在处理对外关系上，既要有原则的不可调和性，又要作出一定程度的让步，以达成共识，争取最大限度的力量为我所用，创造完成任务的良好环境。原则性和灵活性的统一，关键是度的掌握和平衡。在这方面，毛泽东可以说达到了出神入化的境界，尤其是将其运用于统一战线的艺术，更是炉火纯青，很值得我们借鉴和学习。

"我们这个山大王是特殊的山大王"。从大处着眼，从小处着手。

路线领导是总揽全局的领导，当然要抓大事，抓根本。但是，要使路线领导不仅仅停留在决议的纸面上，而是化为干部群众的实际行动，那就得从大处着眼，从小处着手。

所谓从大处着眼，小处着手，也就是要善于使用具体措施落实方针政策，而不使其流于空泛。"小"并不小。1927 年，秋收起义受挫后，毛泽东要把队伍拉上山。他说：各朝各代都有山大王，可从没有听说有谁把山大王彻底剿灭过。我们也去当山大王。有人不同意，说到山上做大王，叫什么革命。毛泽东说，我们这个山大王是特殊的山大王，是共产党，是有主义的山大王。于是，队伍就上了井冈山，做起山大王了。可是山大王好做，拿什么保证队伍始终保持革命的目标，保证军队避免拥兵自重的坏习气，真正成为有主义的大王呢？为此，毛泽东进行了著名的三湾整编。其最重要的措施是把党的支部建立在连上，班和排设立党小组，这样，就可以具体了解士兵的思想情况，更好地教育士兵，有力地发挥党支部的战斗堡垒作用。同时，在连以上设党代表，师和团设立党委会，重要问题都要经党委会集体讨论决定。这样，毛泽东为部队建立了党委集体领导的制度，确立了党对军队的绝对领导地位，一支与旧军队截然不同的新型的人民军队也就基本形成了。在随后那么长的战争年代，军队由小到大，成为"百万雄师"，但从没有发生过"枪指挥党"的错误。这不能不让人佩服毛泽东的眼光和办事的能力。

善于从大处着眼、小处着手是一项很重要的领导能力，而容易为一般人所忽视，尤其是缺乏实际工作经验的同志。毛泽东就举过一个例子。红军到达陕北后，一位干部从外地来到洛川。他对当地的情况根本不熟悉，第二天就下令取消一切苛捐杂税。毛泽东问他，一切苛捐杂税你都取消了，究竟有哪几种苛捐，哪几种杂税？他都答不上。从大道理上讲，取消苛捐杂税当然没有错，但应如何取消，如何协调民生和军需的关系，如何处理军队和地方的关系，都大有讲究，并非空喊口号、一般号召或发布几条命令就能解决。所谓从小处着手，就是领导者要力戒高高在上，不去了解具体情况，不去倾听群众的呼声，不在实际工作中增长才干，成为眼高而手低的无能之辈。

跟毛泽东学抓思想路线

> 在有关中国革命根本问题的争论和斗争中，毛泽东更加认识到思想路线和思想方法的重要性。因为在中国革命道路的具体问题的争论背后，隐藏的乃是思想路线上的分歧……

【领导与思想路线】

作为一个领导者，要成为具有影响群众的巨大精神力量的领袖人物，不仅要具备能在情感上影响和鼓舞群众的高尚人格，还要有一整套能说服和引导群众的思想路线。因此毛泽东十分重视思想路线对其事业的重要意义。他曾有这样的观点，即思想政治工作是一切工作的生命线。这个精神后来被狂热地理解，结果产生了一些极端的做法，使崇尚思想自由的人对此颇有微词。但是，如果我们抛开其中的意识形态成分，就世界古今的历史来看，毛泽东的这种看法是具有普遍意义的。

即以以自由主义为标榜的资本主义为例，韦伯就指出，资本主义并不是人的本性挣脱出各种政治的宗教的束缚自由发展的结果，现代资本主义的产生和发展也有一条起指导作用的"思想路线"，那就是新教伦理。清教徒们信奉加尔文教义，认为人的生死是由上帝永恒的天命所决定的。因此，为了证明自己能获得神的恩宠，教徒们勤奋地工作，积累了大量财富，以显扬主的荣光。加尔文的禁欲主义教条还禁止教徒们耽于肉体的享乐，已获得的财富又用于投资，结果新教伦理使得资本主义的物质和精神都得到发展并达到高度的结合，促成了现代资本主义的产生。看来，即使是资本主义的产生和发展，也有着它的一条特殊的"思想路线"。没有新教伦理这条"思想路线"，仅有人的贪欲不加约束地肆意发展，很难孕育出现代理性的资本主义社会。韦伯认为，这也就是东方社会没有发展出资本主义社会的根本原因之所在。

当然，与以往人们自觉不自觉地遭受头脑中的思想路线支配不同的是，毛泽东更为明确地提出了思想路线对于指导人的实践的重要意义，更加重视思想路线的建设。这是由其所处的中国社会的实际情况和所要完成的历史任务所决定的。

第一，中国共产党是在一个现代经济很不发达、农民和其它小生产者占优势的国家里进行自身建设的。特别是在大革命失败后，党的工作中心转向乡村。与此相适应，党的建设和发展的重点也随着以乡村为主要阵地。这样，党长期处于广大农民等小生产者的包围之中，远离工人集中的大城市。因此，在党内对非无产阶级思想的改造就成为迫切的任务。

第二，由于中国社会的特点，中国工人阶级本身也非常需要加强思想教育。工人阶级也生活在半殖民半封建社会中，工人运动历史很短，与广大农民有着天然的联系，农民身上许多消极思想也影响着工人阶级队伍，工人阶级本身也迫切需要进行马克思列宁主义的思想教育。

第三，由于中国革命的历史特点，中国共产党在其发展过程中，必然要和中国资产阶级建立联合战线。在和他们的交往过程中，其思想也会渗透到党内。只有加强队伍的思想教育，从严要求，才能确保党的纯洁性。

中国共产党在实践中遇到的上述情况，引起了毛泽东对思想建设的高度重视，把思想建设提高到党的建设的首位上来。刘少奇认为，毛泽东建党学说的主要之点就是着重从思想上建党。着重从思想上建党，至关重要的就是要确立一条正确的思想路线，使党员、干部能自觉的按照正确的思想指导自己的言论和行动，掌握正确的思想方法和工作方法，正确执行党的路线和政策。在毛泽东倡导的"实事求是、理论联系实际、一切从实际出发"的思想路线指导下，中国革命和建设取得了很大的胜利。

【毛泽东是如何抓思想路线的】

毛泽东的思想路线，用一个成语就可以简要地概括，即实事求是。这四个字不可小看，邓小平把它称之为"毛泽东思想的精髓"。邓小平指出，毛泽东之所以伟大，能把中国革命引导到胜利，归根结底，就是靠实事求是，而且我们今后的事业，仍然要靠这条思想路线。

根本基础：辩证唯物主义

马克思主义认为，人们创造自己的历史，并不是随心所欲地在自己选定的条件下创造，而是在直接碰到的、既定的、从过去继承下来的条件下创造的。毛泽东把这些观点用中国语言概括为"实事求是"。毛泽东在《改造我们的学习》中指出：

"实事"就是客观存在着的一切事物，"是"就是客观事物的内部联系，即规律性，"求"就是我们去研究。我们要从国内外、省内外、县内外、区内外的实际情况出发，从中引出其固有的而不是臆造的规律性，即找出周围事变的内部联系，作为我们行动的向导。从毛泽东同志的上述解释中，我们可以看到毛泽东实事求是的思想路线完全符合马克思主义。

源泉：中国优秀传统文化

中国自古有一个好传统，就是实事求是，讲求务实，注意实际，重视知行合一。东汉班固在《汉书·河间献王传》中表彰西汉景文帝之子刘德为学"修学好古，实事求是"。唐朝学者颜师古对这句话作注："实事求是"就是"务得事实，每求真也。"到宋明时代，出现了"理在事中"，"即物穷理"的观点。从明至清，又逐渐形成了一股"实学"的思潮。毛泽东深受这一优良思维传统的影响。他从青年时代起就比较看重"事实"和经验教训，经常对同学说，读书，不但要善于读死的书本，而且要善于读活的书本；不但要会读有字的书本而且要会读无字的书本。这"无字的书本"，就是社会实际和社会实践。在湖南一师读书时，他多次到乡村进行徒步走访，了解农民的生产、生活情况，以及各地的历史变迁、地理概貌、风土人情、风俗习惯。在接受了马克思主义之后，他把中国古代朴素的实事求是的思想传统与马克思主义的唯物辩证法结合起来，自觉地把实事求是的精神贯穿于自己的整个理论和实践中去，在全党大力提倡实事求是，反对教条主义等形式的主观主义。在《改造我们的学习》中，毛泽东引用了实事求是这句成语，并对它作了新的解释。1941年冬，他为中央党校题词：实事求是。后来人们发现，毛泽东青年时代求学过的岳麓书院也题

中央党校大礼堂及毛泽东的题词。

写着实事求是的牌匾。由此也可见中国传统文化对毛泽东浸润之一斑。

在实践中形成

对湖南农民运动的考察实践使毛泽东初步意识到必须解决思想路线问题，才能领导革命的胜利。他在八·七会议上对此作了初步的总结：当我未到长沙之先，对党完全站在地主方面的决议无由反对，及到长沙后仍无法答复此问题。直到在湖南住了三十多天，才完全改变了我的态度。……湖南这次失败，可说完全由于书生主观的态度。对农民运动的深入考察，不仅使毛泽东看清了党在农运政策上的错误所在，而且认识到脱离群众的斗争实际，对实际情况的盲目无知，是导致路线错误的重要根源。

此后，在有关中国革命根本问题的争论和斗争中，毛泽东更加认识到思想路线和思想方法的重要性。因为在中国革命道路的具体问题的争论背后，隐藏的乃是思想路线上的分歧。1929 年 6 月 14 日，他在给林彪的信中，首次使用了同政治路线相对应的"思想路线"这个概念。1930 年 5 月，写下《反对本本主义》一文，抨击按"本本"指导革命的教条主义，指出共产党的正确而不动摇的斗争策略，决不是少数人坐在房子里能够产生的，它是要在群众的斗争过程中才能产生的，这就是说要在实际经验中才能产生。强调共产党人从斗争中创造新局面的思想路线，提出了"到群众中作实际调查去"的伟大号召。

到达陕北后，为了使全党尽快成熟起来，毛泽东辛勤从事理论著述，总结中国革命的经验教训。《实践论》和《矛盾论》从哲学高度批判了教条主义和主观主义思想根源，提出实践是认识的基础的观点，为实事求是的思想路线作了深刻的理论说明。通过延安整风，实事求是成为了党内占统治地位的思想路线。

【跟毛泽东学抓思想路线】

整风：自上而下

毛泽东抓思想路线，首先最注重抓统一干部、特别是高级干部思想路线的工作。因为干部是带头人，干部的思想能否统一到正确的路线上来，关系的不仅是干部本人，还会关系和影响到一大批群众。俗语说，"兵熊熊一个，将熊熊一窝"，又说"上梁不正下梁歪"，都是这个道理。

延安整风运动，是一次全党范围内的马克思主义思想教育运动，其目的是清算党内长期占统治地位的"左"倾路线错误，树立起正确的政治路线和思想路线。这是一项复杂而巨大的工作，该从何着手呢？毛泽东采取了从党的高中两级干部，特别是高级干部入手。毛泽东说，"犯思想病最顽固的"是高级干部中的人。"整风主要整高级干部"，"将他们的思想打通"。又说，"只要把他们教育好了，下级干部的进步就快了。"（1943 年 1 月 25 日致彭德怀电和 7 月 4 日致聂荣臻电。）因此，在全党整风之前，毛泽东决定先在中央成立中央学习组，各部门成立高级学习组以"提高党内高级干部的理论水平"。中央学习组毛泽东任组长，高级组的设置在军队是到师、军区或纵队一级，在地方是到区党委或省委一级。在党的高级干部学习已有半年，对一些重大的理论原则和历史问题基本取得共识之后，毛泽东认为，在全党展开普遍的整风，才既是必要的，也是可能的。毛泽东的整风策略很有效果。高级干部的思想转变之后，整个整风运动很顺利地就进行了下去。一些历史上曾经犯过错误的党的高级领导干部，都从思想路线的高度作了诚恳的检讨。

打倒两个主义，把人留下来。

在整风运动中，毛泽东严厉批评王明路线，但是他又始终掌握着一个分寸，即"打倒两个主义，把人留下来。反对主观主义和宗派主义，把犯了错误的干部健全地保留下来。"也就是后来著名的整风运动的方针："惩前毖后，治病救人"。

"惩前毖后、治病救人"的方针，贯穿着的基本精神，就是要从团结的愿望出发解决思想问题。这里有一个立场和出发点的问题。如果一切从个人和小团体利益出发，凭个人的感情，甚至为了图报复，泄私愤，闹纠纷，那就离开了党和人民的立场，当然就更达不到统一认识的目的。思想斗争，只能摆事实，讲道理，以理服人，才能使人心服口服，达到真正认识上的一致，达到"既要弄清思想，又要团结同志"的目的。

　　1945年，党的六届七中全会原则上通过了检讨党的历次路线错误的"历史决议"，全党统一到以毛泽东为首的正确的政治路线和思想路线上。曾经站在王明路线的博古说，这个决议在原则上很严格，而态度对我们犯错误的人是很温和的。我了解这是给我们留有余地。治病救人，必须我们病人自己有觉悟，有决心和信心。我们要从头学起，从头做起，愿意接受这个决议作为改造自己的起点。他的态度是诚恳的，可以说表达了历史上犯过错误而又愿意改正错误的同志的共同认识。

揭露错误路线，争取大多数，不能操之过急，要把握时机，循序渐进。

　　与具体的政治的、军事的、经济的问题不同，思想路线的一个很大特点就是它的高度抽象性。一条错误的思想路线，其影响是巨大而恶劣的，但它的后果却不一定就会立刻显现，能得到人们的认识。相反，由于它包装着漂亮的词句和动人的口号，一时间还能迷惑不少人。因此，要揭露错误路线，争取大多数，不能操之过急，还必须把握时机，循序渐进。在这方面，毛泽东显示的高超艺术就很值得借鉴。

　　毛泽东与王明路线的斗争是长期的。由于王明打着共产国际的旗帜，以革命的极左面目出现，占据了党的一切领导权，而毛泽东则被排斥出中央。面对这种情况，毛泽东以大局为重，服从党的安排，到地方上继续为中国人民的解放事业奋斗。

　　"路遥知马力"，王明的错误路线导致中央苏区根据地的全部丧失，人们对王明路线的错误开始有所认识。毛泽东开始向中央的一些同志提出要考虑党的领导和军事方针问题，取得了王稼祥、张闻天的支持。但是，在遵义会议上，毛泽东只批判了军事路线的错误，并没有立即着手解决政治路线和思想路线的问题。之所以这样做，一是人们对王明错误路线的认识还有待深入，另外，受批判的同志不多，有利于团结。毛泽东正确处理问题的策略使大家团结起来，度过了最困难的时期，完成了长征。

经过长征的胜利，西安事变的和平解决，第二次国共和作的实现，中国共产党已经能够独立地按照中国情况来决定自己的政治战略，毛泽东这才着手解决王明的思想路线在党内的影响问题，用整风的办法，把历史上两条路线的斗争搞清楚了。又一直到1945年党的第七次代表大会上，才得出了最后的结论。这项工作花了十年时间，使犯错误的同志真正了解他们的错误，全党对于党内的是非问题、路线问题有了清楚的概念。全党的思想统一了，实现了空前的团结。如果当时只是简单地从人事上处理问题，恐怕就达不到这个效果。邓小平说得好：还是从思想上解决问题牢靠。

跟毛泽东学抓政治路线

> 政治路线是政党行动的出发点和归宿，是政党组织内部团结统一的基础，是政党性质的重要标志。在历史发展的各个阶段和重要的历史关头，由于各种条件的相互作用，往往会有几种不同甚至相反的变化的可能存在。这就对领导者的政治路线决策能力提出了严峻的考验……

【领导与政治路线】

人生活在这个世界上，并不是消极被动地适应客观环境，而是根据自己的利益需求，积极主动地去认识世界、改造世界。当个人的需求和认识被集中和上升为一定集团的利益和认识时，人们就可能集结和参加政党。可见，政党从事政治活动的基本形式和手段，就是根据不断发展的形势制定符合本阶级或本阶层利益的各种政策，其中最根本的就是政治路线。

所谓政治路线，当然就不是具体的措施和手段，而是指体现一个政党在较长时期内的奋斗目标和任务的总方针和总政策。一个国家或政党在一定的历史时期，总要根据对特定社会历史条件的分析，在一定的理论指导下，对自己的行动的目标和方向进行根本性的选择，确定行动的基本原则和基本方向。这种路线的确定对于人们在一定历史时期内的实践活动，对整个政策体系有着普遍的指导意义。因此，政治路线是政党行动的出发点和归宿，是政党组织内部团结统一的基础，是政党性质的重要标志。毛泽东极其重视抓党的政治路线。他认为革命党是群众的向导，在革命中未有革命党领错了路而革命不失败的。

必须注意的是，虽然路线领导与思想领导同属宏观领导的范畴，但二者分属不同的层次。思想路线还属于纯粹的理论活动。思想路线对社会实践的指导作用还必须经过一定的具体环节的转化才能实现。政治路线就是思想路线转化为实践最重要的中间环节。政治路线是在思想路线的指导下，结合不同历史时期不同的历史环境和历史任务，在实践中制定出来的有针对性的方针政策，具有很强的实践性。

【毛泽东是如何抓政治路线的】

制定政治路线的难处。新民主主义的政治路线。

要制定正确的政治路线，离不开正确的理论指导。但是，有了正确的理论，如果不与具体实际相结合，也不一定能制定出符合客观形势和主观愿望的政治路线。这是制定政治路线的难处，也是毛泽东的高明之处。

中国共产党从一诞生起，就把马列主义奉为指导思想和制定政治路线的根本依据。但是，马列主义虽然是普遍真理，却不能教条化。政治路线要解决的是实际问题，而实际问题往往是千差万别，社会生活的丰富和复杂也往往超出了理论的框架，这正如歌德所言："生命之树常青，而理论总是灰色的"。因此，研究和制定政治路线不仅要有正确的理论依据，还必须有充分的现实依据。只有理论依据和现实依据都十分充足，才能把握客观规律，制定正确的政治路线。这一点，年轻的中国共产党一开始还不甚明了。

一开始，中国共产党在俄国和共产国际的指示下，认为中国应先搞资产阶级民主革命，等资产阶级革命胜利夺取政权后，共产党才有自己的"戏"，所以要先给国民党帮忙、跑腿，执行了一条放弃革命领导权的"右倾"政治路线。结果国共合作还没有取得全国政权，蒋介石和汪精卫就投降了帝国主义和封建主义，和他们并肩协力，反过来屠杀共产党人了。

年轻的中国共产党经过这番大挫折后，又站起来重新革命。在这种情况下，很容易地，出现了"左"倾情绪，不甘心再搞资产阶级民主革命，以为不如干脆搞社会主义革命。因此，当时的政治路线，就不只是反帝反封建，还要一般地反资本主义了。资本主义在哪里呢？主要在大城市里。于是他们都不顾条件是否成熟，急于攻打大城市，以便进一步结合工人阶级反对资产阶级。"左"倾错误的结果人尽皆知，几乎葬送了中国红军和中国革命。

遵义会议结束了"左"倾冒险主义的军事路线，但全党对其政治路线的错误尚未能认识。抗日战争开始后，国共开始第二次合作，王明提出"一切经过统一战线，一切服从统一战线"的口号，出现了第二次"右"倾路线的回潮。一时间，中国革命道路到底该如何走，中国社会的前途到底是什么，成为了许多人的疑问。在这种情况下，毛泽东总结了党的历史上发生过的"左"倾和右倾错误路线的经验教训，结合中国社会的国情，提出了包含新的政治路线的新民主主义理论。

毛泽东的新民主主义理论认为，中国资产阶级的软弱决定了中国资产阶级不能领导资产阶级民主革命取得胜利，无产阶级在资本主义革命中要争夺领导权，以至掌握领导权，建成新民主主义社会，使这个社会既有资本主义的因素，又有社会主义的因素，并向社会主义社会过渡。因此，现在进行的革命就不是旧民主主义革命，也不是社会主义革命，而是新民主主义革命。在革命中，我们要坚持建立最广泛的革命统一战线，同时还要放手发动群众，开展独立自主的斗争。毛泽东新民主主义的政治路线为中国革命当前的任务和前途作了科学的、符合实际的论断，人们的眼界豁然开朗了。根据这个政治路线，党确定了一系列具体措施，如关于统一战线政策、关于党领导的民主政权建设的政策，关于土地政策、关于经济政策，关于文化政策，等等。由于党在民主革命时期制定的政治路线和指导各项工作的具体政策得到了贯彻执行，党领导的统一战线得到了扩大和发展，工农联盟得到了巩固，革命军队有了很大的发展，根据地的政治、经济、文化等方面的建设都取得了很大成就。广大人民群众从亲身的体会确信党的路线和政策的正确，自觉地为实现党的路线和政策而奋斗，保证了新民主主义革命地胜利。

反映对现代化的诉求：过渡时期总路线。

民主革命胜利后，党的中心任务由领导人民进行革命的阶级斗争转移到领导人民进行社会主义革命，进行社会主义建设，发展生产力，提高人民的物质文化生活水平了。这是一个根本性的转化，新的历史任务需要新的建设性的总路线和总方针。

1952 年，中共中央根据毛泽东的提议，提出了过渡时期总路线：要在一个相当长的时期内，逐步实现国家的社会主义工业化，并逐步实现国家对农业、手工业和资本主义工商业的社会主义改造。这个"一体两翼"的发展方针反映了我国经济发展的迫切要求，反映了中国人民对社会主义现代化的诉求，是符合客观实际的。在总路线的指导下，中国很顺利地进入了社会主义，没有引起大的社会动荡。党制定了发展国民经济的第一个五年计划。五年计划着重满足我国当时急需发展的基础工业的实际要求，并且注意到整个国民经济综合平衡和按比例发展，较好地处理了积累和消费的关系，把发展生产同改善人民生活结合起来，注意经济效益，做到充分可靠又留有余地。结果 4 年就提前完成了五年计划地指标，为中国工业化奠定了基础。

百花齐放、百家争鸣方针地提出，并非毛泽东的心血来潮。

我国生产资料私有制的社会主义改造取得决定性胜利后，党和国家面临的迫切任务，是调动一切积极因素建设社会主义，迅速地发展我国的经济、科学和文化。为此，1956 年 4 月 28 日，毛泽东在中央政治局扩大会议上提出了"百花齐放、百家争鸣"的方针。

"百花齐放、百家争鸣"方针的提出并非毛泽东一时心血来潮，而是他对如何建设社会主义长期研究思考的结果。当

毛泽东在武汉

时，对于如何才能走出一条中国式的社会主义建设道路，我们没有经验可循。毛泽东研究了苏联等国建设社会主义的历史经验，通过对我国各个部门、各条战线取得的成就、存在的问题和工作中的经验教训，在理论和政策上反复进行研究、思考，又经过中央政治局的几次讨论，集思广益，凝结成 1956 年 4 月 25 日发表的《论十大关系》的讲话。这篇讲话论述了我国社会主义建设中需要正确解决的多方面的问题，表明了要正确解决我国社会的各种矛盾，必须调动一切积极因素，化消极因素为积极因素，为社会主义建设服务。这就为"百花齐放、百家争鸣"方针的提出奠定了基础。

　　"百花齐放、百家争鸣"方针的提出还有着深刻的历史背景。当时，由于我国科学文化领域受到苏联在学术批评中粗暴作风的影响，存在着教条主义、官僚主义和形式主义等不良作风，广大知识分子建设社会主义的热情受到了挫伤。"百花齐放、百家争鸣"方针的重点，就是要发扬社会主义的艺术民主和科学民主。科学上的真理是愈辩愈明，艺术上的风格必须兼收并蓄。党对于学术性质和艺术性质的问题，不应当依靠行政命令来实现自己的领导，而是要提倡自由讨论和自由竞赛来推动科学和艺术的发展。不仅在科学文化界如此，毛泽东认为，推而广之，这个方针也是我们进行一切工作的方法。党要领导社会主义建设，就必须充分发扬社会主义民主。毛泽东说："领导我们的国家可以采用两种不同的办法，或者说两种不同的方针，这就是放和收。放，就是放手让大家讲意见，使人们敢于说话，敢于批评，敢于争论，不怕错误的议论，不怕有毒素的东西；发表各种意见之间的相互争论和相互批评，既容许批评的自由，也容许批评者的自由；对于错误的意见，不是压服，而是说理，以理服人。收，就是不许人家说不同的意见，不许人家发表错误的意见，发表了，就'一棍子打死'。这不是解决矛盾的办法，而是扩大矛盾的办法。两种方针：放还是收呢？二者必取其一。我们采取放的方针，因为这是有利于我们国家巩固和文化发展的方针。"

【跟毛泽东学抓政治路线】

"从群众中来，到群众中去"，从骂声中发现了问题。

作为一个领导者，怎样才能制定合乎客观规律，能给人民群众带来实际利益的正确的路线、方针和政策呢？又怎样才能将这些方针、政策转化为广大群众的自觉行动呢？毛泽东在《关于领导方法的若干问题》中简要地归结为"从群众中来，到群众中去"。这是一个至关重要的领导艺术和领导方法。

"从群众中来，到群众中去"，就是要深入到群众中去，把广大群众所积累的经验以及提出的愿望和要求，集中起来，经过分析研究，加工制作，形成符合实际情况的路线、方针、政策，然后将党的路线政策在一定的范围内试行，或修改，或补充，使之趋于完备，再用以指导全面工作。这就要求领导者必须放下官架子，虚心向群众学习，甘做小学生。

毛泽东经常置身于群众之中，和他们同甘共苦，做群众的知心人。他最善于听取群众的意见，倾听群众的呼声，掌握群众的情绪。只要是正确的意见，他就积极采纳。

1942年8月的一天，陕甘宁边区小礼堂正在开征粮会议，突然天降雷雨，延川县县长触电身亡。这件事传出后，有人议论，说为什么雷公没有劈死毛泽东？保卫部门听说后，决定追查讲这话的人，但是被毛泽东制止了。毛泽东没有去抓"反革命"，而是反复思索为什么被群众骂？一定做错了什么事才引起了群众的反感。后来调查发现，是边区下达的征粮任务太重了，所以群众有意见，故借"霹雷"事件发泄不满。毛泽东知道原委后，立即指示有关部门减少征收公粮的任务。同时，毛泽东认识到必须发展生产才能从根本上解决这个问题。他提出了"发展生产，保障供给"的方针，发表了《组织起来》的报告，号召全边区军民开展大生产运动。毛泽东要求边区的党政工作人员以百分之九十的精力帮助农民发展生产，以百分之十的精力从农民那里取得税收。毛泽东的报告和所制定的方针立即受到边区人民的欢迎和拥护。当时，延安县的劳动模范吴满有甚至可以把《组织起来》的报告完全背出来，这并不是因为吴满有记忆力强，文化程度高，而是因为这个报告正是广大人民群众切身要求和情感的集中反映。毛泽东正是从群众的呼声中找到了制定正确方针政策的方向。

"靠总结经验吃饭"

毛泽东是伟大的政治家和战略家，很善于根据时机制定正确的路线、方针和政策。但是他的能力也不是天生的，而是靠不断总结历史经验，不断从实践中学习得来的。对于这一点，毛泽东自己有自觉的体认。

60年代中，毛泽东接见了李宗仁夫妇和李的秘书程思远。在谈到美国时，程思远说，美国总统肯尼迪生前，办公桌上摆着一部《毛泽东选集》，看来是要部下研究中国；近来一个国民党人对我说，他也是用毛泽东思想办事，他把毛泽东思想概括为两句话：调查不够不决策，条件不备不行动。毛泽东听到这里，似乎带有欣赏地笑了，转而问程思远："你知道我靠什么吃饭吗？"程思远没有准备，答不上来，就照实说，"不知道"。毛泽东说："我是靠总结经验吃饭的。"停了一下，他作了点解释："以前我们人民解放军打仗，在每个战役后，总来一次总结，发扬优点，克服缺点，然后轻装上阵，乘胜追击，从胜利走向胜利，终于建立了中华人民共和国。"

这里，毛泽东谈的是他如何从一个对军事一窍不通的师范文科生靠总结经验从实践中成长为伟大的军事家。其实，毛泽东在政治路线上的决策能力，也与毛泽东重视从实践中总结经验有关。毛泽东许多重大政策的决策都是建立在总结以往政策经验的基础上的。他主持的党的历届代表大会和历次全会的报告、决议、决定等，一般都用很长的篇幅来总结和概括以往政策实践的经验。善于总结历史经验，善于在实践中学习，使毛泽东的政策决策充满灵活性和创造力，与教条主义者的僵死形成了鲜明的对比。

1935 年华北事变后，中日矛盾成为主要矛盾，中共召开瓦窑堡会议制定新的政治路线和方针政策。会上对民族资产阶级有没有可能抗日的问题发生了争论。博古引经据典地论证"中间势力是最危险的"，反对联合民族资产阶级抗日，说这是背离马克思主义。毛泽东指出，半殖民地中国的民族资产阶级不同于资本主义国家的资产阶级，它具有两重性，在亡国灭种关头有参加抗日的可能性。"福建事变"失策，就在于套用"中间势力最危险"的这一理论。我是根据马列主义基本原理和基本立场来分析中国问题，提出联合民族资产阶级抗日的。他还愤激地说，"难道这样做，就是对祖宗不忠？对祖宗不孝？"博古哑口无言。经过认真讨论，最后统一了认识，通过了毛泽东提出的政治路线，确定建立最广泛的抗日民族统一战线。

"有重点才有政策，没有重点就没有政策"

任何政治路线都是针对着一定的社会问题而制定的。但一个社会存在的问题很多，并不是所有问题都能成为路线关注的对象，只有那些涉及到整个国家、民族利益的大局的问题，才是需要政治路线来解决的问题。这就需要决策者能在错综复杂的形势发展中发现和抓住主要矛盾，找到明确的主攻方向和战略目标，为制定相应的政治路线创造条件。这也就是毛泽东所说的"有重点才有政策，没有重点就没有政策"。同时，由于客观世界是一个开放和动态的系统，矛盾处于不断转化的状态，领导者还必须承认这个转化，力争能预见到这个转化，及时提出新的政治路线和方针政策，动员和组织群众，集中力量去解决新的主要矛盾。

在毛泽东同志的领导下，我们党运用唯物辩证法关于主要矛盾的理论，对中国革命发展的各个阶段进行科学分析，制定出符合实际的路线、方针和政策，引导着我们从胜利走向胜利。新民主主义革命在全国胜利后，毛泽东又适时地提出恢复和发展国民经济是全党的中心任务。到了1956年，生产资料的社会主义改造取得了决定性的胜利后，作为阶级的地主阶级、资产阶级已经不再存在了。阶级斗争虽然还在一定范围内长期存在，但已经不是社会主义的主要矛盾。大力发展生产力，满足人民不断增长的物质文化生活的需要，成为急需解决的主要矛盾。有鉴于此，毛泽东及时提出划分敌我和人民内部两类矛盾以及正确处理人民内部矛盾的方针政策，使全党把工作重心转移到团结各族人民进行经济建设和技术革命上来。

遗憾的是，毛泽东对主要矛盾已经转移的正确认识没有坚持下来。从八届三中全会起，在错误估计阶级斗争形势的基础上，越来越对我国现实的主要矛盾作出了错误判断，直至酿成"文化大革命"的悲剧。历史的教训值得注意。领导干部，特别是高级领导干部，谁无视这个问题，谁就会犯极大的错误。

跟毛泽东学抓组织路线

> 政治路线确定之后，干部就是决定的因素。
>
> ——毛泽东
>
> 一个人数少但有战斗力的党比一个人数多而缺乏战斗力的党要强得多。
>
> ——邓小平

【领导与组织路线】

政策的制定并不等于问题的解决。从政策的制定到政策目标的实现，还存在着一段相当长的距离，需要政策执行者来具体实施。优秀的政策执行者，就可能圆满完成政策规定的任务，甚至可以由执行人员创造性的执行活动弥补政策方案不足，进一步提高政策的效益。而恶劣的政策执行者，不仅会出现拖沓扯皮、延误时机，或对政策指令断章取义、阳奉阴违的现象，使得政策问题得不到根本解决，而且还可能使要解决的政策问题恶化，或与政策的目的背道而驰。因此毛泽东说，领导者无非有两个责任，即出主意和用干部两件事。首先是要出好主意，要代表人民的意愿，再就是要组织好干部力量，深入到群众中去贯彻执行。这就要讲究用干部之道。

在这个意义上，毛泽东十分重视抓组织路线。所谓正确的组织路线，也就是用加强干部工作来确保正确的政治路线顺利实现。一般来说，组织路线是由政治路线决定的，有什么样的政治路线就有什么样的组织路线。同时，组织路线又是实现政治路线的保证。组织路线对于政治路线的实现，起着决定作用。毛泽东认为："政治路线确定之后，干部就是决定的因素"

【毛泽东是如何抓组织路线的】

1937 年 5 月，毛泽东第一次比较全面地提出党的最好的干部应具备的基本素质。德才兼备。

三国时代蜀国的丞相诸葛亮劝告蜀主刘禅要"亲贤臣，远小人"，"治国之道，务在举贤"；唐朝的魏征主张"丧乱既平，则非才行兼备不可用也"；宋代政治家司马光提出"才者德之资，德者才之帅"；清末的曾国藩等也都倡言德才兼备。熟读中国历史的毛泽东深受这个优秀的政治传统的影响。

封建阶级的德和才有鲜明的阶级性。毛泽东只是从抽象方面借鉴了中国古代政治家的用人标准，并提出了共产党干部的"德"和"才"的具体内容。1937 年 5 月，毛泽东第一次比较全面地论述了党的最好的干部应具备的基本素质：懂得马克思主义；具有政治远见；忠于党和人民的事业；能做到大公无私；善于密切联系群众；有独立解决问题的工作能力。毛泽东认为：中国共产党是在一个几万万人的大民族中领导伟大革命斗争的党，没有多数才得兼备的领导干部是不能完成其历史任务的。

在毛泽东的努力下，中国共产党逐渐形成了一个德才兼备的领导集团，并在党的七大达到了高峰。七大后产生的中央书记处人才济济，除毛泽东外，有久经考验的无产阶级军事家朱德总司令，有才华卓越的无产阶级革命家周恩来，有工人运动的杰出领袖、马克思主义理论家刘少奇，还有不计名利、埋头苦干的党的活动家任弼时。这时一群具有政治远见的马克思主义者，他们具有领导政治、军事、经济、党务、统战、外交等各方面工作的才能。

毛泽东在党的七大上做报告。

他们中间既没有王明那样的教条主义者，更没有张国焘那样的个人野心家。他们是忠心耿耿地为民族、为阶级、为党而工作"大公无私的民族的阶级的英雄"。正因为有这样的一个领袖集团，有了一支按德才兼备的标准所培养起来的队伍，中国共产党才能领导中国人民从抗日战争的胜利走向解放战争的胜利，在世界的东方建立起一个伟大的人民共和国。

"我这里不介绍、不推荐、不说话，不写信"。任人唯贤。

在中国历史上，曾有不少唯才是举、选贤任能的杰出政治家。但是在中国这个极端重视血缘关系，封建宗法主义传统非常浓厚的国家里，更多的是任人唯亲，"一人得道，鸡犬升天"的现象。熟知中国历史的毛泽东对此作出批判分析说：在使用干部问题上，我们民族历史上有两条对立的路线。一个是"任人唯贤"，一个是"任人唯亲"。过去张国焘实行"任人唯亲"，拉拢私党，组织小派别，结果叛党而去。我们在干部政策上一定要坚持"任人唯贤"的公道正派的作风，反对不正派、不公道的作风。反对"任人唯亲"，坚持"任人唯贤"是毛泽东一生坚持的用人之道。

新中国成立后，百废待兴，正是用人之际。毛泽东家乡的亲朋故旧纷纷给他写信。三十八年前与他在辛亥革命中共过事的毛熙生来信希望进京做事。毛泽东的表兄弟也来信要求推荐参加工作。而毛泽东的至亲即他夫人的哥哥杨开智，则准备动身进京了。毛泽东却对秘书说："我们共产党的章法，决不能象蒋介石他们那样搞裙带关系，一个人当了官，沾亲带故的人都可以升官发财。那样下去，就会脱离群众，就会和蒋介石一样早晚要垮台。"他对秘书田家英说，处理亲友一般来信的原则是："凡是要求到北京来看我的，现在一律不准来，来了也不见。凡是要求我给安排什么工作的，一律谢绝，我这里不介绍、不推荐、不说话、不写信。"在毛泽东的耐心说服工作下，毛泽东的亲友都服从了组织安排，没有向国家提出过分的要求。

要搞五湖四海。"那几个战士说张国焘学问大是有原因的"。

毛泽东抓组织路线，还有一个重点，就是搞五湖四海，与山头宗派主义作坚决的斗争，加强党的团结。

长征到达陕北后，在红军中开展批判张国焘的分裂主义的斗争。有一天，毛泽东听到抗大的同志汇报情况，谈到原红四方面军的几个战士争论，到底是毛泽东的学问大，还是张国焘的学问大。有几个人说，张国焘的学问大。这个情况引起了毛泽东的注意。他不仅不赞成批判那几个战士，而且感到当时开展的清算张国焘分裂主义的斗争有扩大化的趋势。毛泽东对在座的同志说：那几个战士说张国焘学问大是有原因的，因为张国焘没有整过他们的路线问题，而我们整了。张国焘的错误应当由他本人负责，不能怪罪下面。根据毛泽东的意见，党中央决定揭批张国焘分裂主义的斗争只批张国焘，不能批红四方面军的干部，更不能批战士。这样，既及时纠正了错误，又团结了红四方面军的广大指战员。

【跟毛泽东学抓组织路线】

明确的组织路线；毛泽东与会党领袖最本质的不同，在于他有主义，有路线。

在中国历史上，组织是早就存在了。史书上讲"自三代以下，代有朋党"。在中国近代历史上，白莲会、天地会、哥老会、青洪帮这些会党，还在历史上掀起过轩然大波。但是，这些秘密的组织靠的是层层加封、唯首领之命是从和封建陋习来维持，没有明确的公开的组织路线，所以在吸收党员上龙蛇混杂，良莠不齐，很难形成团结的有战斗力的队伍。同时，由于缺乏明确的政治主张，他们很难向群众开放，更不用说宣传群众，发动群众了。这样的组织脱离群众，在政治上自然是没有前途的。人事的更迭，环境的变化，都会成为他们受重挫的原因。毛泽东作为无产阶级的政治家，与这些会党领袖最本质的不同，就在于他有主义，有路线。他不是从个人的恩怨、宗族的利益、小团体的得失出发，而是站在阶级的立场，为全民族乃至全世界的利益而奋斗，对于全体人民群众都有强烈的号召力量。而他的组织路线也是紧紧建基于此的。有了明确的组织路线，党就可以广泛地吸收民族的优秀分子，源源不断地壮大队伍的力量；可以公开自己的原则，把自己置身于广大人民群众的监督管理之下，防止腐败堕落；可以向人民群众进行宣传、鼓动的工作，形成深厚的群众基础。因此，与传统会党不同，在毛泽东领导下的中国共产党不论遭受了多大的损失，总能不断从群众中吸取力量，仿佛具有了永不衰竭的生命。

严格的组织原则；真正严格实行了民主集中制原则的是毛泽东领导的中国共产党。

民主集中制是无产阶级政党的一条组织原则，是无产阶级特有的广泛民主与严格的集中统一的有机结合。这条原则保障了无产阶级政党的战斗力。毛泽东在抓组织路线时特别强调这一点。

历史上的会党是只有集中而没有民主的。他们"若有二心，神明共诛"的那一套早已经为历史所淘汰。而资产阶级俱乐部式的政党是软弱的，也为历史所证明。在这方面，孙中山有过深刻的教训。他领导的国民党没有纪律，形同散沙，与俄国依靠统一的、有组织的、有纪律的政党领导革命成功形成鲜明对比。孙中山改组国民党的一个重要内容就是以俄国党为榜样来加强组织和纪律的建设。但是文件上的规定与实践并非一回事，国民党已积重难返。真正严格实行了民主集中制原则的是毛泽东领导的中国共产党。这个原则赋予了中国共产党强大的战斗力。因此国民党当时虽然在人数上占绝大多数，但最后的胜利者却是共产党。因为一个人数少但有战斗力的党比一个人数多而缺乏战斗力的党要强得多。

鲜明的育才之道；毛泽东培养人才的方式与常规有所不同。

毛泽东对干部的培养，首先最注重干部的政治素质的培养。要求党的干部必须有较好马克思主义的理论修养，懂得党的路线和政策，还必须有组织工作能力，能够教育群众接受党的路线，变成自觉的行动。

毛泽东培养干部还有一个鲜明的特征，那就是强调在实践中培养和锻炼干部。党的干部除了要掌握一定科学文化知识，还必须对人、对社会有透彻的知识和了解。而这是从书本上无法学到的东西，要靠本人在实际生活中自己去领悟。因此，毛泽东强调，干就是学习。要在干中学，学中干。毛泽东身边起用的很多干部，有很多就是学历不高，但在实际工作中锻炼和增长才干的年轻人。二十六岁就担任毛泽东秘书的田家英没有什么文凭和学历，他一生以"走遍天下路，读尽世上书"为座右铭，完全靠勤奋自学成为才子，很得毛泽东欣赏和器重。毛泽东培训干部开办的一系列学校，如红军大学、抗日军政大学、陕北公学等，学制都不长，毕业后的学生都放手奔赴各条战线，迅速成长为能独挡一面的优秀人才。

跟毛泽东学抓党的建设

> 现代意义上的政党有三个构成要素，即思想、组织与领袖。三者相互作用，缺一不可。在思想建设上，毛泽东继承了马克思列宁主义，也把它们发展为毛泽东思想。在组织建设上，毛泽东继承了列宁的组织原则，并且把它发展到更新的高度。而毛泽东本人也成为党的具有超凡魅力的政治领袖……

【领导与党的建设】

党是一种现代性的政治组织。司马光在他著名的《资治通鉴》中就曾讨论过"党"与"朋党"的问题。顾炎武所讨论的具有参政议政性质的"学校"，实际上也是一种早期的政党雏形。明朝的"东林党"等不过是仅仅具有近代性质的政党萌芽。严格地说，党是近现代社会生产力发展、阶级分化的产物。党是近现代的政治现象。西方近现代意义上的政党产生于政治运动，特别是政治选举，是在选举的过程中形成的，也是在选举的过程中才活跃起来和显著存在着的。

近现代意义上的政党，有三个构成要素。

一个是它的政治性思想性，也就是政党的政纲与政治路线。一个是它的组织性制度性。也就是说，政党，不同于其他组织，它是有思想有组织的机构。这两个要素缺一而不成其为政党。思想渗透在组织中，组织是体现了思想指导的，是特定思想的工具。组织是政党的"躯壳"，是它的肉身，是它的依托。思想是政党的"灵魂"，是它的"气息"。前者是政党的"硬件"，后者是政党的"软件"。二者相互配合，成为政党的基本构成要素。

此外，近现代意义上的政党还有一个重要的构成要素也是不可或缺的，那就是政党领袖，即机构中的"人"这个因素。值得注意的是，政党的思想即政纲，并不完全体现在政治领袖的身上，而是为政党中的"党员"即特定政治路线的拥护者所共奉，所共同拥有。也就是说，一方面，政党思想是某种相对独立和自我发展着的东西；另一方面，政党机构中"人"，并不仅仅是政治领袖，而是更为广义的党员与政治领袖。换句话说，思想与政纲，提供了政党的正当性与合法性；而政党的组织与制度，则提供了政党的有效性。在某种意义上，这两个方面都构成了对政党领袖的制约。

但是，在近现代意义上的政党中，政党领袖又是引人注目的和举足轻重的。政党领袖，不同于一般党员，他直接参与了政党的思想与组织建构。在某种程度上，甚至于是政党领袖创造了政党的思想与组织。政党领袖也是政党的思想性与组织性的人格化的体现与象征。对于党内的众多党员来说，对于广大的社会公众来说，这个体现与象征也是十分必要的。在理论上，到底是政党领袖创造了政党，还是政党创造了政党领袖，仍然是一个争论的问题。

近现代以来的西方政党（无论是什么派别的政党），是有思想而无组织或者组织形态相对松散。近现代西方的政党首先是有指导思想的，或者说它的思想是先于和独立于政党组织与政党领袖的。而且，它的思想，与其说是体现于政党领袖的身上，不如说体现在广大的党员与一般民众的身上。也就是说，它的思想是弥漫于和散布在底层或者中层的。如果政党领袖的思想与这个底层或中层的思想相抵触，那么，不可长久的只能是上层与顶层，而不是下层或中层。这种思想状况，决定了它松散的组织状况。同时，奉行分权民主，也进一步制约了它的组织形态不可能是集中的。

此外，思想与组织这两个因素也决定了，近现代的西方政党并不突出政党领袖。相反，它不但不突出政党领袖，而且，贬抑政党领袖，限制政党领袖。如果说它突出什么东西的话，那么，它突出的既不是组织，也不是领袖，而是思想与政纲。有政纲则有政党，政纲存则政党存，政纲不立则政党散。

毛泽东不但重视党的建设，而且善于抓党建，是党建方面的大家。在思想、组织与领袖三个方面，毛泽东抓党的建设，不但超越了农民起义，也与西方的政党政治不同，体现了我们自己的中国特色。

【毛泽东是如何抓党的建设的】

全党服从中央和民主集中制

党的组织原则，是列宁的重大历史贡献。列宁关于由先锋队组成的党的组织原则，在现代政党史上把党的建设问题发展到一个新的高度。对于列宁党的组织原则，美国政治学家亨廷顿虽然在政治观点上并不赞同，但是，他对于这个组织原则的有效性还是推崇备至，大加赞赏的。亨廷顿指出，革命并不是单纯的破坏，相反，真正的革命总是赋有创造性的。革命的创造性在于，它把政治动员与政治参与的扩大有效地结合起来并且制度化。①

可以看出，政治动员，与政治参与、特别是与政治参与的扩大，是矛盾的和冲突的。政治动员，把大量的群众鼓动了起来。动员群众，是一个"向上"（Up）的过程。虽然如此，大量的被动员起来的群众，可能仍然处于政治"之外"。因此，另一方面，就需要把动员起来的群众组织起来。也就是说，把群众组织进政治"之中"。组织群众，是一个"向下"（Down）的过程。

把这个"向上"的过程与"向下"的过程统一起来，需要巨大的政治创造力。而在这个方面，从法国大革命以来的西方革命并不是成功的，因为它们并没有提供什么创造性的和有效的政治形式。西方革命中的政党，不但过于涣散而且也过于软弱；不但党本身缺乏组织，而且，对于动员起来的群众，也缺乏组织能力。这个弱点，在法国大革命的后期表现得十分突出。在法国大革命的后期，不但群众丧失了控制，而且，党（各种各样的党）也越来越蜕化。在极端的情况下，某些政党甚至于蜕变为恐怖组织。

列宁提出的党的组织原则是："个人服从组织，少数服从多数，下级服从上级。"

毛泽东进一步发展了列宁的组织原则。在列宁三条组织原

---

① 《变化社会中的政治秩序》亨廷顿著，第306页。

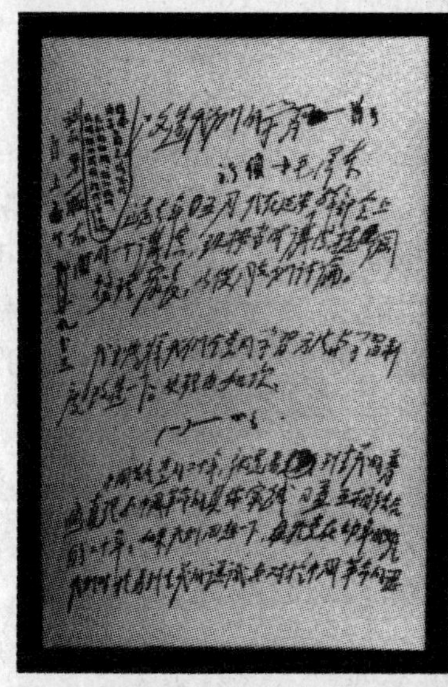

1941 年 5 月，毛泽东在延安高级干部会议上作题为《改造我们的学习》的报告，号召全党树立理论和实际相统一的马克思主义学风，给即将开始的全党整风学习指明方向，这是《改造我们的学习》的部分手稿。

则的基础上，毛泽东的党建思想与实践又发展了"全党服从中央"这一条。这把列宁党的组织原则发展到一个新的高度。但是，我们并不能因此而指责毛泽东关于党的建设的理论是什么集权的和不民主的。除了上述关于列宁的组织原则这个理由外，我们还可以指出，列宁和毛泽东的党的建设，除了这个趋于集中的方面外，还有它趋于分权的方面。即使从集权与分权两个方面来看问题，我们对列宁毛泽东的组织原则也应该有一个全面的而不是片面的把握。

毛泽东提出，党的组织原则是"民主集中制"。这概括了党的组织原则的两个方面，一个方面是"民主"，一个方面是"集中"。而这两个方面也是矛盾冲突的。只有把这矛盾与冲突的两个方面创造性地统一起来，才是政治上的创造，才是对于政党政治的发展。我们看到，正是毛泽东列宁及其社会主义运动而不是其他的什么人创造性地解决了这个问题，为现代的政治发展提供了一种新的发展选择。在党的建设问题上，简单地说，单有"民主"是西方式的资本主义；单有"集中"，是传统的封建主义;而只有"民主集中制",才是现代的社会主义。①

支部建在连上

建党前后的一位民主革命家林修梅曾有过 20 余年的戎马生涯。林于五四运动中开始接受和宣传马克思主义。他对军队在革命中的重要性和作用的认识非常深刻。林修梅在 1921 年出版的"社会主义与军队"一文中指出,"资本家可以利用私有财产的魔力诱惑军队,做他们的护身符。我们就可以用主张

"三湾改编"旧址。

私有财产公有的办法,使军队反戈相向,去谋社会主义的发展。""学生的热心宣传,无产阶级联盟等等固然很有效力,但从历史上来看,那些工人、学生,如果没有军队的援助,断难

---

① 　参见《领导工作的基本规律》陈士光著,南海出版公司,第 102 页。

收到最后的效果。"因此，他主张"把军队当作改良政治的工具。"①

　　但是，旧军队，正如旧社会的黑社会一样，虽然组织性很强，很有战斗力，然而缺少思想指导，特别是缺少正确的和有高度的思想的指导。旧军队打仗，靠的是"意气"，所谓"打虎亲兄弟，上阵父子兵"。兄弟父子之间这种"意气"，是一种私人关系性质的情感。所以，在旧军队中普遍存在着长官意志；长官对士兵普遍存在着"父母心态"，士兵对长官存在着人身依附。

　　在传统社会，它们被上升为仁义礼智信，成为一种公共道德，成为军队战斗的指导思想。但是，在从传统社会向近现代社会转型的巨变中，无论是私人关系还是公共道德，它们都普遍衰落了。它们对士兵与长官都丧失了约束力，当然，更丧失了鼓舞与激励作用。也就是说，在近现代的中国革命中，指导军队组织与战斗的新的"公共思想"是匮乏的。它付诸缺如。

　　林修梅所说的从主张财产公有下手动员与组织军队，就是军队思想政治工作的一种新的现代形式。我们看到，毛泽东关于"支部建在连上"的做法与这个路子是相通的。毛泽东"支部建在连上"的做法，有两个主要的环节：一个是坚持党在思想上对军队的领导，一个是把党在思想上的领导贯彻到底，深入军队的最底层，保证党对军队思想上的领导能够一杆子插到底。前者即"支部"是性质问题。后者即"建在连上"是程度问题。二者环环相扣，把军队思想政治工作发展得十分完整。

　　毛泽东关于党在思想上对军队的领导的主张与做法，来自于列宁党的建党思想。马克思列宁主义的有关思想，为军队的

____

① 《陈独秀与毛泽东》，马建辉著，第127～128页。

组织与思想建设提供了一种可选择的思想资源。但是，在毛泽东那里，这一思想获得了进一步的发展。阶级，已经不仅仅是一个经济的概念，而成为某种政治上的、思想上的概念。在《井冈山的斗争》一文中，毛泽东指出：我们感觉到无产阶级思想领导的问题，是一个非常重要的问题。边界各县的党，几乎完全是农民成分的党，若不给以无产阶级的思想领导，其趋向是会要错误的。

跟毛泽东学抓主要矛盾

> "主要矛盾"在毛泽东那里并不是一个单纯的哲学概念，而是他把握社会政治现象的一个基本范式，是他解剖中国社会现象，寻找其内在发展规律，判定路线、方针政策的思维工具和科学研究的纲领……

【领导与抓主要矛盾】

在爱菲斯的赫拉克利特的著作中，人们可以看到以对立力量的相互作用为特征的自然观的论据："爱与恨，醒与睡，生与死都是同一的，因为它们相互转化着"。在我国《道德经》中也揭示了这一道理。例如"没有生，死就不见，没有死，生也不见，没有上，无所谓下，也无所谓上……没有顺利，无所谓困难，没有困难，也就无所谓顺利"。矛盾无时不在，无时不有。没有事物是不包含矛盾的，没有矛盾就没有世界。世界就是一个矛盾复合体，一切事物都具有矛盾，离开了矛盾，事物就失去了生命，失去了发展的动力。

从领导学角度看，一个领导者在面对各种具体工作时，本身就是一个发现矛盾和解决矛盾的过程。领导者面临的因素极为复杂，领导的内部环境和外部环境，领导的主体与客体之间，上级与下级，都是一个矛盾的统一体。一个领导者要是不了解这些矛盾，不能对这些矛盾全面分析和综合评定，并抓住其中的关键因素，就难以有效地开展工作。

认识矛盾的普遍性，正是为了更好地利用矛盾，揭露矛盾，使矛盾向着有利于事物发展的的一边转化。从历史上看，大凡成功的领导者，都是驾驭矛盾的高手。例如，70 年代初，中美建交前夕，美国与苏联处于冷战对峙的状态，双方在军事领域展开竞争，一比高低；而苏联同中国早已由兄弟变成为了仇敌，关系僵化，矛盾突出。美国总统尼克松从国际这个大的环境的竞争与冲突中，看到了有利于美国发展的契机，利用中苏之间的矛盾积极努力地改善与中国的关系，并于 1972 年，在经过了一系列精心的部署后，对中国进行访问，最终促成了中美关系的正常化发展，从此改变了世界力量对比的格局。在这里，尼克松抓住了问题的关键，表面上看来是解决中美历史积留下来的问题，实际上却是通过中美关系的改善，形成了对苏联遏制的力量，其主要目的在于解决美苏之间的矛盾向着于美国有利的方面发展，从而使自己在国际竞争中处于主动地位。它充分体现了一个领导者驾驭矛盾的高超艺术。在领导的实践中，可谓矛盾无时不在，无时不有，旧的矛盾解决了，新的矛盾又会不断地出现。一个领导者究竟站在哪一个角度，采用什么样的方法分析矛盾，解决矛盾，使矛盾向着有利于事物发展的方向转变，往往会带来不同的效应。如果从静止的、形而上学的、单一化和封闭的角度去看问题，那么他就不可能利用矛盾，化解矛盾，解决矛盾。

　　一个领导者究竟从何着手来发现矛盾和解决矛盾？这体现了领导者对矛盾的高超的驾驭能力。在毛泽东看来，在诸多复杂的矛盾中，尽管由于工作的环境和性质不同，因而在不同的领导职权范围内，所面临的矛盾也会有所不同。但是无论多么复杂的矛盾总是有差异的，在这个差异中总会有一些是主要的，有一些次要的。所谓主要矛盾，就是那种"起着主要的、领导的、决定的作用"的矛盾。它的存在和发展规定和影响着其他矛盾的存在和发展，并影响着事物的发展方向。领导者的智慧就在于：审时度势，分出主要矛盾和矛盾的主要方面，予以优先考虑和解决，从而带动全局。在领导的实际工作中，我们不可能也没有精力把所有的矛盾解决，因此抓住了主要矛盾，也就抓住了问题的关键，工作就有了中心，有了重点，才有明确的主攻方向和战略目标，才能推动全局性的工作。毛泽东说：捉住了这个主要矛盾，一切问题就迎刃而解了……万千的学问家和实践家，不懂得这种方法，结果如堕烟海，找不到重心，也就找不到解决矛盾的方法。

【毛泽东是如何抓主要矛盾的】

　　"主要矛盾"在毛泽东那里决不是一个单纯的哲学概念，而是他把握社会的一个重要范式和思维方式，是他解剖中国社会各种现象，寻找其内在的发展规律，制定党的路线、方针和政策的思维工具和"科学的研究纲领"。毛泽东把他在政治生涯的各个时期存在着的一些特殊的问题和矛盾——称之为"主要矛盾"。究其毛泽东毕生的理论和实践活动来看，归结到一点，就是怎样通过有效的斗争，促成他所面临的各种社会矛盾，如帝国主义与中华民族的矛盾、国民党与共产党的矛盾、资产阶级与无产阶级的矛盾、资本主义社会与社会主义的矛盾等等，向着有利于革命的方向转化。

革命的首要问题

中国人民求解放的斗争，充满了失败的记录。远的不说，仅从戊戌变法到辛亥革命，就是几起几落，屡试屡败。这到底为什么？

1926 年，毛泽东对此做了一个诊断：中国革命亘三十年而成效甚微，并不是目的错，完全是策略错。所谓策略错，就是不能团结真正的朋友，以攻击真正的敌人。

毛泽东的分析可谓一语道破中国革命的根本问题，以往的革命之所以没能取得成功，根本问题在于没有找到中国革命的最基本的力量，没有在复杂的中国社会各个阶级层中找到可以团结的朋友，结果一意孤行事倍功半。根据对历史经验的分析和总结，毛泽东从中国革命一开始就紧紧地抓住了中国社会发展的这个最主要的问题，从而在一系列重大问题上制定出正确的战略策略，最终取得了中国革命的胜利。

毛泽东在《中国社会各阶级的分析》的开篇首先把这一问题提出来："谁是我们的敌人？谁是我们的朋友？这个问题是革命的首要问题。"这两句话中包含着三部分人："我们"、"敌人"、"朋友"。简称"敌、我、友"。"友"是"我"要依靠、团结的对象，"敌"则是"我"要打击、消灭的对象。这一简单的三分法成为毛泽东纵横捭阖、经略天下的基本框架。

在对中国社会各个阶级的分析中，毛泽东透过现象看本质，从纵向和横向的比较分析中寻找中国社会发展的最主要的力量和可以团结的力量，并对不同阶级进行了具体的分析。毛泽东用"上中下"和"左中右"的三分法，把中国社会详细分成五大阶级：大资产阶级、中产阶级、小资产阶级、半无产阶级、无产阶级。其中，"中产阶级"和"半无产阶级"可以和"小资产阶级"一起，看做"大资产阶级"和"无产阶级"两极之间的中间状态，也可以分别看作"大资"和"小资"、"小资"和"无产"之间的过渡状态。"大"、"中"、"小"三者组成"有产阶级"范围内的"左、中、右"，"小"、"半"、"无"三者又组成"无产阶级"范畴中的"左、中、右"。此外，每一个阶级内部，毛泽东都进行了第二次划分，甚至第三次划分。这样就形成了一个多层次的"左、中、右"三分结构。如果把这个立体模式投射到一个水平面上，就构成一个环环相接、依次过渡的长链条。其中有领导力量，也有革命主力，有真正的朋友，又有暂时的朋友，有主要的敌人，也有次要的敌人……

在这个链条上，毛泽东展开了他的多层次的领导思维：

在整个社会阶级中，采取发展进步势力、争取中间势力、孤立反对顽固势力的原则和方法。

在民族资产阶级中，采取团结左翼，提防右翼的策略。

在反共顽固派中，采取利用矛盾、争取多数、反对少数、各个击破的策略。

在农村各阶级中，采取依靠贫农、团结中农、限制或有条件地打击富农的土地政策。

从链条的左端向右端，依次是团结争取的对象。愈靠近左端，团结的分量愈大，反之则愈小。毛泽东主张团结一切可以团结的力量，除了极少数不能团结的顽固分子以外，都要争取、团结。在敌强我弱的形势下，毛泽东历来主张不要树敌太多，打击面过宽。而应该先打击最主要的敌人，等到自己发展壮大，有了足够的力量以后，再逐个消灭其他敌人。

毛泽东经略天下，以弱胜强，就在于他抓住了中国社会发展的主要环节，善于把握中国社会矛盾的发展变化，并对这种发展变化作出正确的估量，在错综复杂的各种社会问题中捉住居于主要地位、起着领导和决定作用的问题，引导人们不失时机地掌握斗争的中心环节，团结了一切可以团结的力量，在革命的不同发展阶段上，集中力量打击最主要的敌人，这是毛泽东领导中国革命走向成功的根本原因。

以阶级斗争服从民族斗争

抗日战争爆发后，毛泽东敏锐地觉察到时局的变化，面对着当时国内和国外错综复杂的阶级矛盾和民族矛盾，在对中国社会的政治、经济、外交全面考察基础上，及时提出民族矛盾已经上升为主要矛盾，一切民族党派、团体必须从民族大义出发，团结一致，共同对外，建立广泛的革命统一战线。正是从这一历史前提出发，才促成了国共两党的第二次合作，而"西安事变"的和平解决，无疑成为扭转时局的枢纽。

1936年冬，蒋介石坐镇西安，逼张学良的东北军和杨虎成的西北军反共，进攻延安，而张学良出于民族大义，哭谏不成，遂发生1936年12月12日的"兵谏"，活捉了蒋介石，逼蒋抗日。

西安事变，震惊中外，如何处理？非同小可，为中外瞩目。杀蒋！在张、杨军中，在全国，在我党内持此主张者，大有人在，而且极为激烈。放蒋！在张、杨军中，在全国，在我党内，持此主张者也有人在，而且极为冷静。

毛泽东站在马列主义唯物辩证法的高度，高瞻远瞩，洞察秋毫，全面、科学、深入地分析国内外错综复杂的矛盾，千头万绪中，抓住主要矛盾：中华民族与日本民族的矛盾。正是出于这种思维，有了重点，就有了政策。毛泽东作出和平解决"西安事变"的决策，并亲自做全国人民和我党同志的工作。他认为，虽然蒋介石是独夫民贼，镇压革命，屠杀人民，出卖民族尤其欠共产党的血债，罄竹难书，罪恶累累，千刀万剐，也不解心头之恨。但却不能杀，因为杀蒋正中了日本帝国主义"以华治华"的奸计，成为汉奸置蒋介石以死地，并挑起更大规模内战的借口。这便对不起中华民族，便不是真正的马克思主义政党。放蒋，虽使他逃避惩治于一时，但这既可以粉碎日本帝国主义及其汉奸走狗灭亡中国的阴谋，又可以逼蒋介石改变"攘外必先安内"的卖国政策，统一抗日，实现第二次国共合作。

历史证明毛泽东是完全正确的，是极富远见的。毛泽东的思考，放射出伟大战略家的耀眼光辉！

尽管蒋介石被释放回到南京后，囚禁了张学良，迫害了杨虎成，但是西安事变的和平解决，终于成为中国现代历史上的一个转折点。关于正确解决这一事变的客观效果，埃德加、斯诺在《红星照耀中国》一书中生动地写道："对于不熟悉中国政治的天真的西方观察家来说，这个结局似乎是完全不可理解的，因此在分析它的意义时可能犯严重的判断错误……在经过了十年的最激烈内战之后，红军和白军忽然携手合唱《友谊地久天长》。这是什么意思？是不是红军变白了，白军变红了？谁都没有变。但是总得有人得了利，有人失了利！是的，中国得了利，日本失了利。"

把握中心，实现战略意图；辽沈战役的关键是什么？

解放战争时期，辽沈战役的关键在哪里？当时从国民党军的状况来看有 48 万敌军分别守在长春、沈阳、北宁线上的锦州等几个大城市里，正处于顽抗还是逃跑的犹豫状态中。根据这种情况，毛泽东同志及其战友对东北战场进行了具体的分析：如果先打长春，就会把沈阳、北宁线上的敌人放跑。增加解放全中国的困难；如果先攻取北宁线上的锦州，就切断了东北与关内的联系，造成"关门打狗"的形势，使龟缩在长春、沈阳的几十万敌人没有退路，我军可来个"瓮中捉鳖"。同时，我军打锦州，敌人为了守住这条逃跑的交通线，必然派兵增援，我军便能回师打援，调动敌人的部署，有利于下一步的行动。况且，我军打下锦州，可歼灭 1/5 的东北敌人，瓦解整个东北敌人的守城信心，为整个战役的胜利创造有力的条件。由此可见，先打锦州是辽沈战役的关键。战局的发展完全证实了先打锦州的英明决策，它牵住了整个辽沈战役的"牛鼻子"。使战局开始向着于我军有利的方向发展。

1948 年 10 月 15 日，我军攻克锦州，三天后，即 10 月 18 日，长春 10 万敌人，一部分起义，大部分被迫投降。接着沈阳守敌也迅即土崩瓦解，11 月 2 日东北就完全解放了。整个辽沈战役，总计歼敌 47 万余人。辽沈战役的胜利为全国的解放奠定了基础，开了一个好头，它充分体现了毛泽东的宏伟的气魄和卓越的指挥艺术，主要矛盾了然于胸，每一步都服务于重点或全局的战略。

正确区分两种不同性质的矛盾；"<u>有点象赵太爷，犯了错误就杀掉，错误和反革命界限不分，错杀了很多人</u>"。

新民主主义革命在全国胜利和土地改革在全国完成以后，毛泽东对主要矛盾问题的思考研究在广度和深度上都有所扩展和拓宽。毛泽东认为，随着我国社会主义制度的确立，阶级结构和阶级关系必然发生变化，其主要标志就是剥削阶级作为阶级被消灭了，革命时期的大规模的急风暴雨式的阶级斗争已经基本结束，阶级敌人还有，但是不多了。这样，敌我矛盾退居次要地位，人民内部矛盾就转到舞台的主要方面来了，正确处理人民内部矛盾成为国家政治生活的主题。在社会主义改造完成以后，国内的主要矛盾不再是工人阶级

1957 年 2 月 27 日，毛泽东在最高国务会议第十次会议上做《关于正确处理人民内部矛盾的问题》的报告。

和资产阶级的矛盾，而是人民对经济文化迅速发展的需要同当前经济文化不能满足人民需要的状况之间的矛盾，因此必须把

为中心的社会主义现代
人民内部矛盾作为国家政
矛盾的变化和工作重点
要有一个安定团结的政治
，其出发点无疑是正确
性质的矛盾的错误作了分
，抓到一个就杀一个，
可以不赶走的，季诺维也
当个政协委员吧！""特别
重要的是，不割脑袋的办法可以避免犯错误。人的脑袋不象割
韭菜那样，割了一次还可以长起来，如果割错了，想改正错误
也没有办法。"又说："斯大林有点象赵太爷，犯了错误就杀
掉，错误和反革命界限不分，错杀了很多人。我们要记住这个
教训。"①　毛泽东创立的关于正确区分和处理两类性质的矛盾，
把正确处理人民内部矛盾作为国家政治生活的主体的学说，应
该说是对马克思主义领导艺术具有独创性的新贡献。然而，遗
憾的是1957年以后，由于对国内外客观形势的错误判断，逐
渐偏离了这一正确主题，而把"以阶级斗争为纲"做为政治生
活的中心。将已经基本解决的次要矛盾上升为主要矛盾，从而
激化了人民内部矛盾，造成了巨大的社会动荡，最终酿成无可
挽回的"文化大革命"，给国家和人民的事业带来了严重的损
失。

　　毛泽东在民主革命实践中之所以能够成功地解决一系列对
中国革命和事业发展具有重大历史影响的事件，恰恰在于对中
国政治形势的准确判断，抓住了中国革命发展的主流和所需解

---

① 　转引薄一波：《若干重大决策与事件的回顾》上卷，第489－490页。

决的主要矛盾。而在进入社会主义建设时期以后，之所以出现重大失误，其根本原因在于没有能把其对社会主义社会的主要矛盾的正确分析贯穿于社会主义建设始终。

跟毛泽东学抓基本规律

> 基本规律是毛泽东认识事物、判断事物发展方向的一个准绳。对于任何事物的认识，毛泽东思维的一个根本出发点就是不迷信、不盲从，而是仔细分析、研究、比较，透过事物的现象看到它的实质，找出规律，以明确工作的方向和目标。毛泽东是如何认识、掌握和运用基本规律的呢……

【领导与规律】

规律，在中国古代称为"道"或"理"，在西方古代称为"逻各斯"。其意是事物的发展有其固有的内在联系。只要有事物的地方，都有其运行的规律，小到日常生活，大到宇宙天体，每一类活动可以说都有自己的特点和规律。因此，无论作为一名普通社会成员，还是作为一名领导，要想在社会这个大舞台上施展自如，并对社会有所贡献，就必须认清方方面面的社会活动，因循社会的特点和规律，在为我所需的基础上利用、改造社会，领导社会。

领导者做为社会的一个成员，在其领导活动中必然要受到规律的制约，不可能随心所欲地发号施令。这是因为，无论是自然界还是人类社会都有其自身发展的规律，人们可以利用它，改造它，但却不能超越它。领导者的决策也不例外。例如，要依山拦起一座大坝，建立一座水力发电站，那么负责此任的领导者在具体制定和实施决策时，就不能不考虑到自然的客观性及其根本特性。要考虑到大坝的承受能力、发电设施的自然特性及承受力，两侧山坡的土质等等，如果水电站的建筑材料及所涉及的自然条件的自然特性不被尊重，甚至有意违背，那么，这座水电站就有可能因土质、材料不合格而被冲垮，或是不得已停止运用，而使领导者的美好意图难以实现，同时有可能因决策的失当而给国家和人民带来损失。因此，作为一名领导者，必须对自然规律有清醒的认识，其活动必须尊重自然的客观性。

【毛泽东是如何抓基本规律的】

什么是规律，在毛泽东看来，所谓规律是在事物运动中反复出现的东西，不是偶然出现的东西，事物反复出现才称为规律，才能被人认识。

> **有谁说对于革命的规律，在一开始的时候就完全认识了，那是吹牛……**

在毛泽东看来，任何事物都有自己的发展规律，规律是客观存在的，是不以人的意志为转移的。人们只能认识规律，掌握规律于实践中，而不可能创造规律，违背规律，这是我们认识世界和改造世界的根本前提。1962 年毛泽东在《在扩大的中央工作会议的讲话》中说，"如果有人说，有哪一位同志，比如说中央的任何同志，比如说我自己，对于这个革命的规律，在一开始的时候就完全认识了，那是吹牛，你们切记不要信，没有那回事，过去，特别是开始时期，我们只是一股劲地革命，至于怎么革法，革些什么，哪些先革，哪些后革，哪些要到下一阶段才革，在一个相当长的时间内都没有弄清楚，或者说没完全弄清楚"。因此对规律的正确认识只能来源于实践经验的总结，没有哪一个先觉先知从一出生就掌握规律的。

毛泽东在七千人大会上讲话。

社会主义建设初期，鉴于当时在实际工作中出现的"瞎指挥"的现象，1960 年 6 月，毛泽东在《十年总结》中说：真理的认识不是一次完成的，对我们社会主义革命和建设，我们已经有了十年的经验了，但是我们对于社会主义时期的革命和建设，还有一个很大的盲目性，还有很大的未被认识的必然王国，我们要以第二个十年时间去调查它、研究它，从中找出它固有的规律，以便利用这些规律为社会主义革命和建设服务"

认识规律靠实事求是

毛泽东认为，要正确认识客观世界，就必须坚持实事求是的原则和方法。1941 年毛泽东在《改造我们的学习》中就提出每个共产党员都必须学会和掌握"实事求是"的工作原则和方法，并对实事求是作了科学的解释。他告诫领导者在看事物时要看它的本质，而把它的现象只看作入门的向导，一进门就要抓住它的本质，这才是科学的分析方法。他强调，在每个革命发展的重大关头，都要认清事物的实质，把握规律，才能制定正确的路线和方针指导我们的实践。毛泽东认为，在实际工作中，只有掌握了规律才能避免工作中的盲目性。大家明白，不论做什么事情，不懂得那件事的情形，它的性质，它和它以外的事情的关联，就不知道那件事的规律，就不知道如何去做，就不能做好那件事。

既要尊重客观规律，又要发挥主观能动性。

毛泽东认为：一个领导者既要尊重客观规律，又要发挥主观能动性。这就是我们对待客观规律性与主观能动性的问题的基本的、全面的观点，忽视客观规律，只注意主观能动性，必然陷入主观主义，从而给领导工作带来损失。只顾尊重客观规律，而忽略主观能动性，必然造成工作中的被动局面，规律是不断向前发展的，没有一成不变的东西。人的历史就是一个不断地从必然王国向自由王国发展的历史。只有充分发挥人的主观能动性，才能求得规律的不断地正确认识，领导者才能利用规律，指导实践，在实践中获得成功，自由是对必然的认识和对客观世界的改造。只有在认识必然的基础上，人们才有自由的活动。这是自由和必然的辩证规律"。

【跟毛泽东学抓基本规律】

　　基本规律在毛泽东那里绝不是一个空洞的概念，而是他认识事物、判断事物发展方向的一个准绳。对于任何事物的认识，毛泽东思维的一个根本出发点就是不迷信、不盲从，而是仔细分析研究、比较，透过事物的现象看到它的实质，找出事物发展的规律性的东西，在此基础上明确工作的方向和目标。在认识和掌握运用规律方面，毛泽东有很多成功的范例。

中国社会发展有自己的规律

　　1930 年，正当中国革命处在极端困难的时期，一些人对革命产生了怀疑，提出了"红旗到底能打多久"的疑问，毛泽东在回答这个问题的时候，不是简单地回答红旗"能"打多久或"不能"打得多久，而是从社会发展的一般规律出发，将当时中国社会中出现的各种现象联系起来进行综合的分析，找出中国社会发展的规律。他在《星星之火，可以燎原》中说："我们看事情必须要看它的实质，而把它的现象只看作入门的向导，一进了门就要抓住它的实质，这才是可靠的科学的分析方法"。在此基础上毛泽东对中国社会的发展特点进行了综合的分析，由此预

毛泽东给林彪的信的油印件，即《星星之火，可以燎原》。

见了革命高潮不可避免，而且会很快到来。毛泽东说：如问中国革命高潮是否快要到来，只有详细地去看引起革命高潮的各种矛盾是否真正向前发展了，才能作出决定。这里毛泽东对中国社会的矛盾作了分析，指出在中国现有的条件来看，表面上看来现在是处于低潮，但是只要撇开这些表面现象，深刻地分析一下中国社会的状况，就可以发现，在中国目前存在着多种对革命发展有利的因素，这就是帝国主义狗咬狗的战争，必然为中国革命的发展提供一个发展的空隙，我们可以利用这个空隙，在帝国主义统治薄弱的环节中求得生存和发展。革命必将从低潮转向高潮。毛泽东具体地分析了对中国革命发展的有利因素和不利因素，指出我们现在所进行的革命不同于以往的革命，也不同于其他阶级的革命，有自己的特点规律，这个规律就是大革命失败，我们保留下来的火种，只要这个火种存在，终有一天它会重新燃烧起来的。因此任何对中国革命持悲观的态度都是不可取的，看不到中国革命胜利的希望是没有科学根据的。只要了解了这一事物的本质，就应该相信，中国革命的高潮的到来将是不可避免。历史的发展正如毛泽东所言，中国革命正是从一个小山沟里发展并壮大起来，在这一基础上，火种越滚越大。如果说，在大革命初期，毛泽东对中国革命规律内的认识还只是初步的，那么以后斗争事实的发展，完全验证了毛泽东对中国社会革命规律认识的正确性。通过长期的革命实践中的失败、胜利、再失败、再胜利的反复较量中，毛泽东逐渐探索出了并完善了中国革命发展的规律性，那就是农村包围城市，最后夺取城市的胜利。在这个正确规律的指导下，最终取得了中国革命的胜利。

　　历史的发展事实证明，掌握了规律就有了明确的方向和目标，才能对客观形势有一个客观的正确的分析，才能制定出正确的决策，从而找到解决问题的办法，才能充分发挥人的主观能动性，推动事业的顺利发展。

战争的规律——知己知彼，百战不殆。

毛泽东对规律的运用和发挥，在中国革命史上，尤擅长于军事规律与战争规律两个方面，毛泽东将自己对规律的认识成功地运用到对中国革命战争的分析，运用到每一场战役中，取得了一个又一个的胜利。

关于战争，毛泽东有自己的认识。毛泽东一贯认为战争与其他事物一样，是有其发展的规律性的。战争比之别的事物，有更大的必然性、更大的偶然性、更大的流动性。但战争不是神物，乃是世间的一种必然的运动，不是不可琢磨的。军事的规律，和其他事物的规律一样，是客观实际所存在着的。它不仅有一般的规律，而且不同的战争各有其不同的特殊的规律性。不同的战争有其共同的一般规律性；革命的战争有革命战争的特殊规律性；中国革命战争还有中国革命战争的具体规律性。一般、特殊、个别的规律都是有的。

抗日战争爆发后，对于中国抗战的前景，不同阶级、各阶层的人有着不同的看法。一种是以亲日派汪精卫为代表的"亡国论"，认为中国的武器不如日本，再战必败。他鼓吹说："人人肯说实话，和呢，是会吃亏的，就老实地承认吃亏，并且求于吃亏之后，有所以抵偿；战呢，是会打败仗的，就老实承认打败仗，败了再打，打了再败，败个不已，打个不已，终于打出一个由亡而存的局面来。这种做法，无他巧妙，只是说老实话而已。……无论是通都大镇，无论是荒村僻壤，必使人与地俱成灰烬。"于是以汪精卫为代表组成了一个低调的俱乐部，扯着"战必大败，和未必大乱"的破旗，企图与日本侵略者握手言欢，俯首称臣，做亡国奴。

国民党内的亲英美派蒋介石等人又是另一种腔调。1937年7月中旬，蒋介石进行庐山"茗叙"，政学系头目张群吐出了"十四字真言"，即"和必大乱，战必大败；战而后和，和而后安"。这代表了蒋介石在内的国民党内一部分人的内心矛盾，战没有胜利的信心，和又恐为全国人民唾弃。这种先战后和，实际上并没有跳出"战必败"的框框。

在抗战开始取得了几个优先的胜利之后，蒋介石又弹起了"速胜"的论调，他过高估计自己的力量和能力，过低估计日本侵略者的力量，认为只要再有几个台儿庄战役就可将日本侵略军赶出中国。国民党内还有一些人持有这种论调，说什么"抗战不如参战，参战不如观战"，把抗战的前途寄托在外国的援助上，认为只要国际社会干预，尤其是幻想英、美援助或出兵干涉，中国的抗战就能很快取得胜利。他们主观臆测："我们再打一年半，国际援助就可以不求而至，我们抗战的最后胜利，就在一年半以后的那个时期"。

除上述情况外，有许多持另一种观点，这就是认为中国的抗战是"持久战"。但是，中国的抗战为什么是持久战？战争的进程如何？怎样进行持久战？为什么说中国抗战能最后胜利？怎样争取最后的胜利？要科学地回答这一系列问题，在当时是不容易的，在一般人们心中也是难以办到的。要正确地认识和透彻地阐述这一系列问题，需要具有科学的历史观，要有洞察历史风云和把握历史发展的客观规律的能力，要善于运用唯物辩证法去观察分析历史事件的各个方面，从而得出科学的判断。

此刻，在陕北延安的窑洞里，毛泽东默默地思索着，他时而吸着烟来回踱步，时而伏案奋笔疾书。经过多少个日日夜夜，毛泽东终于写出了辉煌的著作《论持久战》，第一次正确

毛泽东在延安窑洞撰写《论持久战》。

地回答了上述一系列的问题。毛泽东根据抗战 10 个月来的战争实践，在深刻认识中国国情特点的基础上，借鉴国内革命战争的经验，以惊人的洞察力，准确地把握了中日战争互相矛盾的基本特点及其历史趋向，分析了中国抗日战争所处的历史时代，揭示了抗日战争发展的规律，精辟地论述了抗日战争为什么是持久战和怎样进行持久战的问题。科学地预测了抗日战争的发展进程，阐明了抗日战争的战略地位以及人民战争的战略战术。毛泽东指出，"亡国论"、"速胜论"都是不对的，中国不会亡，最后胜利是中国的，中国不能速胜，抗日战争是持久战。毛泽东说："中日战争不是任何别的战争，乃是半殖民地半封建的中国和帝国主义的日本之间在二十世纪三十年代进行的一个决死的战争。全部问题的根据就在这里。"这是认识抗日战争发展规律的基本依据。从这个依据出发，毛泽东指出中日战争的胜负，固然决定于双方军事、政治、经济、地理、战争性质、国际援助等条件。然而不仅仅决定于这些，仅有这些，还只是有了胜负的可能性，还须加上主观的努力。这就是指导战争和实行战争，就是战争中自觉能动性的发挥。因此战争中，既要看到客观规律性的一面，又要看到主观能动性的一面。只要全国人民同仇敌忾，最后的胜利一定属于中国。毛泽东在正确分析中日双方各种矛盾的基础上，科学地预测抗日持久战要经过三个阶段，揭示了战争发展进程和必然趋势。

毛泽东的科学预测，在中国人民的艰苦抗战中得到证实。伟大的抗日战争，中国人民赢得了胜利，1945 年 9 月 2 日，日本侵略者正式签署无条件投降书。美国纽约的《下午报》发表了某记者的一篇文章，题为《这就是毛泽东——中国共产党的领袖》，文章写道，"在预测中国会发生什么事情的时候，毛泽东一直永远是正确的。在 1935 年，他预言了未来的中国战争的过程和战略发展"。可能是这位记者的撰稿时将 1938 年误写为 1935 年，假若他能够熟悉毛泽东的《抗日游击战争的战略问题》和《论持久战》的著作的话，那么进一步拓展他的思路也是可能的。

违背社会发展规律的教训——大跃进。

规律的客观性告诉我们，人们只能认识规律，但不能创造和改变规律。人的主观能动性的发挥必须是在尊重客观规律的前提下才能有所作为。因此任何违背客观规律的思想和行动的后果，必然受到规律的惩罚。自然规律是这样，社会规律同样也是如此。在这一方面我们有过许多的教训。

毛泽东本人不是神，同所有的人一样，受一定历史条件的局限，不可能对所有的规律都掌握，也是在实践中不断摸索不断总结获得的正确认识。因此对于社会主义革命和建设规律的认识，有些规律毛泽东认识和运用的比较好，有些规律认识到了但在实践中没能很好地坚持下去。

50 年代后期，党内有些同志认为，1956 年我国生产资料所有制改造和 1957 年反右派斗争的胜利，以及由于第一个五年计划超额完成所取得的巨大成绩，都大大提高了人民群众建设社会主义的积极性，经济建设也出现了迅速增长的新气象，中国已经进入了马克思所预言的"一天等于二十年"的伟大时期。应该打破"一五计划"的常规发展速度，在经济上再来次大跃进。在这种气氛的感染下，当时毛泽东不仅接受了这种"左"的错误思想，而且还对当时有不同意见，主张"反冒进"的同志大加责难。提出了"鼓足干劲，力争上游，多快好省地建设社会主义"的总路线的基本观点，在毛泽东的支持和推动下，迅速在全国掀起了"大跃进"的高潮。

此后在全国范围内开展了人民公社化运动和全民大炼钢铁竞赛，在"左"的错误思想指导下，不顾当时中国生产力发展的客观实际，各地建设的规模和指标逐年升级，1958 年 8 月 17 日至 30 日在北戴河举行的中共中央政治局扩大会议，决定 1958 年钢产量要比 1957 年翻一番，达到 1070 吨，1959 年达到 2700 万吨至 3000 万吨。此次会议还对在各地开展的人民公社化运动做了充分肯定并要求在全国推广，认为这是"指导农民加速社会主义建设，提前建成社会主义并逐步过渡到共产主义所必须采取的基本方针。"并预言，"看来，共产主义在我国的实现，已经不是什么遥远将来的事情了"。从此"以钢为纲"，"大炼钢铁"；"以粮为纲"，"大放高产卫星"；大搞人民公社化，大刮"共产风"、"浮夸风"的"左"倾错误迅速地在全国泛滥开来。它带来的直接后果是造成了生产的巨大浪费，破坏了国民经济有计划按比例的发展，其结果是"欲速者不达"，贻误了经济发展的有利时机，给人民生活带来了不应该有的损失。每一位领导者，一定要汲取"大跃进"的教训，严格地遵守实事求是、按客观规律办事的决策原则。

跟毛泽东学胸中有数

> 1926 年，毛泽东算了一笔帐，发觉中国 4 亿人口中，工农有 2.45 亿，小资产阶级有 1.5 亿，他对小资产阶级的情调没有好感，但始终将之作为朋友对待。原因是这 1 亿之众，不能让他跑到敌人那边去。毛泽东信心十足地说："我们真正的朋友有多少？三万万九千五百万。我们真正的敌人有多少？有一百万……"

【领导与胸中有数】

任何事物都是质与量的统一，都是由质和量两种特性构成的复合体。因此，认识事物就是要既要把握质，又要分析其量，只有这样，才能较完整地理解事物。

从领导学上讲"胸中有数"，实际上就是思维的精确性问题。既通过对事物进行数量分析，掌握事物的数量关系。因为事物质的规定性较易于为人所觉察，而量方面似乎是细微的差别，较易于忽略。因此在思维的整个运转过程，领导者尤其要注意对象的数量方面。思维中的差错，往往就在于囫囵了数量方面的把握而铸成失误。例如，国际军事法庭在对第二次大战战犯的审判中，不能仅仅根据"杀人"、"是杀人犯"这一性质而对所有战犯作出同样的裁决，此时需要数字，杀害多少人，参与多少项罪恶计划等，依据数量分析，确定其罪的轻、重、缓、急，使"质"更加精确。如要举办一次成功的奥运会，多国部队和伊拉克之间的海湾战争，其中到底涉及多少要素，恐怕需要费些工夫调查、整理和分析判断，才能避免可能出现的一些不利因素的影响。

在实际生活中，领导者需要面对的问题很多，任何一项决策前，对涉及实现决策的种种复杂因素：内在因素、外在因素、现实因素、潜在因素、物质因素、精神因素，即人、财、物、时间、信息等要进行综合分析。领导者对自己领导的环境中的各个因素必须做到心中有数。只有做到了心中有数，才能通过对这些要素的全面分析，综合权衡，组成一个牵一发而动全身的整体，使每个要素和要素间的相互作用成为推动高效实现工作目标不可或缺的资源。

【毛泽东是如何做到胸中有数的】

领导者决策的深层次问题是决策者的思维艺术。思维能力和思维艺术无不体现于思维主体对思维方法运用的熟能生巧之中。毛泽东在中国革命的许多重大决策活动中，其中一个很重要的特色就是对任何事物在作出重大决策以前，做到"胸中有数"。

　　毛泽东曾指出："对情况和问题一定要注意到它们的数量方面，要有基本的定量分析"。所谓"'胸中有数'这是说，对情况和问题一定要注意到它们的数量方面，要有基本的数量分析。任何质量都表现为一定的数量，没有数量也就没有质量。

1954 年，毛泽东在江苏视察。

我们有许多同志至今不懂得注意事物的数量方面，不懂得注意基本的统计、主要的百分比，不懂得注意决定事物质量的数量界限，一切都是胸中无'数'，结果就不能不犯错误。"① 所以，脑子里要有个数量的概念，一项政策、一个规定，群众拥护的多少？反对的多少？既不表示拥护，也不表示反对的又有

---

① 《毛泽东选集》四卷本，第 1332 页。

多少，各占多少百分比。一个单位的群众，先进的有多少，后进的有多少，中间状态的有多少，各占多大的百分比。一个外科大夫，一天主刀几次？一个月以至一年主刀几次？几次成功？几次失败？成功率多大？如此等等，都要有正确的统计，都要有一定的百分比。毛泽东还举例说，要进行土地改革，对于地主、富农、中农、贫农各占有人口多少，各有多少土地，这些数字就必须了解，才能据以定出正确的政策。对于何谓富裕富农，何谓富裕中农，有多少剥削收入才算富农，否则就算富裕中农，这也必须找出一个数量的界限。在任何群众运动中群众积极拥护的有多少，反对的有多少，处于中间状态的有多少，这些都必须有个基本的调查，基本的分析，不可无根据地、主观地决定问题。

这里，毛泽东着重说明了，对情况和问题一定要注意到它的数量方面，一定要有基本的数量分析。为什么呢？此中的道理，毛泽东1937年在读哲学书籍的批注中是这样说的：质和量在事物中组成不可分离的同一体。单纯的质和量是没有的。量的变化是以质的定性为基础而受其限制的，但同时量的变化又反过来影响于质。这即是说，受一定的质规定的事物，只在某一瞬间（以前）是这样，等到量的变化达到一定的质的限度和一定的界限时，量就要求质的变化。因此科学的研究，不但在质的区别上，也应从量的复杂性上去认识，他的这一阐述，可以说是相当透彻的了。

1939年，毛泽东在研究中国哲学史的问题时，曾经对"中庸"的思想给予充分的肯定。认为中庸的思想包含着"从量的关系上找出与确定其一定的质"是无疑的，是孔子的一大发现，一大功绩。毛泽东认为，儒家的中庸思想，与"执两用中"、"中立不倚"和墨家的"两而无偏"、"正而不可摇"等，都是一个意思，都是为质的规定性而反对左与右两条路线的斗争，反对过与不及。其中儒家的"过犹不及"说得尤为明白恰当。朱熹在《四书集注·中庸》中注释道："盖凡物皆有两端，如大小厚薄之类。于善之中又执其两端而度量以取中，然后用之，则择之审而行之至矣。"也都是在说明这种道理。因此，重要的是从事物的量上去找出并确定那一定的质，为之设立界限，使之区别于其他异质。

这说明，在度以内，事物保持质的稳定性；超过了度，事物便会发生质的变化。所以，我们在处理问题时，一定要适度，要注意分寸、掌握火候；否则就要犯错误。毛泽东告诫领导者在处理任何问题时，都要注意分寸、掌握火候。不能一意孤行，片面行事，而要在调查研究的基础上，掌握各个方面的具体情况，具体数据，并对这些数据进行综合的分析，确定其工作发展的步骤和实施方案，这是领导者在实际工作中必须注意的工作。

【跟毛泽东学胸中有数】

毛泽东本人非常善于了解和掌握对具体数据的分析，并通过具体数据的分析，不断地调整自己的政策。善于从事物的量变中把握质的变化，对任何事情从不悲观失望，而是以积极的心态，从事物发展的量变上来明确自己在整个大环境中的地位和作用，将眼前的斗争与长远的斗争联系起来，确定工作的方针和政策，明确了自己的方向和目标。毛泽东的工作原则就是对任何事情都要作到"胸中有数"。这是他在长期的革命实践中总是处于不败之地的重要原因。

小石头，大水缸。

1927 年 9 月 9 日，毛泽东根据八七会议的决定，在湘赣边界地区领导了秋收起义，将原武昌国民政府警卫团，平江、浏阳的农民军和安源的工人武装统一编为工农革命军第一军第一师，毛泽东任前敌委员会书记。经过数次激战后，起义军受到严重挫折。毛泽东当机立断，通知起义军各部到文家市集中，并于 19 日晚在这里召开了前敌委员会会议，决定放弃原来的打长沙的计划，改为沿罗霄山脉南下，向敌人统治薄弱的井冈山地区进军，先站稳脚跟，然后再图发展。

毛泽东在文家市期间多次给部队讲话。在 9 月 20 日的一次讲话中，他对全体指战员说，这次秋收暴动，虽然受了点挫折，但这算不了什么！常言道，胜败乃兵家常事，重要的是我们要认真总结经验教训。有人说，蒋介石的力量大，我们的力量小，怕搞不出什么名堂。"依我看，我们并不孤立，我们的斗争有湘、鄂、赣、粤四省广大工农群众和全国人民的支持；我们的斗争刚刚开始，力量小只是暂时现象。我们好比一块小石头，蒋介石好比一口大水缸；我们的这块小石头，总有一天要打破蒋介石的那口大水缸。在这里毛泽东用"小石头"与"大水缸"形象地将我们现在的处境与未来的希望联结在一起，让人一目了然。小石头虽然小，但是蕴含着巨大的能量，这个能量发展到一定程度，必然会引起质变，打破大水缸。毛泽东的这番妙喻，对于鼓舞受了挫折的起义军重新振作起来，满怀信心地去继续进行打破"大水缸"的斗争，无疑是起到了巨大的作用的。历史的发展正如毛泽东所言，经过几十年的奋斗和努力，工农红军以农村为依托，力量不断地由小变大，最终将蒋介石的这口"大水缸"打破了。

现在心中无数，慢慢地就会有数。

毛泽东在领导中国革命与建设，指挥革命战争的过程中，十分重视事物的数量方面，随时掌握准确的数字，密切注视其变化。解放战争时期，他几乎在每一篇军事著作、文件、指示、电报中，都具体开列敌我双方情况的基本数字，据此作出分析，定出方针和战略战术。例如，毛泽东原估计 1946 年 7 月算起，约需用五年时间从根本上打败国民党，至 1948 年 11 月，这种估计改变为再用一年左右的时间即可实现，缩短了一年半。这种改变，就是根据敌我双方军事力量变化的数量分析而作出的。按照毛泽东的分析，国民党发动内战时有军队 430 万，经过两年战争，除补充者外，减少 65 万人。经过辽沈战役等，丧失 100 万人，即便能有 30 万人，亦净损 70 万人。因而其军力已剩 290 万人左右。而人民解放军则由 1946 年的 120 万人，增至现在的 300 万人。因而情况已发生一种突变，即国民党军队在数量上长期占有的优势，已急速地转入劣势了。正是由于敌我军力的这种急剧变化，才使得战争的进程，能够比原预料的大为缩短。

后来有人问毛泽东为什么对当时战事的分析如此准确，真是料事如神。毛泽东说其实在这场战争开始的时候心中也是无数的，只是客观情况的变化为我们提供了新的数据而已，凭借这些数据再判断我们的方位和目标。因此毛泽东说：只要在实践中有意识地摸索，就能"心中有数"的。现在心中无数，慢慢地就会有数。一切事情开头的时候总是心中无数的……对于新出现的问题，谁人心中有数呢？我也心中无数……打了一两仗，心中有数了。

"心中有数"的"数"一定要准确，而为了弄清一个确切数字，毛泽东是颇舍得下功夫的。新中国成立后，毛泽东依然非常注重对事物的数量的掌握并将它用于对具体问题的分析，如 1950 年 6 月 6 日，毛泽东作《为争取国家财政经济状况得到基本好转而斗争》的报告。为弄清自 1949 年 4 月 21 日解放军渡过长江以来消灭敌军数字，特地于 6 月 5 日上午 8 时，写专信给当时人民国家军事委员会作战部长李涛，要求"将去年四月七日人民解放军消灭敌人正规军、非正规军的人数各若干，速告我"。并具体要求"复信请于今日下午四时送至我处为盼！"为搞清一个数字，十万火急，务求当即弄准方罢，犹如指挥作战般地急切，由此可见其对于数量问题之重视。

谁赢得农民就能赢得中国

毛泽东和另一位广东农民运动领袖彭湃，都曾被瞿秋白称为"农民运动的王"。在民主革命时期，毛泽东始终关注农民问题，对农村的情况十分了解，因而才能够调动农民的积极性，有效地开展农民运动，并最终依靠农民取得了胜利，其中很重要一点就是心中始终装着农民。1956 年，毛泽东对一些拉丁美洲的朋友说："照我看来，封建主义严重的国家里，无产阶级政党要到农村去找农民"。"一个国家，农村人口多，存在封建势力，有不好的一面，但是，对于无产阶级领导的革命来说，又是好事，使我们有农民这个广泛的同盟军""我国是农业国，有五亿人口住在农村。过去打仗主要依靠农民。"毛泽东在这里一语道破了中国革命的秘密，就在于有广大农民的支持和帮助，这是中国革命胜利的根本原因。

在中国革命实践中，毛泽东把农民看作中国革命的主力，有两方面的考虑。中国的实际情况是工人占总人口不到 1%，而农民占了 80% 以上。这一数量上的悬殊足以使每一个人都懂得，如果不依靠农民而单靠工人阶级去革命，那只能有两种结果：一是弱不敌强，等待革命失败；二是把革命推到未来，等待工人壮大了再去革命。1926 年，毛泽东算了一笔帐，发觉中国四亿人口，其中工农群众有 2.45 亿。占 61.25％。这当然是他要依靠的力量，但他觉得不够，还不是绝大多数。他发觉还有 1.5 亿小资产阶级。他对小资产阶级的情调从来没有好感，但是他始终把小资产阶级划在革命动力一边，作为可靠的朋友来对待。其原因就是他一再强调的，这是一亿之众，不能让他跑到敌人那边去，这样他们的力量就更强大了，占到总人口的 98.75％，即 3.95 亿，一个绝对的大多数。于是他信心十足地说："我们真正的朋友有多少？有三万万九千五百万。我们真正的敌人（指大资产阶级）有多少？有一百万。那可敌可友的中间派（指中等资产阶级）有多少？有四百万。让这四百万算做敌人，也不枉他们有一个五百万人的团体，依然抵不住三万万九千五百万人的一铺唾沫。"

除了数量，还有个质量问题。毛泽东认为农民虽有他的弱点，但在反帝反封建的革命中，其积极性一点也不亚于工人阶级，甚至还要超过工人阶级。农民在中国封建社会生活在社会的最底层，因而其革命的积极性很高，再加上它有那么大的数量，所以毛泽东说农民是中国革命的主力军，是中国革命成功的关键角色，"孙中山先生致力于国民革命凡四十年，所要做而没有做到的事，农民在几个月内做到了。这是四十年乃至几千年未曾成就过的奇迹。"毛泽东作了一个对比："论功行赏，如果把完成民主革命的功绩作十分，则市民及军事的功绩只占三分，农民在乡村革命的功绩要占七分。"

因此，毛泽东得出这样的结论："谁赢得农民就能赢得中国。"这句话是他 1937 年对斯诺讲的。斯诺仔细体味这句话的份量，终于明白了中国革命发生的原因："如果中国没有比例高达百分之八十至九十的农民，如果大多数的农民并不是肯定能从土地再分配中得到好处的穷人，而且如果城乡的有产阶级的人数不是那样少，他们的利益不是与中国落后的经济那样息息相关，中国就不会发生这场革命"。"毛泽东和他的政党之所以成功，是因为他们学会了如何同无产阶级、在中国的革命知识分子和仍然生活在铁器时代的广大农民之间建立了同盟。"农民一直是毛泽东依靠的对象，就在于他对中国国情的了解。

　　毛泽东之所以敢于蔑视一切权威，敢于向一切强者挑战，并不是因为他本人特别强大，而是因为他身后有千百万真心实意拥护他的群众。他不是一个人，而是一个占有总人口绝大多数的庞大群体。这就是毛泽东打遍天下无敌手的根本原因。

跟毛泽东学抓大事

> 　　不少人把领导埋头于事务看作是一种勤政的表现，但高明的领导人则能从繁杂的事务中解脱出来，"抓大事不问琐事"，往往政绩斐然。毛泽东就是这样一位高明的领导者。在革命发展的每一个阶段，他都把工作的中心放在抓大事上。所谓大事，就是主要矛盾和矛盾的主要方面……

【领导与抓大事】

"凡天下事，治国家，必务本而后末。""操其要于上，而分其详于下。"① "持其大纲，疏其节目，为政之上术也。"古人的经验告诉我们，领导者的要诀在于抓纲要，务根本，而避免事务缠身和事必躬亲。

---

① 《陈亮·论执要之道》。

　　长期以来，受一些传统政治思维和习惯的影响，人们一直把领导埋头于事务看作是一种勤政的表现，并用"日理万机"一词对领导问政理政的忙碌和辛苦表示肯定和称赞。

　　虽然日理万机只是一种恭维之词和夸张说法，但它却真实生动地反映了传统领导的现实状况。有很多时候，领导者不仅制定决策目标，同时对实现决策的目标的具体途径、办法、详细的工作计划，每一细节都要过问，生怕下属工作中的某一环节上出现漏洞。并且三番五次听取下属的汇报，从而确保万无一失。在执行过程中往往还要亲临现场，坐镇指挥，从而领导者陷入"日理万机"之中而不能自拔，难以集中精力抓大事。表面上看，领导权力无边，眉毛胡子一把抓，既风光又神气，实际上，事事过问却一事无成，作为领导陷身于琐碎而不能自拔，难以创造出自己的业绩。

　　与那些所谓日理万机的领导迥然不同的是，现代领导已经彻底从繁杂琐碎的事务中解脱出来。这种领导方法彻底实行"抓大事不问琐事"的现代领导方法，贯彻实行职权分责、权责一致、权力优先、责任优先的原则，因此政绩斐然。

　　美国前总统里根是一位优秀的国家领导人，在美国，既使不支持他的人也会承认，在他任总统期间取得了显著成就。里根的领导原则简单明了，其突出的特点是精于决策的同时，善于组织干才去实施决策。

　　里根认为，他的作用是为政府指明方向的，而不是一个不放手的经理人或谋士，他的日常工作都交给下属去做，而把自己的注意力集中在一些重大问题上，这是里根取得成功的要领之一。

　　里根从不过问细节，但在重大问题上，他注重得到据以作出正确决策的足够信息。在每一个重要决策前，他都要求内阁秘书办公室为其准备一份两三页的备忘录，概要列出各种选择及其利弊，并详细说明哪些内阁成员和高级助手在采取哪些方案。里根依赖工作人员的分析，加上他自己的判断力做出决策，然后物色相当的人员来辅助他。他曾对美国《幸福》杂志记者说："让那些你能够物色到的最出色的人在你身边工作，授予他们权力，只要你制定的政策在得到执行就不要去干涉"。他对自己的职责有明确的设想，但也经常地、手段巧妙地作出妥协、避免纠缠枝节问题。

里根之所以成为一位优秀的领导人，在于他深知领导之要义，正如尼克松指出的，"领导代表未来，代表方向"，而"管理只代表今天，代表过程"。"领导人不仅要正确决定什么是他该干的事，而且还要说服他人去干这件事"。可见，领导者应当管，而且，必须亲自管的是决策和推动他人去实施决策。

随着现代社会的发展，领导者面临的各项事物纷繁复杂、千头万绪，任何领导者即使是精力充沛、智力超群的领导者也不可能独揽一切。这就需要领导者在不可能将所有问题都解决的情况下，对待具体问题进行全面、系统的分析和梳理，搞清什么是最重要的问题，什么是可以舍弃的问题，同时要分清哪些事是自己必须去做的，哪些事可以让别人去做，以及选择什么人去做。而不一定要事必躬亲。领导者需要集中精力抓总揽全局的大事，而将一些琐事可以交给下属去办，这样就会大大地提高工作效率，从而在其职位上发挥应有的作用，创造出更大的业绩。

成功的领导者或谋略家，为了实现长远目标，总是胸怀全局，善于从大处着眼。患得患失必将一事无成。

【毛泽东是如何抓大事的】

毛泽东在中国历史发展的每一个阶段，都把工作的中心放在抓大事上。所谓大事，就是对革命的进程起着重大影响作用的关键的事，对于工作的开展起着决定性作用的工作。毛泽东曾指出："任何一级的首长、应当把自己注意的重心，放在那些对于他指挥的全局说来最重要最有决定意义的问题或动作上，而不应放在其他的问题或动作上"。他在指挥战略决策的过程中，始终把指挥的注意力摆在照顾决战全局的上面，紧紧围绕决战的重心，从宏观上对各战区、各野战军的作战行动进行控制，密切协同。毛泽东一生指挥过许多重大战事，但并不是每一场战役毛泽东都亲自参加作战，而是把主要经历用在那些关系到整个战事发展的大的战斗上，总是在革命的危机关头能够高瞻远瞩、运筹帷幄、化险为夷，凭借的恰恰是他高超的领导艺术。

天下初定，不要四面出击。

1949 年，毛泽东迈着矫健的步伐登上了天安门。用它自己的话说，他这是"进京赶考"。主考官是全国人民，监考官是世界舆论。

在告别之际，为了平衡一下自己失落的心理，蒋说了一句话：现在我把这个包袱甩给了毛泽东。

争夺了几十年的大陆中国真的成了包袱吗？毛泽东当然不这样看。但是天下初定，毛泽东面临着一个布满战争创伤的烂摊子，还有剧烈的社会变动所带来的各种困难，确实不能小看。

　　在胜利的喜悦中，毛泽东冷静地看到他所面对的敌人比过去多得多。他粗略地数了数，共有五种敌人：一是帝国主义，二是台湾、西藏的反动派反对我们，三是国民党残余、特务、土匪反对我们，四是地主阶级反对我们，五是帝国主义在我国设立的教会学校和宗教界中的反动势力，以及我们对手的国民党的文化教育机构中的反动势力反对我们。毛泽东说：这些都是我们的敌人。我们要同这些敌人作斗争，在比过去广大的多的地区完成土地改革，这场斗争是很激烈的，是历史上没有过的。

　　毛泽东不敢把这些敌人轻易地称作纸老虎。因为除了这些敌人以外，在人民内部，由于战争带来的工商业破坏以及革命引起的剧烈的社会变动，也出现许多不满情绪。毛泽东发觉我们跟民族资产阶级的关系搞得很紧张，他们惶惶不可终日，很不满。失业的知识分子和失业的工人不满意我们，还有一批小手工业者也不满意我们。在大部分农村，由于还没有实行土地改革，又要收公粮，农民也有意见。

　　面对这么多的敌人和不满，毛泽东告诫那些在斗争中搞惯了的人："不要四面出击"，抓住大事，所有的工作都要围绕国家的根本大事来进行。

　　毛泽东冷静地分析了国内国外的形势，提出了在全国范围内抓好三件大事：一是在全国范围内有秩序地进行土地改革，彻底推翻地主阶级，逐步实现"耕者有其田"的愿望；二是开展镇压反革命运动，稳、准、狠地打击敌人，坚决地肃清一切危害人民的土匪、特务、恶霸及其他反革命分子，维护人民的稳定；三是开展抗美援朝运动，派出志愿军赴朝，协同朝鲜军民，反对美帝国主义发动的侵略朝鲜进而侵略中国的战争，保卫祖国和人民的安全。

　　事实的发展证明，毛泽东的英明分析和果断决策是正确
的，它使我国在较短时间内，由于抓住了国家的有关国计民生
的根本大事从而避免了建国初期在鱼龙混杂的社会矛盾中可能
出现的社会混乱，有利地维护了民族的统一和安定。1951 年
10 月 23 日毛泽东在中国人民政治协商会议第一届全国委员会

1951 年 10 月 23 日，毛泽东在政协一届三次会议上讲话。

第三次会议上的开幕词中，对这三件大事作了高度的评价。他
说在我们国家内开展的抗美援朝、土地革命和镇压反革命三大
规模的运动，由于各级政府和各界人民的共同努力，我们的国
家已经实现了空前未有的统一。

开国第一刀

　　五十一年前，当摇篮中的共和国被腐败虫蛀，毛泽东盛怒
之下，连续发布了三百道"猎虎令"，掀起了新中国第一次反

腐败运动——"三反"运动，有人称之为"开国第一刀"。"三反"同我们当前的"惩治腐败，加强廉政建设"相比，虽然在历史条件、具体做法等方面有很多不同，但两者在本质上和意义上是一致的，都是反映了人民群众的强烈愿望和迫切要求，都是为着纯洁我们党的队伍、坚持共产主义纯洁性的斗争。"三反运动"从1952年12月开始，到1953年秋天结束，历时十个多月。当时这一运动的开展，并非偶然，而是有其客观的历史必然性。综观这一运动的背景和始末，不难看出，毛泽东这位杰出的人民领袖，在中国革命和建设的历史转折关头，高瞻远瞩，经纬天下，力挽狂澜的领导艺术，为开创共和国的新局面所划上的重重的一笔。

早在延安整风时期，毛泽东就对郭沫若的史学著作《甲申三百年祭》非常感兴趣。他透过郭沫若描述的历史风云，思虑着这一部值得中国共产党人永远警觉的兴亡史：因为胜利而骄傲，因为骄傲而腐败，因为腐败而亡国。所谓"打江山十八年，坐江山十八天"，一个含辛茹苦、流血流汗打下来的政权，因腐败而土崩瓦解了，这是一个沉痛的历史教训。于是，毛泽东决定，把《甲申三百年祭》作为整风文件发给每个党员，并对党的高级干部们说："近日我们印了郭沫若的论李自成的文章，也是叫同志们引以为鉴，不要重犯胜利时骄傲的错误。"

1949年3月，全国解放在即，胜利了，毛泽东那颗叱咤风云的心变得更加沉重，他在划时代的中共七届二中会全上，向全党发出了警告："因为胜利，党内的骄傲情绪，以功臣自居的情绪，停顿起来不求进步的情绪，贪图享乐不愿再过艰苦生活的情绪，可能生长。因为胜利，人民感谢我们，资产阶级也会出来捧场。敌人的武力是不能征服我们的，这点已经得到证明了。资产阶级的捧场则可能征服我们队伍中的意志薄弱者。可能有这样一些共产党人，他们是不曾被拿枪的敌人征服过，他们在这些敌人面前不愧英雄的称号；但是经不起人们用糖衣裹着的炮弹的攻击，他们在糖弹面前打败仗。我们必须预防这种情况。

历史的发展正如毛泽东所言，进城以后的情况不幸让毛泽东言中了。一些共产党员经不起和平环境中的革命实践的锻炼和考验，开始放松对自己的要求，追求一种腐化的奢侈的生活方式，利用手中的职权受贿行贿，在社会上造成了很不好的影响。如象原天津地委书纪刘青山、张子善在长期的艰苦的战争环境里，都曾奋不顾身地为人民的解放事业英勇地斗争过。但是在和平的环境里经不起诱惑，堕落成贪污腐败分子，他们贪污、挥霍国家财产竟达三万多元。类似的案件，在全国各地并非少见。而且已对经济的发展构成威胁，在社会上造成了很不好的影响。当时全国刚刚解放，国家百废待兴，经济的发展需要大量的资金投入，而我们有些党员却无视国法，利用手中职权大肆行贿受贿，这对恢复和发展国民经济，并进而完成对生产资料私有制的社会主义改造是极为不利的。毛泽东痛心地意识到，在全国范围内开展一场反贪污、反浪费、反官僚主义的运动已成为整顿党风的迫切问题。1951 年 11 月 30 日，毛泽东及时指出："反贪污反浪费一事，是全党一件大事"，"我们需要来一次全党的大清理"，"才能停止很多党员被资产阶级所腐蚀的极大危险现象"。接着党中央在 12 月间先后发出关于反对贪污、反对浪费、反对官僚主义的决定和指示。12 月 8 日，毛泽东以中央名义电告各省、军区："号召坦白和检举，轻者批评教育，重者撤职，惩办，判处徒刑（劳动改造），直至枪毙一批最严重的贪污犯"。"应把犯贪污、犯浪费、犯官僚主义的斗争看作如同镇压反革命的斗争一样重要"。元旦过后不几天，毛泽东再次发出同样的指示，这一次使用的字眼是"杀"："各地如有需要杀几个贪污犯才有利于发动群众，亦可杀几个"。在毛泽东的亲自部署下，从 1952 年 2 月到 10 月间，在全党范围内展开了一场声势浩大的"三反"运动，通过"三反"有效地抵制了资产阶级思想的腐蚀和蔓延，纯洁了党的肌体，在当时的意义是非常巨大的。毛泽东的这"开国第一刀"开的好，表面上看来，是针对党内出现的一些腐化堕落分子，实际上对理顺干群关系，保证党的中心工作的开展是非常必要的。"开国第一刀"凝聚着毛泽东对中国社会发展方向的深层思考，体现了毛泽东在大是大非面前，能够保持冷静的头脑，抓住当时历史条件下的主要问题，并果断地作出英明决策的伟大气魄。

跟毛泽东学揽全局

> 　　毛泽东在制定政策策略和领导革命建设中，总是全局在胸，凡事都能从更加广阔的范围和背景考虑问题，而不局限在一个狭小的范围就事论事。在利害得失上，他总是妥善地处理全局与局部、当前和长远的利益关系，避大害，谋大利，而不计一时的得失。这是他高人一筹和立于不败之地的关键因素之一……

【领导与揽全局】

　　全局，是指事物的整体，是事物的各个部分、各个方面的有机统一。全局是相对于局部而言的。所谓领导者要有全局观念，是指领导者在具体制定和实施决策过程中，必须对事物有一个整体的把握，从大局出发，着眼于对自己的发展有利的环节来开展工作。

　　任何事物都存在着全局和局部之分。全局性的东西，是由它的局部构成的，不能脱离局部而独立。全局又高于局部，局部是全局的局部，对全局有着不可忽视的影响作用。同时全局和局部又是相对而言的。在一定范围内为全局，在更大范围内则可能成为局部；反之，在一定范围内为局部的东西，在相对的范围内则可能变成全局。二者在一定条件下可以相互转化。如同一系统，相对于它的下属而言，是全局；相对于它的上级系统，又是局部。从这个意义上说，任何一个地区或部门的领导都具有双重身份：对下而言，他是全局工作的负责人；对上而言，他又是局部工作的负责人。任何地区、部门、单位的领导者，在处理对上的关系上面，就处在局部的地位。因此，处理好全局和局部的关系是每个领导者必备的素质。

　　关于全局与局部的关系早在我国古代就有过这方面的论述。古人云："自古不谋万事者，不足谋一时，不谋全局者，不足谋一域。"讲的就是一个领导者必须有全局观念，善于从全局观察问题，分析问题，解决问题。孔子说："人无远虑，必有近忧"，没有长远的考虑，只注意眼前的利益，那么必定会有近期的忧患。"长远性"是战略观、全面观的重要特征之一。从决策的角度讲，人无远虑，必然助长短期行为，只要对当前有利的事就干，而那些对当前无利、甚至要以牺牲一定眼前利益为代价，对组织长期发展有重要意义的事业就根本没有兴趣，它提醒人们做决断时，一定不要只顾眼前的利益，而忽视长远的利益。

　　关于全局与局部的关系是我们认识事物，把握事物本质的关键和前提。从领导的职责来看，领导者面对的工作很多，诸如政策的制定与实施、组织与管理、上级与下级的关系、领导与群众的关系等等，如果哪一个环节处理不当就会影响到工作的正常开展。因此，作为一个领导者必须有全局观念，必须在全局的基础上，详细地了解和掌握事物的具体情节，通过多种渠道来掌握各种有关具体情节的信息，从而把这些具体情节汇合成自己的整体观念，在此基础上真正地了解它每一个组成部分的地位和作用，制定出可实施的方案和政策，处理好这些部分之间以及部分与整体之间的关系，以求达到高效能的工作，实现即定的整体目标。那种头痛医头、脚痛医脚的办法，挖东墙，补西墙的办法都是现代领导的大忌。

社会是一个比之任何其他系统都更加复杂的大系统。在巨大的社会系统工程中，各级领导者都居于组织的核心地位，对全局负有通盘运筹的使命。因此，各级领导必须照顾全局、精心筹划，善于协调社会系统的各层次、各要素及环境的关系。

【毛泽东是如何揽全局的】

毛泽东认为，领导者是管全局的，应该有战略眼光，具有通观全局、审时度势、多谋善断的能力。只有全局在胸，运筹帷幄，抓大事，谋大利，才能制定正确的政策和策略，做好工作。

毛泽东的全局观，可以说一直贯穿于社会主义革命和建设的全过程中。

指挥全局的人，只有全局在胸，才能作好工作。

任何事物都有全局和局部之分，在全局和局部的关系中，全局处于主要的决定的地位，它高于局部并统帅局部。以战争为例，"只要有战争，凡属带有要照顾各方面和各阶段的性质的，都是战争的全局。""世界可以是战争的一全局，一国可以是战争的一全局，一个独立的游击区；一个大的独立的作战方面，也可以是战争的一全局”。① 因此，毛泽东指出："指挥全局的人，最要紧的，是把自己的注意力摆在照顾战争的全局上面，只有全局在胸，才能作好工作。"② 他认为，战略问题就是研究战争全局的规律性的东西。懂得了全局的东西，才能懂得局部的地位和作用，才能把握事物的本质和发展趋势，得到正确的认识，作出正确的政策和策略。相反，如果囿于局部，一叶障目，不见泰山，不了解全局情况，或者是一知半解的了解，只知其一，不知其二，只知现在，不知过去和将来，或者计较一时的利害得失，就不可能正确地认识事物，因而也不可能制定出正确的政策和策略。

毛泽东与周恩来运筹帷幄之中。

---

① 《毛泽东选集》第一卷，第 159 页。
② 《毛泽东选集》第一卷，第 176 页。

　　要制定正确的政策策略，不但在空间上处理好全局和局部的关系，而且要在实践上处理好全局和局部的关系。毛泽东指出：指挥全局的人，要取得工作的主动权，就不应当将眼光局限在当前阶段，而应该有战略眼光，着眼于事物发展全过程来考虑问题。战略指导者当处在一个战略阶段时，应该计算到往后多数阶段，至少也应计算到下一个阶段。尽管往后变化难测，愈看愈渺茫，然而大体的估算是可能的，估计前途的远景是必要的。那种走一步看一步的指导方式，对于政治是不利的……没有这种估算，束缚于眼前的利害，就是失败之道。

在任何条件和情况下，领导者都必须有照顾全局的观点。

　　社会主义建设初期，毛泽东针对经济工作中存在的分散主义、各自为政的倾向，提出了"全国一盘棋"的思想。他说：全国一盘棋与地方积极性相结合，有矛盾，按全国一盘棋原则去解决。他这段话，用形象的、精练的语言，深刻而生动地表达了在经济建设中树立全局观点，正确处理局部和全局的关系的根本原则和基本方针。毛泽东把全国比作一盘棋，这一盘棋就是全局，就是全国的全局，各个地方、各个部门，都是这一盘棋中的一个棋子，每一个棋子的走动，都是为了战败对手，取得整个棋局胜利这个全局。

懂得全局就会更好地驾驭局部

　　毛泽东认为，战争的胜败的主要和首先的问题，是对于全局和各阶段的关照得好或关照得不好。如果全局和各阶段的关照有了重要的缺点或错误，那战争是一定要失败的。说"一着不慎，满盘皆输"乃是说的带全局性的，即对全局有决定意义的一着。关照到战争全局和各阶段，就是要关照敌我关系，做到"知己知彼，百战不殆"。他认为，战略问题就是研究战争全局的规律性的东西。懂得了全局性的东西，就更能懂得局部性的东西了。不但在全局地位的人要了解全局，处于局部地位的人也要了解全局。一个领导者在实行政策和开展工作前，首先必须对全局的情况有个概括的了解，把自己所属的局部放到全局中来认识。不了解全局，仅仅就局部看局部，很难认清局部，只有懂得了全局的东西，才能了解本局部在全局中的地位和作用，找准自己的位置，并进而根据全局的整体要求和本局部的具体情况，制定出实现政策的具体方案、措施，创造性开展工作。否则，就会不得要领，抓不住关键，不但无益于全局，而且连本局部的工作也做不好。

【跟毛泽东学揽全局】

大凡杰出的政治人物，都是经天纬地之材，而毛泽东又是其中最杰出者之一，他在制定政策策略和领导革命、建设中，总是全局在胸，凡事都能从更加广阔的范围和背景考虑问题，而不局限在一个狭小的范围就事论事。在利害得失上，他总是妥善地处理全局与局部、当前和长远的利益关系，避大害，谋大利，而不计较一时的利害得失。这也是他高人一筹和立于不败之地的关键因素之一。抗日战争时期美军驻延安的观察团成员谢伟思曾说："我曾问过很多中国共产党的朋友们，毛主席为什么能战胜他的很多敌人，成为众所公认的领袖，他们的答案都是一致的，归根到底：'他高瞻远瞩'"。这决不是溢美之词，而是事实。

顾全大局，勇于牺牲。

解放战争初期，蒋介石在美帝国主义的支持下，气势汹汹地向我解放区发动了进攻，1947 年 3 月，胡宗南奉蒋介石之命，率领 23 万国民党军从南、西、北三面进攻陕北。当时，解放区广大军民对胡宗南的进攻毫不示弱，纷纷表示坚决保卫陕甘宁边区，把胡宗南的军队消灭在延安大门之外。面对这种情况，如何迎击敌人？我军最高首脑机关必须作出决策。按照群众的想法则是与敌人对峙于延安之外，打阵地战。作为最高决策者的毛泽东却独辟蹊径，与众不同。他根据第二次国内战争时期红军在反"围剿"战争中，"诱敌深入"、集中优势兵力，在运动中歼灭敌人等丰富的经验，缜密地分析了蒋介石令胡宗南部进攻延安的战略企图，并将敌我双方的兵力进行了全面比较。同时，他还把保卫延安的战斗与其他解放区斗争以及与解放全中国的关系作了系统的分析。经过全面的综合分析，毛泽东作出了决断，将欲取之，必先与之，只有我军暂时撤离延安，诱敌深入，让敌人占一点地方背上包袱，我们才能轻装上阵，在运动中寻机歼灭敌人。在与前来拜年的老乡吃年饭时，毛泽东详细地把自己决策的想法、思路告诉大家。毛泽东说，蒋介石、胡宗南来进攻延安，我们是要跟他们拼，不过拼要有个拼法，既要敢于拼，又要用计谋，要善拼，敌人调来大量的军队，我们部队少，硬拼是要吃亏的。为了保存力量，诱敌深入，消灭敌人有生力量，最后彻底消灭他们，我们要暂时撤离延安。毛泽东形象地比喻说，敌人进攻延安是握着拳头的，他到了延安，就要把指头伸开，这样就便于我们一个一个地切掉它。

继而毛泽东又加重语气说，从全国战局的进展和敌我军事力量对比来看，暂时放弃延安无损于解放战争的整个大局，现在敌人拼命要我们的延安，可以，我们奉送几眼窑洞，只要我们大量消灭敌人的有生力量，就会收复失地，夺取新地方的。今天我们放弃延安，是暂时的，这也为着将来我们要解放延安、解放南京，解放全中国，大家肯定会同意，拿延安换取全中国，合算。

整个形势的发展正如毛泽东所预料的那样，我军在毛泽东的亲自指挥下，经过几个月的浴血奋战，仅用一年又一个月的时间又重新夺回了延安。

中国人民的朋友，美国记者安娜·路易斯·斯特朗得此消息，赞不绝口，连连地说："毛泽东英明！毛泽东英明！那是在撤离延安前夕，毛泽东在延安枣园接见了她。毛泽东告诉她，胡宗南和我们不是一个想法，他拼命要来延安，我们只好走。再过一年，最多两年，我们回到延安再请你来。那时，你愿住多久就住多久。果如其说，预言变成了现实。毛泽东的战略眼光和英明决策，最终得到了历史的印证。

运筹帷幄，决胜千里。

一个优秀的领导者，必须有很强的全局观念，以大局为重，勇于承担最艰巨的任务，只要对全局有利，困难再大，也应发挥主观能动性去克服它、战胜它。刘邓大军千里跃进大别山就是一个很好的例子。解放战争时期，毛泽东抓住关系整个战争全局的重要环节，从大局出发，不失时机地发动战略反攻，把战火引到"国统区"内，"主动出击，经略中原"，千里挺进大别山，给了蒋介石狠狠的一击。这是毛泽东解放战争初期战略全局的第一步。

大别山位于国民党首都南京和长江中游重镇武汉之间的

鄂、豫、皖三省交界处。东慑南京，西逼武汉，南扼长江，北制中原，是敌人最敏感而又最薄弱的地区。这里又曾经是革命老区，群众基础好。当时蒋介石正在陕北和山东解放区实行重点进攻，中原地区守备空虚。毛泽东在陕北被刘戡和钟松的十多个旅穷追不舍、险象环生之时，就敏锐地看到了蒋的这一弱点。于是他果断地命令刘邓大军挺进大别山，大举出击，经略中原。蒋介石后院起火了。

刘邓大军从整个解放战争的全局出发，根据党中央和毛主席的战略意图，出击中原，进军大别山，给敌人当头一棒，正中要害，战略意义十分重大。刘伯承司令员形象地比喻说，山东按着敌人的脑袋，陕北按着敌人的两条腿，我们就拦腰砍去。他还把国民党"重点进攻"摆开的阵势比作"哑铃战略"，两头粗、中间细，像一只哑铃。在中央三军配合、两翼牵制的周密部署下，刘伯承和邓小平率领大军，首先在宽阔的正面战场上，以偷渡和抢渡相结合的战术，一举突破黄河天险，打断了"哑铃把子"，砸碎了敌人钳形攻势中间的"铰"，从而揭开了我军实施中央突破、战略进攻的序幕。

当刘邓大军胜利突破敌人的黄河防线，又在鲁西南战役一举歼敌九个半旅，取得战略进攻的初战胜利后，是进行适当休整后再南进，还是撇开敌人立即南下？这是关系战略全局的一个重要问题。我军连续作战，急待修整补充，中央已批准休整半个月再行动的计划。敌军则趁我军疲惫之际，调集重兵妄图逼迫我主力背水作战。黄河因阴雨连绵，水位猛涨，溃堤险情不断。刘邓首长为了维护全局的利益，变被动为主动，果断地改变原来计划，决定提前南下。

当时，敌人前堵后追，四面围击，我们有的部队10天见不到油盐。隆冬将至，几十万大军没有棉衣御寒，重武器甩掉了，弹药和医药也难补充。在这样艰苦的情况下，刘邓首长反复教育部队，必须从战争全局上看问题。我们一刀插进敌人的胸膛，敌人一刀砍了我们的臂膀，我们虽然出了血，也应该看一看敌人胸膛上的刀，看一看友邻的胜利、全局的胜利，这些胜利中就有我们的一份。我们一下跃进一千里，照这样下去，全国再有个把跃进就解决问题了。为了夺取全国的胜利，不论付出任何代价，也在所不惜。正是这种坚强的全局观念和大无畏的精神，使几十万大军统一了思想，同心同德，排除万难，赢得了挺进大别山的重大胜利。并在大别山地区站稳了脚跟，打乱了敌人在陕甘和山东两翼重点进攻布局，直接威胁南京和武汉两大重镇，为党中央"逐鹿中原"的战略部署奠定了基础，有力地扭转了全国整个战局。

要作出一个正确的决策，首先必须清楚形势、有一个明确的目标，这是前提。如果形势不明，目标选择不准确，势必导致决策的失误。在整个战局中，由于毛泽东明了形势，全局在胸，选择了正确的目标，并以他那不拘一格的创新精神，选择了独特的进攻样式，从而在历史转变关头，把握住历史航船的舵轮，使之驶向胜利的彼岸。

把握国际形势，打破中美僵局。

60 年代到 70 年代初，席卷全国的"文化大革命"愈演愈烈，外交领域也不可避免地受到了猛烈的冲击，并造成了严重的后果。特别是 1967 年 8 月，北京发生的万人围攻英国代办处，火烧代办处大楼的严重事件，更使我国与西方国家的关系趋于紧张化。仅一年时间，与我国建立或半建立的外交关系的 40 多个国家中，就有 30 多个国家与我国发生了外交纠纷。其原因，大部分是由于我国实行极左的外交路线和处事不当造成

1972 年 2 月 21 日，毛泽东在中南海会见来访的尼克松。

的。这使我国的国际形象受到损害，外事工作陷入了困境。

同一时期，由于苏联在国际事务中，蛮横奉行大国沙文主义和霸权主义，不仅在我国北方陈兵百万，直接威胁我国的安全，而且还在 1969 年 3 月，两次侵犯我国领土珍宝岛，造成直接武装冲突，致使中苏关系急剧恶化。而此时的美国，正在为长期陷入越战泥潭之中而不能自拔，遇到苏联这个"非常强大、有力的咄咄逼人的竞争者"及越战等"麻烦"事，而感到十分头疼，无可奈何不得不寻求新的出路。

从整体上看，随着第三世界的兴起和日本、西欧、中国国际地位的日益上升，世界局势已经出现了"大动荡，大分化，大改组"的多极化趋势。毛泽东、周恩来看到了这种国际形势的变化趋势以及对中国可能带来的影响，反复思考着怎样对付苏联威胁？怎样恢复我国在联合国中的合法地位，在国际事务中发挥更大的作用？怎样打破中美僵局，摆脱被美国长期孤立、遏制的被动局面？毛泽东在寻找解决问题的突破口和时机。

1967 年，毛泽东就注意到，准备竞选总统的尼克松在其发表的《越战之后的亚洲》一文中所表示的对华态度和主张。尼克松在此文中表示："从长远来看，我们简直经不起永远让中国留在国际大家庭之外，在这个小小的星球上，容不得十亿最有才能的人民生活在愤怒的孤立状态之中。"1969 年尼克松上台后，积极调整对华政策，根据这个政策的调整，毛泽东、周恩来从整个国际局势出发，专门组织人员详细地研究了美国的对策，中美之间的关系发展的可能性和前景以及中美之间发展的障碍，根据对整个国际形势的分析，大家一致认为从长远的国际战略格局考虑打开中美僵局是必要的，并对美国的对华政策作出了积极的反映和调整。

毛泽东从当时国际大局出发以及中国长远利益出发，在台湾问题上做了一个小小的让步，推进了中美关系正常化的进程。1972 年 2 月 21 日，尼克松访华，他在中国逗留了 8 天，这是有史以来美国总统对一个外国所进行的最长的访问，也是有史以来美国总统第一次在与美国没有外交关系的国家里进行谈判。从此翻开了中美关系发展史上的新的一页。

为了打开中美关系，毛泽东不怕与尼克松"吵架"，暂缓解决台湾问题以消除其中障碍，也不受双方意识形态不同的束缚，本着从长计议，着眼于世界大局与前途的谋略原则，终于打开了中美关系的大门，在外交上取得了重大突破，结束了我国被孤立、阻隔于世界舞台之外的局面。

第六章
跟毛泽东学领导艺术

·出神入化，得心应手·

跟毛泽东学一般与个别相结合

> 任何工作任务，如果没有一般的普遍的号召，就不能动员广大群众行动起来。但如果只限于一般号召，而领导人员没有具体地直接地从若干组织将所号召的工作深入实施，突破一点，取得经验，然后利用这种经验去指导其它单位，就无法考验自己提出的一般号召是否正确，无法充实一般号召的内容，就有使一般号召落空的危险。
>
> ——毛泽东

【领导和一般与个别相结合】

一般与个别相结合，首先要有一个与个别相对应的"一般"。

相对来说，"个别"是既定的和现成的，而"一般"则是需要刻意地和自觉地去把握和建立的东西。这个刻意地和自觉地把握的"一般"，说到底，是对某种"事态"发生变化的转机、发展趋势与方向、发展的基本阶段和规律等等的把握。

"一般"来自于两个方面，即客观的方面和主观的方面。客观的方面，是客观事态性质的发展变化、事态性质发生变化的转机和发展的趋势与方向等等。例如，一个苹果从酸的、硬的状态向成熟的、甜的和软的状态的转变，甚至于是一个好的苹果向一个坏的、烂的苹果的转变。主观的方面，是干部群众的觉悟程度、组织状态以及他们的规模与范围等等。

综合把握客观"事态"与主观"事态"的发展转机与变化，才能形成对总体事态发生转机与变化的预见。形成了预见，才有可能形成"一般"。也就是说，预见是形成"一般"的起点。反过来说，先是形成预见，有了对事态的性质与转机、发展趋势与方向等等的把握，然后，才有可能形成所谓的"一般"。

正确的预见，对事态发展的性质与转机、发展的方向与趋势的把握，还只是形成"一般"的客观可能性。在这个基础上，还需要进一步制定相应的路线、方针、政策，提出相应的口号等等。这个方面，是形成"一般"的主观可能性。这些路线、方针、政策和口号等等是对事态发展的基本趋势和规律的自觉把握，是领导活动中认识论意义上的"一般"。

但是，这些一般性的路线、方针、政策、口号等等在指导群众、适用具体情况的过程中，有一个与"个别"相结合的问题。这里的个别，既是指各种各样、千差万别的具体情况，也是指觉悟程度、组织程度、规模与范围等等有所不同的群众。反过来说，这些"一般"，一方面切合了客观事态的性质与发展趋势；另一方面又切合了群众的切身利益和觉悟程度、组织状态，是联结"人"（群众）与"事"（客观事态）的联结点。

　　一般与个别相结合，包括两种结合。一种是那些一般性的号召（路线、方针、政策、口号等等）与个别群众的结合。个别群众并不仅仅是作为群众一员的个人，而是指因为觉悟程度、组织程度有所不同的群众对这些号召的接受和认同。这种接受和认同，已经把路线等等一般号召转化为群众自己的自觉认识。

　　另一种结合，是把这种自觉认识，进一步与特殊的任务相结合，从而，把一般路线、政策等等适用于他们实际所面对的具体情况，达到一般号召所预期的实践目标。前一种结合，是一般与个别相结合中的认识问题，是认识上的结合。后者是一般与个别相结合中的实践问题，是实践上的结合。

　　一般是与领导活动中的领导者这个方面联系在一起的。也就是说，有了一般，才有领导者；上升不到一般的高度，就难以进行有效的领导。正是在这样的意义上，毛泽东说，"没有预见，就没有领导；为着领导，必须预见。"按照这个思想，我们也可以说，缺乏一般，就没有领导；为着领导，必须把握一般。

【毛泽东是如何将一般与个别相结合的】

　　结合 1942、1943 年整风，毛泽东曾全面论述了领导活动中一般与个别相结合的基本原则。毛泽东的论述是从两个方面展开的。首先，毛泽东从一般这个方面，从一般号召与动员群众的角度指出，"任何工作任务，如果没有一般的普遍的号召，就不能动员广大群众行动起来。"毛泽东的这个论述，把一般与普遍的号召联系起来，把一般号召与动员群众联系起来，从一般和领导者这个方面立论。这个立意，开门见山地表明，领导者应该首先上升到一定的高度；只有上升到这个高度，才有可能号召群众、动员群众，也才有可能谈得上一般与个别的相结合。这个立论是值得注意的。

延安

　　进而，毛泽东指出，"但如果（领导者）只限于一般号召，而领导人员没有具体地直接地从若干组织将所号召的工作深入实施，突破一点，取得经验，然后利用这种经验去指导其它单位，就无法考验自己提出的一般号召是否正确，无法充实一般号召的内容，就有使一般号召落空的危险"①。这个论述表明，与个别相结合，既是对一般号召的考验，也是对一般号召的充实；与个别相结合是一般号召的进一步发展。在这个意义上，

————————

① 《毛泽东选集》第三卷，第897页。

我们可以说，没有个别的一般是"空洞"的，同样，没有一般的个别是"盲目"的。

关于一般与个别相结合的具体途径与方式方法，毛泽东也指出，"除提出一般号召（全年整风计划）外，必须在自己机关中和附近机关、学校、部队中，选择二三单位（不要很多），深入研究，详细了解整风学习在这些单位的发展过程，详细了解这些单位中若干个（不要很多）有代表性的工作人员的政治经历、思想特点、学习勤懒和工作优劣，并亲自指导这些单位的负责人具体地解决各该单位的实际问题，借以取得经验。……任何领导人员，凡不从下级个别单位的个别人员、个别事件取得具体经验者，必不能向一切单位作普遍的指导。这一方法必须普遍地提倡，使各级领导干部都能学会使用。"①

毛泽东指出，一般与个别相结合，是正确的和有效的马克思主义的领导方法。而一般与个别相分离相脱节，易造成两种片面的、错误的和有害的倾向。一般与个别相脱离，只注重一般而忽略个别，易造成教条主义的倾向。一般与个别相脱离，只注重个别而忽略一般，造成经验主义的倾向。可以看到，毛泽东关于一般与个别相结合的领导思想，正是在反对这两种错误倾向的斗争中形成起来的，也正是避免这两种倾向、采取正确的和有效的立场的保障。

毛泽东不但提倡一般与个别相结合的领导方法，为全党确立了一般与个别相结合的基本原则，而且，他也身体力行，是一般与个别相结合这个方面的典范和杰出代表。在把马克思主义一般原理与中国革命具体情况相结合的过程中，毛泽东领导的中国革命不但取得了胜利，而且，在这个过程中，也形成了

---

① 《毛泽东选集》第三卷，第897～898页。

具有广泛指导意义的毛泽东思想。

1931 年 11 月 1 日至 5 日，中共苏区第一次代表大会在江西瑞金召开。毛泽东出席了会议。

　　反观近代以来的中国革命，可以发现，它们存在着两个问题：一个问题是革命缺乏有效的"一般"；另一个问题是，有了有效的一般之后，还缺乏这个一般与个别的有效的结合。缺乏一般，是第一个层次的问题。缺乏一般与个别相结合，是第二个层次的问题。

　　首先，近现代中国革命所普遍缺乏的是指导意义上的"一般"。这些革命，不论它们是什么性质的，它们都有一个共同的倾向，那就是它们的基本目标追求都是希望通过革命实现政治的独立和发展。按照亨廷顿的观点，这是一种通过革命实现政治现代化的现代化模式。但是，这些革命都缺乏有效的理论指导。也就是说，虽然传入中国的各种各样的理论有不少，但是，这些理论都没有真正能够把中国革命提高到"一般"的高度。正如伯恩斯所指出的，这个意义上的"一般"，不仅仅是与中国革命是否能够成功相联系的，而且，也是与是否能够产生有远见的和强有力的领导者相联系的。

1840年以来的中国革命，可以说是如火如荼风起云涌。但是，农民起义虽然波澜壮阔，然而却缺乏"主义"。太平天国找到了西方的"主义"。但是，它所找到的那个"主义"即使是在宗教的范围内，也只是旧教（天主教），而不是新教。它是落后于时代的。而且，即使是新教，这种宗教性的"主义"是否适合中国国情和近现代的需要，也还是一个问题。资产阶级（姑且不论这个阶级的软弱性）民族民主革命所宗奉的"主义"是自由民主。这是一种美好的"主义"。但是，即使它是正确的，它对于第三世界的政治现代化和社会转型，也是失效的和软弱无力的。

其次，真正把革命问题提升到"一般"高度的是马克思列宁主义。正如我们后来所说的，"十月革命一声炮响，送来了马克思列宁主义"。在这里，有了指导意义上的一般。但是，接踵而至的问题是，这个一般如何有效地与中国革命具体情况相结合。

马克思列宁主义的革命一般与中国革命具体情况相结合的进程中，出现了两种极端的倾向。一种倾向是教条主义，一种倾向是狭隘经验主义。教条主义者抓住了一般，经验主义者抓住了个别。二者的共同特点是，它们都没有结合。经验主义险些葬送了革命。经验主义的革命注定了不会成功。它和历次农民起义一样，要么回归于传统，要么归于失败。在传统已经不复存在的情况下，它只能是失败。

毛泽东的结合，是一种恰当的"主义"（而且是经过长期而严格的无意识筛选的主义）与中国革命的具体情况相结合，也就是说，是一种一般性和普遍性的"主义"与中国革命的相结合。这种结合是一种成功的结合。这种结合，根本上，是赋有创造性的结合。所以，这种结合，不但产生了可以当之无愧地称为一种深刻思想体系的毛泽东思想，而且，也产生了有远见的和强有力的领袖。

我们说它是"毛泽东思想"，而不是"毛泽东的思想"，还是因为，这种思想是一种集体智慧，甚至于是一种无意识地形成的集体智慧。横向地看，这种集体智慧是第一代领导集体的智慧。但是，纵向地看，这种集体智慧，完全可以说是经过几代人地摸索才形成的智慧。

【跟毛泽东学一般与个别相结合】

一般与个别相结合的普遍意义

在毛泽东那里，所谓一般，是从矛盾论的意义上界定的。它所指的是各行各业中的领导活动中那些具有普遍性的东西，而不是此一事彼一事或者特定行业中技术性的东西。这个一般是从主要矛盾（方面）所决定的事态的性质、主要矛盾（方面）向次要矛盾（方面）的转变所引起的事态性质的变化等这样的意义上来看待的。因此，它对于各行各业的领导活动都具有普遍的适应性。这是我们掌握一般与个别相结合问题时所应该抓住的共通的东西。

一般与个别相结合中的"一般"，应该体现"两个切合"。一个切合是切合事态的性质，切合事态性质的转变。另一个切合是切合群众的觉悟水平与组织状态。只有这两个方面都有所切合，一般与个别的结合，才能结合得起来，也才能结合得好。

　　例如，作为电子行业的领导者并不需要完全掌握有关电子技术问题上的具体细节，而是要掌握电子行业发展的态势、这个态势发展的转机与需要、电子行业发展的基本趋势等等。另一方面，则需要他掌握电子行业职工群众技术成熟与思想成熟状态、组织状态等等。所谓一般与个别相结合，也就是把这两个方面结合起来。同样，交通业、航天等等也都是如此。一般与个别相结合并不因为行业间的差异而有所不同。

一般与个别相结合的关键是打通一般与个别

　　所谓"打通"，也就是把个别的东西上升为一般，或者把一般性的东西落实到个别中去。这个打通，也就是寻求一般与个别的相互转化。转化，当然首先要找到一般与个别的结合点或者结合的恰当的形式与方式方法。但是，在归根结底的意义上，打通只能是一般与个别的创造性转化。"打通"既不消灭一般，也不消灭个别；既不绕过一般，也不绕过个别；当然，也难以回避一般与个别的矛盾。但是，经过转化，一般与个别的矛盾，以新的发展了的形态（"第三种状态"）存在着。经过转化，问题得到了解决。

　　马克思列宁主义这个一般与中国革命这个个别相结合，根本上就是一种创造性转化。这个转化，把马克思列宁主义发展为适合中国国情的新形态（毛泽东思想），同时，中国革命的成功经验也丰富了马克思列宁主义的内容。

　　一般与个别相结合，有两种基本的途径。一种途径是从一般到个别，一种途径是从个别到一般。从一般到个别，可以说是一种"下降"的途径。从个别到一般，可以说是一种"上升"的途径。只要真正能够打通二者之间的壁垒，到底是"下降"的路还是"上升"的路，并没有什么性质的差别。我们可以注意到，毛泽东打通一般与个别的的道路，基本上就是从个别到一般的"上升"的途径。他打通一般与个别的壁垒，基本上可以确定是在延安时期完成的。

防止一般与个别相结合中的两种倾向

在实际的领导工作中，一般与个别相结合，存在着两种片面的倾向。一种倾向是，拘泥于一般，或者一般难以落实为个别。结果，造成了领导工作中的教条主义。一种倾向是，从个别的具体的情况中超脱不出来，升华不上去，达不到一般的高度。结果，造成了领导工作中的经验主义。教条主义与经验主义，虽然表现形态不同，但是，二者的共同之处都是割裂了一般与个别，一般与个别难以打通。二者是同一个问题的两个极端。

一般与个别相结合，是领导艺术的关键环节。早期党史上的教条主义者，机械搬用马克思主义，把苏联经验和共产国际指示绝对化，实际上是拘泥于一般原则而忽略了个别性特殊性，难以把一般与个别结合起来。而狭隘经验主义者则崇信经验，缺乏应有的理论高度，把握不了一般性的规律，难以把个别经验上升为理性认识。毛泽东倡导一般与个别相结合，也正是针对这样两种片面错误倾向的。

跟毛泽东学领导与群众相结合

> 领导与群众相结合是马克思主义的基本的领导方法。只有领导骨干的积极性，而无广大群众的积极性相结合，便将成为少数人的空忙。但是，如果只有广大群众的积极性，而无有力的领导骨干去恰当地组织群众的积极性，则群众的积极性既不可能持久，也不可能走向正确的方向和提高到高级的程度。
>
> ——毛泽东

【领导与群众相结合】

领导活动是领导者通过影响群众以实现特定公共目标的社会活动。领导活动的结构是：领导者－群众－任务。在这个结构中，既不是领导者单方面面对任务，也不是群众单方面面对任务，而是领导者通过群众面对任务。这样，就有一个领导者与群众相结合、共同面对任务的问题。事实上，也只有领导者与群众结合起来、共同面对任务的活动，才把领导活动与其他任何类型的活动区别开来，才是真正的和严格意义上的领导活动；也只有这种活动，才是作为社会活动的、能够真正完成公共目标的领导活动。

从狭义上讲，领导与群众相结合，既有一个领导核心与领导骨干、一般干部相结合的问题，也有一个他们与群众中的少数积极分子相结合的问题。从广义上讲，更有一个领导者与最广大的人民群众相结合的问题。这是一个领导核心－领导骨干－一般干部－积极分子－人民群众的结构性的扩展性结合。同时，从动态的角度看，领导者和人民群众两个方面也都是不断变化的。在这个方面，领导与群众相结合，又是一个历史性的无限进展的结合。

在实际的社会活动中，领导与群众相结合存在着两种极端的情形。一种情形是，没有群众或者群众没有动员起来组织起来，领导者自己（无论是领导者个人还是领导者集体）独自面对任务。这是一种没有群众只有领导者的领导活动。这是一种"空洞"的领导活动。通俗地讲，这是"拼命三郎"、"光杆司令"的领导活动。另一种情形是，没有领导或者领导不力，群众——或者没有动员起来，或者缺乏组织，或者二者皆有——独自去面对任务。这是一种没有领导只有群众的领导活动。这是一种"盲目"的领导活动。这也就是通常所说的"乌合之众"的领导活动。这两种情形都是领导者与群众没有恰当地和有效地结合起来、两个方面相互分离的结果。

就领导者这个方面而言，领导活动既不是领导者作为个人的活动，也不是领导者为了个人的活动。"作为个人的活动"，虽然谋求特定任务的完成，但是，它不是通过群众，而是通过个人，例如通过私人关系、家庭关系或者单纯的个人能力等等。严格地讲，这不是真正意义上的领导活动，而是一种私人活动。"为了个人的活动"，背离了为了公共目标这个标的，也不是真正意义上的领导活动。"为了个人的活动"也是一种私人活动。它虽然可以利用群众、甚至于欺骗群众，也就是说，它具有"通过群众"这个中间环节与表面形式，但是，由于其目标已经不是公共性质的，从而也不是真正意义上的领导活动。

领导者影响群众，主要通过两种方式。一种方式是动员群众，一种方式是组织群众。动员群众是一个把群众调动和激励起来的过程。这是一个"向上"的过程。组织群众是一个把激动起来的群众安顿下来冷静下来协调起来的过程。这是一个"向下"的过程。在某种程度上，动员群众与组织群众这两个过程是相反方向的进程；在某种意义上，这两个进程也是矛盾冲突的。在领导者影响群众完成任务的过程中，动员群众应该防止群众失去控制；组织群众应该防止群众受到抑制。在二者之间掌握恰当的分寸，是领导艺术的关键。

【毛泽东是如何将领导与群众相结合的】

1943 年，在《关于领导方法的若干问题》中，毛泽东全面总结了自己长期形成和体会甚深的领导方法，以中共中央决定的形式，提出了领导与群众相结合的领导方法领导艺术。如果说，毛泽东的领导方法领导艺术有两个轮子、两个"拿手好戏"的话，那么，领导与群众相结合就是毛泽东关于领导活动中的"人"这个主体因素的经典之作和精辟论断。

　　结合总结 1942 年的整风运动经验，毛泽东分三个层次论述了领导与群众的相结合。首先，毛泽东从领导者与群众两个方面的关系分析相结合的问题。他指出，每一个单位的整风，必须在整风过程中形成一个以该单位的首要负责人为核心的少数积极分子的领导骨干，并使这一领导骨干和参加学习的广大群众密切结合，才能使整风运动完成。领导与群众相结合存在着两种片面的倾向。只有领导骨干的积极性，而无广大群众的积极性相结合，便将成为少数人的空忙。但是，如果只有广大群众的积极性，而无有力的领导骨干去恰当地组织群众的积极性，则群众的积极性既不可能持久，也不可能走向正确的方向和提高到高级的程度。

　　其次，毛泽东进一步从群众方面分析了相结合的问题。毛泽东指出：任何有群众的地方，大致都有比较积极的、中间状态的和比较落后的三部分人。故领导者必须善于团结少数积极分子作为领导的骨干，并凭借这批骨干去提高中间分子，争取落后分子。凡属真正团结一致、联系群众的领导骨干，必须是从群众斗争中逐渐形成，而不是脱离群众斗争所能形成的。

　　第三，上述两个方面是从静态的角度分析相结合的问题。对领导者方面的论述，则选择了动态的角度。毛泽东指出，"在多数情形下，一个伟大的斗争过程，其开始阶段、中间阶段和最后阶段的领导骨干，不应该是也不可能是完全同一的；必须不断地提拔在斗争中产生的积极分子，来替换原有骨干中相形见绌的分子，或腐化了的分子。许多地方和许多机关工作推不动的一个基本原因，就是缺乏这样一个团结一致、联系群众的经常健全的领导骨干。"①

---

① 《毛泽东选集》第三卷，第 898 页。

最后，毛泽东把领导与群众相结合引申概括为"从群众中来，到群众中去"的群众路线。这样，就把作为一种领导方法领导艺术、作为一项原则的领导与群众相结合提升为思想上的指导方针的高度。毛泽东指出，"在我党的一切实际工作中，凡属正确的领导，必须是从群众中来，到群众中去。"① 这既是一个普遍的要求，也是对有关经验的深刻总结。

毛泽东在天安门城楼上。

在领导活动中，领导与群众是"人"这个主体因素的两个方面。这两个方面，是矛盾的两个方面。领导与群众这两个方面的关系，是"对立统一"的关系。领导与群众，既不是完全"对立"的，也不是完全"统一"的。领导者，作为"人"这个主体因素的积极方面，应该把握好这种"对立统一"关系，在"对立"中求取"统一"，在"统一"中驾驭"对立"。对二者之间"对立统一"的关系把握得好，就能够把领导与群众的结合上升到

———————

① 《毛泽东选集》第三卷，第899页。

艺术的高度，成为真正的领导艺术。在这个问题上，毛泽东是有着清醒的意识和自觉的。

五六十年代曾经作过毛泽东秘书的李锐同志回忆说：记得大跃进时，我跟陶铸比较熟，陶铸跟我谈过一件事。毛泽东有一次跟陶闲谈，世界上的伟大人物他见过两个，一个是孙中山，一个是斯大林。他说，这两个人都是不要群众的。为什么呢？斯大林说，干部决定一切，那么，群众呢？孙中山就靠帮会等势力，去世前经共产党帮助才搞三大政策。毛泽东认为，中国是另外一套，只要把群众发动起来，世界上就没有什么困难不可克服。

毛泽东晚年确实有过迷信群众运动的倾向和做法。但是，准确地说，毛泽东领导方法领导艺术的主流还是相信在把群众发动起来的基础上还要给予强有力的领导，只有有领导有群众，才能真正做到克服不可克服的困难。同时，毛泽东关于领导与群众相结合的思想与实践，也避免了孙中山斯大林的失误，体现了对孙中山、斯大林长期革命正反两方面经验教训的借鉴、总结与升华。

【跟毛泽东学领导与群众相结合】

积极追求领导与群众相结合

毛泽东关于领导与群众相结合的思想与实践，不仅仅是毛泽东本人长期的和成功的领导经验的体会、总结和概括，而且，也是第一代领导集体集体智慧的结晶。正如毛泽东所指出的，在我党的一切实际工作中，凡属正确的领导，都是坚持了和体现了这个结合的。在这个意义上，可以说，任何成功的领导者，不论其政治立场和成长背景有什么差别，都是自觉或者不自觉地遵循了这个结合。毛泽东与第一代领导集体的成功经验，值得我们充分注意和借鉴。

领导与群众相结合，又不仅仅是感性经验的简单总结。因为，在毛泽东那里，这个相结合，已经把具体的感性经验与体会，上升到理性一般的高度。正如毛泽东所论述的，领导与群众的关系，和一般与个别的关系一样，是整个领导活动的两大基本矛盾。抓住这两大基本矛盾，也就牵住了领导活动的"牛鼻子"，就可以进一步抓住领导活动的基本规律。经验性的东西，是能学的。但是，经验是千差万别的。各人有各人的经验体会。经验性的东西还是缺乏普遍性的。毛泽东的领导与群众相结合，已经把经验性的千差万别的东西上升到了矛盾论的高度。这样，领导与群众相结合，就不但是能学的，而且，也是可学的。经毛泽东的这个指点，领导与群众相结合，就有了"切入点"，有了"下手处"。

领导与群众相结合，是进入领导艺术境界提高领导艺术水平的关键。

从境界上划分，领导活动领导方法存在着三个层次。第一个层次是经验性的。在这个层次上，领导活动领导方法还是"日用而不知"。第二个层次是，认识到、领会到领导与群众这个基本矛盾，但是，还不能应付裕如地驾驭这个矛盾。此时的境界，不是牵牛鼻子，而是牵制于牛鼻子；不是控制了这个基本矛盾，而是受制于这个基本矛盾。这是"知其然而不能应其然"的境界。在某种意义上，这类似于领导科学的境界。

第三个层次是，经过磨炼，吸取正反两方面的教训，逐渐到达领导艺术的境界。也就是说，领导干部要善于牵牛鼻子。

只要不断注意并且做到善于牵牛鼻子，就可以真正做到牵一发而动全局，心领神会，得心应手，就可以真正做到应付裕如。也就是说，驾驭领导与群众的矛盾关系，做到领导与群众相结合，是领导活动进入艺术境界的门坎和转折点。过了这个门坎和转折点，领导艺术就是一个不断提高、臻于完善的问题了。

领导与群众相结合，领导者是主动的一方和积极的一方。也就是说，在领导与群众的矛盾关系中，领导者是矛盾的主要方面。因此，在意识上，这需要领导者对领导与群众相结合有一个清醒的和积极的自觉。这里，也有一个思想认识的问题。也就是说，无产阶级及其政党领袖，更应该是自觉坚持这个相结合。而在实践上，领导者追求领导与群众相结合，也是一个刻苦的、不懈努力的进程。当然，提高领导艺术水平和领导艺术臻于完善，更是一个无限的、不间断的实践进程。

领导与群众相结合，不断提高领导效能。

在领导活动中，只有领导者与群众相结合，才是产生领导效能的最佳保障。在实际领导工作中，经常可以看到，主要领导者看到手下的干部群众领会不了领导者的意图，"笨手笨脚"，领导者心里很着急。结果，领导者就抛开干部群众，干脆自己赤膊上阵亲自动手。他以为这样一来，完成任务的速和进度就会加快，领导效能就会提高。但是，实际上，这是一个误解。

这是因为，领导者自己干，虽然有速度和进度，但是，没有规模，没有规模效益。而群众缺乏动员和组织，虽然没有速度和进度，但是，有规模，有规模效益。领导者自己干，与干部群众没有领会主要领导者的意图、缺乏动员组织地去干，二者在完成任务的领导效能方面，不多不少，恰恰是一样的。二者半斤八两旗鼓相当，谁也不比谁更快更好。比较起来，只有领导者与群众恰当地和有效地结合起来，才能够形成既有速度与进度，又有规模和规模效益。二者结合起来，才能够形成最佳的领导效能。

领导与群众相结合，应该注意避免两种倾向。

在领导活动中，领导任务是领导者"通过"影响群众完成的。这里，关键的因素是"通过"。"通过"不是"决定"。在领导活动中，既不是领导者决定群众，也不是群众决定领导者。领导活动是领导者与群众相互作用的"互动"过程。在这个"互动"的过程中，如果说有什么决定性的因素的话，那么，归根结底，它还是领导与群众相结合，以及这种结合的形式与质量。

因此，在领导活动中，应该注意避免两种片面的倾向。一种倾向是命令主义的倾向。命令主义是建立在领导决定群众、领导决定领导活动的基础上的。毛泽东所批评的斯大林的"干部决定一切"，就是这种立场和倾向。另一种倾向是"尾巴主义"的倾向。这种倾向是建立在群众决定干部、群众决定领导活动的基础上的。尾巴主义实际上是领导落在了群众的后边。在某种意义上，孙中山依靠帮会军阀而不是依靠群众，实际上，就是一种形式的尾巴主义。毛泽东对斯大林孙中山的评论还指出，斯大林的命令主义与孙中山的尾巴主义，两种片面的倾向有一个共同点，那就是他们都不要群众，都是领导脱离群众，都是没有领导与群众的相结合。因此，命令主义与尾巴主义两种倾向，也可以说是领导与群众相脱节，领导与群众结合不起来所导致的两种片面性。这是我们在学习毛泽东的领导与群众相结合、掌握有关分寸的时候所应该注意的重要问题。

跟毛泽东学象征

> "由于无法了解自己深藏的动机，人们企图寻找一种解决矛盾的办法，即把他们的恐惧、争吵和愿望投射到某种可以得到象征性解决的社会物体上。""英雄型领袖对内在和外在的矛盾恰好提供了这种'象征性'的解决办法"。"英雄型领袖在过渡性和发展中的社会中起着重要的作用。……群众需要通过某种办法来克服他们受挫的情绪，这办法就是把他们的恐惧、希望和争吵交付给至少能对这些问题提供象征性解决办法的英雄们"。
>
> ——伯恩斯

【领导与象征】

　　提起卡斯特罗的大胡子与绿军装，现代的年轻人是特别熟悉、也是津津乐道的。其实，卡斯特罗的大胡子与绿军装，就象阿拉法特的阿拉伯头饰一样，是经过精心策划的，其本身就是现代领导所巧妙使用的一种象征。其实，卡斯特罗的大胡子正是在古巴革命的过程中、特别是在古巴革命的危机中养起来的。说起革命家的的胡子，大家都知道，在长征中，周恩来也曾经发誓，革命不成功决不剪胡子。事实上，周恩来漂亮的大胡子，是直到和平解决西安事变的时候，出于革命的需要才剪掉的。而卡斯特罗的绿军装，无论是在革命中还是在革命成功之后，对于革命，都是一种贴切的象征。

　　形象是一种象征。在古巴，围绕着卡斯特罗，引起广泛关注的是切·格瓦拉（"工业时代最后的革命家"）的肖像权之争。格瓦拉，一位年轻英俊的贵族革命家，有着智慧的小胡子，头上始终戴着红星装饰的无边呢绒小帽。还在格瓦拉生前，格瓦拉的肖像权就引起了广泛的法律争议。阿根廷著名球星马拉多那的右肩上就刺上了格瓦拉的这个肖像。而且，马拉多那赴古巴戒毒就有着怀念古巴革命、景仰卡斯特罗和格瓦拉的成分。事实上，马拉多那在古巴见到卡斯特罗时就亲吻了卡斯特罗的手。

　　象征，是领导活动的一个重要方面，也是领导活动的一种重要形式。象征，在领导活动中具有持久的和举足轻重的地位。一个领导者是否会熟练地操作、驾驭和运用象征，是其领导艺术水平高低的标志。一个现代的领导者，即使是一位技术干部，也需要对象征有所领悟有所心得。否则，即使是所谓成功人士，也将失去整整一半的群众和支持者。

象征是多种多样的。主席台之后的鲜花与旗帜、徽章标志、服装服饰、标语口号、领袖人物形象、甚至于首都的设置、会场的布置、一种语言、一个动作等等，都是象征。相对于那些"实"的事物来说，象征是某种"虚"的东西。

在领导活动中，解决问题与矛盾，可以划分为两个层次。

第一个层次是在"实"的意义上谋求问题的解决。例如，阶级与阶级、阶层与阶层、单位与单位、国家与国家、个人与个人等等之间的矛盾、冲突，首先是在革命、阶级斗争、政治制度、联合国、人事安排等等实在的层面和形式上进行协调、化解和处理。但是，这些实在的办法、形式、制度等等，有其本身一定的局限性。在实实在在的意义上，现实中的许多矛盾和问题并不是可以获得适当的和令各方面都能够接受的满意的解决的。

领导活动的第二个层次是那些"虚"的象征。和那些实的解决办法相反，一些象征性的方式方法、象征性的活动、姿态和设置，因为它是虚的模糊的，其涵盖面非常广阔，反倒能够为各方面各阶级各阶层各国家所接受。但是，这些虚的和模糊的象征，并不是因为它们是虚的和模糊的才为各方面所接受，而是因为它们是对现实存在着的矛盾和问题的转化、超越和升华，是在更高的层面上以另一种方式方法谋求问题的解决。这种转化、超越和升华，在更高的层次上找到了矛盾双方的共同点和结合点，从而把矛盾双方牵到了一起，把冲突的各方联结到了一个更广泛的共同体中来。

例如，在台湾与海峡两岸关系问题上，由于各种各样的因素的制约，两岸在对有关问题的认识上、心理上、政策上存在着严重的分歧。但是，两岸有着共同的血缘、文化和历史传统。海峡两岸的中国人，无论是身在台湾还是身在大陆，他们都是龙的传人。龙是中华民族的共同图腾。在这种情况下，以龙作为象征，谋求两岸关系的解决，就可以为两岸关系的分歧找到一个共同点和结合点，也可以把两岸关系的解决提升到一个更高的层次。

象征又是实的领导活动的一种继续。在构成的和静态的意义上，可以说整个领导活动有两个"方面军"。其正面的"方面军"是谋求问题的"实"际的解决，其侧面的"方面军"是谋求问题的"虚"的和象征性的解决。在展开的和动态的意义上，问题的解决有一个从实到虚、从实在到象征的延续。在这个意义上，象征是"实"的领导活动的延伸与继续，也是领导活动层次的提升。

在实际生活中，许多问题在实的层面上不好解决，也解决不了，但是，延续和上升到虚的层面，不但解决得很好，而且赋予整个问题以普遍的、超越的和持久的意义。例如，统一战线，其内容和核心始终是一个阶级性和政治性的问题。但是，把统一战线上升到爱国、民族感情和历史传统的高度，不但更好更广泛地解决了问题，而且，提升了统一战线的意义，赋予了它以持久的魅力，从而也把整个的领导活动上升到高超的领导艺术的境界。

【毛泽东是如何运用象征的】

斯诺与中美建交

1970 年国庆节，是中华人民共和国成立 21 周年的日子。这一天，在毛泽东和周恩来的精心安排下，斯诺登上了天安门城楼。当时，站在毛泽东左右的，一个是西哈努克亲王，一个是斯诺。斯诺回忆当时的情景时说，"中国领导人当众做的事情都是有目的的。重大的的事情正在发生。但这是什么事情呢?""后来，在毛77岁寿辰那天，《人民日报》发表了我们在天安门城楼上的照片，把我说成是'美国友好人士'。那天这家报纸在每天都刊登毛泽东思想的右上角的框子里登了这样一句话:'全世界人民包括美国人民都是我们的朋友'。"

毛泽东与斯诺在天安门城楼上。

斯诺分析他登天安门城楼的寓意说，"毛泽东总是注意把各国人民同政府及其政策区分开来。如果需要一个象征来说明这一点的话，我是乐于作为这个象征的：就是说，代表作为反对武装侵略和破坏越南和其他印度支那国家的许多美国人。美国的反战者终于正在使李奇微将军预言为'悲剧性的大错误'停下来，我站在那里是为了接受人们对美国反战者的致敬吗?是的，是那样但又不仅如此……。"①

----

① 《毛泽东自述》，第215页。

斯诺是"中国人民的老朋友"，特别是毛泽东的老朋友。斯诺不但是最早记述毛泽东及其中国革命的外国记者，而且还是这样做的第一位美国记者。斯诺是一位正直的、有良心的职业记者。事实上，斯诺的《西行漫记》最早也是最为成功地向世界公布了毛泽东和中国革命。中国的革命事业因此而收益不少。

从个人方面看，毛泽东为世界所认识甚至于毛泽东在党内的影响和地位的巩固，斯诺是有很大的贡献的。斯诺客观而公正的报道为毛泽东赢得了巨大的声誉，但是，斯诺为此却遭受了美国国内顽固派的排挤，并且不得不为此而远居瑞士。在个人的意义上，毛泽东与斯诺的私人感情与友谊是持久的和重要的。但是，1970 年国庆节斯诺登上天安门城楼，无论如何不是出于、也不是因为毛泽东与斯诺之间的个人关系和私人友谊。

斯诺既不是共产党，也不是左派。毛泽东也知道斯诺与美国人民并不是一回事。事实上，毛泽东就在 1970 年国庆节之前还对斯诺说，我国"外交部正在研究让美国人左、中、右都来访问中国"。"遗憾的是我（按：指斯诺）代表不了美国。"但是，从各方面考虑，毛泽东还是认为，当时的斯诺对中美两国的外交来说，都是最好的人选。因此，在国庆节的天安门城楼上，毛泽东左右两边分别安排了斯诺和西哈努克亲王。这个是一个精心安排的巧妙象征。

这个象征是意味深长的。

毛泽东身边的西哈努克亲王象征着"中国坚决支持柬埔寨的西哈努克亲王反对朗诺的政变和反对朗诺的美国盟友，坚决支持刚刚建立起来的印度支那人民的反美联盟"。事实上，国庆游行的一条巨大横幅上就写着，"全世界人民团结起来，打倒美国侵略者及其一切走狗"。而且，在天安门城楼上，斯诺的妻子洛伊斯就对西哈努克亲王说，"反对入侵柬埔寨的美国人不止我们（按：指斯诺夫妇）两个"。而亲王则微笑着说，"美国人民是我们的朋友。"①

但是，"美国友好人士"、"中国人民的好朋友"斯诺先生当时也站在毛泽东身边。而且，在毛泽东 77 岁生日那天，《人民日报》不但公布了斯诺登上天安门城楼的照片，而且，在每天发布"最高指示"的地方，以"最高指示"的级别和方式，明确地向全世界表示，"全世界人民包括美国人民都是我们的朋友"。在毛泽东匠心独运的这个布置中，斯诺有他不同于西哈努克的象征意义。如果说毛泽东身边的西哈努克亲王象征着中美关系对抗的一面，那么，毛泽东身边的斯诺则象征着中美关系的另一面，即中国希望与美国改善关系、中国外交政策发生转变的一面。因此，1972 年的这个象征，也可以说是一个双重的象征。

事实上，1972 年当时以及此后不久，斯诺就领会了毛泽东的象征的真正的含义，知道他成为了毛泽东高超的领导艺术中的一种象征并且乐于作为这个象征。而且，斯诺还认为，毛泽东改变对苏联"一边倒"的外交政策，转向打开与美国的外交关系，是毛泽东"作为革命家领袖的一生中也许是最关键和最大胆的决定"。然而，毛泽东的这个决定竟然是以如此蜻蜓点水式的象征手法作出的，这是耐人寻味的。

遗憾的是，毛泽东 1972 年以象征手法向美国发出的信号，美国没有作出应有的反应。中美建交后，周恩来曾就此事与尼克松和基辛格交换过意见，说早在"乒乓外交"之前中国就向

----

① 《毛泽东自述》，第 210 页。

美国发出了明确的信号，为什么美国没有反应。尼克松自我解嘲地解释说：我们美国人西方人对东方人和社会主义中国所使用的象征缺乏足够的敏感，还不习惯。这也许就是东西方人思维方式的差异吧！

毛泽东畅游长江：是技艺高超的象征性动作。

美国著名学者伯恩斯在其《领袖论》中指出，"由于无法了解自己深藏的动机，人们企图寻找一种解决矛盾的办法，即把他们的恐惧、争吵和愿望投射到某种可以得到象征性解决的社会物体上。"伯恩斯把超凡魅力的领袖称为"英雄型领袖"。他说，"英雄型领袖对内在和外在的矛盾恰好提供了这种'象征性'的解决办法"。"英雄型领袖在过渡性和发展中的社会中起着重要的作用。……（群众）需要通过某种办法来克服他们受挫的情绪，这办法就是把他们的恐惧、希望和争吵交付给至少能对这些问题提供象征性解决办法的英雄们"。[1]

在伯恩斯看来，毛泽东就是这样一位善于使用象征的英雄型政治领袖。"大多数领袖兼有意识形态型和超凡魅力型两种品质，伟大的领袖能够使二者创造性地结合在一起，毛泽东就是这样的一位领袖。"伯恩斯认为，1966年毛泽东畅游长江就是他发动"文化大革命"的一个象征。

"毛泽东是以一个神奇的动作开始的。1966年6月16日，这位中国共产党的72岁高龄的主席跳进扬子江的水流中，在一个小时内游了15公里，据说打破了奥林匹克的纪录。这就是这位8亿中国人民传奇式的领袖的一种技艺高超的象征性动作。同成千上万游泳的人一起在一条大江里游泳，他实际上是

---

[1] 《领袖论》伯恩斯著，第295～297页。

毛泽东游泳。

要求中国的年轻的一代和他一起发动一场新的革命，'在大风大浪中前进'。毛泽东对自己的用意是很清楚的。"[1] 事实上，第二天毛泽东回到北京就写出了"我的一张大字报"，"文化大革命"开始了。

以色列民族的创始人摩西带领以色列人民摆脱埃及的统治、跨越红海的"出埃及"（《旧约圣经》"出埃及记"即记述此事）具有巨大的象征意义。伯恩斯指出，超凡魅力的领袖，其魅力总是与某种象征联系在一起的。"摩西是具有'超凡魅力'的最早的领袖人物之一。弗洛伊德指出，他对历史的影响有两个方面：一是通过他的人格，二是通过他所坚持的思想。弗洛伊德抓住了摩西伟大实质的两个方面"。[2]

----

① 《领袖论》第 304、306 页。
② 《领袖论》第 291~292 页。

摩西的超凡魅力，正是在"出埃及"中经受考验的。事实上，正是在这次苦难的和饱经沧桑的"出埃及"中，摩西的人格与思想这两个因素，被牢固地锻造出来并且集于摩西一身。今天看来，现代的以色列民族越是颠沛流离，摩西及其"出埃及"的象征意义就越是赋有超凡魅力。

"长征的象征意义"——具有重要的政治意义和心理意义。

摩西的"出埃及"实际上是历史记载比较早的一次"长征"。通过这一次长征，摩西的超凡魅力被锻造出来，人格的与思想的魅力被集于摩西一身。其实，长征和通过长征把人格的与思想的魅力锻造出来和集于一身，这在毛泽东的身上有着更为鲜明的和当代的体现，也是更为我们所熟悉的。

人们多从实的方面看长征的意义。但是，长征的意义不是可以如此简单地看待的。长征有它的实际意义，但是，长征更具有巨大的象征意义。

关于长征的象征意义，美国汉学家迈斯纳曾经指出，"若完全抛开个人的政治观点，那么无论以何种人类壮举的标准来衡量，很少有人不会同意埃德加·斯诺把长征比作'现代无与伦比的奥德赛'的说法。但是，人们不应该用英雄主义和伟大的人类史诗来模糊这样一个事实：长征是以政治上的失误和军事上的失败而肇始，并以军事上近乎于新的失败而告终。"

"放弃中华苏维埃共和国，听任支持过自己的农民惨遭国民党的报复，这标志着一场非常重大的政治失败。在第二年严峻的考验中，绝大部分红军被消灭这一事实，也很难被看成是一种胜利。那些经过长征到达陕北的精疲力竭的幸存者，之所以会欢呼雀跃，亦不过是出于这样一个纯粹的（和奇迹般的）

事实：他们终于活下来了”。①

　　然而，长征并不是因为它在政治上和军事上的失误与失败而丧失其意义。长征自有其本身独特的意义。迈斯纳认为，“长征拉开了其后中国共产主义革命胜利时期的序幕。从这个意义上说，长征的确具有重要的政治意义和心理意义。”

　　“从政治上看，正是在长征中，毛泽东获得了对中国共产党的有效控制。……共产国际的梦魇般的精神包袱终于被抛弃了，不管斯大林的脸色如何，毛泽东确立了自己在党内至高无上的地位。在斯大林时代的共产党历史中，这是一件前所未有的事情。这样，长征使毛泽东登上了中国共产党的最高领导人的地位。”

　　“长征的心理意义是十分难以确定的。至少就毛泽东而言，长征的经验强化了他的唯意志论的信念，这就是，人只要有高度的意志、精神和革命觉悟，就能克服所有的物质障碍并按照自己的观念和理想铸造历史现实。对那些经受过严峻考验的幸存者和那些为长征经历所鼓舞的人来说，长征的经验使他们恢复了对革命的希望，加强了他们的使命感”。长征塑造了以献身和苦行主义为核心的延安精神。“在长征中，牺牲的人比活着的人数要多得多，单凭这一事实，就可以说明长征对“延安精神”的贡献。如此众多的人都死了而自己还活着，幸存者头脑中的这种意识使他们肩负的革命使命具有了一种神圣的性质，并产生了一种近乎于宗教的献身感。……毫无疑问，长征经验赋予给毛泽东一个巨大的信念：他的使命就是领导他的追随者去完成他们的革命使命。”

　　“仅仅是‘我们还活着’这样一个事实，就可以成为一件

---

①　《毛泽东的中国及后毛泽东的中国》，第44～45页。

含有重大心理意义的事情。它还产生了伟大的政治结果，因为它不仅证明了革命的合理性，而且还证明了毛泽东制定的政策和毛泽东的智慧获得了合理性。实际上，毛泽东的个人崇拜——提出这种建议似乎并无不当——产生于长征。毛泽东象先知一样把红军的幸存者带出了荒原。……某种神秘性和敬畏感已经在他的名字和他本人的周围萌芽生长。"①

斯诺的评论是，长征确实是"退却"（而且是一种"战略退却"），但无论如何不是"溃败"。"毫无疑问，红军长征到西北是一种战略退却，不能把它看成是溃败，因为共产党最后到达了他们的目的地，他们的核心没有遭到损失，士气和政治意志和以前一样坚强。"

而且，因为两个理由，长征还是一个巨大的成功。

第一个理由是，"共产党人自己宣称并且显然相信，他们是在挺进到抗日前线去，这是一个非常重要的心理因素，它有助于他们把一种有可能变成败坏士气的退却转变为斗志昂扬的胜利进军"。"历史随后表明，他们强调的无疑是长征的第二个基本理由——挺进到有战略意义的西北去——是正确的。他们正确地预见到这个地区将对中国、日本和苏俄的当前命运起决定性的作用。这种巧妙的宣传，应被看成是一项卓越的政治战略。这在很大程度上导致了这次英勇的长征的成功。"

显然，斯诺所强调的这两个理由都是"虚"的。也就是说，它们都是长征的战略上的意义。其第一个理由是心理上的，其第二个理由是战略上的、心理上的意义，有助于把"有可能败坏士气的退却转变为斗志昂扬的胜利进军"。其实际作用，是在转变之后才能够体现出来的。战略上的正确预见，其

---

① 《毛泽东的中国及后毛泽东的中国》，第46~47页。

实际后果，是在很久以后才能够显现出来的。两种理由、两个意义，没有一个是当时的和具体的。

斯诺还指出，长征的这种象征意义，在历史上是空前的。"长征是军事史的一个伟大业绩。……近 300 年来，除了'土尔扈特部的迁徙'外，还没有发生过类似的举国武装大迁徙。与红军长征相比，汉尼拔越过阿尔卑斯山简直不过是假日旅行而已。一个更有趣的对比是拿破仑从莫斯科的败退，当时他的大军被完全击溃和陷于混乱。""从某种意义上说，这次大规模转移是历史上最大的武装宣传旅行。"①

斯诺对长征的分析不一定全对，但他对长征象征意义的挖掘还是给人一些启发。的确，长征是传奇性的，是"史诗"一般的。长征本身蕴藏着巨大的意义。即使在当时，长征就显示出了巨大的象征意义。特别是，联系到近代中国从一个庞大帝国沦落为积贫积弱一盘散沙式的"东亚病夫"这个悲哀的现实，长征的象征意义就更为令人振奋。长征，体现了一种民族精神，特别是在心理上体现了一种民族精神。长征，体现了一种英雄气概。长征，打不垮、拖不烂。长征；坚韧不拔，追求民族的独立自强。长征，塑造了一种民族精神，点燃起了民族的希望。

实际上，从象征的意义上说，民族的灾难越是深重，长征的象征意义就越是巨大。正是在这个意义上，长征胜利结束之后，身在上海的鲁迅和茅盾在致毛泽东的电报中就说，"在你们身上，寄托着人类和中国的将来。"② 而共产国际则把长征评论为"英雄斗争的楷模"。

---

① 《毛泽东自述》，第 103～104 页。
② 《鲁迅书信选》，上卷，人民文学出版社，第 1 页。

毛泽东的诗化语言

　　国民党蒋介石可能认为，消灭了红军的绝大部分力量，把红军毛泽东赶到偏远的西北和荒凉的延安，对付共产党毛泽东的事情就已经差不多了。共产党到了这个地步，国民党基本上可以高枕无忧睡大觉了。他们过分看重长征的实际意义，而轻视了长征的象征意义。或者说，他们根本就没有考虑去"经营"长征的象征意义。

于都。毛泽东在 1934 年 10 月 18 日从此踏上长征的路途。

　　在这个方面，真正用心思苦心"经营"的是共产党毛泽东。而且，共产党毛泽东也是擅长于经营这个"虚"的意义的。他们不但把长征这个有可能败坏士气的退却转化为斗志昂扬的胜利进军，而且，把自己塑造为抗日的英雄和民族的未来与希望。这些似乎有些"虚"，但是，并非是不重要的。相反，它们是决定性的和影响深远的。事实上，正是长征胜利到达陕北，延安成为民族复兴的象征，这一点成为红军与民族抗日的转折点，成为对日和对国民党胜利的起点。这是意味深长的。

关于长征，毛泽东本人的、选入选集的正式评论是非常象征化的。"讲到长征，请问有什么意义呢？我们说，长征是历史纪录上的第一次，长征是宣言书，长征是宣传队，长征是播种机。自从盘古开天地，三皇五帝到如今……。它散布了许多种子在十一个省内，发芽、长叶、开花、结果，将来是会有收获的。总而言之，长征是以我们的胜利、敌人的失败而告结束。"①

毛泽东对长征的这个评论出自《论反对日本帝国主义的策略》一文。但是，毛泽东论长征的这种"诗化"的语言与文风，不但与整个《策略》一文的风格迥异，而且，与毛泽东实事求是的政论文风格也大异其趣。这在《选集》中也是少见的。毛泽东另外一次使用这种"象征手法"是在《星星之火，可以燎原》一文中。在那里，毛泽东在分析了各种各样实际而具体的困难问题之后说，中国的革命高潮"快要"到来了，"它是站在海岸遥望海中已经看得见桅杆尖头了的一只航船，它是立于高山之巅远看东方已见光明四射喷薄欲出了的一轮朝日，它是躁动于母腹中的快要成熟了的一个婴儿。"②

但是，在毛泽东的政论文和《选集》中少见的"诗化语言"与"象征手法"，在毛泽东的诗词中却是比比皆是、一贯如此的。事实上，毛泽东正是以一首《七律·长征》宣告了长征的结束的。这本身就是具有象征性的领导风格。事实上，无论是成功或遭受挫折，几乎在每一次重大行动之后，毛泽东都有他的诗歌创作。实际上，对于毛泽东传奇式的领导实践来

----

① ②《毛泽东选集》第一卷，第 150、106 页。

说，毛泽东的整个诗歌及诗歌创作（包括其诗歌语言），本身就是一种巧妙的和高超的象征。

【跟毛泽东学象征】

象征与形象思维

象征是一种艺术。象征是形象思维的艺术。

学习使用象征，首先是学习形象思维的艺术。

严格地说，形象思维，是一种综合意义上的"思考"，而不是分析意义上的"思维"。形象思维，是心的功能，是右脑的功能。孟子说"心之官则思"。孟子的这个说法不一定完全准确，但是，它从一个方面指出了，"心"是"思考"的器官；这里的"思"，是"思考"意义上的"思"，而不是"思维"意义上的"思"。

形象思维，也就是感性地思考。心是情绪性的。右脑的思维是发散型和艺术型的。心与右脑的功能都是感性的。形象思维正是建立在心的"思考"和右脑的思维的基础上的。学习形象思维，就是要注重开发心与右脑的功能。在这个方面，作为"诗人革命家"，毛泽东的形象思维是高超的。毛泽东的诗词、毛泽东巧妙使用象征、毛泽东讲故事的艺术等等，都是形象思维的表现，也是形象思维的高超形式。在这个方面，跟毛泽东学使用象征，就是学习和提高形象思维艺术水平的一个方面。

在领导工作中，象征和形象思维的重要性在于，领导者必须时刻注意以感性的、形象的和生动的方式方法面对群众。领导者应该有高屋建瓴、高瞻远瞩的高度，有自己的路线方针政策等等。但是，他在面对群众的时候，更应该具有易于为群众

所接受的形式。他必须使用群众的语言，必须使用群众喜闻乐
见的形象，他要使用好象征。在这个方面，即使是毛泽东的政
论文，也是形象的和通俗的。

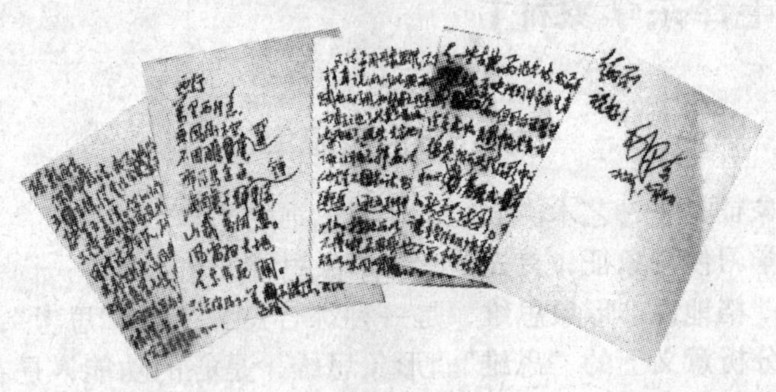

毛泽东很重视形象思维。1965 年 7 月 21 日，毛泽东复信陈
毅，提出诗要用形象思维。

　　使用象征，应该掌握好象征物与所象征的内容之间的关
系。在斯诺登上天安门城楼这个象征中，斯诺是一种象征物。
这个象征物传达了中国向美国发出的关于中美关系的一种信
号，其所象征的是中国希望中美关系的解冻。这两个方面，在
"斯诺作为友好人士站在毛泽东身边"这个形象中结合了起来。
在毛泽东畅游长江这个象征中，畅游长江本身是一种象征物。
它所象征的，是毛泽东的坚定决心、必胜信心和坚强意志。这
两个方面，在"在大风大浪中前进"这个寓意中结合了起来。
　　象征的目的，是使得它容易和便于为有关的各方面所理解
和接受。它的寓意应该是明确的和确定的。在这个方面，毛泽
东之安排斯诺与西哈努克在他的两边，这个象征的寓意就是恰
如其分的。因此，象征的使用，既应该避免"故弄玄虚"，也
应该避免过于直白。太隐晦的象征不可能被理解。太直白的象

征即不成其为象征。

借助象征实现从实践到信念的转化

德国著名社会学家韦伯，在其统治社会学的研究中曾经指出，群众对于领导、被统治者对于统治者的正当性、合法性的信仰，并不是现成的，而是有待于唤起和建立、开发和维持的。唤起和建立、开发和维持对领导权威的合法性、正当性的信仰，有赖于把实践上（例如军事上的或者经济上）的成功转化成为对领导权威的的信赖与支持，或者把实践上的失败与挫折转化成对领导权威的希望，有赖于把模糊的习惯、习俗、情绪、情感等等引导、升华为对领导权威的信仰。

这种唤起和建立、维持和开发对领导权威的合法性、正当性信仰的工作，作为宣传群众、组织群众的一种活动，本身要求要具有巨大的创造力。它要表达出群众所想说、但未能说出的"口号"、"标语"，它提出了群众所想提出但不曾提出的"纲领"、"政策"、"战略"等等。它构成了领导权威的心理渊源。

象征就是实现这种转化的有效方式。长征并不是一种失败，而是战略退却。在这种情况下，特别需要把处于低潮的革命引导向光明的前途。在西北，把延安奠基为革命的大本营，这本身就是一种实际的象征，是从革命低潮向革命高潮转化的象征。

在这个过程中，毛泽东关于长征的一系列讲话，更是充分利用了象征唤起和开发对于革命的信仰和信念的作用，把所遭受的挫折引导向对革命的信仰，把群众的情感和情绪引导向对革命事业的信念。在这个方面，毛泽东在《星星之火，可以燎原》中的讲话，有异曲同工之妙。

由于长征本身的巨大社会历史意义，由于对长征的象征意

义的充分发掘与利用，长征实际上成为了民族精神的象征。在
延安时期，"延安精神"成为了这种精神的核心，宝塔山成为
长征与延安精神的象征，成为追求进步的象征。在这个方面，
真正把长征的象征意义用足，这是毛泽东与共产党的领导艺术
的高明之处。

掌握象征的三个层次

象征，本身是某种深层次的东西的表现和表达。相应于象
征所表达的不同层次，领导艺术中的象征也可以区分为三个不
同的层次。

象征的第一个层次，是表达个人潜意识的领导艺术。

潜意识是情感性质的东西。它往往是不自觉的和难以意识
到的，因此，也是难以表达和表现的。在领导活动中，例如在
协调、激励、思想政治工作和处理人际关系问题等中，其所面
对的浅层次的东西是那些理性和意识的东西。但是，真正的、
深层次的问题并不是意识和理性，而是人的潜意识和情感问
题。因此，情感取向的领导活动，特别是那些真正赋予情感象
征的东西，对于关系和关怀取向的领导活动就具有了恰如其分
的、不可替代的作用和意义。

象征的第二个层次，是表达集体意识的领导艺术。

单个人是有意识的和理性的。但是，许多个人集合在一起
所形成的意识并不是单个人的意识的简单的总和，而是形成了
一种新的意识——集体意识。这种集体意识具有强烈的情感特
征而不是理智特征。在这里，最好地体现集体意识的，并不是
那些"实实在在"的方式方法，而是那些"虚虚实实"的方式
方法。其中，象征是一个关键。这里，集体意识的话语，不仅
仅是"表现"，更是"表达"；不仅仅是"晓之以理"，更是

"动之以情"；不仅仅是"说理"，更是"响应"。这里，适用的不是"领导科学"，而是"领导艺术"。

在长征的象征中，长征本身和它的领袖毛泽东恰如其分地表达了中国人民的困惑与愿望。近现代以来，中国从一个强大的帝国衰落为积贫积弱一盘散沙的"东亚病夫"。它们寻求独立、自强与解放的努力屡屡受挫。而长征则以实际行动和它所蕴含的精神，表达了这种心愿。长征还不是这一心愿的实现。但是，长征至少为这一心愿的实现提供了一种象征性的解决办法，并且为这一心愿的实现提供了一种现实的可能性。长征给中国人民一个巨大的鼓舞。正是在这个意义上，长征受到了善良的中国人民的普遍关注并赢得了他们真心诚意的欢呼。

象征的第三个层次，是表达所谓集体无意识的领导艺术。

集体意识的成分还是一半是意识，一半是潜意识。但是，集体无意识的成分则可以说全然是无意识的。集体无意识不仅仅是盲目冲动的，而更是一种本能。在这个层面上，表现、晓之以理和所谓逻辑的力量是非常非常苍白的，也可以说是完全失效的。甚至于，集体无意识也已经不是一个需要表达或者动之以情的问题，而是一个是否可以、是否被允许以及如何"实现"的问题。这里，实现的关键是转化和升华。实现的方式方法，即使不是唯一的也是最重要的，是而且只能是象征。

面对这种集体无意识，使用象征和领导艺术，首先有一个引导的问题。驾驭和处理集体无意识的方式方法只能是引导，而既不能是纯粹的压抑，也不能是完全的放任。但是，最为根本的还是对集体无意识的转化和升华。对集体无意识的转化和升华，已经涉及到文化问题。事实上，我们可以看到，得到巧妙转化和升华的集体无意识，恰好构成了那些我们称之为传统文化的东西。

　　本能的盲目冲动如果转化不好，升华不了，所造成的就只能是集体无意识的破坏性冲动。例如，法国大革命的后期、我国的"文化大革命"都是典型前例。这种转化和升华，需要巨大的历史的与人格的创造性。这里，无论是引导，还是转化和升华，需要的是巧妙的象征，需要的是高超的领导艺术。从历史上看，很少领导者能够达到这样的高度。在我国历史上，虽然出现了象"文化大革命"那样的悲剧，但是，能够在集体无意识的层面上巧妙使用象征，达到改造一代人的心理与思想状态、塑造新的文化与人格的高度，毛泽东的领导艺术还是十分罕见的。

象征的两种片面倾向

　　一种倾向是，没有深沉的内容，单纯追求形式的华丽与夸张，结果，象征变成为一种滑稽。在戏剧中（例如在卓别林的电影戏剧中），滑稽是一种有效的艺术形式。但是，在实际的领导活动中，这种华丽与夸张只能招致失败。缺乏内容的象征是可笑的。

　　另一种倾向是，只有深沉的内容而缺乏恰当的表达形式，结果，深沉的内容变成为一种沉重的负担。深沉的内容，不但不为群众所理解，甚至也不为干部同事所接受。在实际的领导活动中，许多领导者"高明"而不能"中庸"，他的主张、他的路线方针政策等等实际上是正确的，但是，没有人理解，没有人理彩，也没有人理会，结果，只能是付诸东流，束之高阁。这种领导者"高明"但不"极高明"。因为，他没有给高明的东西以中庸的形式，没有采取群众的语言，没有找到群众易于接受的形式。真正的"极高明"，只能是"道中庸"。缺乏形式的深刻性是苦涩的。

跟毛泽东学开会

> 在党的历史上，有许多毛泽东直接主持和参与的会议：党的一大、八七会议、古田会议、遵义会议、毛儿盖会议、瓦窑堡会议、党的七大、七届二中全会、党的八大，这些会议的召开与成就，无不反映出毛泽东杰出的领导艺术……

【领导与开会】

什么是会议？从字义上说，"会"即聚会，"议"即商议、讨论和研究。所谓会议，就是领导者为了一定的目的，把被领导者组织起来讨论、研究问题的一种社会活动方式和领导方式。

召集和出席会议，是领导活动的重要内容。有效的会议，有着它一系列不可取代的作用。

会议是实施领导的重要工具。领导者要实现其目的，总要通过会议来制定相应的发展战略和决策，明确工作目标及其实施的相应步骤和措施，部署工作，展示决策意图。

会议是集思广益的重要场所。通过会议，一方面，在对重大问题的探索中，与会者充分发表意见，提出问题及其解决的办法或方案，就会使问题更加明确和集中，从而抓住主要矛盾，形成科学的决策；另一方面，在对某一领域的现象、问题进行全面、深入、科学的讨论中，可以获得对其规律性的认识，从而及时正确地制定相应的解决办法和对策。

会议具有协调与统一思想的作用。与会者通过在会议上充分交换意见，互通情况，阐述见解，交流感情，既达到工作情况的沟通，又达到彼此间感情的沟通，从而消除原有的误解、隔阂和纠纷，形成一种共同的见解、价值观念和行动指南，使人际关系更加密切和融洽，统一大家的思想和行动。

会议具有学习、宣传与表彰作用。会议是学习的场所，通过会议可以发现与会者的优点、长处，从思维方式、工作方法等方面向他人学习。会议又是介绍经验、表扬和奖励先进的重要场所，通过对先进的宣传、表彰，可以激励先进，激发人们的荣誉感和上进心，在一定范围内形成良好的风气。

会议具有考核与发现人才作用。在有些会议中，通过对领导者的质询，可以考核他们履行职责的基本情况和政绩的优劣。在不少会议上，与会者所说问题、所说看法、所提方案，可以充分反映出其立场、观点、水平和才华，从而可以及时发现和选拔人才。

会议具有约束作用。会议决定一经作出，即具有一定的权威性、约束力，即使有不同意见也要服从，否则，违反了会议决定，就要受到相应的处罚。同时，因与会者参与了会议决定形成的全过程，无形中也就提高了本人的责任感和执行决定的自觉性，因而对每个与会者会产生一种约束力。

【毛泽东是如何主持会议的】

> 两河口会议、沙窝会议、毛儿盖会议、俄
> 界会议——长征途中解决张国焘问题的高超斗
> 争艺术。

遵义会议以后，红军面临着如何摆脱几十万敌军围追堵截的严重问题。此时红军内部发生了以红四方面军领导张国焘分裂党、分裂红军的重大斗争，毛泽东直接倡议和支持召开的两河口会议、沙窝会议、毛儿盖会议、俄界会议等连续四个会议，成为毛泽东为首的党中央胜利粉碎张国焘分裂党与红军阴谋的重要会议，也成为毛泽东高超的开会艺术的光辉典范。

遵义会议后，已担任中央三大军事领导小组长的毛泽东亲自率领中央红军进行四渡赤水之战，有效地歼灭了敌人，保存了自己，胜利地实现了北渡长江的战略计划。1935 年 6 月，中央红军渡过大渡河，翻越了夹金山，与红四方面军胜利会师。

在中央红军长征期间，川陕根据地的红四方面军曾经取得粉碎敌人六路围攻的胜利，根据地得到恢复和发展。但在红四方面军进行陕南战役时，四川各路军阀向川陕根据地发动了进攻。在敌人的大举进攻面前，张国焘悲观地认为根据地难于应付敌人的进攻，因此擅自放弃了川陕根据地，向西退却。5 月 18 日，在茂州成立了中共西北特区委员会，俨如中央组织，还成立了西北联邦政府，并以此名义通电全国、全世界，造成权威，与中央对抗。因此，当一、四方面军在懋功会合以后，

党中央和张国焘首先就在战略方针问题上发生了尖锐的斗争。

为了统一战略方针，开创陕甘革命根据地，克服张国焘的阻挠，中央政治局于 1935 年 6 月 26 日在两河口召开了会议，即著名的"两河口会议"。

会议由毛泽东主持，周恩来代表中共中央和中央军委作报告，着重讲了战略方针、战略行动和战争指挥问题。报告完毕，会议进行讨论。毛泽东、朱德、彭德怀、邓小平等先后发言，一致批评张国焘的"南打成都、向川康发展"的战略方针。最后通过了由张闻天起草的中央政治局决定。

在毛泽东主持下，两河口会议正确分析了一、四方面军会合后的新形势，明确地提出了北上建立川陕甘革命根据地的战略方针，为实现我党我军北上抗日和领导全国抗日运动的伟大战略目的奠定了基础。

1935 年 6 月 29 日，中央军委和毛泽东根据两河口会议决定，率领红军自懋功一带北上，翻越了大雪山，到达毛儿盖地区。但张国焘拒不执行计划，借口"统一指挥"和"组织问题"未解决，故意延宕四方面军行动。同时，在四方面军歪曲中央路线，破坏中央威信，挑拨一、四方面军关系。7 月 18 日，又指使红四方面军政委陈昌浩致电党中央，建议由张国焘任军委主席，要挟党中央。

为了明确当时的形势与任务，并解决由于张国焘破坏松潘战役计划而造成的危局，由毛泽东提议，中央政治局于 1935 年 8 月 6 日在毛儿盖附近的沙窝，再次召开了会议，即"沙窝会议"。

会议召开之前，政治局于 8 月 5 日草拟好了决议案。第二天，会议开始以后，首先由张闻天就《关于一、四方面军会合后形势与任务》的决议草案作了报告，接着大家进行讨论。绝大多数发言同意决议案中对张国焘的错误所进行的批判，最后，会议通过了决议案，并责成常委对决议案作最后的修改和补充。

决议针对张国焘反党和破坏红军团结的活动，强调必须"加强党的绝对领导，提高党中央在红军中的威信"；决议针对张国焘的右倾退却逃跑错误，强调"必须在部队中坚决反对各种右倾机会主义的动摇"，迫使张国焘不得不表示同意继续北上。

沙窝会议对提高红军广大指战员的思想觉悟，团结四方面军共同北上抗日，起了积极的作用。

沙窝会议以后，张国焘回到毛儿盖召开四方面军军以上干部会议，又提出逃跑主义的错误主张，并单独率领部队出阿坝，以延宕北进的实现。为克服张国焘的阻挠，实现北上抗日的战略方针，中央政治局于 1935 年 8 月 20 日在毛儿盖再次召开会议，详细分析了敌我双方的情况，对中央政治局两河口会议的决定又作了具体的补充。

会议由毛泽东作关于夏洮战役计划的报告，然后围绕毛泽东的报告展开讨论。最后由毛泽东起草一个决议，以补充 6 月 28 日中央政治局两河口会议通过的《关于一、四方面军会合后战略方针的决定》，即《关于目前战略方针之补充决定》。

毛儿盖会议是两河口会议的继续和深入。这次会议对提高红军广大指战员对北上路线的认识，克服张国焘的阻挠，确保北上抗日战略方针的实现，起了重大作用。

毛儿盖会议后，由沙窝会议所决定的红军分为左、右路军共同北上的部队出现重大分岐，由党中央、毛泽东直接率领的右路军排除万难，在草地行进 7 天，到达四川省的班佑一带进行休整，等待左路军会合，然后继续北上抗日。但是张国焘率领的左路军到达阿坝后，借口天气原因按兵不动。并且召开会议，作出所谓《阿坝会议决议》，污蔑党中央坚持北上抗日的正确路线为"右倾机会的逃跑路线"，是"破坏红军的指挥系统"，"破坏主力红军的团结"。而把自己的向南逃跑路线美化为"进攻路线"。同时大肆围攻、迫害、杀害左路军内拥护中央正确路线的干部。

为解决张国焘阻谋分裂红军所造成的危局，9 月 12 日，又是在毛泽东的提议下，党中央在四川省俄界召开了中央政治局紧急扩大会议。

这次会议着重讨论了今后的行动方针问题。会上点名批判了张国焘的右倾分裂主义，揭发了张国焘反党、分裂红军、反对北上抗日方针、退却逃跑和军阀主义等大量错误事实。多数同志提出要给张国焘作组织结论，开除其党籍。

在这次会上毛泽东表现出了高超的斗争艺术。他在报告中指出，我们与张国焘的斗争，目前还是党内的斗争，组织结论是必要的，但不能现在就作，因为它关系到团结和争取整个四方面军的干部，也关系到一方面军在他那里的很多干部的安全，我们应尽一切可能争取四方面军北上。

大会一致同意毛泽东的报告，正式作出了《关于张国焘同志的错误的决定》。

俄界会议从实际出发，实事求是地分析了形势，及时地改变了战略行动方针，比较系统地指名批判了张国焘的反对党中央、退却逃跑、军阀主义等大量错误事实，并指出了他犯右倾机会主义错误的历史根源，表明了党的原则立场。因此，俄界会议也是毛泽东主持召开的红军长征途中的一次重要会议。

红军长征途中召开过多次会议，但以上四次会议都是在毛泽东直接提议、主持和参与下召开的。四次会议集中解决了张国焘的右倾机会主义错误问题，从而挽救了党、挽救了红军。因而这是在党的历史上毛泽东运用会议解决党内、军内重大矛盾与危机的成功范例，毛泽东在这四次会议中体现的卓越的党内斗争艺术和领导艺术，是值得后人学习的。

成都会议——"谁要念稿子，我就打磕睡，以示反对"。

1958年的成都会议，从3月8日至26日整整开了18天。这是一个在毛泽东直接主持下，破除迷信，解放思想的会议。会议开得生动活泼，即务虚，又务实，以虚带实，虚实结合，集思广益，群策群力，产生了30多个文件，对50年代末期全党全国的工作产生了重大影响。

毛泽东在党的会议上。

这次会议上，多数省市自治区党委第一书记在会上向毛泽东作了或长或短的口头汇报。毛泽东开会和听汇报有一个特点，就是最不喜欢汇报人念稿子。他说，谁要念稿子，我就打磕睡，以示反对。他最喜欢听那种开门见山，反映新情况，提出新问题，发表新见解，有虚有实，以虚带实的汇报，每遇到这样的汇报，他总是十分关注，并不断插话。对汇报中反映来自群众的新生事物，他总是热情赞扬和支持，并加以分析概括，使之上升到理性认识，以引起大家的重视。对汇报中反映群众的民歌式的语言，他总是要一字一句地问清楚，然后记在自己的笔记本上。对汇报中某些事实不够准确，观点也不够正确的情况，他很敏感，但并不是板起面孔严肃批评，而是轻松地给以启示和引导，有时谈些幽默的话逗得大家发笑。对汇报中提出的新问题、新观点，如个别人或少数人有不同的看法，毛泽东总是采取保护的态度，使他们敢于坚持自己的看法，这就是他常说的要设置对立面，使真理愈辩愈明。所以每个汇报人没有怕说错话，怕挨批评的顾虑，而是畅所欲言、抛砖引玉，希望能多听听毛泽东的宏论和教诲。对于新问题、新观点、毛泽东总是以高屋建瓴、势如破竹的风格，借题发挥，大发议论，谈笑风生，古今中外，无不涉猎。使人感到自己的思想境界跟着他的宏论而拓宽了、提高了。使与会者感到每次开会、汇报的过程，就是一个提出问题，讨论问题，解决问题的生动活泼、高潮迭起的过程；使每一位领导同志都深深感受到毛泽东主持会议，开好会议的精湛的领导艺术和独到的领导风格。

成都会议期间山西省委书记陶鲁笳向毛泽东汇报中说：山西同北京商量，为了解决工农业和城市缺水问题，山西和北京人民有一个雄心壮志，想从内蒙的清水河县岔河口引黄河水的200个流量，100个流量经桑干河流入官厅水库，100个流量入汾河。科技人员经过勘察，已提出了初步设想。

毛泽东听了以后凝思片刻，表示同意。他说，我们不能只骂黄河百害，要改造它，利用它。其实黄河很有用，是一条天生的引水渠。他还谈笑风生地说，你们的设想，算什么雄心壮志？不过是继承古人的遗志而已。你们查查班固《汉书·沟洫志》，汉武帝时就有一个人建议从包头附近引黄河水经过北京，东注之海。他接着说，可以设想，引用黄河水，把桑干河修成一条运河。使轮船可以开到北京；也可以设想，把山西的汾河也变成一条运河；还可以设想，用黄河的水在内蒙古改造沙漠，那才叫雄心壮志！

陶鲁笳接着汇报说，山西十年九旱，金木水火土，就是缺水。如果解决了缺水问题，旱涝都不怕，山西和四川一样就成为"天府之国"了。我们也设想过，引黄入汾，使汾河不但可以保证太原的用水，而且可以有灌溉之利，舟楫之便。

陶鲁笳说到这里，毛泽东问他。你们山西有个闻喜县，你知道为什么叫闻喜？陶说不知道，毛泽东说，汉武帝乘船到了这里，正好传来在南越（现在的越南）打了大胜仗的捷报，汉武帝就给这地方起名为闻喜。汉武帝那时就能坐船在汾河上行驶，可见当时汾河水量很大。现在汾河水干了，我们愧对晋民呀！山西出煤，开煤矿发电都得用水，山西现在缺水，黄河流经山西1000多公里，应该对山西有所贡献，引黄入汾是理所当然的。

在1958年1月的南宁会议上，毛泽东在谈到开会问题时就说，我们要纠正现在中央和省委主要领导干部在搞文件、写文章、讲话时的缺点，这也是一个主要的工作方法问题。他说，无论是搞文件、写文章和讲话，都要做到材料和观点的统一。材料和观点互不联系是最坏的方法。有的人只讲材料，但无观点，不好。有的人只讲材料，不讲观点则更坏。材料是说明观点的。反对什么，主张什么，要旗帜鲜明。说明问题只需要一个两个典型材料，噜噜嗦嗦一大堆材料压死人。一个人研究问题要掌握丰富的材料。但在会上发言只需要典型材料，解剖一两个麻雀就行了。开会用的材料和大著作用的材料要有区别。

南宁会议，成都会议，武昌会议，郑州会议，上海会议，北戴河会议……几乎每次毛泽东主持与参加的党的高级会议，他都有许许多多精辟的见解和深刻的教诲，都使参加会议的每一个代表受到很大的教育，也极大地表现和丰富了毛泽东高超的开会艺术和领导艺术。

【领导者怎样开好会议】

在领导工作中，利用开会的方式进行互通信息、安排协调、研究问题、咨询、决策等工作是经常性的，也是领导者十分重要的工作手段。这方面通常存在的问题，一是不少单位会议太多，大小事都要开会，好象不开会就不能解决问题似的，于是出现了"会海"。其次，许多会议太长，大小事一扯就是半天，甚至几天。在会议上，有的说闲话，有的打瞌睡，有的看报纸，出现了"马拉松"式的效率很低的会议。第三，不少会议质量太差，发言的不少，但是洋洋万言，离题千里，于事无益；材料不少，但是说明不了什么问题；或者议而不决，决而不行，于是出现了不解决问题的会。诸如此类的会议泛滥成灾，不但劳民伤财，而且助长官僚主义。为什么会造成这种情况呢？重要原因之一是领导者缺乏有效地运用会议的艺术。

要提高会议效益，领导者必须遵循一定的准则，这就是"五不开"：

不开没有明确议题的会。不开有许多议题的会。不开无准备的会。不开可开可不开的会。

为了保证把会开好，领导还必须做到"六不要"：

不要做离题的发言。不要做重复性的发言。不要无关的人参加。不要议而不决。不要推迟或延长开会时间。不要讲"没准备"的话。

领导者应掌握开会的六个环节：

一是要善于启发与会者发表意见。二是要善于归纳建设性的意见。三是要善于决断、拍板。四是要善于发现少数人的正确意见。五是要重视会议信息。六是要组织落实决议。

跟毛泽东学演讲

> 　　眼睛可以容纳一个美丽的世界，而嘴巴则能描绘一个精彩的世界。在所有的领导活动中，领导演讲是不可缺少的主要内容。演讲是领导者开展工作的重要方法。毛泽东的成功固然有很多原因，但他善于演讲，以此达到宣传群众、动员群众的目的是其中主要的原因……

【领导与演讲】

　　"眼睛可以容纳一个美丽的世界，而嘴巴则能描绘一个精彩的世界"。古今中外的杰出人物无一不是语言大师、演讲大师。诸葛亮凭三寸不烂之舌迎战江东群儒，达到了联吴抗曹的目的；马克思、恩格斯通过精美的语言，表达了深邃的思想，为无产阶级革命运动提供了理论基础。

　　的确，高超的语言艺术魅力非凡。我国古代就有"口能言之，身能行之，国宝之也”的说法，欧美发达国家也把“舌头、金钱、电脑”并列为三大法宝，无论古代还是现代，“能言”都被视为“栋梁”的一个基本条件。作为身负领导重任的人，更深感自己从事的工作与谈话演讲不可分。领导干部上任伊始，一次充满激情的就职演说，会在群众中留下深刻而良好的第一印象，而这第一印象又往往成为人们认识自己的起点；领导干部布置工作，晓之以理，动之以情的言辞，可以振奋士气，鼓舞人心，使之为实现某一目标而奋发向前；领导干部情景交融的思想工作，可以及时消除群众的困惑或疑虑，让群众看清目标，看到希望，在所有的领导活动中，领导演说无疑是不可缺少的重要内容，是领导者开展工作的重要方法。培养演讲和谈话技能，争取成为一个出色的演讲家，是领导艺术的重要内容。

领导演讲，简言之，就是领导者面对群众讲话。与一般演说相同，领导演讲亦由演说主体（演说人）、客体（听众）、时境（特定时间和环境）三个基本要素构成。所不同的是，领导演说的主体始终为领导者，主客体之间始终是领导与被领导的关系，其演说目的，始终在于发挥领导的影响力并以此引导群众的行为。领导演说艺术，则是领导演说的较高境界，它是领导者在特定时间和环境中，充分运用有声语言和态势语言艺术，向群众发表见解、阐述主张，激励和感召群众为完成预定领导目标而协同努力的一种领导活动。

自从人类社会出现了单个人面向公众发表意见的语言交流形式，演说便以其独特的语言效果促进着人们的思想沟通。而领导者之所以与演说艺术结下不解之缘，则是由于运用这一艺术对领导活动具有极为重要的作用之故。

不可否认，领导事业的创造有赖于领导者借助多种领导艺术。然而纵观古今，任何成功的领导都不能离开领导演说的成功。公元前 13 世纪，中国商代帝王盘庚为了动员臣民迁都于殷，用的是三次动人心魄的演说；为共讨波斯，公元前 380 年雅典王苏格拉底同样以激昂的演说促成全希腊城行动。时值当今世界，竞选演说、就职演说、时事演说等等，几乎所有领域不同层次的领导者，无一不注重借用演说艺术施展领导才能而达到领导目的。

领导演说艺术可使领导者充分阐明主张。每一社会组织都有其自身的行为目的，贯彻上级精神、制定发展战略、完成工作任务等。领导者依据组织使命，产生和提出以一定社会经济制度为背景的领导思想和主张。显然，使组织全体成员接受领导者意图、思想、主张，仅靠组织中书面语言或个别交谈是不够的，还需要依赖于领导演说。领导演说是一个公众活动，它为领导者提供了面对众多下属表述自己思想观点的基本途径。特别是组织中常常出现种种不同意见和对立观点，在这种情况下，高明的领导者常常能以演说人的特殊身份与群众坦言相见，表明态度，澄清是非，赢得认同，促进群众思想认识的一致。

领导演说艺术可为领导者树立良好形象起到强化凝聚力的作用。良好的公众形象是领导者凝聚力产生的前提。演说中领导者不仅思想能够充分表达，而且其学识、气度、情感和风采也可完全显现于被领导者面前。它可以打破领导神秘感，消除领导者与群众的心理隔阂，使领导者的思想感情、内在气质和外部表现在群众心目中获得统一。正是由于领导演说艺术能够给群众一个可亲近可信赖的领导者形象，才使组织中的凝聚力有了源泉。如当毛泽东站立在天安门城楼向全世界庄严宣告"中国人民从此站起来了"的时候，那震撼人心的气势，全部溶铸成亿万人心中的一个形象：领袖毛泽东！——这就是凝聚力，这就是源泉！

【跟毛泽东学演讲】

毛泽东既是革命家、战略家、理论家，也是一位现实主义与浪漫主义相结合的宣传鼓动家。青年时代的毛泽东就十分重视演讲。第一师范的最后一年，同学们在敦品、胆识、口才和文章等几方面把毛泽东作为学校的楷模。而且"敦品""言语"单项票数第一。"五·四"运动前后，毛泽东奔走呼号，在各种社会活动和革命斗争中无数次发表演讲，在组织学生爱国活动中，毛泽东尤其重视演讲，宣传革命道理。延安时期，他不停地写文章，在会议上不断地发表演讲，在《反对党八股》的演讲中，多次把做演说和写文章相提并论。建国以后，他仍然重视用演讲部署指导全国的各项工作。在长期的革命实践中，毛泽东以其丰富阅历、文武全才、理论思维和领袖地位等各种优势，使自己成为一位伟大的演讲家。

毛泽东的演讲，是毛泽东思想完整体系中的内容之一，是十分宝贵的思想文化遗产，我们应从哪些方面学习毛泽东同志的演讲技术与艺术呢？

宣传鼓动重于指派命令

毛泽东十分重视革命队伍中的宣传鼓动工作。古田会议后的 1930 年夏天，毛泽东在红四军干部会上作报告，就宣传鼓动工作的重要性发表了生动深刻的见解。他认为宣传鼓动重于指派命令。在讲这个问题时，他巧妙地引用了三国时期黄忠老将大败夏侯渊的故事。他说，黄忠本来年迈体衰，很难取胜夏侯渊。可是，智谋绝伦的诸葛亮使用了"激将法"，把黄忠的勇气鼓动起来了，于是黄忠立下军令状：如不杀夏侯渊于马下，则甘受军法。最后黄忠果然杀了夏侯渊。讲完这段故事，毛泽东回到眼前的现实。他乘兴说到：我们的战士是有高度阶级觉悟的，我们用不着使用"激将法"，但是，我们要学习诸葛亮关于做宣传鼓动工作，用宣传鼓动提高战士的阶级觉悟，启发大家的革命英雄主义，把道理讲清，意义讲明，我们广大战士就可以排除万难勇往直前。

在革命战争年代，毛泽东带头做宣传鼓动工作。他的演讲，十分突出的特点是富于鼓动性和激励性，说服力强，感染力强，让人明白，发人深思；令人信服，受人赞同，得人拥护，使人振奋，催人行动。秋收起义遭受挫折后，毛泽东冷静分析形势，将部队带到文家市，准备上井冈山搞农村割据，不少同志情绪低沉，对革命的前途失去信心。毛泽东召集部队讲话，他带着自信的微笑和坚定的手势，讲道：敌人只是在我们的后面放冷枪，这没有什么了不起。贺龙两把菜刀起家，现在当军长，带了一军人，我们现成不只是两把菜刀，我们有两营人，还怕干不起来吗？你们都是起义出来的，一个可以当敌人十个，十个可以当他一百个。我们现在有这样八百人的部队，还怕什么？没有挫折和失败，就不会有成功。他的话深深鼓舞着大家。战士们在他的带领下，经过三湾改编，向井冈山进发，从此成了中国工农红军崛起的新起点。

爱憎分明，尖锐泼辣

毛泽东是一位无畏的战士。斗争的风云伴他度过了不平凡的一生。在紧张激烈的斗争中求生存，求发展，求价值，求创新，是毛泽东的一贯的人生观。他的演讲显示了他那"舍得一身剐，敢把皇帝拉下马”的挑战人格，充满着斗争的活力。

毛泽东说过“我和鲁迅的思想是相通的”。1937 年他《在鲁迅逝世周年大会上的演说》中，说鲁迅“是一支独立支持的大树，不是向两旁偏倒的小草。他看清了政治的方向，就向着一个目标奋勇地斗争下去，决不中途妥协。”毛泽东的演讲宣传和提倡斗争哲学，并在多次演讲中树立鲁迅战斗精神的榜样。

毛泽东在延安给干部作报告。

在与国民党的政治斗争中，毛泽东用他幽默的讽刺语言，来打击敌人的嚣张气焰，表现出革命的乐观主义精神。1945 年国共谈判期间，毛泽东应邀对文艺界人士作演讲，演讲结束后，有人问毛泽东：“假如谈判失败，国共全面开战，毛先生有没有信心战胜蒋介石？”毛泽东回答说：“国共两党的的矛盾代表着两种不同利益的矛盾，至于我和蒋先生嘛……蒋先生的‘蒋’字是将军头上加棵草，他不过是一个草头将军而已。”说完便发出豪迈的笑声。“那毛——？”不等那人问完，毛泽东就说：“我的毛字不是毛手毛脚的‘毛’字，而是一个反‘手’，意思中代表大多数中国人民利益的共产党，要战胜代表少数人利益的国民党，易如反掌”。语言揶揄嘲讽，幽默中闪耀着真理的光辉，充满战无不胜的革命信念。

全面地认识宣传对象

在毛泽东看来，如果真想做宣传，就要看对象，就要想一想自己的文章、演说、谈话、写字是给什么人看，给什么人听的。否则就等于下决心不让人看，不让人听。射箭要看靶子，弹琴要看听众，写文章做演说倒可以不看读者不看听众吗？他认为对宣传对象主要应了解三方面的内容：其一是对象的情绪状态。情绪是影响演讲效果的重要因素。了解了对象的情绪，才能使宣传"切合群众的情绪"，从而实现宣传者与对象情感的共鸣。其二是对象的知识能力。毛泽东认为，群众的知识能力是制约其接受外来宣传信息的另一要素。一般来说，有知识，能力强的宣传对象，比较喜欢理性的说服、典雅的文句、深刻的分析和广博的引证。相反地，文化水平低的对象，则喜欢情绪的鼓动、浅显的比喻、通俗的文字。一切宣传活动都应以对象为转移，适应不同对象的知识能力而有所变化。其三是对象的现实需要。宣传要达到目的，其内容须能满足对象的现实需要。对象的需要有物质和精神两个层面。物质需要关联到对象的衣食住行，精神需要则关系到对象的自尊、交际心理和娱乐文化生活。凡是与对象需要相关，并能给予满足的宣传内容，就能打动对象的心弦；反之则无异于隔靴搔痒。

对于不同的宣传对象来说，宣传家必须使宣传内容切合群众的斗争情绪或者说能准确地表现多种群众情绪。只有这样，才能实现宣传者与宣传对象的情感共鸣，提高群众的斗争情绪，鼓舞人民的士气。这一观点与历史上其他著名的宣传家，如列宁、梁启超是不谋而合的。

提纲挈领，化繁为简。

人们说毛泽东是语言大师，大学教授听他讲话感到富有哲理，不觉枯燥，劳苦大众听他讲话，再深奥的道理，也不觉得晦涩难懂。提纲挈领，化繁为简，这是毛泽东演讲的一大特点。他作演讲，很会"抓"人心，不仅风趣幽默，生动形象，而且简明扼要，提纲挈领，通俗易懂。

国内战争时期，部队主要成份是不识字的农民，毛泽东在向红军战士作演说、讲道理时，特别注意语言简练明了。不仅擅长用生动形象的事例来打比方，用一般人所熟悉和明白的小道理来阐述革命的大道理，寓大于小，小中见大，使人明白易懂，而且还善于将复杂的道理简明化，三言两语讲清楚，让人易懂易记。有一次，毛泽东给战士们演讲，做政治思想动员工作。讲到革命道理，他挥动那双有力的大手，风趣地说道：红军是革命的队伍，红军战士，要懂得革命道理。革命的道理很多，马克思、恩格斯、列宁写了很多书，我们一下子讲不了那么多，我现在只讲"二三四"三个字的道理，要求大家记住。战士们感到很新鲜，恨不得马上知道这三个字的含义。毛泽东说，"二"是指两种战争，古今中外，战争不断，打来打去只有两种，一种是正义的，一种是非正义的。无产阶级打资产阶级，共产党打国民党，被压迫的民族反对帝国主义的战争，都是正义的战争。军阀混战，帝国主义之间的战争，帝国主义压迫殖民地人民的战争，都是非正义的战争。我们共产党人就是要用正义战争反对非正义的反革命战争；"三"字是三大纪律，我们是革命的军队，没有纪律是不行的，没有纪律就不能统一行动，不能搞好革命工作，不能打胜仗。我们是工人、农民的队伍，不能侵犯工农利益，哪怕是一个小小的鸡蛋和一个红薯，也不能拿；"四"字是指革命军队除了打仗消灭敌人外，到一个地方还要做好四件事：第一，打土豪分田地，建立农民协会，就能广泛地发动农民群众，把农民团结起来；第二，建立赤卫队、暴动队、游击队，有了地方革命武装，农民协会才能巩固，主力红军才有后备军；第三建立苏维埃政府，群众发动了，地方大了，就要建立革命政权，和国民政府对立起来，宁冈老百姓的话，"我"叫做"埃"。他们认为苏维埃政府很好，就叫"埃政府"，意思是"我们的政府"；第四，建立共产党组织，领导农民协会、游击队和政府。我们分兵发动群众，就要做好这四件事。

在这里，毛泽东运用通俗的语言和化繁为简的艺术，把复杂的革命道理提纲挈领为"二、三、四"三个字，这样简洁易记，通俗易懂，使红军战士很快懂得了为什么要打仗，为谁而打仗的深刻道理。

1920 年，毛泽东领导发动工人运动，在给夜校的工人上课时，巧用笔画解释革命道理。一次，他在黑板上写了"工人"两个大字，然后对大家说："好些工友埋怨自己命苦，说工人没出息，一世也出不了头。其实，工人力量最大，最有出息！"短短两句话，一下子就把这些工人吸引住了。接着，毛泽东用手指着黑板说："大家不是说'天'最大么？你们看，'工''人'两字连一起，不就是个'天'字吗？工人不是没有出息，而是大有出息。只要团结起来，力量就会象天一样大。"毛泽东这一深入浅出的比喻，启发和鼓舞了工人，使他们认识到了自己的力量。

充满哲理，生动风趣。

对文化人士说服教育，毛泽东主要运用引经据典、透彻的说理分析和强大的逻辑力量，进而得出无懈可击的令人信服的科学结论。

　　中国革命斗争要取得胜利，必须要有正确的路线和政策，这是每个革命者都明了的基本道理。然而什么是正确的路线和政策呢？在井冈山斗争和中央苏区时，不仅刚入伍的年轻战士不懂，就连不少老战士甚至有的干部也不明白。他们只懂得要革命，但不知道怎么革法，依靠什么来保证革命成功。为了使广大干部和战士懂这个道理，毛泽东引用了一个家喻户晓的民间故事作比喻，来说明路线是什么及其它的重要性，使在当时看来十分深奥复杂的道理一目了然。毛泽东诙谐地说，张果老下华山，去蓬莱朝圣，这个人不是凡人，是个仙家，所以，他骑毛驴和我们不同，是倒骑。走着走着，遇到仙人吕洞宾，问张果老去何处？张说去蓬莱。吕洞宾惊诧地问：蓬莱在东，你骑毛驴向西，怎么能到？张果老生气了，认为自己有理，反驳道：我的脸是朝东方蓬莱的！毛泽东讲完故事，接着说道：想要革命的人，如果路线方向不对，革命还是不能胜利的，张果老虽面朝蓬莱，但路走错，永远也到不了。当年听毛泽东讲话的许多人至今对此还记忆犹新。

　　还是在闽西，有人对前途悲观失望，提出"红旗到底能够打多久"的疑问。毛泽东不是用什么社会发展规律的一般道理去解决，而是只用了"星星之火，可以燎原"八个字，形象、通俗而又富有哲理地回答了这个问题。抗战前夕，通信兵队伍不够稳定，许多人老想上前线，毛泽东讲了一个"鲁班石"的故事，就解决了通信兵们的思想问题。他对同志们说：很久以前，有条河上要修座石桥，招聘了不少能工巧匠，辛辛苦苦干了许多天，桥身修好了，只是桥洞的脊梁处还缺少一块坚固合适的石头嵌进去，没有这块石头，桥就砌不成，石匠跋山涉水，找到了这块石头，石桥终于砌成了。相传这块石头是鲁班路经此地，得知缺少一石，偷偷按尺码凿好后丢下的，从此人们给这块石头起名叫"鲁班石"。

毛泽东说，红军今后要大发展，这里要点火种，那里要点火种，一块块被分割的根据地，要靠通信兵从空中架桥连接，你们想想，你们不是红军中的鲁班石吗？从此以后，通信兵们常用"要做革命的'鲁班石'"来鞭策自己，为党多做工作。

延安时期，毛泽东常常到抗大去讲课，抗大的学员，有跟随他南征北战的老战士，也有刚刚从敌占区、蒋管区来到延安的青年学生，有工人、农民、也有高级知识分子，学员们的思

1941 年 11 月，毛泽东在陕甘宁边区第二届参议会上发表演说。

想基础、觉悟程度、文化水平参差不齐，毛泽东讲哲学，却能吸引着每一个人，他把理论紧密联系实际，观点明确，重点突出，深入浅出，生动活泼，形象具体。比如：毛泽东讲《矛盾

论》时，为了说明外因是变化的条件，内因是变化的根据这个观点，他举了鸡蛋因得适当温度而变化为小鸡，而温度不能使石头变为小鸡的生动例子。讲《实践论》，为了说明要有知识，就得参加变革现实的实践，他说一个人要知道梨子的滋味，就得亲口吃一吃。毛泽东在举这些生动的例证时，听课的新老同志、教员、炊事员全都笑了。毛泽东就是这样，把深奥的马列主义道理，寓于生动的语言之中。

鲁艺的学员很多人还记得，在他们毕业典礼上，毛泽东号召从小鲁艺毕业到大鲁艺去学习，即向工农兵学习。同时，用柳宗元的黔之驴的故事，告诉学员们到大鲁艺去，就是外来干部，不要以为自己是洋包子，瞧不起本地的土包子干部，知识分子不要摆架子。他把这样一个典型的例子"古为今用"，赋予了新的内容和革命的现实意义。在场同志无不深受教育，认识到不能正确对待本地干部和正确对待工农兵群众，没有自知之明，最后，就象黔驴技穷，再也不能吓唬群众了。同时，明白了王明教条主义者及其满天飞的"钦差大臣"，就是这样一些可笑之至的外来的贵州"驴驹子。"毛泽东一边讲，还一边装作老虎观察驴驹的样子，大家被生动的讲演逗笑了，也从中明白了一个简单而又深刻道理。这是一个用中国古典文学的典故，来表达深邃思想的范例。如果象那种脱离实际的宣传家，不看对象地从理论到理论，空洞繁琐地讲道理，哪怕讲得再多，也会让人感到不得要领，甚至莫名其妙。

绘制蓝图，注重方略。

中华民族以其最大的慷慨诞生了旷世英雄毛泽东。毛泽东的神圣的历史使命感、超凡的的个人天赋，使之在中国革命的复杂进程中，成为无与伦比的、使人不得不信服的、目光远大的预言家和设计师。他身居最高领导岗位 41 年，掌上千秋史，胸中百万兵，运筹帷幄，指挥若定，率领中国人民进行艰苦卓绝的斗争。首先表现为一位伟大的战略家。他在《自由是对必然的认识和世界的改造》一文中写道："我们要建筑中国革命这个房屋，也须先有中国革命的图样。不但须有一个大图样，总图样，还须有很多的小图样、分图样。"其实，绘制大小图样的设计师正是毛泽东自己，而且演讲则又往往是绘制这大小图样的蓝本。

毛泽东的许多思想观点都是率先通过演讲表现出来，继而形成大政方针和战略部署的。

毛泽东演讲的巨大艺术魅力来源于他高尚的人格、深邃的思想、丰富的知识和对世事人情非凡的洞察力。可以说，我国新民主主义革命的胜利和社会主义事业所取得的成就，在一定程度上与毛泽东、周恩来、刘少奇等老一辈无产阶级革命家重视演讲、善于鼓舞和激励是分不开的。

跟毛泽东学提口号

> 提出一个正确而激动人心的口号，犹如树起一面旗帜。从某种意义上讲，中国革命的历史就是提出口号和实现口号的历史。毛泽东深信口号对于革命建设事业重要作用，同时，他也是一位善于运用口号实施领导的大师……

【领导与口号】

口号，是领导集团在某一历史时期和阶段内，对所要完成的总任务和具体指标所作的最简明而具有鼓动性的表述。在马克思主义者看来——口号、标语就象坦克一样有用。古今中外的领导者，无论他代表哪一个阶级或阶层的根本利益，无论是高层次还是低层次，都会在不同的历史时期，根据不同的形势和任务的要求，不失时机地提炼、概括、宣传一个响亮的口号，并努力使之成为部属或人民群众的自觉行动。这类口号，作为领导活动中的重要组成部分，既是高擎的火炬，又是奋斗的目标，既是行动的纲领，又是进军的鼓角。十分明显，口号在领导活动中的地位是不可小视的。

领导活动中的口号是为了实现目标而提炼出的具有鼓动作用的、简炼明确的语句。一般说来，领导活动中的口号大都具有以下几个特点：

善于用清新活泼的语言、及时准确地提炼、概括出既能为群众所接受，又能鼓舞群众前进的口号，用以指导工作，实施领导，应成为领导者的一个基本功。

【毛泽东是如何提口号的】

毛泽东在他长期的革命斗争生活中，就是一个彻底掌握了使用口号这一领导艺术的大师。

1958 年以大炼钢铁和大办人民公社为标志的"大跃进"高潮，在 9、10 月达到巅峰。它的出现，固然反映了我国人民要求迅速改变"一穷二白"面貌的强烈愿望，同时在很大程度上也反映了我们党对经济建设的客观规律不甚了了的状况，带有很大的盲目性。在此之前，自上而下地层层发动，批判反冒进，"拔白旗"、"插红旗"、

毛泽东在题写口号

"大辩论"等作法与口号的提出，其结果是指标越提越高，头

脑越弄越热，以致使以高指标、瞎指挥、浮夸风和"共产风"为主要标志的"左"倾错误，在全国范围内严重地泛滥开来。

在一片"胜利冲昏头脑"的气氛下，毛泽东虽然赞赏"六亿神州尽舜尧"那热气腾腾的局面，却最先冷静下来。

1958年10月13日至17日，他离开北京外出视察，在天津约天津市委、河北省委的主要领导同志谈钢铁生产和人民公社问题，约当地基层领导同志谈人民公社问题。他发觉在人民公社化运动中，很多人"急急忙忙往前闯"，有许许多多的混乱思想。19日上午，毛泽东两次致信陈伯达："你和张春桥同志似以早三天去河南卫星社进行调查工作为适宜"，"善于看问题和提问题。我过了下星期就去郑州，一到，即可听你们关于卫星社观察所得的报告。"

11月2日至10日，党中央在郑州召开了有部分领导人和若干省委书记参加的会议，广泛地讨论了公社化运动中出现的问题。毛泽东2号下午在专列上同豫、冀、晋、陕、甘等省委书记谈话后，3号下午又听取了王任重、曾希圣等另9位省委书记的汇报，他开始向党的高级干部做"降温"工作。他说：10月钢产量七百二，还差400万吨，真是逼死人了。脑筋里头就是钢了，农业没有人抓了。现在开的支票太大了，恐怕不好。要让社员吃饱吃好，还要加一个睡足歇足。毛泽东又说：还是以社会主义为题目；不要一扯就扯到共产主义。你现在牵涉到共产主义，这个问题就大了。你说十年就过渡了，我就不一定相信。这是个客观的东西，人们的想法是一回事，是否符合客观规律又是一回事。

11月5日，上海市委书记柯庆施到会，汇报了上海市思想混乱的情况，有群众怕废除钞票，怕归公，因而提款的多，发生了抢购。毛泽东说：废除货币，陈伯达就有这个倾向。北京市民也混乱得很，我们没有章程，天下大乱。人民公社城市恐怕搞不了。现在有那么一种倾向，就是共产主义越多越好，最好一两年就搞成共产主义。山东范县说两年进入共产主义，说得神乎其神，我是怀疑的。

11月21日，有各省、市、自治区党委第一书记、中央有关部长参加的武昌扩大会议开幕。毛泽东主持会议并作重要讲话。他说：苏联在准备向共产主义过渡问题上很谨慎。我看我们中国人民大概包括我在内，是个冒失鬼。5亿多农民的年薪拿不到80元，是不是穷得要命？我们现在吹得太大了，我看不合事实，没有反映客观实际。

在谈到粮食和钢铁产量时，毛泽东说：我不相信1958年的那个9000亿斤，搞到7500亿斤我就满意了。我们10年内需不需要4亿吨钢？心血来潮一想就搞了这么一个数目。如果今年搞成1070万吨钢，明年再翻一番就是2141万吨，那是相当紧张的。我们在这一次唱低调，把脑筋压缩一下，把空气变成固体空气。他风趣地说：唱戏拉胡琴，转那个东西转得太紧，它就有断弦之危险。这有点泼冷水的味道，右倾机会主义者了。

11月23日，他在武昌会议的第二次讲话中指出：我们的脑筋正在这里压缩空气。指标问题，以钢为纲带动一切，究竟以什么指标为好？北戴河是2700——3000万吨，那是个建议性的，这一次是决定性的，问题是办得到办不到。今年再翻一番是个冒险的倡议。……破除迷信，不要把科学破除了，比如第一条科学，人是要吃饭的，没有一个地方证明人可以不吃饭。第二条，人是要睡觉的，这也算一条科学。

在毛泽东的启发和教导下，经过郑州会议、武昌会议和紧接着召开的八届六中全会的紧张工作，"压缩空气"的口号就这样提出了，并在全党、全国人民中传播开来，这是全党纠正"左"的错误迈出的重要一步。"压缩空气"就是压缩在全党日益膨胀起来的"左"的空气，这对于纠正 50 年代末全党"左"的错误起到了重要作用。是毛泽东首先察觉到党的错误，是他提出了"压缩空气"的口号，说明他头脑清醒得最早，发现和判断问题的敏感性也非常高，转变不合实际的看法也非常快。毛泽东这一杰出的领导水平领导艺术是值得各级领导者永远学习的。

【跟毛泽东学提口号】

提出一个正确而激动人心的口号，犹如树起一面旗帜，从某种意义上讲，中国革命的历史就是不断提出口号和不断实现口号的历史。领导一个国家的政党是这样，领导一个地区或部门的基层领导者也需要根据本地区本单位的实际情况，提纲挈领地向群众提出工作口号，是有利于推动工作开展的，但也切不可盲目、随意提口号。

那么，在口号的提炼和形成中，需要遵循哪些原则呢？

一是可行原则。二是适时原则。三是实施原则。四是稳定原则。五是发展原则。

同时，在提口号时，必须把握五点：一是要高。居高临下，高瞻远瞩，有纲领性和指导性，以统揽和驾驭全局。二是要早，要提在部署工作或开展活动之首。三是要少而精，不要太多、太滥、太俗。四是要注意时效性，实行长期和短期结合，全面和单项结合。五是要广泛宣传，特别是需要社会各方积极参与的工作，更应如此，以变成大家的自觉行动。

一九四三年陈云就在《建立白区工作的几个重要问题》中

指出："在领导斗争中，不是要提出许多要求，不是要提出过高的群众还不了解或不能立刻为这些要求而起来斗争的口号。在提出要求时，必须倾听群众的意见，适合他们的需要，并估计到争取每个日常斗争胜利的可能性。我们领导的艺术，不在于口号提得多，提得高，而在于每个口号为当地群众所能接受，并立刻斗争起来。"在空间问题上，毛泽东主张一切宣传鼓动要适应客观情况，随着地区、情境的不同而改变。他曾指示红军，每到一个地方，要有适合那个地方的宣传口号和鼓动口号。在解放战

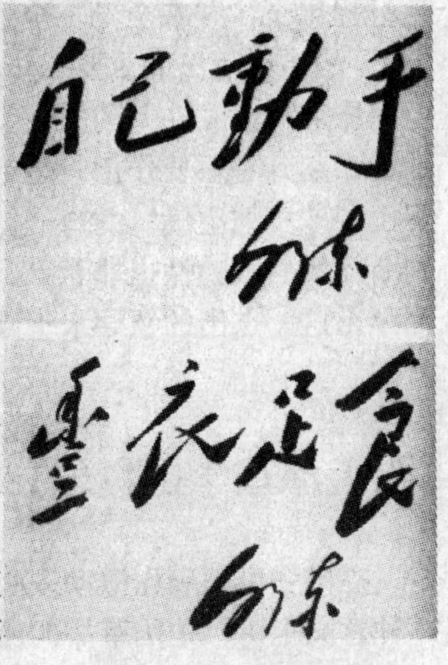

毛泽东在抗战时期题写的口号：
"自己动手，丰衣足食。"

争接近尾声，我党开始接管大中城市时，毛泽东又认为，"在大城市工作的作风，决不能搬用在乡村工作的作风。在大城市，凡事均须从新仔细考虑，一举一动都要合乎城市的情况。"因此，他主张在平津这类大城市的墙壁上不应该书写空洞的大字标语，而应该张贴有针对性的印刷品。至于在军队中进行的实际教育口号"不要当做标语写在北平天津这样的大城市里，也不要当作单纯的口号登在大城市报纸的广告上，也不要在我军尚未实行打南京时在天津这类大城市的市民会议上去叫出来。"只有这样因地而异，宣传才能取得预期的效果。

　　当然，毛泽东本人也确曾提出过一些错误的口号，有的还造成了重大失误。有些口号虽然提得正确，但没有很好地抓落

实，出现了形式主义的现象。但是并不能因此而否定这一领导艺术和手段。口号的正确与否，是由领导者的政治立场、思想路线、领导水平以及时代背景、工作环境等综合因素决定的。我们要尽可能地保证口号的正确性，避免和防止提出错误口号。注重口号的落实，防止形式主义。

跟毛泽东学"弹钢琴"

> 　　弹钢琴要十个指头都动作，不能有的动，有的不动。但是，十个指头同时都按下去，那也不成调子。要产生好的音乐，十个指头的动作要有节奏，要互相配合。党委的同志必须学好"弹钢琴"，是毛泽东在七届二中全会上提出的领导方法，它的含义是什么，毛泽东又是如何"弹钢琴"的呢……

【领导与"弹钢琴"】

毛泽东的领导艺术，不仅是形象和具体的，而且是充满哲理的。学会"弹钢琴"的艺术，就是最典型、最精彩之笔。学会"弹钢琴"，这里毛泽东教育和指导各级领导干部处理好全面工作和局部工作、重点工作和一般工作、中心工作和日常工作、主要矛盾和非主要矛盾关系应掌握的一种统筹兼顾的领导艺术。

　　"学会'弹钢琴'。弹钢琴要十个指头都动作，不能有的动，有的不动。但是，十个指头同时都按下去，那也不成调子。要产生好的音乐，十个指头的动作要有节奏，要互相配合。党委要抓紧中心工作，又要围绕中心工作而同时开展其他方面的工作。我们现在管的方面很多，各地、各军、各部门的工作，都要照顾到，不能只注意一部分问题而把别的丢掉。凡是有问题的地方都要点一下，这个方法我们一定要学会。钢琴有人弹得好，有人弹得不好，这两种人弹出来的调子差别很大。党委的同志必须学好'弹钢琴'"。

毛泽东在七届二中全会上讲话

　　毛泽东在 1949 年 3 月召开的中国共产党七届二中全会上所作的结论报告中的这段话，大概是他系统论述领导方法中最长的一段话，至今我们读来，仍然感到充满辩证唯物主义之道理，是对统筹兼顾领导思想的最好阐释，也是今天现代科学思维中系统论思想的卓越体现。

毛泽东认为，全局工作和局部工作，重点工作和一般工作，中心工作和其他工作，主要矛盾和非主要矛盾，矛盾的主要方面和非主要方面都是互相联系的，又是互相区别和互相转化的。因此他要求每个领导者在领导方法和工作方法上都应该善于统筹全局，抓全局工作，抓工作的重心，抓主要矛盾，抓矛盾的主要方面，学会"弹钢琴"。

同样是弹钢琴，为什么有人弹得好，有人弹得不好？有的人把十个指头同时都按下去，让每个指头都在忙碌，结果不成调子，产生不出好的音乐；有的人弹钢琴时，十个指头的动作很有节奏，有主有次，互相配合，结果产生美好和谐的乐章。这种差别，关键在哪里呢？从根本上就是能否掌握主旋律，能否统筹全局，能否抓住中心工作，能否抓住主要矛盾。

领导者的工作必须统筹全局，掌握主旋律。既要抓紧中心工作，又要围绕中心工作而同时开展其他方面的工作，既要抓主要矛盾，又要依据主要矛盾的解决带动其它非主要矛盾的解决。毛泽东批评有些领导干部，不懂得这种方法，结果找不到中心，抓不住根本，也就找不到解决矛盾的方法，最终是一个忙忙碌碌的事务主义者而不可能有所作为。毛泽东在《关于领导方法的若干问题》中特别强调："在任何一个地区内，不能同时有许多中心工作，在一定时间内只能有一个中心工作，辅以别的第二位、第三位的工作"，"一个地区的总负责人，必须考虑到该处的斗争历史和斗争环境，将各项工作摆在适当的地位"，"领导人员依照每一具体地区的历史条件和环境条件统筹全局，正确地解决每一时期的工作重心和工作秩序，并把这种决定坚持地贯彻下去，务必得到一定的结果，这是一种领导艺术"。周恩来在《怎样做一个好的领导者》一文中也说过："列宁、斯大林论领导艺术，不可跑得太前，也不可落在运动后面，而应抓住中心一环，推向前进。"

全局利益和中心工作不是任意确定的，它是由主要矛盾决定的。唯物辩证法告诉我们，任何复杂事物在其存在和发展过程中存在许多矛盾，其中必有一种矛盾由于它的存在和发展，规定影响其他矛盾的存在和发展，这个矛盾就是主要矛盾，反映到工作中就是中心工作。正因为主要矛盾在事物的发展过程中起着领导的、决定的作用，所以，在工作方法上，就要在复杂的事物发展过程中，不仅要清醒地看到许多的矛盾的存在，而且要"用全力找出它的主要矛盾"。毛泽东说："捉住了这个主要矛盾，一切问题就迎刃而解了"。能够集中力量去解决主要矛盾，就可以带动全局，其它矛盾就比较容易解决了。我们只有善于抓住主要矛盾，工作才有中心，才有重点，才有明确的主攻方向和战略目标，才能推动全局性的工作。俗话说，"射人先射马，擒贼先擒王"，"家有千件事，先办要紧事"。不分主要和次要，不讲究轻重缓急，处理问题时平均使用力量，"眉毛胡子一把抓"，或者主次颠倒，"拣了芝麻，丢了西瓜"，就不可能把事情办好。这使我们想起列宁说过的一句话："政治事变总是错综复杂的，它好比一条链子。你要抓住整条链子，就必须抓住主要环节，决不能抓住你自己想抓的环节。我们党的政治战略的最大优点之一，就是善于在每一个时机找出运动的基本环节，抓住了这个基本环节，然后就把整个链条拖向一个总的目标，去解决任务"。统筹全局，抓中心一环是唯物辩证法在实际工作中的具体运用。在领导活动中，善于从纷繁复杂的工作头绪中找到并紧紧抓住中心环节，是一种重要的领导艺术。

【毛泽东是如何"弹钢琴"的】

毛泽东本人运用"弹钢琴"的领导艺术是出类拔萃、游刃有余的。

正确区分局部利益和全局利益——西安事变的和平解决。

1936 年冬，蒋介石坐镇西安，迫令张学良的东北军和杨虎城的西北军进攻陕北红军。但是，在当时全国抗日救亡运动推动下，东北军和西北军的广大官兵对蒋介石的"剿共"政策极为不满，张学良和杨虎城在中国共产党停止内战、一致抗日的主张感召下，也很不情愿打内战，而有意投身于抗日统一战线之中去。因此，曾多次"哭谏"，希冀蒋介石改变所谓"攘外必先安内"的政策。可是蒋介石一意孤行，置民族利益而不

"西安事变"和平解决后，周恩来
返回延安时，受到毛泽东等人的欢迎。

顾，决意继续"剿共"。在这种国难当头的情况下，张学良、杨

虎城被迫对蒋介石实行"兵谏"。于是在这一年的 12 月 12 日，西安的临潼华清池响起了阵阵枪声，发生了震惊中外的重大事件：张学良和杨虎城把蒋介石抓起来了。

蒋介石被拘捕的消息传出，国内许多人喜出望外，奔走相告，强烈要求严惩蒋介石，以平民愤。事变当天晚上，张、杨二将军也给中共中央发来电报，要求毛泽东派代表团赴西安，处理抓蒋介石的善后事宜，共商抗日救国大计。

正是在事变发展的紧急关头，以毛泽东为首的党中央作出了决定：采取和平解决西安事变的方针。共产党居然不杀蒋介石，反而主张释放蒋介石。这使当时许多人出乎意料，更使我们党、军内很多人不能接受。

所以在西安事变和平解决后，毛泽东来到延安红军大学作关于和平解决"西安事变"的报告。

毛泽东说，蒋介石罪恶滔天，欠下全国人民无数的血债，大家都要求杀他，这可以理解，不算过分。不杀他，确实不能平息民愤。但是，蒋介石是不能杀的。

有个学员含着眼泪问：为什么不能杀？蒋介石欠我们的血债太多了，他杀了我们许多同志，把他千刀万剐，也难解心头之恨啊！

毛泽东来到这位学员跟前，语重心长地说：大家的心情可以理解，心是纯洁的，但缺乏政治斗争的经验，在大事变中认不清方向，不知道局部与全局的关系，主要矛盾和次要矛盾的关系。在现在的情况下，杀了蒋介石，正中日本帝国主义和亲日派的下怀。国民党中的亲日派正打着"讨伐叛逆"的旗号，纠集大军开赴潼关，威逼西安，扬言要炸平西安，阴谋用这种手段置蒋介石于死地，以便取而代之。各派军阀之间争权夺利、大打内战，必然给日本帝国主义一个最好的侵略机会。其结果是不言而喻的，即中国将会沦为日本的殖民地。我们必须明白，这次蒋介石被捉，既不同于俄国十月革命被捉的沙皇尼古拉二世，也不同于滑铁卢被擒的拿破仑。前者是革命胜利的结果，后者是军事失利的必然。这次抓蒋介石是出其不意，乘其不备，他的军事实力还原封不动地保留在那里。如果仅仅从我们党的私仇出发，杀蒋介石来解恨，忘记了民族危亡这个大局，忘记了中日这个主要矛盾，我们就不配称为马克思列宁主义的党。我们共产党就是要以整个中华民族的利益为重，不记私仇，以德报怨，迫使蒋介石改变反动政策，团结一致，共同抗日。

毛泽东和中共中央从民族大局出发，不计恩怨毅然建议释放蒋介石，"西安事变"成为扭转时局的重要历史契机，标志着内战的基本结束。这一历史事实告诉我们：正确地区分局部利益和全局利益的关系，正确地认识和处理主要矛盾问题，是至关重要的。毛泽东不仅把区分主要矛盾和次要矛盾作为矛盾的特殊性问题中一项十分重要的内容而加以阐发，更作为领导者必备的思想素质而付诸于工作实践，这是颇能引人入胜的。

正确处理农、轻、重的关系——中国工业化道路的确定。

还在抗日战争时期的 1944 年 5 月，毛泽东同志就强调：要打倒日本帝国主义，必需有工业；要中国的民族独立有巩固的保障，就必需工业化。我们共产党是要努力于中国的工业化的。对于经济工作，尤其是工业，我们还不大懂，可是这一门又是决定一切的，是决定军事、政治、文化、思想、道德、宗教这一切东西的，是决定社会变化的。因此，所有的共产党员都应该学习经济工作，其中许多人应该学习工业技术。如果我们共产党员不关心工业，不关心经济，也不懂得别的什么有益的工作，对于这些一无所知，一无所能，只会做一种抽象的革命工作，这种革命家是毫无价值的。我们应该反对这种空头革命家，学习使中国工业化的各种技术知识。

新中国成立之后，1952 年底，毛泽东开始酝酿社会主义过渡时期的总路线，将实现国家的社会主义工业化同实现农业、手工业和资本主义工商业的社会主义改造并列，作为党在整个社会主义过渡时期的总任务。但是，如何在中国这样一个半殖民地半封建社会基础上实现工业化，却是前人从未遇到过的崭新而艰巨的任务。要在中国实现工业化，首先遇到的是如何处理重工业、轻工业和农业的发展关系问题。

为了迅速实现我国的工业化，1953 年我国开始执行发展国民经济的第一个五年计划，确定了优先发展重工业的指导方针。毛泽东认为，当前，我们的重点应当放在建设重工业上，这是一种“大仁政”，是着眼于人民群众的长远利益。当然，优先发展重工业，并不意味着置其他事业于不顾。“一五”计划期间，我国在执行优先发展重工业方针的前提下，适当安排了农业、轻工业和其他业的发展，取得了巨大成就。从总体上看，这期间我国国民经济是按比例协调发展的，农业、轻工业和重工业全面增长，重工业发展尤为突出，初步改变了我国经济以农为主的局面。但是，在制定第二个五年计划时，国务院各部委工业投资要求过大，进一步挤了农业投资；工业投资中，重工业各部门胃口尤其大，又挤了轻工业。

针对这种情况，毛泽东在《论十大关系》中，首先阐述了重工业和轻工业、农业的关系。毛泽东认为我们党在处理这方面关系问题上没有犯大的原则性的错误，比苏联和一些东欧国家做得好些；同时强调要根据形势和经验作适当的调整，适当调整重工业和轻工业、农业的投资比例，加重一点农业和轻工业的投资比例，更多地发展农业和轻工业。毛泽东提出了发展重工业的两种办法，一种是少发展一些农业和轻工业，一种是多发展一些农业和轻工业。他认为，从长远观点来看，前一种办法会使重工业发展得少些和慢些，至少基础不那么稳固，几十年后算总帐是划不来的；后一种办法会使重工业发展得多些和快些，而且由于保障了人民生活的需要，会使它发展的基础更加稳固。毛泽东辩证地分析了发展农业轻工业与发展重工业的关系，已经有了农业是重工业乃至整个国民经济发展的基础的思想。

1957 年 1 月，毛泽在省、市、自治区党委书记会议上的讲话中进一步强调：全党一定要重视农业。农业关系国计民生极大。要注意，不抓粮食很危险。不抓粮食，总有一天要天下大乱。

一个月后，毛泽东在《关于正确处理人民内部矛盾的问题》的讲话中，把重工业、轻工业和农业的发展关系问题提到了中国工业化道路的高度加以论述。他说："这里所讲的工业化道路的问题，主要是指重工业、轻工业和农业的发展关系问题。"

发展社会主义经济，需要在突出抓中心工作的同时，还要兼顾次要工作，协调处理好其他一些关系，包括沿海工业和内地工业的关系，经济建设和国防建设的关系，国家、生产单位和生产者个人的关系，中央和地方的关系。毛泽东在《论十大关系》等论著和讲话中对这些问题都有精辟、独到的论述。实践证明：这种既突出重点，又兼顾次要工作，主从并举，是毛泽东"弹钢琴"领导艺术的高超运用，也有效地促进了中国经济的发展。

【跟毛泽东学"弹钢琴"】

应该指出，毛泽东提出的"弹钢琴"这种具有操作性的统筹兼顾的领导艺术，限于革命战争年代的客观条件，当时并没有足够的展开。那时，我党的中心任务是夺取政权，党的建设、经济工作、根据地建设和白区工作都必须服从、服务于战争，可以说，几乎一切工作都蒙上了战争的色彩，所以，战争时期的统筹艺术是在受敌人限制的条件下形成的，不这样统筹就不能行之有效，革命就有可能失利。所以，从一定意义上讲，当时的"弹钢琴"并不是十分自觉地体现为一种领导活动和领导艺术，而是一种革命工作的伴生物。在社会主义现代化建设时期，各行各业联系不象战争时来得那样直接、那样密切，各项工作都有相对独立性，如不十分注意统筹兼顾，就会导致各行其是的局面，中心工作就会离位。执政的条件，给我们提供了预先统筹的条件，所以，建设时期的统筹是一种自觉的统筹，"弹钢琴"这种统筹艺术在领导活动中可充分发挥其优势。它一方面要求领导者在实施领导过程中，在解决各种问题时，要胸有全局，不搞"单打一"，不能强调抓中心工作而忽视其他工作，而应当统筹兼顾，全局安排。另一方面，领导者又要善于抓中心工作，根据各项工作的轻重缓急，作出不同的安排。对于领导者来说，学会"弹钢琴"领导艺术，需要在理论上和实践上认识三个基本问题：

要全局在胸，抓住本质。

领导者要把辩证唯物主义的基本原理运用于自己的领导工作实践中，正确认识矛盾发展的不平衡性，分析矛盾诸方面的地位和作用，从全局着眼，捉住主要矛盾，才能在实际工作中体现抓住中心带动一般，反映全局的本质的要求。正如毛泽东所说："任何一级的首长，应当把自己的注意的重心，放在那些对于他们指挥的全局说来最重要最有决定意义的问题或动作上，而不应当放在其他的问题或动作上。"

抓住抓紧中心

领导者要按照事物发展的客观规律要求去抓中心工作，要根据各个不同的具体情况去提出一定的时间内的中心任务。由于地域和工作性质的不同，主要矛盾的表现和它所制约的中心工作也有所不同。全国的中心是经济建设，各地、各部门和单位都必须服从这个中心，围绕这个中心开展工作。但各个地区、部门和单位的主要矛盾表现不同，工作重点也就不同。因此，各单位和地区在分析矛盾，运筹工作时，要作具体分析，正确确定自己的工作中心，合理安排其他工作，分别轻重缓急和主次，搞好各项工作，服务于经济建设这个中心。否则，就会走偏方向，贻误全局。正确的中心任务一经提出，作为领导者就应一抓到底。这就是毛泽东同志说的，"党委对主要工作不但一定要'抓'，而且一定要'抓紧'，什么东西只有抓得很紧，毫不放松，才能抓住。抓而不紧等于不抓"。抓不准中心或抓偏了中心，会导致工作的失误。同样，看准了中心工作，但置而不抓或抓而不紧，也会导致工作失误。

抓住中心，带动一般。

首先，一般工作要为中心工作服务。安排一般工作时，要使一般工作服从中心工作，围绕中心工作，开展其他工作。其次，在中心工作进行的过程中，必须认真、具体地安排一般工作，以中心工作带动一般任务的完成，不能以中心"代替"一般。抓住中心，带动其他，推动全面，学会"弹钢琴"，是统筹兼顾、全面完成任务的有效方法，也是一项很高明的领导艺术，"这个方法我们一定要学会"。同时此种艺术在毛泽东写的《矛盾论》、《关于正确处理人民内部矛盾的问题》、《论十大关系》等文章中，曾多次被升华，已逐渐成为一种领导科学原理，当然，它仍然不失为一种领导艺术。我们不仅仅要从逻辑上去掌握它，更要看到它是一种与时代互生的领导艺术。因此，在新时期，关键在于要与实际相结合，让其艺术特征在领导活动中得到充分体现，获得成功。

跟毛泽东学抓典型

没有典型就不可能有领导意图的集中体现，就不可能有效地实施领导。而没有典型的高度，也就很难有领导工作的高度。抓典型，是毛泽东倡导的一门主要的领导艺术和有效的工作方法，他本人最善于抓正反两方面的典型来充分发挥其主要的示范引导作用……

【领导与抓典型】

抓典型，是毛泽东倡导的一门重要的领导艺术和有效的工作方法，他本人最善于抓正反两方面的典型来充分发挥其重要的示范引导作用。它是毛泽东一般与个别相结合，领导和群众相结合这一基本领导方法的重要体现。在一定意义上讲，没有典型就不可能有领导意图的集中体现，就不可能有效地实施领导。而没有典型的高度，也就很难有领导工作的高度。所以，毛泽东指出："从许多个别指导中形成一般意见（一般号召），又拿这一般意见到许多个别单位去考验（不但自己这样做，而且告诉别人也这样做），然后集中新的经验（总结经验），做成新的指示去普遍地指导群众"。这就是一般号召与个别指导相结合的方法，亦即"点"和"面"相结合的方法。这一方法要求领导者下到一个或几个单位中去，深入到群众中去，形成典型，并运用典型的经验去推动面上的工作。"点"和"面"两方面相辅相成，二者缺一不可。所以，抓典型的"抓"既是领导行为，更是领导艺术，要切实加强抓典型艺术的锤炼，须从毛泽东这个抓典型的艺术学起。

【毛泽东是如何抓典型的】

赵占魁运动——推动解放区的工业生产运动。

1942 年初，在延安的第一兵工厂曾发生了一起很严重的事件，当时蒋介石指挥胡宗南向陕甘宁边区进攻，军委下令给边区的第一兵工厂，要求短期内造出 10 万枚手榴弹的紧急任务。但是，当时潜伏在革命队伍内的坏人煽动工人闹事，并扬言罢工。为此，上级派人到厂里，向工人进行深入细致的思想工作，帮助工人正确认识当时敌我斗争的形势，说明事情的真相，使一时受骗上当的工人很快觉悟过来，并揭发了蛊惑人心的坏人。在向工人做思想政治工作的过程中，领导同志发现了第一兵工厂有一个叫赵占魁的工人同志，在坏人煽动工人闹事时候，仍坚持岗位不动摇，用实际行动进行抵制。而且平时也一贯劳动好，技术水平高，很能团结人。于是在新闻报道中对他进行了表扬。

毛泽东很快通过报纸知道了赵占魁的先进事迹，他一下子就抓住了这个典型，亲自部署安排，在整个解放区开展了一场轰轰烈烈的"赵占魁运动"，推动了边区的工业生产。其他根据地也响应党中央、毛泽东的号召，开展了赵占魁运动，并且还树立了本地区出现的赵占魁式的先进人物。

毛泽东当时就讲：典型就是政治力量。从那时起，边区政府经常召开劳动英雄代表大会、劳模大会，交流经验、表彰先进。在当时极端困难的条件下，打破了敌人的封锁，做到了自力更生、丰衣足食，为解放战争的胜利打下了物质基础。解放区的赵占魁运动显示了强大的生命力，从 1942 年到 1947 年，持续了 7 年之久，促使许多边区工厂的工人提高了觉悟，形成了尊重先进、争当劳模的好局面，许多落后的工厂也因此变成了先进的工厂。

新中国成立以后，"赵占魁运动"仍在继续。50 年代铁路系统的以"毛泽东号"和"朱德号"对两个机车组的命名，以后又有了马恒昌小组运动，树立了马万水、赵梦挑、裔式娟等至今未被人们忘记的成千上万的先进个人和组织，各行各业都广泛掀起了学先进、赶先进的运动。

雷锋——铭刻在几代中国人民心中的名字。

1962 年 8 月 15 日，年仅 22 岁的解放军战士雷锋因公殉职以后，毛泽东从报纸上看了有关雷锋事迹的通讯报道，深受感动。1963 年 1 月，他对当时的军委秘书长罗瑞卿说，雷锋值得学习！

在毛泽东的倡导下，1963 年 2 月 9 日和 15 日，中国人民解放军总政治部和共青团中央分别发出通知，要求在全军和全国青少年中广泛开展"学习雷锋"的教育活动。根据通知精神，《中国青年》杂志编辑部决定将 3 月份的第 5、6 两期合刊，出版学雷锋专辑。为了扩大影响，他们于 2 月 16 日（或 17 日）给毛泽东发函，请求毛泽东为雷锋题词。

毛泽东的秘书林克收到《中国青年》杂志编辑部的信后，及时交给了毛泽东。可是毛泽东并没有立即书写题词，他在精心思索题词的内容。几天后，当《中国青年》杂志的编辑由于出版时间紧迫，又打电话给毛泽东办公室询问情况时，毛泽东让秘书林克先拟几个题词供他参考。林克马上拟了十来个题词送给毛泽东，其中有"学习雷锋同志全心全意为人民服务的思想"、"学习雷锋同志大公无私的共产主义风格"、"学习雷锋同志鲜明的阶级立场"、"学习雷锋同志艰苦朴素的作风"、"学习雷锋同志毫不利己、专门利人的优良品德"、"学习雷锋同志勤奋好学的革命精神"等等。

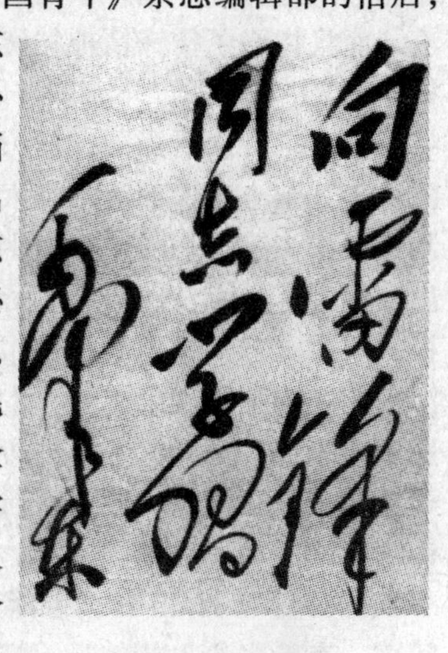

毛泽东的题词。

2 月 22 日，毛泽东睡醒以后把林克叫到身边，递给他一张写有题词的信纸，上面用毛笔写了"向雷锋同志学习　毛泽东"十个行书字。毛泽东吸了一口烟后，用商量的口气问题道：你看行吗？林克爽朗地回答说：写得很好，而且非常概括。毛泽东好象要解释为什么没有采用他拟的题词这一疑问似的，接着说道：学雷锋不是学他哪一两件先进事迹，也不只是学他的某一方面的优点，而是要学他的好思想、好作风、好品德；学习他一切从人民的利益出发，全心全意为人民服务的精神。当然，学雷锋要实事求是，扎扎实实，讲究实效，不要搞形式主义。不但普通干部、群众学雷锋，领导干部要带头学，才能形成好风气。毛泽东的这番谈话，不仅指出了学雷锋的方法，而且指明了雷锋精神的实质和学雷锋的方向，具有深远的指导意义。

毛泽东"向雷锋同志学习"的题词，很快就转交给了《中国青年》杂志编辑部。编辑人员拿到题词后，立即将题词手迹制版，作为第5－6期《中国青年》合刊的插页，于3月2日出版发行。3月5日，《人民日报》、《解放军报》、《光明日报》、《中国青年报》等首都报纸，都在头版显著位置刊登了毛泽东的题词手迹。第二天，《解放军报》又刊登了刘少奇、周恩来、朱德、陈云、邓小平等党和国家领导人的题词手迹。由于毛泽东和其他老一辈无产阶级革命家的积极倡导，一个向雷锋学习的活动，在全国兴起。

1965年7月20日，毛泽东利用在人民大会堂紧张工作的间隙，查看服务人员的学习情况。他仔细翻阅了女服务员小高的学习笔记本，当翻到有雷锋画像的一页时，他停下来凝眸端详了一会儿，然后说：青年同志们，应当好好向雷锋同志学习！说着，又提起笔来在本子上写了"好好学习，努力为人民服务"11个大字。

1975年秋，已经进入暮年的毛泽东，仍然对雷锋思念不已。一天，他在秘书张玉凤和护士孟锦云的陪同下，一起观看了八一电影制片厂六十年代摄制的故事片《雷锋》。当画面上出现雷锋驾驶着解放牌车，去给遭受水灾的辽阳地区人民运送救灾物资，并把自己省吃俭用积攒下来的100元钱，慷慨地捐献给灾区人民时，画外音传来雷锋的声音："我是人民的儿子，我是公社的儿子，您一定要收下儿子这点心意！"看到这里，毛泽东感动得用手帕不住地擦泪。这动人的画面和真诚的话语之所以能打动他的心，是因为他的心和雷锋的心是相通的。

杀黄克功——对党内功臣自居者的警戒。

抗战时期的 30 年代末，在中国人民抗日根据地的延安，一声枪响，久久回荡在延河河畔。一个共产党的功臣——黄克功，倒在了共产党正义审判的枪下。毛泽东同志亲自处理的黄克功案件，使中国人民开始真正知道了什么是"法律面前人人平等"……

黄克功，男，26 岁，少年时在江西参加红军，立过战功，当时在抗日军政大学任队长。被害人刘茜，女，16 岁，1937年 8 月从太原来到延安，先在抗大学习，后转入陕北公学。刘茜活泼可爱，在抗大时就与黄克功相识，两人时常在晚饭后到延河畔散步谈心。一次散步时，黄克功向刘茜求婚，遭到拒绝。黄克功竟拔出手枪威胁说："你不同意，我就打死你！"刘茜以为黄是在吓唬人，因此并不害怕，说："你打吧。"黄克功冲动起来，对刘茜连开两枪，当场夺去了这位少女的生命。此案当时哄动了延安。消息传到西安后，国民党报纸大肆宣传，说什么"延安出了桃色事件，红军干部枪杀了女学生"。

究竟应该如何处理这一事件，当时在群众中有两种截然不同的议论，一种意见认为，黄克功少年参加红军，为革命屡建战功，应该从宽处理。另一种意见认为，黄克功身为革命军人、共产党员，强迫未达婚龄的少女与其结婚，已属违法，达不到目的，竟下此毒手，实属革命队伍中的败类，理应严惩，以平民愤。毛泽东接到抗大的报告后，亲自到抗大研究对这一事件的处理意见。他神色严肃地说："我们正在从全国各地吸收大批知识青年来延安学习，黄克功的行为有极大的破坏作用，一定要审判处决，严肃法纪。"于是，边区高等法院组成了以雷经天为审判长的合议庭，审理此案。经过调查审讯，决定判处黄克功死刑。黄克功得知后，向中央军委写申诉信，要求从轻发落。故边区高等法院将此案呈边区政府审核后，转报中央审批。党中央和军委在毛泽东主持下，经过慎重讨论，最后批准了边区高等法院对黄克功处以极刑的判决，为此毛泽东还亲自给雷经天写了复信。

毛泽东在复信中强调指出："黄克功过去斗争历史是光荣的，今天处以极刑，我及党中央的同志都是为之惋惜的。但他犯了不容赦免的大罪，以一个共产党员红军干部而有如此卑鄙的，残忍的，失掉党的立场的，失掉革命立场的，失掉人的立场的行为，如果赦免，便无以教育党，无以教育红军，无以教育革命者，并无以教育做一个普通的人。因此中央与军委便不得不根据他的罪恶行为，根据党与红军的纪律，处他以极刑。"复信还指出："正因为黄克功不同于一个普通人，正因为他是一个多年的共产党员，是一个多年的红军，所以不能不这样办。共产党与红军，对于自己的党员与红军成员不能不执行比较一般平民更加严格的纪律。"毛泽东的复信发出后，在抗日根据地立法中，不再出现有功者得减免刑罚的"唯功绩论"的规定，从而确立了法律面前人人平等的原则。

对黄克功案的正确处理，使一件坏事变成了好事，这样做的结果不仅维护了革命纪律，教育了根据地军民，巩固了革命队伍内部的团结，而且挽回了因此而产生的不良影响，使全国人民更加认识了中国共产党，广大进步青年仍络绎不绝地奔赴延安，加入到革命队伍中来。

杀刘青山、张子善——惊醒了和平建设时期几代的中国共产党人。

1952年2月，春节刚过，河北省保定市郊外两声枪响，两个共产党的高级领导干部，原天津地委书记刘青山、原天津地区行署专员张子善两人倒在了刑场上。应该公正地说，这两人的确曾经是党的干部队伍中的佼佼者，曾经在不同的领导岗位上出生入死地苦斗过，曾经为新中国的诞生作出过自己的贡献。但是，进城后，进入和平建设年代以后，他们在资产阶级思想和生活方式的腐蚀下，贪污腐败，蜕化变质，成了人民的罪人。在当时的"三反"运动中，毛泽东下决心坚决果断地严惩这两个人，抓了这样一个反面典型，其意义与影响极为深远。

1951年底，新中国掀起了全国规模的"反贪污、反浪费、反官僚主义"的三反斗争。毛泽东对这场斗争极为重视，几乎每天晚上都要听取中央节约委员会主任薄一波的汇报，还经常坐镇中节委，直接督促指导。在"三反"斗争中的确查出了一些大贪污犯和腐败分子，这印证了毛泽东在建国前夕讲过的一句话："可能有这样一些共产党人，他们是不曾被拿枪的敌人征服过的，他们在这些敌人面前不愧英雄的称号；但是经不起人们用糖衣裹着的炮弹的攻击，他们在糖弹面前要打败仗。"刘青山、张子善就是很好的例证。

刘青山1931年入党，张子善1933年入党，两人都是经过土地革命、抗日战争和解放战争考验的老干部，为新中国的建立作出过贡献。他们都曾被国民党逮捕，在敌人严刑拷打面前没有低过头。但是革命胜利后，他们在资产阶级思想和生活方式的腐蚀之下，走上了贪污腐化的道路。他们利用职权盗用公款，盘剥民工，从事非法经营活动，使国家蒙受重大经济损失。刘青山、张子善问题被揭露出来后，毛泽东很重视，他批示道："这件事给中国、中央局、分局、省市区党委提出了警告，必须严重地注意干部被资产阶级腐蚀发生严重贪污行为这一事实，注意发现、揭露和惩处。"在给刘、张二人量刑时，毛泽东和中央同意河北省委的建议，由河北省人民法院宣判，经最高人民法院核准，对刘、张处以死刑，立即执行。曾看着刘、张成长，时任天津市委书记的黄敬，考虑到他们两人在战争年代出生入死，有功劳，在干部中的影响较大，通过薄一波向毛泽东求情，不要枪毙，给他们一个改过自新的机会。当薄一波把黄敬的意思向毛泽东反映之后，毛泽东严肃地说："正因为他们两人的地位高、功劳大、影响大，所以才要下决心处决他们。只有处决他们，才可能挽救二十个，二百个，二千个，二万个犯有各种不同程度错误的干部。黄敬同志应该懂这个道理。"

1952 年 2 月 10 日，刘青山、张子善被依法执行枪决。此案震动全国，影响深远，惊醒、教育了成千上万的共产党员和领导干部，五十年代以后相当长一段时期党风、政风的清明廉正，与此关系甚大。

【跟毛泽东学抓典型】

充分发挥典型的示范引导作用，是领导工作的重要方法。从一定意义说，没有典型，就不能有效地实施领导；没有典型的高度，也就很难有领导工作的高度。但是要很好的发挥典型的作用，并不是一件容易的事情。在抓典型的过程中，对典型的选择、确认、培养、宣传、推广等任何一个环节处理得不好，都会影响典型作用的发挥，搞得不好，还会出现负效应。在抓典型的诸多的工作环节中，对典型的选择和确认这一环节尤为重要，因为这是正确发挥典型作用的重要前提。如同农民种庄稼之前的挑选种子一样，如果种子没有选好，农业生产的其它各个环节处理得再好，也难以获得好收成。要正确地选择和确认典型，需做到：

典型应具有先进性

典型应该是在领导工作全局中，或某条战线上，或一定的社会环境中工作最出色、表现最突出，思想、道德境界最高尚的单位、个人或群体。只有这样的典型，才能在领导工作和社会生活中真正赢得其它单位、个人、群体的信服，从而也才能真正发挥其榜样、表率和示范引导作用。

典型的高度通常是检验领导者工作能力、认识水平乃至思想觉悟的重要标尺。

典型应具有导向性

典型的导向性主要体现在工作方向的导向和工作高度的导向两个方面。一方面，运用某个或某类典型，可以把人们的思想和行为引导到领导者推崇或倡导的方向上来；另一方面，通过某个或某类典型可以推动整个领导工作达到领导者希望的目标指数或理想的高度。作为一位领导者，能否及时、准确地发现和捕捉新的工作生长点和代表社会发展方向的新生事物，并积极地加以扶持和推广，以引导带动全局工作，是检验一位领导者能否创造性地工作的一个重要标志。

典型要具有群众性

亦即具有普遍的指导性。树立典型固然能够激励和推动典型本身工作的开展和思想的提高，然而，树立典型的真正意义却并不仅在于此，而主要在于要通过典型推动大多数人工作的开展和思想的提高。要做到这一点，关键的问题是领导者所树的典型能否为大多数人认可、接受和效仿。

典型要具有时效性

典型的时效性主要体现在两个方面。一个体现在时代特点不同，领导工作的中心不同，需要树立具有不同时代特点和领导中心工作需要的典型，。领导者如果不能及时发现和树立具有时代特色的典型以指导当前的工作实践，领导工作就很难达到理想的高度。典型的时效性体现的第二个方面是典型自身发展的时效性，即任何典型的成长都有一个不断发展、完善和提高的过程，亦即一个否定之否定的自我发展的过程。社会实践其他单位和个人通过努力赶上和超过原有典型的事例是屡见不鲜的。典型只有在其最辉煌、最具代表性和先进性的时期才能充分发挥它的榜样和引路作用；在被其他单位或个人赶上和超过的时候，就不再具备典型性，其典型地位就应当为其他单位和个人所代替。

典型的先进性、导向性、群众性、时效性之间不是孤立的，而是相互联系、相互促进的。不具备先进性的典型，不可能发挥正确的导向作用，不可能得到群众的认同与信服，其时效性就没有意义；不具有导向性的典型，则必然是不具备先进性的典型，对群众的思想行为不可能发挥正确、有效的引带作用，也必然是不符合时代要求和领导工作需要的典型；典型没有群众基础，得不到群众的理解和接受，其先进性、导向性和时效性都会失去其实际意义；失去时效的典型，已不具备先进性和导向性，亦不会对群众的思想行为发挥有效的引带作用。领导者在选择和确认典型的时候，只有从先进性、导向性、群众性、时效性等几个角度予以综合考察和分析，才能作到正确选择典型，从而使典型在领导工作中发挥其应有的作用。

要善于树反面典型

第一要善于从工作的薄弱环节上抓反面典型。第二要善于从群众关注的热点上抓反面典型。第三要善于从倾向性、苗头性的问题中抓反面典型。第四要善于从违纪违法案例中抓反面典型。

跟毛泽东学协调关系

红军长征胜利到达陕北后，陕甘宁边区成了中国革命的大本营。但在巩固这个大本营的建设方面，毛泽东遇到了协调各方面关系的问题。边区政府与边区中央局在工作上曾一度出现分歧和争论，双方关系不太融洽，毛泽东"各去所偏，归于一是"，成功协调了林伯渠、谢觉哉与高岗的关系，给后人以启发……

【领导与协调】

领导协调，就是领导者采取各种措施和方法，使其所领导的组织同外部环境，以及组织中的各个部分和组成人员协同一致，相互配合，以便高效率地实现领导目标的行为。协调是领导职能的重要组成部分。

领导协调和沟通密不可分。沟通在于谋求思想上的统一和相互了解，而协调在于谋求行动上的一致；沟通是协调的基础，协调是沟通的必然结果；协调包含沟通，沟通是协调的重要方法之一。

领导协调是领导者的一项经常性工作。因为任何单位任何时期的协调局面都是相对的，绝对的思想一致和行动统一不存在。如果放松协调工作，就可能使一些暂时看起来起不了多大作用的不协调因素逐渐扩散，腐蚀其他协调因素，甚至弄得不可收拾。所以，领导者必须把协调作为自己的一项经常性工作来抓。

领导协调的根本目的在于提高组织的整体效能，高效率地实现领导目标。领导者只有凭借组织的力量，才能发挥出领导效能。评价领导效绩的好坏高低以及领导能力的高低，就看他是否能发挥出组织的整体效能以及整体效能的高低。领导组织是由若干个相互联系的子系统和元素组成的具有特殊功能的整体。组织内部各子系统和元素相互作用和联系，必然产生出某种整体效应，表现为组织系统的整体功能不等于组成该系统的各子系统和元素的功能的简单相加。这种非加和性有两种可能：一种是组织整体功能大于各部分之和，多出一个附加量；另一种是组织整体功能小于各部分相加之和，甚至整体功能等于零或出现负值。附加量的出现，来自于系统内部各部分和元素之间的协调作用和联系；而后种情况的出现，则是由于系统内部各部分、各元素之间不协调，各部分力量相互抵消而产生内耗造成的。领导协调的目的，就在于尽量减少这种内耗，使组织内部协调有序，从而使组织系统的整体功能出现的附加量尽量增大。追求组织的整体效能，既是领导协调的目的，也是衡量领导协调工作好坏的标准。此外，任何组织系统都有两种对立的发展趋势：一种是系统由无序到有序的发展趋势；一种是由有序到无序的发展趋势。领导协调，就在于克服由有序到无序这种趋势，促使组织系统由无序发展到有序，促使组织协调发展。在这种有序、稳定即协调的状态下，组织内部各部分和各元素就会相互促进，相互增益，共同为增强组织整体效能而努力。

领导协调对领导活动具有重要的意义：

首先，领导协调是实现领导目标的重要条件。领导目标的实现必须依靠组织协同配合与全体人员的共同努力。领导协调正在于谋求领导组织和全体人员思想的统一和行动的一致。没有这个条件，任何好的领导目标都只能是纸上谈兵。

其次，领导协调是组织和人员团结统一的需要。通过协调工作，可以使组织各部分和各元素合理配合和运转，使人员在分工的基础上各司其职、各尽其责，在工作中相互配合支持。

再次，领导协调是提高效率，减少浪费的重要手段。领导协调工作的有效开展，可以免除工作中的扯皮和重复，减少相互之间的摩擦和冲突，从而减少内耗，提高效率，减少人力、物力、财力和时间的浪费。

同时，领导协调是调动广大干部、群众积极性的重要方法。领导协调的主要对象是有血肉有思想的人。协调工作搞好了，组织和人员团结合作，人们心情舒畅，就能增强责任感和积极性，充分发挥出自己的聪明才智，使领导工作充满生机和活力。

【毛泽东是如何协调关系的】

"各去所偏，归于一是"——毛泽东协调林伯渠、谢觉哉与高岗的关系。

红军长征胜利到达陕北后，陕甘宁边区就成为中国革命的大本营。但在巩固陕甘宁边区的建设方面，毛泽东遇到了各种问题。光是各方面关系就十分复杂，首先是外来干部与陕甘本地干部的关系问题，还有一、二、四三个方面军的关系问题，还有党政、党军、军政、军民、政民、上下级、新干部与老干部、工农干部与知识分子干部之间的关系问题。为协调这些关系，增强团结，毛泽东做了大量工作，并有许多论述。边区政府与边区中央局在工作上曾一度出现分歧和争论，双方关系不太融洽，毛泽东十分重视协调双方关系，但他的协调并不是一般的和稀泥，而是有原则，有主张，力求从思想深处解决分歧，体现了很高的思想性。

陕甘宁边区政府从 1937 年成立后，一直由林伯渠担任主席。最初的几年，林老曾作为中共代表常驻西安，边区政府的日常工作先后由张国焘、董必武、高自立代理。1940 年 10 月，林老由西安返回延安，开始专任政府工作。革命老人谢觉哉是边区政府的另一位主要领导人。谢老于 1940 年 10 月出任中共陕甘宁边区中央局（后西北中央局）副书记，兼任边区政府秘书长和政府党团书记。边区党组织的主要领导人一直是高岗。自 1938 年 4 月以后，高岗相继担任边区党委书记、边区中央局书记、西北中央局书记。林老、谢老年高德劭，早在中央苏区时就担任过中华苏维埃政府的领导工作，在党和人民中享有崇高的威望。毛泽东对二老十分敬重。高岗则是陕甘红军和陕甘根据地的创始人之一，熟悉边区情况，工作也有魄力，毛泽东把高岗看作本地干部的代表，非常器重，常加表扬。在决定成立边区中央局时，毛泽东委任高岗为书记，并明确讲：至于边区的大政方针，"高岗的意见应成为主要的意见"。

1941 年，抗战进入极端困难时期，各种矛盾都突出起来。尤其是在经济政策问题上，如怎样看待减轻民赋问题、如何认识当时带有一定强制性运盐政策问题、政府预算问题、纸币发行问题等，边区政府与中央局之间意见相左，出现争论。当时，实际上是林老、谢老在一边，高岗主持的边区党委在一边，关系比较紧张。毛泽东不得不以很大精力来协调双方关系，解决矛盾，主要是说服林、谢二老服从中央局的意见。

从 1941 年 7 月 24 日至 8 月 22 日，在不到一个月的时间里，毛泽东写给林、谢的信就有十多封，并且数次当面长谈。信中谈到了具体的争论，但着重是从方法论上说服二老。比如 1941 年 7 月 31 日的信中就说："多从反面（即现行政策的正面）设想，现行政策固然已出了很多毛病，但另一政策是否即毛病较少？从相对性设想，勿只从绝对性设想（即现行政策完全是错的，另一政策完全是对的）。搜集材料亦应从两方面搜集，勿只注意现行政策的缺点或错误方面，这方面要密切注意！请继续给我们材料，尤其要注意现行政策的成绩与正确方面，我觉得二兄在这点态度上是不足的。要注意积极克服执行现行政策中所发生的各种困难。"在 8 月 5 日给谢老的信中毛泽东又指出："事情确需多交换意见，多谈多听，才能周通，否则极易偏于一面，对下情搜集亦然，须故意（强所不愿）收集反面材料。我的经验，用此方法，很多时候，前所认为对的，后觉不对了，改取了新的观点。客观的看问题，即是孔老先生说的'毋意，毋必，毋固，毋我'，你三日信的精神，与此一致，盼加发挥。此次争论，对边区，对个人，皆有助益。各去所偏，就会归于一是。""事情只求其'是'，闲气都是浮云。过去的一些'气'，许多也是激起来的，实在不相宜。我因听得多了，故愿与闻一番，求达'和为贵'之目的，现在问题的了解日益接近，事情好办。"

毛泽东的信说理透彻，词意恳切，态度又是那样谦恭有礼，使人不能不叹服。在双方的争论与分歧中，毛泽东既不因林、谢年高德劭就对他们的意见加以迁就，也未因他们的某些偏颇就对他们一概否定。他殷殷期望二老不要固执己见，以和为贵，力求在边区的工作和政策方面取得一致。他的信，对二老的触动是很大的，谢老甚至在日记中对毛泽东给他的每封信的要点都作了摘记。

在做林、谢二老的工作的同时，毛泽东还给高岗和陈正人（边区中央局组织部长）写信，对于边区的现行政策，既肯定其在当时环境下的正当性、必要性，同时又指出其确实存在和可能存在的缺点和问题，要求他们对林、谢二老态度尊重，并确实掌握现行政策执行中发生的各种问题，以便随时发现随时解决。

在毛泽东的多次亲自过问和指导下，陕甘宁边区政府出现了协调一致的工作局面，对领导边区的各项事业起了重大的作用，毛泽东高超的协调艺术功不可没。

"军民团结如一人，试看天下谁能敌？"——毛泽东倡导拥政爱民运动。

　　密切军政、军民关系，实行军政一致、军民一致，这是毛泽东的一贯思想，也是人民军队的一项光荣传统。在抗日战争时期，陕甘宁边区的军政、军民关系，总的说是很好的。驻守边区的各部队在河防、清匪、反"磨擦"和其他保卫人民的利益的战斗中，立下了不可磨灭的功劳，赢得了人民衷心拥护。在 1937 年、1939 年、1941 年制定的三个边区施政纲领中都有优待抗日军人家属的内容。1940 年 1 月，毛泽东在一次讲话中通俗而又深刻地说明了军民合作的道理。他说：八路军也就是老百姓，故军队不要忘本，本就是工农。老百姓可以骂我们，我们却不能骂他们，因为他们是主人，因为我们的饭是他们做的，房子是他们做的，我们军民合作。八路军有两条规矩，一条就是官兵合作，一条就是军民合作，大家亲亲密密团结起来，日本一定打倒的。"

　　但是，一段时间内，在边区部队中，由于纪律教育的放松、物质困难的增加等因素，出现了侵犯群众利益，军民关系紧张的情形，为此，毛泽东非常重视。因为毛泽东确实有点像把边区当作自己的"亲儿子"，非常爱护。

　　拥政爱民是件很大的事。所以要提出拥政爱民，就是因为留守兵团与地方的关系有一段时间比较紧张。遇到两方面发生矛盾时，毛泽东就责备留守兵团，很严厉。有一次会上，兵团领导人讲留守兵团作了哪些工作，讲了好多成绩。讲后，毛泽东激动地说：成绩，成绩，成绩！用不着说这么多了，有成绩是应该的，现在的问题不是要讲成绩，是要讲缺点。这件事可能跟规定拥政爱民有关系，就是要求部队拥护政府，爱护人民。这样，双方纠纷就有前提加以解决。

以后边区党委扩大成为西北局。西北局开了高干会，是件很大的事，开了可能有两个月，讨论了许多问题，包括边区历史问题，工作问题等等。毛泽东关于经济问题与财政问题的报告，就是在那个会上作的。

总之，毛泽东对边区工作，从政治上讲，参议会、三三制是一个部分。单说这个，远不能表示毛泽东与边区政治上关系之深。毛泽东在 1947 年撤出延安后为什么坚持留在陕北，而且在同胡宗南国民党军队作战中取得了以少胜多的辉煌胜利，党、政府、军队人民的关系很深，是根本的原因。

"我们都是来自五湖四海，为了一个共同的革命的目的走到一起来了"——毛泽东协调"山顶上的人"和"亭子间的人"的关系。

在中国革命史上，延安以抗战圣地闻名于世。这主要是因

毛泽东与周扬（左二）、沈雁冰（左三）、郭沫若（左四）在一起。

为中共中央驻在这里，指挥着敌后战场波澜壮阔的游击战争，并且这里清正廉洁的政风也与大后方重庆的腐败形成鲜明的对照。于是全国许多进步青年和文化人怀着投奔光明的仰慕之情，从全国各地乃至海外汇聚到延安。一时间，并不算大的延安成了人文鼎盛之都，据说知识分子多达六七千人。这些人组成了各种文化、文艺团体，从事文艺创作活动。当时汇集在延安的文化工作者大致有两种：一种是原来就生活在苏区，后来又经过二万五千里长征到达陕北的；另一种是从上海、北平等大城市奔赴延安的。由于经历不同，他们的创作特点不同，各有特点，而又有彼此不合的因素在里面。

毛泽东作为一个思想家和革命领袖，深感文学和艺术是革命战线不中缺少的一个方面，照他的话说："我们有两支军队，一支是朱（德）总司令的，一支是鲁（迅）总司令的。"毛泽东又是一个文学造诣很深的一个人，他的诗词和散文都堪称上品，这为他联系文化人提供了便利。1938 年 4 月 10 日，毛泽东在鲁艺的一次讲话中，风趣地把经过长征到达陕北的原苏区文化工作称为"山顶上的人"，而把由上海、北平等城市奔赴延安的文化人称作"亭子间的人"。他说："亭子间的人弄出来的东西有时不大好吃，山顶上的弄出来的东西有时不大好看。有些亭子间的人以为'老子是天下第一，至少是天下第二'；山顶上的人也有摆老粗架子的，动不动，'老子二万五千里'"。他要求这两部分人都不要以过去的工作为满足，都"应该把自大主义去一点"。"作风应该是统一战线。统一战线同时是艺术的指导方向"。他还特别强调"亭子间的'大将''中将'到了延安以后，"不要再独立，要切实。不要以出名为满足，要在大时代在民族的时代来发展广大的艺术运动，完成艺术的使命和作用。"这番话可谓真知灼见，至今仍站得住脚。

【跟毛泽东学协调关系】

根据以上毛泽东成功运用协调艺术的事例，对一个领导者而言，怎样才能在工作中熟练运用协调艺术呢？

掌握协调成功的要素：威信、能力、方法。

威信是协调工作的前提。威信是声威信誉和人所共仰的声望。威信高低，是每一个领导干部做好工作的前提。特别是协调工作，如果威信高，感召力就强，矛盾双方就会对领导的协调有一个正确的态度，顾全大局，积极配合，以求得问题尽快解决。威信不高，群众信不过，即使你讲的有道理，也难得到较好的反应。

能力是协调的关键。一个干部的能力强弱，是搞好协调工作的关键。如辨别是非标准的能力，处理实际问题的能力，对事物发展的预见能力，语言表达能力等。理论政策水平比较高，有正确的思想和工作方法，辨别是非标准的能力就强，对于各种矛盾就能透过现象看清本质，抓住主要矛盾，进行正确协调。能够掌握事物的发展规律，对各类问题或矛盾有一定的预见性，就可以把工作做在问题或矛盾发生之前。

方法是协调的保证。一要平等。俗话说："你敬我一尺，我敬你一丈。"你尊重我，我就相信你。只要能以平等的态度去对待群众，任何矛盾和问题是不难解决的。二要办实事。要反对说空话、套话，对群众中的困难和问题，要设身处地地为大家着想，积极创造条件解决。三要讲道理。要改变和防止那种以势压人，乱戴帽子和随意处罚的做法，靠摆事实讲道理来有效协调。

领导者掌握协调成功的艺术：虚怀若谷、以诚相待、循循善诱、刚柔相济、见异思迁、朴实无华。

虚怀若谷。"谦受益，满招损"，这条至理名言，在协调共进中占有很重要的位置。谦和待人者被称为"仁"，自满自足者被视作"骄"，取仁去骄，莫不从焉。

领导者在协调领导成员之间的关系时，一不可恃权，不能把领导分工当作个人特权，把使用权力当作纯粹个人的事。二不可傲才，不能自以为个人能力强所以当上了领导者，"才高八斗"，孰不知个人的成长都是领导班子集体培养的结果。三不要"落寡"，要有群体意识，要把协调共进当作一个领导干部所必须具备的一项基本职能。

以诚相待。以诚相待，就要开诚布公。要将自己的情况向人家介绍清楚，诚恳地表达自己的合作愿望，不打小算盘，不搞雕虫小技，使别人对自己感到可信、可亲。这是协调共进的一个很重要的基础。

以诚相待，就要注意替别人着想。与上级交往，首先要想一想自己是否最大限度地配合了上级工作，是否完成了领导布置的各项任务，是否在实际工作中起了带头作用；与同级交往，首先要想一想是否为对方的工作创造了自己应该提供的条件，是否由于自己要求过高给对方工作造成了困难，自己能够作些什么去努力帮助别人完成任务；与下级交往，首先要想一想怎样帮助下级解决困难，是不是理解了下级的苦衷，是不是调动了下级的积极性，等等。

以诚相待，就要平等待人。特别是对下级干部和一般群众，要十分注意平等待人，与人为善。大家平起平坐，交谈问题实事求是，不打官腔，不说空话，能办的实事要尽心尽力去办。这样，群众就会把你看成是"平民宰相"，充分给予信赖。等到你去协调解决某些热点问题时，就会感到容易得多。

循循善诱。要善于改变对方的意见，而保全对方的面子。意见和面子，本来是两回事，但在实际工作中，一些同志往往把意见和面子当作一回事，当意见受尊重的时候，感到有面子；意见被否定了，就觉得面子难看，因此就往往感情用事，坚持自己的意见。要注意掌握这种特点，实事求是地做好转化工作。一般地说，如果要改变对方的意见，除了反复协调取得一致以外，还应采取相应的办法表示对他们的肯定和尊重，使他们乐于接受协调的意见而不留下后遗症。

要善于作一些战术上的让步，争取战略上的支持。有时候，矛盾双方处于激烈的顶牛状态，如果相持不下，不仅对个人，而且对组织、对大局也会产生不利影响。倘若强行采取组织措施，甚至会引起人们对弱者的同情。在这种情况下，只要确保组织的决定能够贯彻执行，在具体方法上可以作一些变通处理，使他们理解组织的难处和对自己的关心，从而放弃自己的要求，维护整个大局。

刚柔相济。消除内耗，协调共进，自然是和为贵，以怀柔为主。如果把怀柔政策片面理解或执行为不讲原则，那也是不对的。怀柔必须在坚持原则的基础上进行，二者是辩证统一的关系。我们常常看到这种情况：在领导班子研究调整干部的时候，常有一些同志强调客观原因要求领导复议，而我们的领导班子往往又真的复议起来，于是服从分配的认为"吃了亏"，不服从分配的觉得"讨了巧"，长此以往，干部调也调不出，派又派不进，成了死水一潭。正确的做法应该是在对干部充分了解的基础上，集体研究的决定，不能更改，不应复议，干部必须服从分配，个人必须服从组织，这是原则，不能动摇。但是，如果对个别干部的使用确有考虑不周的地方，组织上也可以作个别调整。不过这种调整放在这个干部服从分配到职工作之后，而不是在这之前。有没有原则，是能不能真正协调共进的一个重要条件。

见异思迁。内耗的矛盾运动虽然基本规律相同，但具体内容和表现形式却各各相异。处理这些矛盾，没有什么万能的办法，只能是一事一异，一切以时间、地点、条件为转移，一把钥匙开一把锁。

要因人、因事、因时间地点、条件而异。

朴实无华。协调要注意形式，但不能搞形式主义。协调更重于内容，要实实在在，讲求实效。领导者做协调共进的工作，一定要心胸宽，态度好，方法得当，注重实效。

跟毛泽东学广交朋友

索尔兹伯里在他的《长征新记》中，曾用"冷眼看世界"来形容毛泽东的人际世界。其实，毛泽东是一个极富人情味的中国式领袖人物。在与社会各界人士的交往中，毛泽东的天才智慧和精神思想，往往会无拘无束，轻松自然地释放出来，得心应手，潇洒自如，这是一种高妙的领导者的境界……

【领导与广交朋友】

领导工作是一种社会实践活动，离不开人与人之间的交往。领导者在实施权力过程中与权力执行者、权力对象、权力相关方面发生的相互关系，以及这种关系的延伸对领导工作所产生的影响就是领导关系效应。孟子曾提出"天时不如地利，地利不如人和。""人和"就是"关系"以及延伸后的"关系效应"。尤其受中国传统文化思想长期影响的"人情味"应视为建立领导关系效应的基调。一方面，"人情味"在中国无处不在，中国人之所以是中国人，很大因素是人际之间有一个"情"字，而不是赤裸裸的利益关系；另一方面，"人情味"是中国人际接触不可缺少的重要媒介，一面之交常可结为心腹之交，朋友之交往往可形成兄弟之事。作为领导干部要优化与各方面的关系，大可不必正襟危坐，自我封闭，要放下架子敢于社会交往，广于社会交往，善于社会交往。既要交上，又要交下，既要交官，又要交民，既交志同道合者，又要敢于交与己意见分歧者。

美国著名成人教育家戴尔·卡耐基有一句名言：一个人的成功只有百分之十五是靠他的专业知识，而百分之八十五是靠他待人处世的艺术。一个领导者的成功，虽然不能肯定地说百分之八十五靠关系，但应该说，领导者建立和保持与上下、左右的良好关系是成功的重要条件。

【毛泽东是如何广交朋友的】

美国著名作家和记者哈里森·索尔兹伯里在他的《长征新记》中，曾用"冷眼看世界"来形容毛泽东的人际世界。其实毛泽东是一个极富人情味的中国式领袖人物。

在长期的革命和建设事业中，他重视和各界人士友好往来，这其中包括各个民主党派人士，许多国民党人士、文化界人士、以及其他各方面的无党派人士、民族、宗教界人士、爱国侨胞、清朝遗族、老师和同学等。他不但善于和自己意见相同的人交朋友，而且也善于同自己意见不同的人交往；他不但善于听取党外朋友的意见，只要说得对的就积极照办，而且对反对自己反对错了的人也总是开诚布公，注意让对方放下思想包袱；他不但乐于团结一切爱国进步的志士仁人一道工作，而且善于同一些国民党左派人士接触，不计前嫌，化敌为友。复杂的人际交往中，毛泽东体现出坦荡的胸怀和凛然正气；他和民主人士交朋友，荣辱与共肝胆相照，建立了深厚的友谊，为最大限度地团结一切可以团结的力量，结成最广泛的爱国统一战线，作出了巨大贡献，树立了光辉典范。

毛泽东作为一个伟大的政治家，他的交往既体现出了一种崇高的革命和战斗的关系，同时也富于浓厚的人情色彩。他与党外人士交朋友时，既讲团结、合作、友情、人情、又有善意的批评教育，把情感性和主导性有机地结合起来，形成了一套

1952 年，毛泽东和程潜荡舟中南海。

既有原则，又有人情味的准则，做事论理，私交论情。毛泽东对党内同志迎送不出门，而对于张澜、李济深、沈钧儒、陈叔

通、何香凝、柳亚子等党外民主人士不但迎送出门，而且亲自搀送他们上下车，上下台阶，与他们携手漫步。毛泽东用登门拜访、书信往来、邀请谈心、以文会友、以物寄情等多种方法与民主党派的代表人物和有影响的民主人士交知心朋友。

作为中国革命的非凡领袖人物，毛泽东一生充满了自信，既使面对斯大林，他也是不卑不亢，气宇轩昂。但他却会在中南海上为一位国民党老将军亲自划船。

毛泽东的眼泪是"吝啬"得出名的。他身边的人一生中也没有见他哭过几回。抗美援朝战争中，他心爱的大儿子牺牲在朝鲜战场，他也没有哭过。然而，他在相隔 18 年之后见到周谷城时，眼泪却涮地流了下来。

毛泽东是一个站在时代峰巅的革命领袖，同时又是一个充满人情味的普通人，在与社会各界知名人士的交往中，这位伟人的天才智慧和精神思想，往往会无拘无束，轻松自然地释放出来，显得得心应手，潇洒自如。

情谊和合作的一面旗帜——毛泽东与宋庆龄。

毛泽东与宋庆龄是同时代的人。他们伟大的一生是同中国革命事业的艰难历程和辉煌胜利融合在一起的，也是同他们之间的革命情谊联系在一起。他们尽管经历不同，但他们通过各自的斗争实践，先后找到马克思主义真理，走上共产主义道路。志同道合是他们友谊的纽带。毛泽东与宋庆龄的交往有极为深厚的诚挚支谊，且感人至深，毛泽东对宋庆龄始终保持着特殊的尊重。正如邓小平所说："中国共产党和党的领袖毛泽东、周恩来、刘少奇同志，很早以前就把她当作自己亲密的战友、同志和可敬的无产阶级先锋战士。"

毛泽东与宋庆龄的情谊是从 1924 年 1 月国民党第一次全

国代表大会开始建立的。大会期间，宋庆龄虽在上海，但是她与毛泽东的认识行动是一致的。在国共首次合作伊始，他们都把对方引为战友，已是神交了。毛泽东称宋庆龄是与共产党人"一道工作的亲密朋友"，宋庆龄则对毛泽东一向怀着无限敬仰和信赖的感情。30 年代，她说相信两个人，除孙中山外，"对毛泽东还是信任的，"称毛泽东思想敏锐，识见远大，令人钦佩。

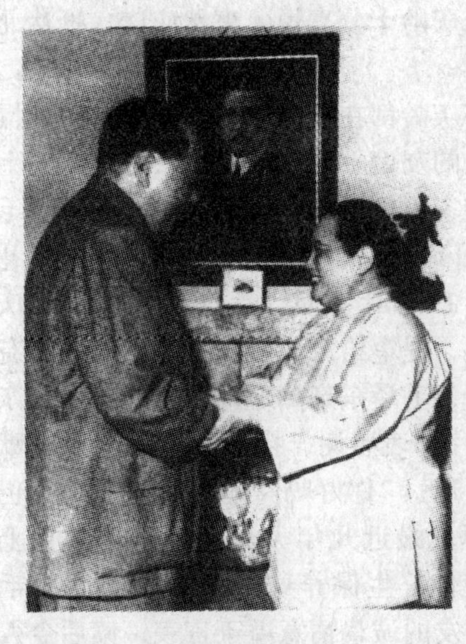

毛泽东看望宋庆龄

　　1949 年，人民解放军取得战略决战的辉煌胜利，中国共产党在积极筹备召开新的政治协商会议，成立民主联合政府。在这历史的转折时刻，毛泽东与周恩来对宋庆龄的安全极为关注，垂念至殷。1949 年 1 月 29 日，联名至电宋庆龄"新的政治协商会议将在华北召开，中国人民革命历尽艰辛，中山先生遗志迄今始告实现。至祈先生命驾北来，参加此一人民历史伟大的事业，并对于如何建设新中国予以指导。"宋庆龄获悉电报后，当即亲笔用英文复信对毛泽东与周恩来极友善的来信致以"深厚感谢"，指出"我的精神是永远跟随你们的事业"。上海解放不久，毛泽东特派邓颖超携带给宋庆龄亲笔信函，"趋前致候"，专程迎接她北上。毛泽东在 6 月 19 日信函中说："仰望之诚，与日俱积"，

"建设之计，亟待筹商"。宋庆龄十分喜悦，惠然应诺，抵达北平。

建国以后，毛泽东和宋庆龄都在为党和国家的大事日夜操劳，但他们仍然保持着诚挚的友谊、亲切的交往。毛泽东到上海视察时，曾亲自到宋庆龄家里探望她。宋庆龄也非常关心毛泽东的健康，每次从上海回到北京都要亲自问候，并送些礼品，每年还要寄去贺年片。1956年元旦，毛泽东收到了宋庆龄寄去的贺年片，十分高兴，提笔给宋庆龄写了一封既生动有趣又热情洋溢的信。在信中，毛泽东亲热地称呼宋庆龄为"亲爱的大姐"，对她送来贺年片深表感谢，接着，毛泽东以幽默的口吻，关心而又风趣地写道："你好吗？睡眠尚好吧。我仍如旧，十分能吃，七分能睡。最近几年大概还不至于要见上帝，然而甚矣，吾衰矣。望你好生保养身体。"短短数语，毛泽东革命的乐观精神和对朋友的诚挚情意溢于言表，读后令人感到十分亲切。

"与君一席肺肝语，胜我十年莹雪功"——毛泽东与柳亚子的友谊。

在毛泽东不平凡的一生中，能够在诗词方面跟他唱和的人很少很少。几十年来无非就是两个人：一是大文豪和著名社会活动家郭沫若先生，另一个则是老同盟会会员、著名诗人柳亚子。毛泽东是被外国人称作"一个诗人赢得了一个新中国"的一代伟人，然而在共产党发轫之始便看到这一点的人，却只有柳亚子先生。

毛泽东在与柳亚子先生的交往中，一方面忠诚相待，同时真心帮助他解决思想问题，使他更好地为革命事业服务。1926年国民党第二次全国代表大会上，柳亚子先生被选为中央监察

毛泽东同柳亚子在北平。

委员。在会上，他初次见到了毛泽东，这次会见，毛泽东给柳亚子先生留下了深刻而长远的影响。分别 19 年后，1945 年，毛泽东为停止内战，实现和平，亲自到重庆和国民党进行了 43 天的谈判，在曾家岩十八集团军驻渝办事处和诗人重逢。当时毛泽东向柳亚子先生分析了当前的形势，指出："前途是光明的，道路是曲折的"，使柳亚子先生看清了时局发展的方向，增强了人民革命必胜的信心。柳亚子先生非常感动，在一首诗中写道："与君一席肺肝语，胜我十年萤雪功"。"心上温馨生感激，归来絮语告山妻"。此次会面不到四年，1949 年春，柳亚子先生应毛泽东同志的邀请从香港启程到达北京，准备参加第一届全国政协会议，又与毛泽东重新见面。毛泽东在颐和园举行了宴会，欢迎柳亚子先生。

当时解放战争仍在进行，我党虽然进入了北平，但头绪纷繁，万事待理，同时由海外和国统区北上的民主人士纷至沓来，应接不暇。因此对柳亚子先生的照顾也有欠妥的地方。于是 1949 年 3 月 28 日柳亚子先生写下一诗《感事呈毛泽东》发牢骚："开天辟地君真健，说项依刘我大难。夺席谈经非五鹿，无车弹铗怨冯欢。头颅早悔平生贱，肝胆宁忘一寸丹！安得南征驰捷报，分湖便是子陵滩"。抒发了不满于自己当时的政治物质待遇，并暗示自己要脱离革命队伍。毛泽东接到诗后，对柳亚子先生的错误思想进行了耐心的帮助。1949 年 4 月 29 日，毛泽东给柳亚子先生写了一诗：《七律·和柳亚子先生》，诗中写道："饮茶粤海未能忘，索句渝州叶正黄。三十一年还旧国，落花时节读华章。牢骚太盛防肠断，风物长宜放眼量。莫道昆明池水浅，观鱼胜过富春江。"毛泽东在这里通过回忆过去他同柳亚子先生的交往，想唤起先生的革命激情，希望他能象过去一样积极参加革命斗争，跟上时代的步伐。并严肃地批评柳亚子先生的错误思想，十分风趣地启发他对待一切事物要从大局出发，要想到中国革命和世界革命，要看到大好的革命形势和光明的前途，这样才能站得高，看得远，才能克服消极情绪，从个人得失的小天地中解放出来，全心全意投身到革命事业中去。同时，毛泽东也检查了自己的工作，又从生活上关心照顾柳亚子，不久让柳亚子从北京六国饭店移居到颐和园新居（原慈禧太后居住处），柳亚子对新居十分满意。对前来看望他的朋友们风趣地说："这是享受帝王之乐呀！"1949 年"五一"劳动节，毛泽东在百忙之中，抽出时间亲自到颐和园新居看望柳亚子先生，这使柳亚子先生十分感动，他终于放弃了回乡的念头，决定留在北京，继续为人民服务。

1950 年下半年，为了便于柳亚子先生交往，又将柳亚子先生从颐和园转迁北京饭店，接着又转迁北长街官邸，这是紧靠故宫筒子河的环境幽静的一座四合院，同时给他配置了专用小轿车，这一切深深地感动和教育了柳亚子，从而有"冒言吾拜心肝赤"的虚心态度，"昆明池水清如许，未必严光忆富江"的自我批评精神。以后柳亚子先生热情地写了不少的诗，用自己的诗歌颂共产党，歌颂社会主义新中国，为人民做了许多有益的工作，被选为中央人民政府委员和全国人大常务委员会委员。这充分表现了毛泽东对爱国民主人士那种"肝胆相照"的崇高品质。

毛泽东就是这样善于和党外人士相处，了解他们的要求、愿望及思想动态，以革命目标为前导来统一他们的思想。按照革命不分先后的原则，充分发挥他们的特长，发挥他们的才智，为革命和事业服务，使他们有一种尊重感、安全感和成就感，既使曾反对过他而且反对错了的人，也都心悦诚服地团结在共产党周围。

"历史把我们带到一起来了"——毛泽东与尼克松。

毛泽东非常重视国际交往，他曾花了大量的时间和精力，同各国具有不同政治倾向、不同意识形态的人打交道。在这些外宾中，有名贯世纪的世界史上的巨人，有披荆斩棘、开创基业的革命家，有在重要关头起过关键作用的政治家，有浴血疆场、战功显赫的将军，有成就卓著、誉满全球的学者、作家，有默默无闻、终老桑田的普通士兵。他们与毛泽东，有的是历经沧桑、饱尝忧患的挚友，有的是求大同、存小异的同盟者，有的是仅有一面之识，却有美好印象的一般朋友。

1972 年 2 月 17 日，美国总统尼克松乘"空军一号"专机飞往中国北京。他引用了乘"阿波罗十一号"宇宙飞船登上月球的第一批人在月球的纪念碑下留下的话，"我们是为了谋求全人类的和平而来的。"他用这句话作为他访华旅行的开端。毛泽东和尼克松，一个是世界上人口最多、潜力最大的社会主义国家的领袖，一个是世界上经济最发达的资本主义国家的首脑，他们曾经用极端的语言，相互敌视，相互对骂，隔绝对峙了 20 多年互不来往。他们的意识形态是相互对立的，他们的价值观念是绝不一致的，他们的文化背景是各不相同的。但，毛泽东和尼克松这两位先驱者，以惊人的胆略打开冰冻20年之久的中美关系之门，离不开当时历史的因素。但是，就是今天，我们也难说清它的深远意义。

当尼克松因水门事件被迫辞职后，毛泽东却几次通过来访的外国要人传话，邀请尼克松访华。1975年12月31日晚，毛泽东在新年到来的前夕，会见了尼克松的女儿朱莉·尼克松和女婿美国第34届总统艾森豪威尔的孙子戴维·艾森豪威尔夫妇。这在毛泽东个人交往史上是绝无仅有的。显然，接见美国总统的儿女，是因对前总统的特殊礼貌和私人友谊。毛泽东问尼克松的女儿、女婿："总统先生的腿怎样了？我欢迎他到中国来。"又说："好好保养他的腿，他说过还要来爬长城呢。把我这话转告总统先生。"

当戴维告诉毛泽东，尼克松现在已经不是总统了时，毛泽东说，"我习惯这样叫他。"他又轻描淡写地谈到水门事件，"不就是两卷录音带吗？有什么了不起。"毛泽东再次转向朱莉，说："马上给你爸爸写信，说我想念他。我这句话可以登报。"戴维说，"现在，在美国，反对我岳父的人很多，还有人强烈要求审判他。"毛泽东说："好，我马上邀请他到中国来访问。"

1976年2月21日——29日，几乎与四年前同一时间，尼克松夫妇再次访华。尽管他已非总统，毛泽东仍按总统的"规格"会见了他。毛泽东不顾重病，与这位老友长谈达1小时40分钟。尼克松引用毛泽东的名句"世上无难事，只要肯登攀"展望未来中美关系。毛泽东虽步履维艰，说话也困难，但精神集中，思想活跃，纵论国际问题。

【跟毛泽东学广交朋友】

　　人，是领导活动的主要对象。因此善于与人打交道，善于团结人，善于交朋友，是对领导者素质的基本要求。同时优化关系，是为了团结更多的人，为其理想和事业而奋斗。跟毛泽东学广交朋友要做到"五要"：

　　一要坦诚。领导干部与上下左右相处，首先要尊重对方，诚心实意，敢掏肺腑，心口相应，把自己的一言一行、一举一动留给对方检验。

　　二要谦虚。领导干部与各方面交往要以朋友身份，不能以"官"的身份，不能打官腔，摆官架子，以上凌下，以权恩赐。谦虚的体现是平等交往，平等协商，遇事虚心求教，广泛听取意见，尊重对方正当合理的要求、愿望和看法。

　　三要宽容。领导干部搞社会交往不能搞"清一色"，要结交不同特点、性格、身份、层次及持有不同意见的人，因而宽容十分重要。要具备宽阔的胸怀，恢弘的气度，笃信"水至清则无鱼，人至察则无徒"的古训，听得进各种各样的意见，容得下形形色色的人物，善于求大同、存小异，容忍别人的过失和无礼，善于"化干戈为玉帛"。遇到问题，多一点自我批评，对朋友多一点谅解和体贴，尊重朋友的面子，学会给人下台阶。毛泽东在全党、全国人民心目中形象高大，令人仰视，其原因之一，就是他在长期的革命和建设中，特别是反右派斗争步入扩大误区之前，虚之以怀，接纳了许多诤言直语；纳之以广，团结了一切可以团结的人。

　　四要"投入"。朋友也是财富，有投入才有产出。感情投资，包括精神的和物质的，但主要是精神的。宋人杨时"程门立雪"，就是以其真诚感动了程志夫子而建立了亲密师生关系的。需要的时候投入，困难的时候支持，最能激起感情的变化，加深友谊。毛泽东的名言之一就是"关心群众生活，注意工作方法"，他对待朋友与属下切身利益的问题上是从不吝啬的，凡属应该特殊照顾的，他慷而慨之，关怀备至，特别是在别人处境艰难时，他"雪中送炭"，解人危难。所以得到他实惠的人当然乐于奉献，乐于赴汤蹈火，在所不辞。办实事是社会交往的主要手段，帮助对方解决实际问题，克服困难，是广交朋友的契机。

五要长远。既要着眼现实，还要着眼未来。要看得远一些，长一些。领导干部要把广交朋友作为接触群众、走群众路线的重要方面，作为思考问题、处理问题、解决问题的出发点。

结　语：
从毛泽东到邓小平

> 邓小平由于他伟大的创造力而享有超凡魅力的权威；但是，邓小平却把超凡魅力的权威淡化弱化了。他不是树立崇拜，而是打破崇拜；不是把这种伟大和权威神圣化，而是把它平凡化。邓小平以他的创造和伟大开创了一个时代，更以他自觉的平凡化开创了一个新时代……

【超凡魅力的分化与发展】

超凡魅力之后

在历史上，在现实生活中，纯粹的超凡魅力不但是少见的，而且是不稳定的。危机条件下或者由于需要而人为创造出来的超凡魅力，往往只是经历短暂的闪光。从历史上看，只有前现代的、传统社会的超凡魅力、特别是宗教性的超凡魅力，才有长期的和持续的存在形态。近现代社会以来，社会生活不但倾向于世俗化，而且，节奏也越来越加快。现代社会中的超凡魅力，不但越来越少见和难以显现，而且，也越来越不稳定。比较起来，象毛泽东那样的超凡魅力，其持存的历史也是短暂的。在某一点上，超凡魅力的权威达到它辉煌的顶点。在这一点上，不但一般群众产生了盲从和崇拜，而且甚至于那些有批判能力的独立人士（无论他们处身事中还是置身事外）也困惑起来。但是，这之后，超凡魅力的权威迅速分化。

从历史上看，超凡魅力的领导权威有两种分化发展的可能与方向：一种是倾向于更为传统的发展，是向传统的回归；一种是倾向于更为现代的发展。但是，从理论上看，两种可能的发展方向之中，没有哪一种是必然的或者当然的。也就是说，其中任何一种选择都是可能的。演变的结果取决于多种因素。概括起来有三种主要因素：（1）超凡魅力领导者的选择意象；（2）继承超凡魅力的候选人的资质状况、他们相互之间的竞争和他们从领袖那里对于超凡魅力的竞争；（3）分化发展当时的社会历史环境，包括制度环境。其中，超凡魅力分化发展的外部环境，例如，国际与外交环境、改革开放的可能性和程度，是重要的制约因素，而各种各样的偶然性也往往是不可避免的。

因此，特别不能说超凡魅力向现代的、法理型的领导权威的转变是必然的或者唯一的方向和道路。尤其是，不能因为我们在邓小平的领导之下现在选择了向现代的发展，就认为超凡魅力的分化发展必然倾向于现代化。这完全不是注定的。也就是说，从思维方式来看，我们不能从已经趋向现代化的发展结

果（或者已经趋向更为传统化的发展结果），来判断超凡魅力
分化发展的可能性。

　　更为可取的视角应该是从超凡魅力来看它之后的分化发
展，而不是反过来。因此，从时代的划分来看，如果保持理论
与历史的统一，可以确定的只能是，存在着一个"后超凡魅力
的时代"。这样的时代，即可能是更为传统的，也可能是更为
现代的。事实上，现代西方的毛泽东研究，就把这样的时代称

从毛泽东到邓小平

之为"后毛泽东时代"（the Time After Mao's）。从观察问题
的角度来看，有一定合理性。

两个不同的方向

　　超凡魅力的分化与发展，首先有着内容上的不同。

　　从内容上看，超凡魅力的分化与发展，无论是向着更为传
统的方向，还是向着更为现代的方向，二者有一个共同的特
点，那就是无论是传统的权威还是现代法理型的权威，它们都
是更为稳定的权威形态。比较起来，超凡魅力的权威最不稳

定。其次是现代法理型权威，它比超凡魅力的权威稳定了许多。但是，在某种程度上，现代法理型的权威也是不稳定的。现代法理型的权威不但本身容易僵化，变成为官僚主义机器，而且，也容易蜕变为超凡魅力领袖的政治的或者宗教的工具。相对而言，反倒是传统的权威是稳定的和持久的。但是，传统权威的稳定是一种"固化"，而现代法理型权威的稳定则是一种结构化，二者仍然有根本的不同。

超凡魅力分化与发展的关键环节是领袖及其继承人与制度（领导制度与政治制度）的关系。在向传统权威的回归中，领袖与制度越来越融为一体。但是，在这种融合性的共同体中，领袖是超越于制度的，也就是说，领袖是在制度"之上"和制度"之外"的。整个的制度是高度"人格化"的。制度的运转必须依靠领袖思想的或者人格的号召力与影响力。否则，整个制度就运转不起来。在这种形态中，领袖与整个的制度（及其人民群众）保持着一种"有机"的联系。在毛泽东晚年就可以观察到这种现象。

但是，在向现代法理型权威形态的进化中，领袖与制度不是融为一体，而是处于一种相互抗衡相互制约的关系之中。二者之间不再是"有机"的关系，而更是一种"机械"的关系。因此，领袖也不再是处于制度之上或者制度之外，而是处于制度"之下"，或者制度"之中"。整个的制度也不再是高度人格化的而是非人格化的。在某种程度上，制度越来越缺乏人情味，越来越淡化了人格的与情感的成分，甚至于成为冷冰冰的。但是，整个制度的运转非常有效，因为，它依靠的不是领袖的号召力影响力，而是制度本身（也就是制度中所有参与者）的自我设计自我发展和自我完善。

从历史上看，对领袖及其超凡魅力的继承，特别是制度性继承，在近现代以来，始终没有很好地解决。在制度的进化与发展方面，西方的发展时间比较长，也有着它自己的优势。但是，从理论上看，既不能说它是唯一的，也不能说它是最好的。而在毛泽东之后，我们虽然没有完全解决好这个的问题，但是，我们在较为短期的时间内能够初步解决对毛泽东及其超凡魅力的制度性继承问题，这在世界政治历史上还是不多见的。

两种不同的性质

超凡魅力的分化与发展也有着性质上的不同。

由于超凡魅力领袖、继承者、环境与外部条件的不同，超凡魅力的分化发展在性质上是迥异的。分化发展的一种方向是，借助超凡魅力权威（及其可能的继承人）的号召力影响力，推进超凡魅力的权威向现代法理型权威的转变。这有两个基本点。一个基本点是，在内容上，致力于制度（特别是领导制度）的建构。这既需要打破旧的制度，也需要建立新的制度。另一个基本点是，在方向上，把超凡魅力的分化发展引导向现代化的方向上去。在这样两个意义上，那些自身虽然是过渡性的，但是是强有力的现代化领导人，往往被视为"新"权威，他们所推行的政策往往被称为"新权威主义"。

另外，还可以观察到，那些虽然本身具备超凡魅力，但是，超凡魅力被用于维护旧的传统与制度，其超凡魅力向着传统回归而不是向着现代进化。在毛泽东晚年、特别是在"文化大革命"中，这种向传统的回归甚至于已经走到很远的程度。虽然可以争辩说，毛泽东企图借助于超凡魅力的权威推进现代化，但是，到底是向着传统回归，还是向着现代进化，这种微妙的分化对于整个中国的前途命运的影响仍然是微妙而重大的。

　　超凡魅力的分化发展，其影响是微妙的和决定命运的。因为，这是一个分化的转折关头，到底是向着现代化方向发展还是回归传统，一切都在未定之中。这是转折的关节点。其中，许多微妙的因素都会影响到未来的发展方向。而其中的许多偶然性因素，特别是那些纯粹的偶然性因素，例如，超凡魅力领袖一时一地的注意与兴趣、他的性格爱好等等对未来的影响都是至关重要的。而且，超凡魅力分化发展的结果是两种完全不同的方向、不同的性质、不同的结果。两个方面不但都是内在于超凡魅力的，都是从超凡魅力中分化发展出来，都是"合理的"，而且，二者之间的相互竞争与斗争也是水火不容的。总之，超凡魅力分化发展的关节点，恰如一个小小的分水岭，差别虽然非常微小，但是，影响却非常巨大。

【从毛泽东到邓小平】

历史过渡

　　虽然邓小平的杰出作用必须用传统的因素加以解释，但是，邓小平本人却非常重视法理原则的完善，以促进社会主义现代化的进程和加强党的稳定性。许多西方观察家在分析毛泽东的随意行为时，都不约而同地把注意力集中在中国的封建意识以及缺乏法治传统等方面。而且，中国共产党虽然有自己的一套准则，但是，"种种历史原因又使我们没有能够把党内民主和国家政治社会生活的民主加以制度化，法律化，或者虽然制定了法律，却没有应有的权威"①。为了改变这种状况，邓小平极力主张必须把过去过分依赖于个人的情况转变为依赖制度和程序。1978年邓小平针对毛泽东的领导方式采取了若干重大措施。这些重大措施包括，1978年关于实践标准问题的大讨论、重新评价毛泽东及其历史地位、过渡时期接班人的安排、1982年新党章与新宪法的确立和关于领导体制的改革与完善等等。这些措施标志着从毛泽东的超凡魅力向现代法理型领导权威的转变的开始。

推进关于"实践是检验真理的唯一标准"的大讨论，是邓小平所采取的第一个步奏。大讨论对于从思想上破除对毛泽东的个人崇拜有着重大的心理上的和理论上的意义。

邓小平所采取的第一个步奏，即从破除对于毛泽东的个人崇拜入手，在对待超凡魅力分化发展的问题上可以说是抓住了牛鼻子和问题的关键。我们知道，超凡魅力来自于两个不同的渊源。一方面，它来自于政治领袖的创造性。另一方面，它来自于群众的心理需求。从政治领袖方面来看，创造性地解决问题是他超凡魅力的渊源。而相应于此，也确立了对于政治领袖的超凡魅力的成就检验。成就检验实际上就是一种实践标准。

把领袖的创造性及其超凡魅力发展为一种盲目崇拜，必然要经过意识形态的宣传。意识形态的宣传，虚构出了政治领袖实际上所不具备的"剩余能力"。这些"剩余能力"也就是政治领袖的所谓"超凡"的"魅力"。事实上，虚构出的这一部分能力，即虚假能力，正是造成崇拜的现实基础。在这个方面，大讨论本身不但是破除意识形态虚构的一部分，而且，重新确立了或者说回归到了原先对于超凡魅力的成就检验和实践

---

① 参见《关于建国以来党的若干历史问题的决议》。

考验。对于超凡魅力的存在来说，这也构成一种批判。严格地说，讨论实践标准问题，本身就是一种"祛魅"，即祛除附会在政治领袖身上的"超凡"的"魅力"，就是对超凡魅力的存在、它的性质与合法性等等的挑战。

实践标准大讨论对于启动群众心理的转变也具有重大的意义。对于超凡魅力的政治领袖的崇拜，几乎可以说是群众的一种心理需要，特别是危机与过渡时期的群众心理的迫切需求。崇拜和超凡魅力潜在于和深藏在群众心理中，而不仅仅表现为政治领袖的创造力。崇拜与超凡魅力有着深层次的心理根源。在这个方面，虽然东西方社会崇拜与超凡魅力的表现形态有所不同，但是，二者在性质上并没有什么本质的差异。破除领袖方面的超凡魅力是容易的。但是，破除群众对领袖的超凡魅力的崇拜是困难的。在中国这样有着悠久的人治传统和道德文化背景的国家，虽然不能迅速根除这个根源，但是，实践标准问题大讨论毕竟开启了这个心理的与历史的转变进程。

虽然邓小平的领导风格本质上是趋向现代法理型领导权威的，但是，它仍然带有超凡魅力的性质和色彩。西方观察家注意到，这一点在邓小平通过自己的影响力安排胡耀邦取代华国锋中表现出来。邓小平之所以能够依靠自己的影响力安排胡耀邦取代华国锋，正象毛泽东依靠自己的影响力安排华国锋一样，所依靠的都是他们自己作为政治领袖的超凡魅力。

但是，在这个问题上，邓小平与毛泽东仍然有所不同。邓小平对超凡魅力的依靠是一种"借助"，是借助它推进超凡魅力的权威——不仅仅是毛泽东的超凡魅力，而且也是自己的超凡魅力——向着现代法理型权威的转变。这个转变，不但不允许自己所选定的接班人这样做，而且，也不允许自己这样做。这种借助，并不以超凡魅力的权威为目的。相反，它最终是要抛弃人为的崇拜与超凡魅力。邓小平及其所借助的超凡魅力，是超凡魅力的一种过渡形态。它最终转向了现代法理型的领导权威。

1980 年 8 月 18 日，邓小平在中央政治局扩大会议上关于党和国家领导制度的改革的讲话，最终敲定了超凡魅力的领导权威向现代法理型领导权威的过渡。在这个讲话中，邓小平指出：组织制度、工作制度方面的问题更重要。这些方面的制度好可以使坏人无法任意横行，制度不好可以使好人无法充分做好事，甚至会走向反面。即使象毛泽东同志这样伟大的人物，也受到一些不好的制度的严重影响，以致对党对国家对他个人都造成了很大的不幸。我们今天再不健全社会主义制度，人们就会说，为什么资本主义制度所能够解决的一些问题，社会主义制度反而不能解决呢？这种比较虽然不全面，但是我们不能因此而不加以重视。斯大林严重破坏社会主义法制，毛泽东同志就说过，这样的事件在英、法、美这样的西方国家不可能发生。他虽然认识到这一点，但是由于没有在实际上解决领导制度问题以及其他一些原因，仍然导致了"文化大革命"的十年浩劫。这个教训是深刻的。不是说个人没有责任，而是说领导制度、组织制度问题更带有根本性、全局性、稳定性和长期性。

超凡魅力的领导权威向现代法理型权威的过渡，有一个决定性的关节点。在这个关节点上，一切问题都既是敏锐的，也是严重的。这是一个重大的转折点。这个讲话，作为邓小平的政治交待的一部分，是从超凡魅力的权威向法理型权威过渡的宣言书。我国领导体制从超凡魅力的形态向现代法理型形态的过渡，以这个讲话为标志，在整个国家领导制度的层面上全面启动了。

毛泽东邓小平比较

日本学者国分良成认为，1978 年以后邓小平逐步开创了新的现代化政治生活体系。正如费正清所说的那样，这是从"伦理政治向法理政治的转变"。邓小平时代的政治领导保持着过渡时期的特征。应该把这个时期的政治行为当作产生新的现代化政治社会体系的一个过渡时期来认识。

国分良成对建国后毛泽东和邓小平的领导方式进行比较后认为，"如果把毛泽东说成是具有超凡魅力的领导人的话，那么，可以把邓小平评价为更有组织基础的处于权力顶峰的人物"。"毛泽东是超越组织的领导人，在某种意义上，他身处党的最高地位，但是却常常把自己置于党之外。无论是农业合作社和大跃进时期，还是文化大革命时期，与其说他凌驾于党中央之上，不断发出指示，不如说他充分利用自己的超凡魅力，置身于群众中发动和领导运动。然而邓小平尚未具有象毛泽东那样的超凡魅力。他主要依靠的是共产党的组织，为此，他不断注意组织的整顿和党员素质的提高"。"邓是一位具有组织基础的处于权力顶峰的人物，似乎可以说，它反复强调的'党的领导'的意义就在于此。"

美国学者戴维·张认为，邓小平是一位偏好组织处理按制度办事的官员，他从不在党内、政府内和军队内部搞自己的小宗派。这一点为党的领导集体所公认。邓小平象周恩来一样，很尊重各级政府官员。他到处都有忠实的朋友和下级，但是不是小集团联盟。毛泽东去世后，在他复职的斗争中，他几乎得到了各方面的支持，但是，这种支持是因为他在党内的影响、他的能力和他的主张所形成的。

大多数国外著名的中国问题研究专家都注意到了邓小平政

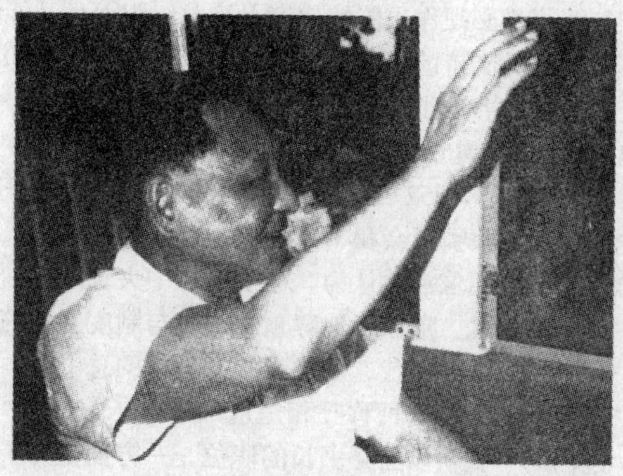

1988 年的邓小平。

治才能和领导艺术具有突出的组织化和制度化这个显著特征，即用组织和制度治国、治党和治军的领导方式。美国芝加哥大学政治系教授、美中关系全国理事会理事邹说称邓小平为"典型的组织者"。匈牙利学者巴拉奇·科内什称邓小平为"杰出的组织者"。美国学者巴里·诺顿以"组织家邓小平"为题概括邓小平的领导经历和行政经验。澳大利亚悉尼大学教授弗里德里克·泰韦斯从政治学的高度，揭示了邓小平依赖组织与制度的法理型权威的特征。日本学者国分良成认为，在中国的领袖权威类型中："毛泽东具有超凡魅力的权威，而邓小平则具有组织性的权威"。

邓小平具有长期从事组织工作的经历与经验。戴维·张认为，邓小平形成偏好组织处理的领导特征，其来源可以追溯到抗日战争时期。邓小平作为党务工作者，经常在八路军的各部门代理党的领导工作。后来，在解放军中也是如此。在这样的职位上，邓小平必须作出能够代表上级党组织而且又能够得到同级军事指挥员支持的决定。中层机关里的这种横向和纵向的工作经验，使他养成了决策制度化的习惯。

巴里·诺顿、国分良成强调了建国后邓小平的领导与管理经验。诺顿指出，1952 年到 1967 年邓小平从地方调动中央后，先后担任中央委员会秘书长、组织部长、财政部长、副总理和总书记等等职位。他认为，邓小平在中央管理机构和运行机制中所处的位置，形成了他尊重用组织与制度管理的特点和风格。"邓小平从 50 年代起就已经是党中央的总书记，他确实是与'组织上的人'这种称呼相适应的领导人之一。"科内什认为，建国后"重新设立秘书长的职位，一方面是为了巩固党的组织机构，另一方面也是为了在拥有千万名党员的、执行异常复杂的领导任务的组织里，组织协调日益增长的需要。"邓小平"这位杰出的组织者将成为领导国家的党的机关的关键人物"。

邓小平从组织家逐渐成为党和国家领导体制的设计者和改革者。国外学者用大量的篇幅论证了邓小平在中国社会组织、制度上的创新与贡献。从社会基层以及社会不同侧面的具体制度到党和国家的领导制度，邓小平从制度化的思想出发，60 年代倡导要扩大厂长和经理负责制，大跃进时期对危机的整顿和对"文化大革命"时期的混乱状态的整顿，80 年代提出对党和国家领导体制的改革。

"在中共执政三十多年后，在得到文化大革命的难忘教训后，对制度化的追求终于成了优先考虑的事。"[①] 邓小平在中国革命与建设两个时期，在他一生中三起三落的政治命运中，

---

① 《国外邓小平理论研究评析》第 106～107 页。

从党的组织家逐渐成为社会主义现代化和民主政治的设计者，这其中包含着邓小平的积极贡献。十四大报告指出，邓小平是我国社会主义改革开放和现代化建设的总设计师。这是对邓小平的改革开放与现代化事业的最为准确的评价。

【邓小平的政治创造力】

历史性的政治创造

毛泽东是伟大的革命家政治家。真正意义上的革命，总是富于创造性的。革命，一方面是"破"，即打破旧的不适应生产力发展的生产关系、社会关系和思想关系，另一方面，是"立"，即建立新的适应生产力发展的生产关系、社会关系和思想关系。革命，是"破"与"立"的统一。革命的本质是创造，而不是单纯的破坏。在这个方面，毛泽东领导的中国革命表现出巨大的创造性，毛泽东成为空前绝后的人民领袖。

因此，革命与造反、农民起义完全不同。造反与农民起义并不建立新的生产关系、社会关系和思想关系。它们甚至于也不打破旧的生产关系、社会关系和思想关系。造反和农民起义受制于它们的对象，而革命则超越了它的对象。在这个意义上，象毛泽东那样的革命家，才是真正无愧的人民领袖。

但是，革命的目的是为了发展。而毛泽东晚年真正的不足就在于，尽管毛泽东作了最大的和最真诚的努力，他还是没有完成从革命到发展的这个转变。前苏联的失败，很大程度上就在于，它缺少了象邓小平那样扭转乾坤的政治领袖。邓小平对时局的扭转则有效地防止了"革命激情"的衰退与减弱，或者说给这个激情寻找到了新的方向和新的实现领域。这里，既有一个把握"时机"、把握"历史的机遇"的政治敏感性的问题，又有一个开辟新方向、新领域的气魄与能力的问题。在这个方面，邓小平表现出了巨大的历史创造性。

邓小平坚决地终止了"以阶级中心斗争为纲"的方针，果断地把工作重心转移到"以发展生产力"为中心。邓小平提出的"结束过去，面向未来"，就充分表现出了这种创造力。与此同时，开始了"批判继承"和"借鉴吸收"古今中外一切合理的东西的历史进程。这个转变把以调整生产关系、社会关系和思想关系为主"扭转"为以发展生产力为主；把"革命主题""扭转"为"发展主题"。

现实性的政治创造

除了这个历史性的创造之外，在邓小平那里，还可以看到对多种现实矛盾与冲突的创造性转化。"社会主义"与"市场经济"，长期被认为是对立的两极。但是，邓小平成功地实现了二者的结合。"社会主义市场经济"，无论是在理论上和实践上，都是一个创造性的转化。特别是，联系到我国历史上的"义""利"之辩和失败了的现代化转型，它的重大意义就更为突出了。

有人说，"市场经济"之前的"社会主义"四个字可有可无。"社会主义"四个字不是可有可无的，而是"画龙点睛之笔"。我们看到，"义"与"社会主义"典型地是价值取向的；"利"与"市场经济"典型地是功能取向的；二者是对立的和矛盾的。邓小平的领导理论与实践，创造性地把二者统一了起来，表现出了他勇于、善于、也是成功地把对立的两个方面统一起来的伟大的政治创造性。

在邓小平那里，"两手抓，两手都要硬"等等一系列论述，都体现了这种创造性。邓小平同志反复强调，"反'左'防右"；一手抓改革开放，一手抓惩治腐败；一手抓经济建设，一手抓社会治安；一手抓物质文明，一手抓精神文明。作为第二代领导集体的核心成员，邓小平同志不但在理论上积极倡导"两手抓，两手都要硬"，而且，在实践上也是成功地、有效地做到了"两手抓，两手硬"。"两手都要硬"，需要巨大的政治创造性。这构成邓小平领导理论与实践的突出特征。

　　"特区理论"、特别是"一国两制"的提出，在世界范围的社会主义处于低潮的时期，充分体现了社会主义大国领袖的政治创造性。"一国两制"的提出，不但改变了资本主义一贯依持的"实力政治"传统，改变了传统政治学"国内"、"国外"的概念，而且，在建构后冷战时期国际经济政治新格局方面，都作出了创造性的贡献。在这些方面，我们看到，台湾方面和国际社会，并没有提出什么真正具有创造性的、可以与"一国两制"的构想相媲美的东西。

　　邓小平领导理论与实践中的一系列创造性，集中体现在邓小平提出的"一个中心，两个基本点"的统一。改革开放初期，邓小平指出，我国社会主义现代化有两个基本点，一个是坚持改革开放，一个是坚持四项基本原则。这两个基本点始终围绕着并且服从和服务于经济建设这个中心。邓小平对一个中心、两个基本点关系的把握，体现了综合平衡中的创造力和高超的领导艺术。

　　十五大报告指出，"一个中心，两个基本点统一于建设有中国特色社会主义的伟大实践"。邓小平理论是"贯通"哲学、政治经济学、科学社会主义等领域，"涵盖"经济、政治、科技、教育、文化、民族、军事、外交、统一战线、党的建设等方面的比较完备的科学体系，又是需要从各方面进一步丰富发展的科学体系。"一个中心，两个基本点"的统一，"贯通"三大领域和"涵盖"十个方面，都需要巨大的政治创造性。我们看到，邓小平的领导理论与实践，正是在这些方面体现了伟大的创造力。

【开创新局面新时代】

以伟大终结超凡魅力

80年代后期，邓小平对自己的改革开放事业曾经有一个自我评价。邓小平在接受国外记者的采访时说过，国外有人说我主张改革开放，是改革派。在这个方面，我是改革派。但是，如果说主张和坚持四项基本原则是保守派，我又是保守派。所以，比较准确的说法是我是实事求是派①。邓小平的领导理论与实践，充分体现了"按辩证法办事"的精神。但是，任何真正赋有创造性的辩证法，都只能是建立在实事求是基础上的辩证法。邓小平的领导风格，集中概括为一句话，就是"举轻若重"，

退休后的邓小平。

---

① 《邓小平文选》第三卷，第209页。

就是"实事求是"。

因为他的改革开放政策，因为改革开放政策所取得的举世瞩目的成就，邓小平在国际上享有崇高的声誉。邓小平因此而于 1978 年、1985 年两次被美国《时代》周刊评为世界风云人物。邓小平以他的伟大开创了中国历史的一个新时代。而他又被一家《时代》周刊评为世界风云人物，这也许是意味深长的。但是，邓小平本人对此的说法则更是意味深长的。当邓小平得知他被《时代》周刊评为世界风云人物之后，邓小平没有说其他的，而是说，"我是人民的儿子"。是的，邓小平是人民的儿子，是普普通通中国人民的儿子，是中国人民普普通通的儿子。

大凡伟大的革命家与政治家，不论他们采取的是什么样的政治立场，只要他们够得上伟大，他们最终和最后总是会意识到他们的力量实际上来自于哪里，他们的依靠来自于何处，他们的权力是谁给予的，他们的权威是谁赋予的：只有来自于人民，才能上升为伟大；只有回归于人民，才能真正持久（甚至永恒）。伟大的革命家与政治家，不是因为违背这一点而成功，而是因为自觉不自觉地遵循或体现这一点而成功。

在中国革命与建设中，毛泽东与邓小平都自觉继承和发扬了马克思"人民群众是历史的创造者"的思想。正是因为这一点，中国的革命和建设才能够较快较好地取得成功。毛泽东说，"人民，只有人民才是历史的创造者"，"人民万岁"，"鄙贱者最聪明，高贵者最愚蠢"；领导者既要做群众的先生也要做群众的学生，但是，归根结底要做群众的学生。是毛泽东把马克思主义的这个基本思想概括和上升为群众观点群众路线和群众方法。

在对人民群众的历史创造性的自觉方面，在来自于人民和依靠人民这些方面，邓小平与毛泽东是相同的，也是完全一致的。在打破人民公社实行家庭联产承包责任制等等问题上，邓小平从来不认为是自己的创造性，而始终清醒地归结为人民群众的历史创造性。在把以革命为时代主题扭转为以发展为时代主题的历史转变中，在创造性地转化改革开放和发展进程中方方面面的矛盾与冲突方面，邓小平都表现出伟大的政治创造力。

因为这些，邓小平本来可以象晚年的毛泽东那样搞个人崇拜。无论是大搞还是小搞，邓小平不但有这样做的个人资本，而且，实际上也有这样做的群众基础。但是，邓小平不是搞个人崇拜，而是废除个人崇拜；不是搞领导职务终身制，而是废除终身制；不是搞老人政治，而是自觉地把老人政治作为一种过渡选择；不是把自己塑造为人民的"太阳"和人民的"父亲"，而是把自己定位为人民的"儿子"。

邓小平游黄山时与一群正在游览的大学生合影。

作为有创造性的政治家，邓小平是伟大的。但是，邓小平以自己的伟大终结了伟大，也以自己的伟大开创了新局面，更以自己的伟大开创了平凡的局面，这是更加伟大的伟大。邓小平以自己的伟大终结了伟大，实际上是把伟大还原为平凡。或者说，在邓小平那里和从邓小平之后，伟大就是平凡。邓小平以自己的伟大开创了平凡，实际上是把平凡上升为伟大。或者说，在邓小平那里和从邓小平之后，平凡就是伟大。邓小平既是伟大的，又是平凡的。邓小平是平凡的伟大和伟大的平凡。甚至于，邓小平朴实无华但是百折不挠沉稳坚毅的小个子形象，也恰好是这种伟大的平凡和平凡的伟大的最好的象征。

后　记

近年来，研究毛泽东领导思想的书出了一些，研究毛泽东领导实践的书也很常见，但是真正把二者综合起来进行深入研究的不多，尤其是从如何学、如何应用、如何创新的角度研究毛泽东领导思想与实践的书还没有见过。

《跟毛泽东学领导》既有现代领导科学的理论框架和逻辑结构，又有毛泽东领导思想与实践的历史描述，更有当代广大干部的认真思考。学习的目的在于应用，学习的目的在于创新。只有把历史与现实结合起来，把理论与实践结合起来，才可能跟毛泽东学懂领导理论，提高领导水平。

全书由国家行政学院刘峰教授、路杰副教授进行整体设计，确定基本思路，拟定写作纲目，并进行统稿定稿。具体写作分工如下：

刘峰（国家行政学院领导科学教研部）：第二章。

路杰（国家行政学院领导科学教研部）：序章，第一章，第四章，第六章第一、二、三部分及结语。

贾岚生（中央财政金融大学）：第三章。

吴敏（中国社会科学院马列所）：第五章第一、二、三、四、五部分。

王春玲（中国人民解放军总装备部）：第五章第六、七、八、九、十部分。

　　温玉琴（山西行政学院）：第六章第四、五、六、七、八、九、十部分。

　　由于我们水平有限，加之时间仓促，本书还存在许多不足之处。欢迎专家、学者和广大读者批评指正。

刘　峰　路　杰
2000．12．18

图书在版编目（CIP）数据

跟毛泽东学领导/刘峰，路杰主编．
－北京：红旗出版社，2001．1
ISBN7-5051
Ⅰ．跟…
Ⅱ．①刘…②路…
Ⅲ．毛泽东－领导思想－研究
Ⅳ．A841．64
中国版本图书馆 CIP 数据核字（2000）第 85536 号

跟毛泽东学领导

刘峰　路杰　主编

责任编辑：刘玉成

版式设计：于泳　封面设计：汇聪设计工作室

红旗出版社出版发行

邮政编码：100727　地址：北京市沙滩北街 2 号

电话：编辑部 64037146　出版部 64016970　发行部 64037154

照排：鲁青照排室

印制:北京东方圣雅印刷有限公司

2001 年 1 月北京第 1 版　2001 年 4 月第 2 次印刷

开本：850×1168 毫米　1/32　印张：19　字数：450 千字

ISBN7-5051-0536-1／A·16

定价：29．80 元